U1019073

中国物理教育研究丛书

郭玉英　主编

刘彬生　著

高中物理实验教学研究

GAOZHONG WULI SHIYAN JIAOXUE YANJIU

广西教育出版社
南宁

序

20世纪90年代，广西教育出版社出版了《学科现代教育理论书系·物理》，由我的导师阎金铎教授担任主编，在物理教育领域产生了重要影响，已经成为本学科专业发展的里程碑。二十多年过去了，随着新世纪中国基础教育课程改革的全面推进，物理教育研究呈现出前所未有的繁荣景象，涌现出丰富的研究成果。当2014年该社提出要我组织编写一套《中国物理教育研究丛书》，汇集新时期的标志性成果时，我认为这是一个现实与历史意义兼具的重要选题，同时也感到是一个非常艰巨的任务，责任重大。

我国的物理教育有研究与教学紧密结合的优良传统，许多优秀的中学物理教师和教研员植根于教学实践开展研究，积累了大量本土化、原创性的研究成果，展示出物理教育的中国特色。近十几年来，随着研究生教育的发展，物理教育的国际交流不断拓展和深化，越来越多的年轻学者借鉴国际科学教育研究的经验和方法，针对我国物理教育实践中的问题，开展了多角度、多层次的具体深入的实证研究，如围绕新课程倡导的科学探究和探究教学的研究，针对物理学科核心概念和关键能力展开的学习进阶研究，促进学生发展的课堂教学模式的研究，关于物理课程和教材的深入研究和国际比较研究，关于物理教育测量和评价的研究，物理教育与信息技术整合的研究，针对物理教师观念的研究等。研究内容涵盖了课程与教学论的各个分支领域，研究对象从课程教材到课堂、学生、教师、试题，研究视角从哲学到物理、心理、技术，研究方法从思辨到定量、实证，呈现出多元化和多样化的研究取向，拓宽了物理教育研究的视野和范围，为我国物理教育理论和中学物理教学实践提供了研究基础和方法论指导。

本丛书的选题力图涵盖上述诸方面的主要研究成果，简要介绍如下。

在来自一线教师和教研员的研究成果中，包含了从哲学层面到物理课堂教学操作层面的四本著作。《中学物理教学中的哲学思考》呈现了中学物理教师的哲学思考。作者从物理与哲学的关系入手，结合中学物理教学的具体内容，论述了哲学的洞见与物理教学实践密不可分，将中学物理教学上升到哲学高度。在实验教学方面，毕生从事高中物理实验教学与研究的专家撰写了《高中物理实验教学研究》，从科学技术发展和教育理念进步的角度，突出了以学生为主体的教育理念和学科素养在实验中的表现及培养的途径，重点探讨了高中物理实验教学的目标、内容和方法策略方面的热点问题。在课堂教学实践层面，《中学物理习题教学研究》凝聚了中学物理特级教师的经验和智慧，从习题和试题的不同功能出发，以大量的题例阐述了习题和试题的编写要领，论述了优化习题教学的各种途径，提出了科学实施习题教学的策略，把习题教学的目标落实到提高学生解决问题的素养上来。《中学物理教学疑难问题研究》则来自基层教研工作者，从一线教学实际和物理教师的需求出发，对新课程实施过程中遇到的多方面的具体疑难问题进行了深入分析和探讨。

丛书围绕新课程实施以来物理教育研究领域关注的重点——科学探究和探究教学呈现了三个不同视角的研究成果。《科学探究能力模型与培养研究》系统介绍了国际科学教育领域对科学探究能力及其培养的研究和实践，构建了基于知识和技能的科学探究能力结构模型，结合案例论述了在中学物理教学中如何利用探究式教学法培养学生的科学探究能力。《促进认知发展的物理探究教学研究》聚焦目前中学物理探究教学中亟待解决的核心问题，从物理学科自身特点出发，构建了促进认知发展的探究教学模型，并对实施该探究教学模型的教学策略进行了探讨。《中学物理教师的探究教学观研究》则聚焦教师观念和行为，基于对探究教学的理论探讨，提出了教师探究教学观的分析框架与研究方法，从语言表达和教学行为两个层面研究了物理教师的探究教学观现状及其影响因素。

围绕学科核心概念展开的对学生认知和能力发展的研究是近几年的研究热点，学习进阶是将学生核心素养的发展与课程、教材和评价紧密联系在一起的桥梁，是具有发展潜力的新兴研究领域，丛书呈现了其中四方面的最新研究成果。《高中物理概念学习进阶及其教学应用研究》针对我国概念教学中存在的问题，构建了核心概念统领下的物理概念层次结构模型和概念学习进阶模型，以静电场核心概念为例进行了实证检验，并应用于教师培训。中学物理中的能量概念既是物理学科的核心概念，又是与社会发展和技术进步密切相关的共通概念，对于学生的发展至关重要。《中学物理能量学习进阶研究》构建了以学生为中心、具有实证有效性的“能量”进阶框架，并以此对学生“能量”概念的认知状态和发展情况进行了刻画和阐释，针对如何帮助学生提升“能量”概念的认知水平给出了相关建议。《中学物理课程中科学解释学习进阶及其教学应用》结合科学哲学的相关理论，提出了科学解释的“现象—理论—资料—推理”框架，确立了学习进阶的二维进阶模式及其进阶变量，通过跨年级测试建构了科学解释的学习进阶，并结合能量学习进阶进行了准教学实验研究。《基于学习进阶的中学物理教学设计研究》将物理概念和能力学习进阶的研究成果与现代教学设计理论相结合，建立了教学设计模型，结合大量中学物理教学案例，论述了如何基于学习进阶的研究成果开展以学生为中心的教学设计，从而促进学生物理核心素养的进阶发展。

关于课程和教材的研究呈现了两方面的研究成果，分别体现了不同的研究范围和方法。《高中物理量子理论课程研究》聚焦中学物理中的量子内容，从课程角度开展研究。采用理论和实证研究相结合的方法，对高中物理课程中量子理论的地位与教育价值、课程发展历程与现状进行了系统深入的探讨。《初中物理教材难度国际比较》选取中国、美国、俄罗斯、英国、法国、德国、日本、韩国、新加坡和澳大利亚十个国家的初中物理主流教材为比较对象，对教材的难度、广度、平均深度进行了比较研究，并分别比较了教材中的实验内容、例题和习题及拓展内容情况，分析了教材特点并提出了教材建设的启示与建议。

学生物理核心素养的测评一直是本领域关注的重要问题，特别是像高考、中考这样的高利害考试的有效性已经成为全社会关心的热点。《大学入学物理考试内容效度研究》对大学入学物理考试的内容效度进行了多方面的定量研究。一方面以高中物理课程标准为效标，研究比较和评估了我国（包括台湾和香港地区）大学入学考试物理试卷的内容效度；另一方面从比较我国的高考物理考试与美国 AP 物理考试、英国 A-Level 物理考试出发，研究评估了我国大学入学物理考试的内容效度，提出了对我国现行高考制度的改革建议。

《中学物理教学与信息技术整合研究》展示了跨领域的研究视角，凸显了现代技术特色。在“数据探究”理论指导下，探讨了信息技术与中学物理教学深度融合的基本概念、理论等问题。同时还根据物理学科教学的特点，选取了几何画板软件、物理虚拟仿真实验软件、Camtasia 视频制作软件、Front Page 网站制作等技术，用案例说明了信息技术在物理教学中的实际应用。

大学物理教学研究是我国物理教育研究领域中正在发展的研究方向，关于心智模型和建模教学的研究也是新的研究热点。《基于心智模型进阶的物理建模教学研究》介绍了国内外关于模型与学习进阶、建模与建模教学的相关研究。在此基础上整合心智模型、学习进阶和建模教学的研究，结合我国物理教学的实际，从教学要素和学生心智模型进阶两个维度建构了基于学生心智模型进阶的导引式建模教学模式，并以大学物理“静电学”为例展开实践研究。其研究内容和方法对中学物理教学与研究均有参考价值。

十几位学者参与了本套丛书的编著工作。他们有的是长期从事物理教育研究和中学物理教学的专家，凝聚毕生研究之学术精华；有的是具备海外学习经历的年轻学者，用现代科学教育研究方法研究我国的实际问题。其中多数作者为本领域的博士。作者们都为丛书的出版付出了艰辛的劳动。本丛书从策划、编辑到出版面世，离不开时任广西教育出版社副总编黄力平编审、编辑部主任黄敏娴副编审和各书责任编辑的积极参与和付出辛劳，也离不开不少同行的关心和帮助，其中参阅引用了大量相关的研究成果，均已在参考文献中列出，在此一并表示感谢！期望本丛书的出版有助于物理教育研究领域的繁荣与发展，也期望这些研究成果能够在物理教育实践中得到进一步的检验、修正和完善。

郭玉英

2016 年 11 月于北师大

前　言

21 世纪初发布的《国家中长期教育改革和发展规划纲要（2010—2020 年）》指出："坚持以人为本、全面实施素质教育是教育改革发展的战略主题……核心是解决好培养什么人、怎样培养人的重大问题，重点是面向全体学生、促进学生全面发展，着力提高学生服务国家服务人民的社会责任感、勇于探索的创新精神和善于解决问题的实践能力。"实施中学物理新课程标准已有多年，教育研究工作者和教师在教学理论和教学实践中都取得了很多成果。

物理实验是物理课程的重要组成部分，实验教学是培养学生素质的重要手段。历来的教学大纲和课程标准中都对实验内容和教学方式有明确的要求，但实施的情况却往往令人遗憾。科学技术的发展和教育理念的进步，引发了国内外对中学物理教学改革的思考和探索，需要我们认真关注。

本人在中学从教数十年，对物理实验情有独钟，也很关注物理知识的应用，经常"泡"在实验室以及去现场学习工程技术，并赴北京大学物理系求教。本人悉心研究开发新实验，并自编教材，开设物理实验和电子技术的选修课培养特长生。也曾参与新教材的编写、青年教师的培养、新仪器的研发、全国自制教具的评定。

现在应郭玉英教授和出版社之约，依据本人多年的教学实践经验和思考，并参考许多教师的创造编写了本书。书中重点探讨了以下几方面的问题：

1. 高中物理实验教学的目标、教学内容和教学方法方面的一些热点问题；突出了以学生为主体和学科素养在实验中的表现及培养的途径；探索了实验教材的系统化和优化。

2. 从理论和实践两方面论述了设计教学实验的基本原则和思路，澄清了一些误区。

3. 分析不同类型的实验和教学模式的特点，提出了教学建议。

4. 介绍一些新研发的实验和对实验中深层次问题的思考。

本书第一章探讨了对中学物理实验教学的一些认识。第二、第三、第四、第五、第六、第八章通过几十个典型的实验和联系工程技术应用的案例，详细说明了设计实验和相关活动的思路、实验方法、实验数据、教学建议等。第七章借助一些实验案例介绍了适合高中学生理解的有关误差和数据处理的知识及其应用。第九章介绍了一些应用新技术的通用仪器，简要说明其构造、特性和操作要点，便于读者在教学中参考。

本书编写过程中，郭玉英、卢慕稚两位老师提出了宝贵的意见，汪维澄、吴月江等老师提供了许多案例和资料，广西教育出版社潘姿汝、潘安两位编辑做了大量的编辑工作，本人在此深表谢意！

鉴于本人水平有限，难免有所疏漏，不当和错误之处，恳请读者指正。

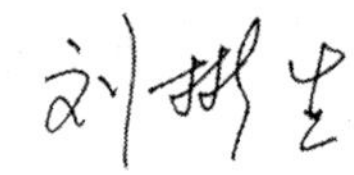

2018 年 4 月于北京

目 录

第一章 对物理实验教学的认识与研究 / 1

第一节 实验教学现状概述 / 2

第二节 要重视对科学素养的培养 / 4

第三节 实验教学的目标和要求 / 8

一、讲求教学艺术 / 8

二、以学生为主体 / 9

三、改革和创新 / 10

四、结合实际研究教法 / 12

五、实验教材的系统化和优化 / 14

六、开发利用多种教学资源 / 15

七、教师的学习提高 / 17

第二章 物理实验的设计与研究 / 19

第一节 设计实验的基本要求 / 20

一、以理论为指导，避免出现科学性错误 / 20

二、设置和优化实验条件 / 21

三、加强直观性 / 25

四、体现多样性 / 26

五、注重创新与提高 / 27

六、多方面学习和借鉴 / 29

七、做好总体规划 / 31

第二节 测量和仪器 / 33

一、测量的实质 / 33

二、测量仪器对被测系统的影响 / 34

三、测量仪器的发展 / 35
四、测量仪器的选用 / 36
第三节 自制教具的研究 / 38
第三章 新实验的研究与设计 / 41
第一节 指导思想 / 42
第二节 力学实验案例研讨 / 44
一、频闪技术的应用 / 44
二、两个力学基础定律的探究 / 48
三、机械振动的观测 / 52
四、机械波的观测 / 57
第三节 电学实验案例研讨 / 62
一、电容概念的引入 / 62
二、二极管的特性和发光二极管的应用 / 64
三、太阳能光伏板的性能和应用 / 69
四、法拉第电磁感应定律 / 72
五、通断电自感现象 / 76
六、*LC* 电路的阻尼电磁振荡 / 82
第四节 电子技术实验案例研讨 / 85
一、认识逻辑电路 / 85
二、传感器的原理和应用 / 88
第四章 演示实验的研究与教学 / 94
第一节 对演示实验的要求 / 95
第二节 教学策略 / 98
第三节 实验案例研讨 / 99
一、瞬时速度概念的引入和测量 / 99
二、自由落体运动 / 101
三、超重和失重 / 103
四、气体的等容变化 / 106
五、气体分子速率分布规律的模拟 / 109
六、电容器的充放电 / 110

七、光纤通信原理 / 116
第五章 分组实验的研究与教学 / 119
第一节 对实验的要求 / 120
第二节 教学策略 / 123
第三节 实验案例研讨 / 125
一、用纸带打点装置研究碰撞 / 125
二、探究单摆的周期与摆长的关系，测定重力加速度 / 128
三、钨丝灯泡的伏安特性和应用 / 132
四、伏安法测电阻 / 136
五、电源的输出特性和应用 / 140
六、探究气体等温变化的规律 / 144
七、测定玻璃和水的折射率 / 146
八、练习使用示波器 / 149
第六章 其他类型实验的研究与教学 / 152
第一节 实验专题研究、制作活动和社会调研 / 153
一、课程设计 / 153
二、教学策略 / 154
第二节 校本课程 / 155
一、课程设计 / 155
二、教学策略 / 156
第三节 仿真物理实验 / 158
一、什么是仿真物理实验 / 158
二、仿真实验在教学中的应用 / 158
第四节 力学和热学实验案例研讨 / 161
一、用圆锥摆验证向心力公式 / 161
二、用形状不规则的摆锤组装单摆测定重力加速度 / 161
三、用多种方法测定滑动摩擦因数 / 163
四、研究弹簧振子的周期，测定物体的惯性质量 / 165
五、探究物体自然冷却的规律 / 166

第五节　电学和光学实验案例研讨 / 169
一、代替法测电阻 / 169
二、用阻抗法和谐振法测定电容和自感系数 / 170
三、低压直流电源的设计、组装和研究 / 172
四、组装开普勒望远镜模型并测定其放大率 / 175
五、用衍射法估测 CD 光盘刻纹间距 / 176
第六节　制作和调研活动案例 / 178
一、制作“喷水火箭”并进行射高比赛 / 178
二、生活中应用频闪的装置 / 179
三、半导体制冷元件的应用及其工作原理 / 180
四、组装太阳能充电器和太阳能路灯模型 / 182
第七章　实验误差和数据处理的教学研究 / 184
第一节　实验误差 / 185
一、误差的概念和表述 / 185
二、产生误差的原因和处理对策 / 186
第二节　有效数字 / 189
一、有效数字的概念和表述 / 189
二、有效数字的运算和取舍 / 190
第三节　数据处理 / 191
一、处理数据的几种方法 / 191
二、学习手工处理数据的必要性和要求 / 193
三、用计算机处理数据 / 194
第四节　教学策略 / 196
一、误差的教学 / 196
二、有效数字的教学 / 197
三、数据处理的教学 / 198
第五节　案例研讨 / 200
一、油膜法估测分子尺度的实验误差 / 200
二、伏安法测电阻的误差和有效数字 / 201
三、由打点纸带求加速度的正规二次逐差法 / 202

四、由误差判定向心力公式是否得到验证 / 203
五、由充放电曲线求电容器的电容 / 203
六、外推法求钨丝灯泡的冷态电阻 / 204
七、钨丝灯泡伏安特性曲线的描绘及其经验公式 / 205
八、判别单摆的周期与摆长的平方根是否成正比 / 207
九、寻求竖直弹簧振子的周期与振子质量的关系 / 207
第八章 实验问题的深入研究 / 210
第一节 研究的目的和重点 / 211
第二节 实验案例研讨 / 213
一、物体运动的记录和测量 / 213
二、慎用小灯泡和电流表做显示 / 217
三、多用电表 / 220
四、安培力的方向 / 227
五、磁场的建立和测量 / 229
六、对自感实验的再研讨 / 232
七、容抗、感抗及其应用 / 238
八、几何光学中的成像实验 / 245
第九章 新仪器介绍 / 250
一、电子天平 / 252
二、气垫导轨和光控数字计时器（附：落体仪）/ 253
三、电子起电机和电子感应圈 / 258
四、数字式多用电表 / 259
五、教学用数字化实验系统（DES）/ 262
六、模拟示波器 / 268
七、数字存储示波器（DSO）/ 270
八、低频信号发生器 / 272
参考文献 / 274

第一章 对物理实验教学的认识与研究

《国家中长期教育改革和发展规划纲要（2010—2020年）》提出，全面实施素质教育是教育改革发展的战略主题，核心是培养什么人、怎样培养人，重点是面向全体学生，促进学生全面发展。《普通高中物理课程标准（2017年版）》中提出学科核心素养的概念，指出它是学生通过物理学习内化的带有物理学科特性的品质，是学生科学素养的重要构成。

物理实验教学应当在实现上述目标的过程中发挥重要的作用。近年来很多教师都非常重视研究和改革实验教学，从理论和实践两方面做了有益的探索。但在现实中，物理实验却被很多高中学校淡化和虚化。一个重要的原因是课程标准对学生实验素养的培养要求不明确，高考的实验题只是纸上谈兵，因此实验的教学和考查方法不当，甚至将教学异化为高考训练。

本章将介绍笔者通过教学实践总结出的对学生实验素养内涵的认识，并且通过实例探讨实验教学的目标、教学思想、教学方法、改革和创新的方向、教材的系统化和优化、教学资源的利用和开发、教师自身的提高等问题。

第一节　实验教学现状概述

21 世纪开始的课程改革对中学物理教学提出了更高的要求。教材中的实验内容和教学模式有所调整、充实，并增加了一些新实验。近十余年来众多教师对实验教学更加关注，做了许多改革和探索，花费大量时间潜心研究，设计新的实验项目，制作新的仪器教具，非常值得敬重和学习。各种教学竞赛和自制教具评比等活动对实验教学起了促进作用，涌现了不少优秀成果。一些教学研究活动和青年教师培训班，都将实验教学列为其中一项专题，实为必要。

进入 21 世纪后，学生的学习、生活环境和观念发生了日新月异的变化，理解能力、接受能力不断提高。在初中的物理和科学课程中，学生经历过不少科学实验，学到了一些实验方法。新技术的发展提供了更好的实验手段，互联网的发展使得教学资源更加丰富。随着教育经费的增加，实验设备也在逐步充实和更新。这些发展都给实验教学提供了极好的条件。

但是发展中也存在许多值得关注和亟待解决的问题，主要有以下方面：

1. 课程标准中提出要重视实验教学，但在实际工作中却存在与之矛盾的现象。一是课本中的某些实验内容囿于传统，水平过低，要求不当，或可行性不佳；二是很多学校和教师对高中生的理论知识和解题能力要求很高，期望能在某些方面接近大学生的水平，而对实验知识和能力的要求却与对初中生的要求相差不多。总之，重理论、轻实践的偏向依然严重存在。

2. 初中课程中的一些内容侧重于引起学生对科学的兴趣，因此采用大众科普式的表述，从而忽视了对物理本质的教学。在实验操作方面，片面强调开放性和学生自主，无具体严格的要求和规范，甚至为了考试而设置某些僵化的规则和要求，从而使学生形成不良的认识和习惯。

3. 各个地区和不同学校的发展还有很大的差别，除了少数经济发达地区和示范性中学之外，大部分学校的实验条件和教学条件还停留在20世纪80年代甚至更老旧的水平。由于诸多原因，例如盲目扩大学校规模，同一年级学生多达千人，致使只能完成少数演示实验，甚至完全开不出任何实验课，或者以计算机制作的课件、录像、仿真软件代替真实的实验。

4. 实验考核虽已列入结业考试和升学考试，但实验考题的内容、评价的标准和方法都受到不少限制，因此分数的高低难以切实反映实验素养的优劣。实际上，只有通过对学生的长期观察和交流才会得到正确的评价。

5. 高考“指挥棒”的影响相当大，它在一定程度上阻碍了教师和学生观念的转变，教师在很大程度上将物理实验考题的要求作为教学目标，以在黑板和纸面上“讲”实验题来应对考试。教育管理也存在问题，教育行政部门对学校、教师大都以高考成绩为出发点进行评价，忽视了对平时实验教学实施和学生实际实验素养的考查。

6. 目前高中教师主体呈现年轻化、高学历化的趋势，有利于物理教学水平的提高。但是新教师大多不熟悉中学的实验和教学方法，或认为中学的实验很简单，无须着重研究。有些教师的知识结构和能力结构还不能适应高中教学的要求，自身的实验素养也有待进一步提高。

第二节　要重视对科学素养的培养

物理课为什么要做实验？许多教师通常给出的答案是：主要为了建立物理概念，认识物理规律；创设教学情境，激发学生的学习兴趣，应对高考。教师们往往忽视了一个重要的教学目标——培养科学素养。

素养是指一个人的修养，从广义上讲，包括道德品质、外表形象、知识水平与能力等各个方面。国际上普遍将科学素养概括为三个组成部分：对于科学知识达到基本的了解程度；对于科学的研究过程和方法达到基本的了解程度；对于科学技术对社会和个人所产生的影响达到基本的了解程度。

2005 国际物理年的决议指出，物理学是认识自然界的重要基础，物理学及其应用是当今众多技术进步的基石，物理教育为培养人的发展提供了必要的科学基础。

《国家中长期教育改革和发展规划纲要（2010—2020 年）》提出："全面实施素质教育是教育改革发展的战略主题……核心是解决好培养什么人、怎样培养人的重大问题，重点是面向全体学生、促进学生全面发展，着力提高学生服务国家服务人民的社会责任感、勇于探索的创新精神和善于解决问题的实践能力。"

物理教学不仅要使学生能够解答理论问题，也要使学生有解决实际问题的意识和能力，这些都能体现出创新思维。

以前的物理教学大纲中的提法是培养学生的动手能力或实验能力。《普通高中物理课程标准（实验）》（2003 年）在基本理念和课程设计思路中，将培养学生的实验素养列为一项重要的教学目标。《普通高中物理课程标准（2017 年版）》中提出学科核心素养的概念，指出物理学科核心素养是学生通过物理学习内化的带有物理学科特性的品质，是学生科学素养的重要构成。物理学科核心素养主要由"物理观念""科学思维""科学探究""科学态度与责任"等四个方面构成。

实验素养，即在实验活动中体现的科学素养，是科学素养的重要组成部分。下面拟着重就此进行论述。

1. 能自觉地审视由实验展现的复杂的现实世界，有实事求是的态度

学生常常认为实验会符合理想模型而罔顾现实，甚至拼凑数据。例如，用打点纸带记录重物竖直下落来探究机械能的转化规律时，若依据重物从静止下落到某个位置的时间和公认的重力加速度来计算到达此位置的速度，就忽视了空气阻力和纸带所受摩擦力的影响，从而使求出的物体动能大于其真实值，导致实验出现不可思议的结果——物体动能的增加大于重力势能的减少。

2. 会设计实验方案，具有创新意识；会选择、控制实验条件并进行优化

例如，用数字化实验系统（DES）代替小灯泡来显示通断电自感现象，并且选择电路中元件的自感系数和电阻，使之能够明显地呈现出自感所造成电流不能突变的特征。

学生不可为了应对考试而记忆某种一成不变的实验模式，要能够提出多种解决方案并选择最佳的、现实可行的实验方法和条件，这才是创新的精髓。

3. 了解常用仪器的结构原理，能正确地选择和熟练地使用这些仪器，遵守操作规程

这体现了对仪器的正确认知和操作仪器的基本功，体现了对人和物的尊重。例如，选用数字式电压表可利用其高内阻而忽略被测电路分流的不利影响，选用数字存储示波器（DSO）可利用其存储功能观测非周期性变化的电信号。

4. 养成细心观察实验现象，认真测量实验数据的良好习惯

实验不是游戏，应当有科学态度和责任心。未曾预料到的变化可能隐藏着某种物理规律或者误差，细节往往会决定成败。例如，从精细的测量可看到弹簧振子的周期并不恰好与振子质量的平方根成正比，由此发现弹簧质量对振动的影响。

5. 具有初步的发现、分析和排除故障的能力

学生不应总是依靠教师的帮助，要学会运用相关知识和技术手段来解决问题。吃一堑长一智，增强自信心。例如，最常见的电路故障，可

能是连接错误、断路、局部短路、接触电阻过大、电源电压和内电阻不正常等原因造成的，要能够使用仪表或其他简单的方法测试并做出判断。

6. 会具体分析和估算简单的实验误差，能采取减小误差的措施；会用有效数字表述实验结果

要认识误差的普遍性、多样性和规律性。例如，能够全面分析验证牛顿第二定律，用多种方法分析测电阻实验等实验的各种误差，做出改进。

7. 掌握记录实验数据的规范和常用的处理方法，会通过数据分析发现物理规律

要体会数理统计的思想和方法，初步掌握使用计算机进行数据处理的方法。例如，用实验测出的图线描述钨丝灯泡的伏安特性，并拟合出它的经验公式。又如，由实际的弹簧振子振动数据引入弹簧的有效质量概念，修改表述其振动周期的公式。

8. 善于用语言和文字论述实验的结果，善于质疑、交流和分享

实验中只填写简单的报告册并不利于学生表达能力的全面发展。例如，对于研究电源输出特性的实验，要依据实验数据阐述观测到的规律及其实用意义，共同研讨实际的案例和手机电池上标出的各种参数的意义等。

9. 能灵活、综合地运用理论和技术知识解决实际问题

这体现了高层次的研究和实践能力。例如，用行波法测定空气中的声速，判别黑盒子内的多种电学元件并测定其参数，制作“喷水火箭”等。

上述要求对高中生来说是很高的，但却可以作为高中物理实验教学努力的方向。从实际情况出发，是能够在一定程度上实现的。教师在设计每一项实验教学时，都要考虑到如何培养学生的实验素养，该实验要选择和突出哪些方面，不同水平的学生应该和可能达到何种程度等。本书随后几章将结合很多实例来说明实验素养的具体表现和培养方法。

教育无小事，必须从点滴做起。实验室规章往往不太受重视，但能否遵守实验室规章体现了学生的教养。例如，实验室规章要求保持良好的学习研究气氛，保证人身安全，爱护仪器设备，结束实验后要整理器

材和打扫卫生，等等。遵守实验室规章的教育在实践中必须持之以恒。

物理学科的素养对所有高中学生都是有益的。笔者在北京市第四中学开设物理实验选修课时，曾有生物、化学学科的特长生来选修。他们认为在物理实验课中能够学到特有（与化学、生物课不同）的科学思想、科学方法和分析解决问题的能力，以求在升入大学后具备更全面的素养。还有一名校篮球队的主力队员，他在物理实验中往往会选择最实用的方案，并且很少有多余、无效的操作，这得益于他良好的体育运动的素养。更多选修过物理实验课的学生升入理工科或医科大学后，在学习实验课程时自觉性强，在操作能力上具有优势，并且会受益终身。

第三节　实验教学的目标和要求

学生的认知和能力源于许多方面，是经由不同的教学过程构建的，实验教学是其中的重要组成部分。学者们和教师们对此从教学理论和实践的多方面进行了探讨，这是教学研究中的重要课题，是一项长期的系统工程。

本书拟从实践经验中总结出一些认识和体会，在本书第三、第四、第五、第六、第八章中各有相关专题的案例分析。

一、讲求教学艺术

实验教学的主要特点是，通过人为地创设条件来观察现象、采集数据、分析处理，运用归纳、演绎等方法建立概念、发现规律、解决实际问题。实验教学是理性的，也是感性的，需要把握其特点，讲求教学艺术。实验教学有思想、有方法，也有程式、有规范、有基本功，每一次实验教学都应该成为一项完美的艺术实践和享受。实验教学不是从属于理论教学的一种简单技术行为，更不应当以功利主义的态度来对待。

半个多世纪以来，我国的物理教学经历了借鉴欧美、全面学习苏联、“三机一泵”、“拨乱反正”、新教材改革等过程，积累了丰富的经验和教训，认识到不能故步自封，也不可盲目效仿，应当发扬中华文化的优良传统，研究并吸收国外的新观念，走一条适应世界发展并适合国情的路。

1. 要循循善诱。多年来倡导的启发式教学就是它的体现。例如，研究振动，可以由伽利略观察教堂中吊灯摆动的故事引入，建立接近理想单摆的实验装置，观测它振动的等时性，引出“周期”的概念；讨论测定周期的不同方法，以及其测量误差的来源和改进的对策，学习依据实际情况估计出绝对误差大小的方法（不是由教师给出）；然后完成“探究单摆的周期与摆长的关系”的分组实验，再导出单摆的周期公式并测定重力加速度。还可以进一步拓展对计时方法和原理发展过程的了解：从伽利略依靠脉搏计时到使用秒表，指出机械式秒表是依据内部摆轮的振动作为计时基准的；石英钟表、教学实验使用的光控数字计时器和通过计算机采集的一些物理量的变化，都是以专用电路产生的电振荡作为计时基准的；此后学习原子结构和光谱的知识时，将会使学生对振动的认识提升到更高的层次，从而初步了解原子钟是依据某种原子内的振动作为计时基准的；最后做出总结，各种计时仪器都是以某种周期性的物理振动作为计时基准的，不同振动系统的频率稳定度和准确度不同。

2. 既要高屋建瓴，又要细致入微。教师应努力形成大气磅礴又润物细无声（潜移默化）的教学风格。例如，对于“物体运动的记录和测量”实验，不能局限于纸带打点法，要认识和理解常用的多种模式，概括出具有指导性的思想和规律，并且尽可能掌握各自的特点和具体操作。又如，要安排系列的能量转化实验贯穿于整体的物理课程中，让学生从感受宏观、简单的机械能转化与守恒，到微观的热运动，再到更复杂的电磁变化的能量转化形式，逐步加深认识，明白能量转化的普遍性和技术应用，以及能源问题对人类的重要性。这其中要包含验证电能转化为内能时能量守恒、斯特林热机、光伏板发电、电能储存、新型电光源——LED 等实验。

3. 身教重于言教。在实验教学中，教师要以热爱实验的精神感染学生，以深刻的思想指导学生，以高超的技能做出示范。

4. 扎实的基本功对于任何艺术都必不可少，实验教学也不例外。检测并排除电路故障就是常见的检验基本功的一项实验，“行家一出手，便知有没有”。基本功不能速成，更不能由别人代替。教师要戒骄戒躁，经常“泡”在实验室中“修炼”。

5. 严师出高徒，要树立明确的标准，敢于要求学生。

6. 百花齐放。实验教学要因地制宜、因材施教，形成各个学校不同的特色，每位教师不同的教学风格。

二、以学生为主体

高中阶段是学生形成世界观和人生观的重要时期，与初中阶段相比变化很大，不再过多注重兴趣、新奇的现象、感觉上的冲击等。高中生的心理需求是认识自然规律的欣喜，对未知事物的追求，获得知识的满足，（运用物理知识）解决实际问题的成就感等，因此要通过教学来满足他们，促进学生个性的发展。

教学方法应符合学生的认知规律。演示实验要先提出问题，引导学生思考。分组实验不要只是给出现成的操作流程，让学生“照方抓药”，要先提出问题，让学生在课前做设计，在课上做讨论。但是有一些学校和教师现在还是采用注入式的方法，致使探究式教学流于形式。例如，教师急于得到预想的实验结论，限制甚至代替学生的思考；在提倡多种猜想的环节，实际是由教师设定一种猜想，不鼓励学生提出不同的意见。这些都需要努力克服。

开放性教学的目的是发挥学生的主动性和想象力。有个事例让笔者记忆犹新：对于二极管整流电路实验，习惯上只是观测负载电阻上的波形，而一名学生的做法却出乎预料，他同时观测二极管两端电压的波形及其与前者的关系，冲破了习惯思维，从而形成对电路状态的全面、深入的认知，了解了实际的二极管存在门限电压的影响。对于开放性教学，还需要认识到学生的主动和教师的主导是一致的，缺一不可，但现在还有这样的情况：将开放变成放任，或偏重过程的体验而忽视实验结果的研讨。

要注重发现和培养学生的特长，力求使一部分学生变成物理实验的爱好者。笔者曾组织学生担任小助手，帮助准备实验，调整、维修仪器，制作教具，在课上协助教师辅导全班同学做实验，从而使他们在为公众服务的过程中发挥特长，增长见识，提高能力。

三、改革和创新

实验教学的模式、方法和内容要与时俱进。充分利用已有的仪器和自制的教具，通过实验来建立概念、展示规律的优秀传统要继承和发扬。但不可否认的是，现有的教材受到以前的教学方式、编辑思想和技术条件的限制，存在很多不足之处。例如，对于瞬时速度、电容等重要概念的建立，仍采取抽象的文字叙述，无实验做支撑；教学方法大多是平铺直叙，满足于得到理论所需的结果，缺少引导、启发、深究和扩展。学生在学习中往往会知其然而不知其所以然。

1. 对教学定位的反思

有些实验虽然教了很多年，但仍需要回过头来想一想：实验的目的是什么？它是否取得了预期或更好的教学效果？例如，测绘钨丝灯泡的伏安特性曲线主要是为了认识一种伏安特性是非线性的电子元件吗？灯泡是典型的非线性电子元件吗？为什么不通过实验体验一下非线性伏安特性曲线的应用呢？又如，用小灯泡的闪光演示断电自感现象，学生会产生哪些疑问呢？此实验能说明什么规律，不能说明什么规律，甚至会产生什么样的误导呢？再如，伏安法测电阻的实验，花费大量精力推导公式或用图线分析电表内阻导致的系统误差，只讨论选择内接或外接却无视还存在第三类（外接、内接都不好）情况；更严重的是脱离实际，没让学生在实验中亲自观察、感受这种误差的存在和影响程度，以致学生在未知电表内阻的情况下无从判断、选择电路的连接方式或采取其他对策。

2. 深入解读教材

教师需要了解每一个实验课题的全部物理内容，明确高中教材中的实验是如何选择的，相关实验的内容和教学目标是怎样设置的。因此教师要深入解读教材并进行再创造，只看几个知识点来备课是远远不够的，往往会流于形式。例如，对于电容和自感这两个课题，应当从电容器的简单充放电和线圈的通断电都是一种暂态过程的理论高度来认识，要设计能够显示其过程中电流和电压（自感电动势）变化规律的新实验，避免利用费解甚至引起误解的不具有普遍性的实验现象，从而概括出“电容器两端电压不能突变”和“电感器中电流不能突变”的特点。这两个特点对于分析这两种元件在电子电路中起的作用时十分有用，由此扩展，还可以设计简单的延时电子电路。

3. 改革传统的实验

新教材注重培养学生的科学探究能力，将一些传统的验证性和测量性实验改为探究性实验，例如单摆的周期与摆长的关系。其实能够做得更多的是在各种类型的实验中挖掘出一些需要探索的问题，例如变压器的实验，只观测电压与匝数的关系是不够的，还要观察并且理解输入电流的大小取决于输出功率这个规律。

4. 开发新的实验课题

要力求通过实验正确、全面地揭示物理本质；要开发传统方法不能完成的实验，或从定性实验发展为定量实验；要增加应用性实验，培养学生关注实际和解决问题的能力；要注意利用新技术，了解仪器发展动态，探索新思路，解决难点问题，丰富实验内容，将传统内容与现代元素结合得更好。

例如，光伏发电是绿色能源的重要来源，光伏板价格便宜，且很容易买到，应当尽可能增设光伏发电的实验，帮助学生认识能量的转化，研究光伏板的光生电动势的特点，测量它的工作特性和输出功率，学习正确的安装使用方法，体验它的简单应用（如给手机电池充电）等。这涉及多方面的物理和技术知识，是个很有意义的综合性实验。

5. 在可能的条件下将某些演示实验改为学生实验

例如，电容器的充放电过程，电池的输出特性（即负载变化对电流和路端电压的影响），传感器的简单应用，光的折射定律和全反射，在气垫导轨上验证动量守恒定律等实验可改为学生实验。

四、结合实际研究教法

“教学有法，教无定法。”此话诚然。它告诉我们要实事求是，依据学生的心理状况、知识基础、接受能力以及教学内容、教学目标等，采取不同的教学方法。这体现了教师的创造性。

可惜时下有些误区。例如，将课程标准中列出的科学探究“七要素”变成“新八股”，不管什么实验都要探究。其实对某些学生早已知道结果的实验，探究只是走个过场。

还有人将“控制变量法”泛化和神化。如将法拉第电磁感应定律的实验分解为研究 $E \propto \Delta\Phi$ 及 $E \propto \frac{1}{\Delta t}$两个关系，这就将磁通量变化率$\frac{\Delta\Phi}{\Delta t}$这样一个物理概念割裂从而造成误导。其实控制变量法只是便于安排研究程序的逻辑方法，将复杂的问题分解为若干个简单的一元函数来研讨。对于科学实验，正误在于所依据的原理，成败的关键则往往取决于实验条件的设置与优化。

多种教学方法源于教学内容的多样化、教学对象的个性化、教学环境的开放性等。

讲述法在国内外仍然经常被采用，它在阐述实验原理、建立操作规程、认识仪器等方面起到良好的作用，并且为其他教学方式打下基础。该方法重要的是讲述要有条理、简明确切、有启发性，我国教师在这方面积累了丰富的经验，需要继续发扬。

探究法是目前关注的热点。探究物理规律的实验可以说是个大数据实验，高中开设这类实验的目的在于让学生体验探究的过程与方法。教学中教师切勿追求形式，应注重实质，精心选择和组织实验内容。例如单摆的周期与摆长的关系实验，如果实验条件和测量方法不当，得到的数据误差太大，就无法概括出规律，因此教师要在课前提出一系列问题引导学生做准备。笔者曾选用两个适用的典型例子：（1）研究竖直弹簧振子的周期与哪些因素有关时，发现 T^2-m 图线并不通过坐标原点，但不是随机性误差造成的。这是学生预想不到的情况，所以要启发他们分析实验所用的装置与理想模型的差异，找到原因，从而建立弹簧有效质量的概念，并且尝试用恰当的数学处理方法获取简明的公式。（2）探究物体自然冷却的规律——牛顿冷却定律，学生事先也是不知道结果的。

在测量性实验中也会遇到需要深入探究的问题。例如，代替法测电阻，尽管在理论上很完美，但在实验中判定等效性时必然存在误差。如果代替物（电阻箱）的阻值变化对整体电路的影响不处于举足轻重的地位，并且检测方法的灵敏度很差，就会使得到的结果非常粗糙甚至更糟。可让学生想一想，若曹冲使用郑和下西洋的船（排水量千吨级）来称大象，能否如愿？由此使学生明白，对于用代替法测电阻，不仅要弄清原理，还必须考虑调控电路的设计和参数选择是否得当。同时，还可用正误两种设计的电路做对比实验，让学生亲眼看到效果优劣，解开疑问。

讨论教学法适用于设计性实验。这类实验只给出课题和仪器，要学生自行设计方案，这也体现了奥林匹克竞赛的高要求。学生要能够提出多种方案，各抒己见，但教师一定要在课前做充分准备，要具备把控全局的知识和能力。例如，不使用测力仪器，怎样用多种方法测定滑动摩擦因数。又如，测定电容大体有三种方案：一是利用电容器充放电过程

中的 $I-t$ 图线来测定，二是通过对正弦交流电路中容抗的测量来测定，三是将电容器与电感器组成电路，通过谐振现象来测定。三种方案分别适用于不同容量的电容器：第一种适于测量大到几百微法的电解电容器，后两种适于测量较小的（几纳法到几微法）无极性电容器。还可以简略介绍指针式和数字式多用表测量电容的原理。

联系实际应用是教学中亟须重视的问题。例如，弹簧振子提供了一种依据振动周期测量物体惯性质量的方法，这不仅要在实验中学习，还要看到它与天平测得的引力质量结果相同。扩展开来，在空间站失重的环境下，就可以用这种方法来测量物体质量。还可以举出一些实验，如：用卡尺和钢直尺测量常见的玻璃制液体密度计的结构尺寸，研究该密度计刻度的规律；观察指针式多量程欧姆表的实际电路，分析其设计原理；用热敏电阻组装最简单的温度计并标定其刻度。教师要引导学生接触和认识真实的世界，引导学生从实际的可能和需求考虑解决方案。

五、实验教材的系统化和优化

自 20 世纪 60 年代以来，高中物理课就没有单独的学生实验教材。有些是编写十几或二十几项实验附在各册教科书之末，有些则将实验编入各章中，教学形式也比较灵活。实验内容大多结合各章的物理知识，有些是传统的课题，有些则是使用新仪器（如打点计时器、无汞的气体定律实验器）开发新课题。实验类型大多是验证型、训练型、测量型，近十年出现了探究型。但总体看是“零敲碎打”、不成系统，对每个实验只做简单的叙述，指导性、启发性和开放性均不足。

为了培养优秀的人才，能否提供系统的教材，开设较高水平的校本课程？这是需要关注的问题。

笔者汇集多年的教学经验，借鉴大学的基础物理实验内容和教材，学习奥林匹克国家培训队的开放性和启发性教学方法，编写出《高中物理选修实验课本》等书，并经过若干年教学实践证明了其可行性。教材中编入了几十到近百个高于和广于高中课程的实验，分为力学、热学、电学、光学等部分，有基础实验知识和理论介绍、案例设计分析、练习性实验和设计性实验，使学生能较全面地了解与实验相关的物理思想，接触一些近代的实验方法，受到较系统的能力训练。学生达到的水平远高于高考对实验的要求，为升入大学后的学习或毕业后从事工程技术方面的工作打下较坚实的基础。详细的介绍见本书第六章第二节。上述著作编写于20世纪90年代，现在看来需要对部分内容进行更新。

六、开发利用多种教学资源

从学校到社会，从实体到虚拟，有很多资源可供实验教学利用，能够促进多种教学模式和学生个性的发展。教师们在实践中创造了多种课型，积累了丰富的课题。下面谈几个方面。

1. 教具

刘济昌（原教学仪器研究所所长）对教具给出的定义是：教具是在教学过程中体现教育思想、教育目标、教学内容、教学方法所用器物和装备的总和。

显然，教具是进行实验教学的最主要、最基础的资源。

由于诸多原因，许多学校现有的仪器配备不足、质量不佳，或配备良好，但教具的更新跟不上教材的改变和教师教学设计的创新，工厂的产品难以及时提供。再者，由于工厂的设计人员不完全了解教学需求，产品的品种和功能或不能完全满足教学要求，或不适应新的教学理念模式，或设计思想及使用的技术落后于时代。

对于上述问题，必须由自制或改制教具来解决，最好由师生共同动手制作。我国教师有自制教具的优良传统，朱正元教授提倡的“坛坛罐罐当仪器，拼拼凑凑做实验”就是最突出的代表思想。

2. 信息技术

（1）教学用数字化实验系统（DES）

这些实验系统虽有各种名称，但主体都是由传感器、计算机和专用软件组成，并且配有若干适合教学用的附件。近年来，它在学校教学中发挥了良好的作用，但利用率却不高，主要原因是部分教师对新事物缺乏认识和研究，因此需要对教师进行培训。同时，也存在盲目配备、被厂家误导等问题。

（2）实验视频

网上有很多实验视频，但良莠不齐，可选择一些作为教学辅助，但还是要尽量使用真实仪器做实验。不能用动画制作的课件来代替真实的实验，因为动画展示的现象是人为设计的，为了追求视觉效果，有时候并不符合物理规律。

（3）计算机软件

使用计算机处理实验数据有诸多优点，学生也容易掌握。目前普遍使用的是 Excel 软件，其基本功能大体满足高中所需。其他一些专门的数学软件功能更为全面，如 MATLAB 等。各个厂家的教学用数字化实验系统（DES）的软件中也嵌入了基本的数据处理功能。

近年来，物理教学仿真软件引起部分教师的关注。这类软件是严格按照物理规律设计的，有良好的开放性和互动性。例如电路仿真软件，使用者可以自行选择不同的元件连接所需的实验电路，在正常条件下，电路中的电流、电压、电阻等参数符合欧姆定律等电学规律，各种元件的功能也都符合各自的电学特性，与实物相同。再有，对于不具备现实条件的物理过程，例如单摆的振动周期与重力加速度的定量关系，粒子在回旋加速器中的运动等，在实验室中是无法重现的，但是却可以进行仿真模拟。本书第六章第三节将专门论述仿真软件及其在教学中的应用。

3. 互联网及其他新技术

这是一个新的领域，需要大家来探索，也可作为学生的自选研究课题。例如：

（1）制作教学视频，内容可以是重要或复杂仪器（打点计时器、数字多用表、示波器等）的简单原理和操作方法，还可以是重要类型实验（直流电路实验、交流电路实验、几何光学实验等）的操作规范等。教学视频可放在网上让学生课前自学，不占用或少占用课上的时间。现在网上虽能见到一些教学视频，可惜大部分缺乏创造性，制作相当粗略，针对性不强。

（2）试着让学生用计算机写实验报告，在网上发送给教师批改或与同学互相交流。

（3）作为学生的课题研究和制作项目，探索用手机对实验过程进行简单的远程监控，关注人工智能（AI）及虚拟现实（VR）技术的应用。

4. 科技馆和科学玩具

科技馆中的一些展品和表演可以用于实验教学，学生从中可得到启发和借鉴。但这只是一种辅助手段，需要认清大众科普教育不等同于物理课，有些展品的物理和技术原理较高深、复杂，给出的解说往往只是通俗的、粗浅的。教师要有目的、有选择地组织学生参观，并引导学生思考和提出问题，使物理知识得到切实的运用，避免产生似是而非的认识。目前，不同厂家提供的“校园科技馆”有一定的作用，但各有所长和不足，要慎重选择，并通过使用来评价其教育效果和性价比。

科学游戏和玩具很有趣，但未必适合实验教学。例如关于声现象，“水杯琴”只是游戏，而依据“闭管共鸣”原理制作简易排箫可作为物理教学实验，详细介绍见第二章第一节图2-5。又如常见的几种“磁悬浮陀螺”玩具，看不到内部结构，原理的解说比较复杂，不太适合教学使用。图1-1所示的“自动饮水鸟”则很适合用于说明“永动机是不可能的”，在探讨其工作原理时会用到物态变化和物体重心的变化、平衡等物理知识。

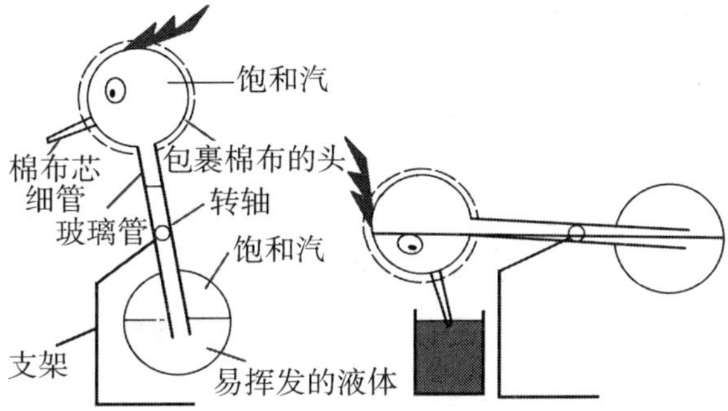

图 1-1

5. 工程现场

例如，组织学生参观小型变电站，农村电杆上安装的用户变压器及其输入、输出的线路，学校或居民楼的低压配电室等，可帮助学生对实际的高压输变电系统形成概括性的认识。还可参观小型（或家用）光伏发电设备，了解光伏板的安装和运行要求、电能的储存、逆变（低压直流变成220V交流）、并网输出多余的电能等过程。

七、教师的学习提高

科学技术日新月异，必然对物理实验教学产生重大的影响，这就需要教师不断地学习提高，与时俱进，更何况有些教师对传统的技术也并不熟悉。

学习不仅要读书，更要动手，贵在自觉和持之以恒。学习方式主要以自学为主，广泛涉猎，随时随地通过各种形式（看展览、现场参观、互联网等）从各方面学习。

专业培训和实验教学竞赛是可行的方法。但目前教师培训存在许多不足，例如培训内容几年不变，学术水平不高，要求不严；实验教学竞赛止于评奖，缺少深刻的点评和有效的交流活动；研究中学物理教学的书刊上也鲜有讨论实验教学的深度好文章等。这些都需要我们努力改变。

改变现有的教学工作评价体系，以调动物理实验教师从事研究的积极性，也是当务之急。

第二章 物理实验的设计与研究

传统和现行的教材中编入了一百多项各种类型的实验，国内外的资料中也介绍了许多实验，厂家也设计了一些新的实验仪器。但这还不能满足物理实验教学的需求，因为有些理论过去未曾在教学中用实验探究或验证。学生在建立概念和解答习题的过程中需要用实验释疑解难，要通过实验体验物理学在技术上的应用，因此要改变一些现有实验内容单薄陈旧的状况。此外，为学生开设的校本课程必须包含扩展性、提高性和开放性的实验，或者与大学衔接的先修性实验。对此，近年来教师们突破思想和习惯的束缚，设计了许多很好的实验，并且不断地研究、创新。

实验的设计与研究并非雕虫小技，它既是实践问题也是学术问题。设计的实验要有正确的理论指导、合适的方案和技术可行性，实验内容要有丰富的教育内涵，能够满足不同的教学模式和方法，要联系所学的知识但不受课本和考试的限制。我们遗憾地看到，有的教师很少读书，不钻研、不学习，只是借鉴前人的成果和经验，或是简单地模仿别人而未掌握其设计思想的精髓，盲目地重复探索，甚至陷入某些误区。

本章将结合一些实例，探讨设计实验的一般原则、要求和方法，并且对实验测量的基本概念、测量仪器的发展、仪器对测量的影响和选择做些阐述，对自制教具做简单介绍。

第一节　设计实验的基本要求

按照既定的教学目的来设计实验应当符合哪些要求呢？或可概括为八个字——求真、求深、求变、求用。求真就是无假象，敢于质疑某些已有实验中的问题；求深就是能够揭示事物的本质，确切反映物理规律，深入发掘其教育内涵；求变就是要不落俗套，提出不同的设计思路，采用多种技术手段；求用就是要适用于不同教学模式，注重与技术应用相联系。

实践中必须重视以下的原则和问题。

一、以理论为指导，避免出现科学性错误

这是最基本的原则，教师不可为了追求新颖、简单、生动而违背科学原理。下面举出几个不当的设计：

1. 使用加速度传感器验证（或探究）牛顿第二定律

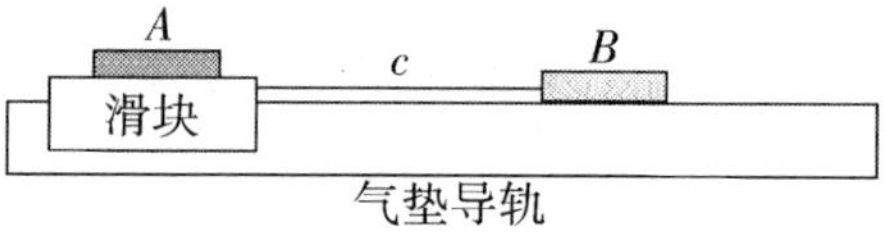

图 2-1

如图 2-1 所示，将加速度传感器 A 固定在滑块上，手握力传感器 B 通过细线 c 牵引滑块在水平气垫导轨上做变速运动，由传感器采集的多组数据探究加速度 a 与力 F 的关系。该实验的设计看似很合理、简捷，但在原理上却是不可行的。

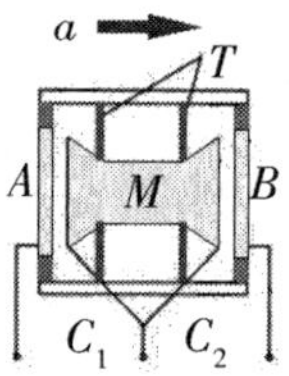

图 2-2

目前使用的各种类型的直线运动加速度传感器都是依据牛顿第二定律利用惯性力来测量加速度的，它们的核心技术是用 MEMS（微电子机械系统）技术制成的微小芯片。图 2-2 为一种电容式传感芯片的内部结构示意图，M 为金属质量块，T 为弹簧片，M 与金属片 A、B 分别构成电容器 C_1 和 C_2。当外壳具有图示方向加速度时，惯性力 f 使质量恒定的 M 左移，则 C_1 变大，C_2 变小，从而输出相应的电信号，再经过处理显示出与 f 成正比的 a 值。故此实验用加速度传感器来验证牛顿第

二定律犯了逻辑循环的错误。

这种传感器的用途是在一般的情况下测量物体的加速度。例如，将传感器佩戴在人身上去坐过山车，可记录加速度的方向和大小的变化，或者利用传感器观测其他失重、超重现象。

2. 在通过充放电现象建立电容概念的实验中，以小灯泡的发光亮度来显示（检测）电容器储存电荷量 Q 的多少或充电后电压 U 的大小

乍看起来器材和操作都很简单，但这有理论依据吗？事实上，依据钨丝灯泡的发光原理，其亮度与 Q 并无必然的关系。而对于同一个灯泡，只有在稳定发光的状态下才有 U 越大灯越亮的关系，但充放电是暂态过程，问题就复杂了，详见本书第八章第二节“二、慎用小灯泡和电流表做显示”中的分析。

3. 将橡皮筋制作的测力计的刻度划分为均匀的

实际上会看到橡皮筋的伸长量 ΔL 与弹力 F 并不成正比的现象，有的教师用“超过弹性限度”来解释这种现象是不正确的。因为随着拉力的增大，橡皮筋横截面积 S 是变小的，这种情况下应当用橡皮筋的应变 $\left(\frac{\Delta L}{L}\right)$ 与应力 $\left(\frac{F}{S}\right)$ 这两个概念来描述其规律，胡克定律应表述为 $\frac{\Delta L}{L}=E\frac{F}{S}$。在材料的弹性模量 E 恒定的条件下，有正比关系的量其实是应变与应力。

二、设置和优化实验条件

理论上正确的实验设计，实际上未必可行，未必能得到良好的效果。因此，设置和优化实验条件是非常必要的。主要应从以下几个方面考虑：

1. 使被观测的系统尽可能接近理想的模型

对于研究基本规律的实验，这是重要的前提。举例如下：

（1）为什么要选用钢球而不用乒乓球做单摆的摆锤？

因为钢材的密度大并且制成的球形表面光滑，能够忽略空气浮力和空气阻力的影响。

（2）从理论导出一个物体沿着倾角为 θ 的光滑斜面下滑，其加速度

$a=g\sin\theta$，怎样通过实验验证此关系？

这要求被测的物体可视为一个质点。选用在气垫导轨上运动的滑块是适当的，因为它在导轨上做的是平动。还要求空气阻力近似可以忽略，则应使滑块质量大些、运动速度小些（即轨道取较小的倾角）。

能否利用钢球沿斜面滚下的运动验证上述关系？设倾角较小，钢球与斜面间不产生滑动而是纯滚动，则钢球的运动是其整体随质心做平动和绕通过质心的几何轴转动的叠加，因此实验测出的是质心 c 的加速度 a_c。由理论可以导出 $a_c=\frac{5}{7}g\sin\theta$，可见转动的影响是不可忽略的，不能将钢球视为质点来完成该实验。

（3）验证（或探究）机械能守恒定律。

教材中利用打点纸带记录重锤自由下落的实验简单易行，若用气垫导轨验证该实验则有更高的准确度。两者将重锤或滑块视为质点都是合理的。

若利用钢球沿斜面向下做纯滚动，则不仅要考虑其质心的平动动能，还必须考虑转动动能。在从静止释放的条件下，初始的重力势能 $E_p=mgh$，由理论可以导出，在下降高度为 h 时，平动动能 $E_{k1}=\frac{5}{7}mgh$，转动动能 $E_{k2}=\frac{2}{7}mgh$。由此可知，在这种条件下不能忽略转动动能而将钢球视为质点。

2. 设置实验所需的各项条件

这对于所有类型的实验都是必要的。举例如下：

（1）受迫振动必须加适当的阻尼，才能使其尽快地达到稳定的振动状态。例如将振子浸入黏滞性较大的油中，也可采用空气阻尼（安装翼片）或电磁涡流阻尼。详见本书第三章第二节“三、机械振动的观测”。

（2）要在 LC 电路中产生阻尼电磁振荡，由理论可以导出必须满足的条件是 $R<2\sqrt{\frac{L}{C}}$。在检测仪表只能显示缓慢的电流变化时，不可为了降低振荡低频率 f 而一味加大电容 C 值，否则 LC 电路中的电阻 R 上的能量损耗会导致不能产生振荡。详见本书第三章第三节“六、LC 电路的阻

尼电磁振荡”。

（3）要发现弹力与伸长量的关系 $F=kx$ 或者在实验中使用公式 $E=\frac{1}{2}kx^2$ 计算弹性势能，选用“间绕式”的螺旋弹簧（即自由状态下圈与圈是有间隙的）是最可靠的。因为有些“密绕式”的弹簧内部存在预应力，弹簧只有在拉力超过某一值时才会伸长。

3. 优化实验条件

要从实际出发，从多方面考虑和采取对策。

（1）减小环境的干扰。

①验证库仑定律的实验，除了要用最佳的材料（聚四氟乙烯）做带电金属球的绝缘支架，还必须保证周围没有金属等物品靠近，以防发生静电感应，还要消除附近的绝缘架构物体自身可能在无意中带上的静电。

②测量固体比热容的实验，要使用特制的双层容器（量热器），以削弱小筒内物体（被测系统）与外界空气之间的热传递。还要让被测系统的初温和末温分别比外界空气温度稍高一些和低一些，以尽可能抵消（补偿）内外的热交换。

③测量微弱的电信号时，要屏蔽环境中的杂散电磁场。常采取将仪器的金属外壳接地，用屏蔽线连接信号电路而不使用普通的导线等措施。

（2）选择相关物理量的参数。

①设置有利的参数。例如，通过感抗测量线圈自感系数的实验，正弦信号源宜选用较高的频率，使得线圈的感抗 X_L 比绕制线圈的导线电阻 r 大得多，从而可以忽略 r，使测量与计算简化。详见本书第八章第二节“七、容抗、感抗及其应用”。

②搭配系统中各个部分的参数，使主体的影响凸显。例如，用代替法测电阻，必须使被测电阻的阻值 R_X 大于电路中其他部分的阻值，使之被电阻箱 R_0 代替后，调节电阻箱的数值能够对电路的状态（如电流的大小）具有举足轻重的影响。详见本书第六章第五节“一、代替法测电阻”。

（3）对于变量，要设置多个观测点并且合理分布，以求获得足够多的样本数据，能够突出反映相关的规律，而不致被测量误差“湮没”。

例如，探究“作用力 F 恒定时物体的加速度 a 与质量 m 的关系”，应当在大范围内测取多组（在最困难的情况下也应不少于 4 组）数据，m 的最大值宜为最小值的 3~4 倍，如此才能明显看出 $a-m$ 存在非线性关系。若几个数据点很接近，则测量数据的随机性误差将导致难以判定其规律，抑或误认为是线性关系。

（4）设法避开某种系统误差。

①采用代替法测量。例如传统的使用天平实验中，为了避免天平不等臂造成的误差，先用细沙与被测物平衡，再保持细沙不变用砝码代替被测物与细沙平衡。又如用代替法测电阻，本书第六章第五节“一、代替法测电阻”将做详细论述。

②采用补偿法测量。例如常见的补偿法测电压，用于伏安法测电阻的电路如图 2-3 所示。接通开关 S_1 后，调节分压器 R_2，使接通 S_2 时通过灵敏检流计 G 的电流为零，则此时 m、n 两点电势相等，电压表测出的就是未知电阻 R_X 两端的电压。这种情况下电压表工作的电流是由电源供给的，避免了从电流表（毫安表）中分流造成误差。以前依据补偿原理设计了电势差计，虽然现在已经被具有极高内阻的数字电压表代替，但是这种补偿的思想仍是值得了解的。

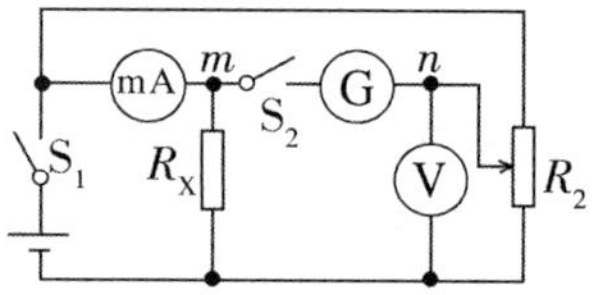

图 2-3

检测电源的性能时，有时需要测量其短路电流。若用电流表直接接于电源两极，则由于电流表本身具有电阻，做不到严格意义上的短路状态。此时也可求助于补偿法，电路如图 2-4 所示。E 为待测电源，E_0 为辅助电源，R_1 为保护电阻。接通开关 S_1 后，调节限流电阻 R_2，使接通 S_2 时通过灵敏检流计 G 的电流为零，则此时 A、B 两点电势相等，可视为两个电源分别使 AB 这段电路中形成的电流 I 与 I_0 方向相反、大小相等，恰好互相抵消（补偿），则电流表 A 的示值即等于 I。但 $U_{AB}=0$ 就相当于 A、B 两点真正短路，则 I 即为电源 E 的短路电流。此测量结果与电流表的内阻 R_A 无关。

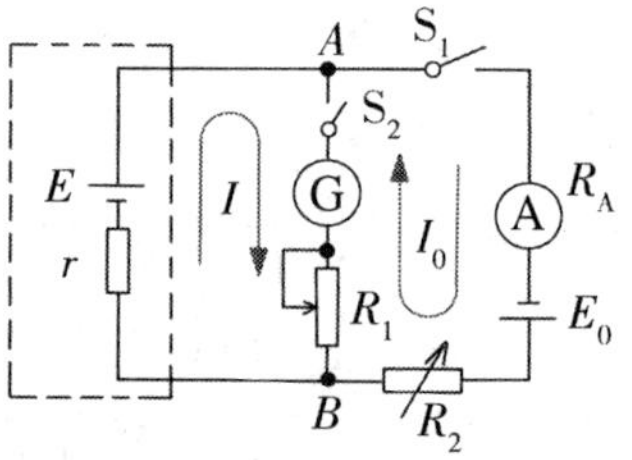

图 2-4

本书第三章第三节“三、太阳能光伏板的性能和应用”中测量光伏板（光电池）的短路电流也可参考图 2-4 的电路做设计。

③采用比较法测量。典型的例子如惠斯通电桥，它利用电桥平衡时四个桥臂电阻的比例关系，将待测电阻与标准器（电阻箱）比较，避免了伏安法测电阻时电表的接入误差。

（5）搭配各个有关量的测量精度，解决主要矛盾。

这需要选择合适的测量仪器和测量方法。

例如，探究单摆周期 T 与摆长 l 的关系或用单摆测定重力加速度。当 l 取 1 米以上时，用毫米刻度尺测量结果的相对误差可在 0.2% 以下，而用机械秒表手动计时直接测量一次振动得到的 T 值误差却达到 5%。所以要采用累积法，测量 30～50 次振动的时间，就能使 T 值的相对误差也降到 0.2% 以下，详见本书第五章第三节“二、探究单摆的周期与摆长的关系，测定重力加速度”。若改用光控数字计时器，将光电门装在平衡位置，直接测量一次全振动的时间，可以达到 0.1ms 的精度。

又如，曾有一个借鉴国外资料设计的“探究动能与做功关系”实验方案，是用橡皮条弹射小车配用纸带打点法测量小车的速度。教师们反映该实验很难成功，主要原因是测出的速度值误差过大，重复性也不好。其实改为滑块在水平气轨上运动，并配用光电门测量速度就能解决问题。

（6）选用合适的测量仪器及最佳的工作状态。

了解仪器的结构、原理和性能，才能扬长避短，正确使用。本章第二节将做详细论述。使用气垫导轨时，必须调到实验所需的最佳状态，本书第九章和其他章节使用气轨的案例中都有详细介绍，光电门的位置也不可随意安放，本书第三章第二节“二、两个力学基础定律的探究”中介绍了如何做出最佳的选择。

三、加强直观性

教学实验必须注重直观性，但应怎样理解和加强直观性呢？

直观性从表象上说，是要求实验装置和现象看得清，突显主体现象，能够简捷地得出结论。从本质上广义地说，凡是能把隐蔽的物理本质揭示出来的手段都是有实效的直观手段（引自续佩君教授的文章）。

教学中总会遇到使用简单仪器和传统方法难以完成的实验，这就要求教师积极探索新的技术手段，例如用传感器和数字化仪器进行多种力学和电磁学规律的探索和测量，不可因为现代化仪器的神秘而对它敬而远之。例如，观察断电自感，传统的小灯泡闪光方法用于说明电感器的储能作用不失为一种简单、生动的方法，但是要清晰、确切、全面地展现自感的物理规律，使用数字化实验系统（DES）或数字存储示波器（DSO）才是直观的，详见本书第三章第三节“五、通断电自感现象”。

许多时候也要避免故弄玄虚将简单的问题复杂化。例如，曲线运动的轨迹，用照相或电火花留迹法直接显示就挺好，若经过二维位移传感器采集数据后再由计算机自动绘制就显得不够直观。

后面各章将有很多案例对直观性进行介绍和分析。

四、体现多样性

多样性要体现在课题、模式、思路、方法、器材，以及适用于不同层次的学生诸方面。既做好基础实验，又积极开发综合性实验、课外实验和课题研究，这需要教师运用发散性思维，注意从纵向和横向扩展。还有的教师为了解释学生在学习理论知识和解答习题时遇到的疑难问题而设计出针对性的实验，或可称为“释疑实验”，这类实验大多会配合简单的自制教具。

例如，测定摩擦因数这个实验，既可采用测力装置仪器（弹簧测力计或力传感器）测定，也可通过运动参数间接测算；既可在平衡状态下测量，也可在变速运动状态下测量；既可使用打点纸带，也可使用光电门测量加速度；既可测量滑动摩擦因数，也可测量静摩擦因数。当然，还必须考虑每种方法的误差来源及应对策略，详见本书第六章第四节“三、用多种方法测定滑动摩擦因数”。让学生运用不同的思路和手段来设计这种一题多解的实验，比做习题更有价值。还可以将实验扩展到应用领域，如某些简单机械（如斜面、螺旋）和传动机构（如蜗轮、蜗杆）的“自锁”，柔性传动机构中皮带与皮带轮之间的静摩擦力随“包角”增大的关系，以及为什么三角皮带能比平皮带传递更大的功率等问题，都可做些简单的实验来研讨。

又如测量电容器的电容，适合高中生的方法有多种：（1）充放电法。可以手工采集 $I-t$ 图线，也可以用传感器或示波器采集；可以用 $I-t$ 图线的面积先求电量再计算电容，也可以对图像做函数拟合再由函数式计算电容。（2）容抗法和谐振法。这两个方法见本书第八章第二节“七、容抗、感抗及其应用”及第六章第五节“二、用阻抗法和谐振法测定电容和自感系数”。（3）用数字多用表的电容档直读最为简捷，其内部测量电路也是依据容抗原理设计的。大学物理实验和计量部门大多会采用专门的交流电桥来测量电容器的电容。

再如，如何证明（或显示）放在匀速转动的水平圆盘上随之运动的物体所受摩擦力的方向？如何正确认识和分析落在水平或倾斜的运动中的传送带上物体的受力和运动情况？这都是释疑实验的课题。

五、注重创新与提高

1. 开发新的实验课题

主要是针对过去没解决的难点和新教材的变化。例如，动生电动势和感生电动势的定量规律，水波和声波的多普勒效应，基本逻辑电路的功能，传感器的应用等，本书第三章中均有详细论述。

教师在研发时要有新思路，运用新方法和新技术，注意避免忽视教学效果而盲目地标新立异。

2. 改革传统的实验

从反思传统实验的不足入手。例如，测量电源电动势和内电阻的实验做了几十年，教师们反映用普通干电池做实验时测量得的数据往往很不稳定，所以就退而求其次——能学会测量方法（重点是用图线处理数据）即可，或将注意力放在抽象讨论各种测量方法和电路的系统误差上。笔者通过调研发现，学生对测量内电阻的物理原理（即通过电源内部的电势降落间接推算）并不明确，也不关注内电阻的现实意义——对电源输出特性的影响，更未能达到加深对闭合电路欧姆定律认识的目的。笔者对此提出了一种改革方案，详见下文中对应用性实验的介绍及本书第五章第三节“五、电源的输出特性和应用”。

3. 增加应用性实验和制作

应用性实验能够更好地体现理论联系实际，培养学生解决问题的能力。

例如，能源是全球性的大问题，电源作为应用最广的供给能源的装置，必须让学生关注它物理特性的实际意义，因此可以将测量电动势和内电阻这个测量性实验改为“研究电源的输出特性”的应用性实验。只需要在原实验器材的基础上增加两个小灯泡和两节干电池，采集数据和绘制图线如旧，但将教学目标定为认识电源的输出电压随负载变化的规律和原因，以及用减小内电阻的方法来改善这种特性。试验教学表明这是可行的，并且有学生联系到对手机中锂电池上标出的几项参数的物理意义进行思考，还提出了电池的最大输出电流和输出功率等问题。本书第三章第三节“三、太阳能光伏板的性能和应用”中光伏板性能的实验将进一步介绍解决这些问题的方案。

再如，组装双倍率欧姆表，组装简单的热敏温度计，制作“喷水火箭”，制作太阳能路灯模型等都是很好的项目，本书第六章中有详细介绍。

4. 丰富和深化实验的内涵，扩展实验的外延

在实验教学中既要深入探讨与实验相关的原理，又要使思维具有发散性，有意识、有目的地联系相关的内容，还要融入对实验素养的培养。

例如，传统的单摆实验似乎比较简单，但其实包含了装置、操作、测量、误差估计与控制、数据的采集范围和处理等丰富的内容。可以根据传统单摆实验扩展出一个用不规则重物做摆锤测定重力加速度的家庭实验，该实验易于取材，更突出的是在设计思想、实验条件的设置和数据处理等方面体现了更高的要求，详见本书第六章第四节“二、用形状不规则的摆锤组装单摆测定重力加速度”。

又如，测绘出电容器通过定值电阻放电的 $I-t$ 曲线后，不仅能用它求出电容 C 值，还可进一步研讨曲线为什么是如此形状的。可以不从函数式 $I=I_0e^{\frac{-t}{RC}}$ 来说明，而可依据欧姆定律和电容器极板间电压 U 随电量 Q 变化的关系来解释电流变化率的衰减现象，这就更能突出物理意义及概念。还可以用实验观测两个电容器并联（或串联）的放电曲线，并与单

个电容器进行对比，直观地感受并联（或串联）的作用。详见本书第四章第三节“六、电容器的充放电”。

再如，小灯泡的伏安特性实验，不止于认识温度影响钨丝的电阻率导致非线性，还要增加用图解法确定含有非线性元件电路的工作状态的应用实验，再扩展到研究发光二极管特性的实验，认识一种典型的非线性元件及其呈现的电流控制型特性，并掌握正确的使用方法（必须串联限流电阻）。详见本书第五章第三节“三、钨丝灯泡的伏安特性和应用”和第三章第三节“二、二极管的特性和发光二极管的应用”。

六、多方面学习和借鉴

1. 科普展品和表演

这些对我们设计实验很有启发，但是需要思考：表象的感受与理性的思考，哪个对高中生更重要？如何看待和运用科普性的表演？把握物理实验与科普表演的区别：前者的目的是揭示物理本质和规律，后者主要是引起大众对自然科学的兴趣和关注。

常见的“水杯琴”发声原理和规律比较复杂，一两句话难以说清，只适合做科普表演或趣味游戏。而用内径约 6mm 的硬塑料管制作简易排箫（图 2-5）则是典型的应用型物理实验，此排箫是靠一端封闭的塑料管中空气柱形成的驻波发声的，要依据“闭管共鸣”的物理公式做计算来截取一系列不同长度的塑料管。计算管长与发声频率关系的公式为 $f=\frac{nv}{4(L+0.4d)}$。

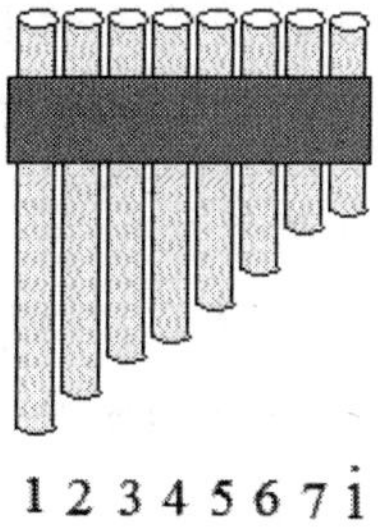

图 2-5

例如：要发出 $f=440$Hz 的声音（音名 A），$n=1$，取 20℃ 时空气中声速 $v=340$m/s，塑料管内径 $d=15$mm，则管长 $L\approx 18.7$cm。需指出，公式中的 $0.4d$ 为“管口末端效应修正量”，这是因为驻波的波腹位置并不恰好在管口，而是在管口外 $0.4d$ 处，详见本书第三章第二节“四、机械波的观测”中“闭管共鸣”现象的说明。北京师范大学实验中学冯晓琴老师曾给学生开设了这项课外实验。

计算八度音阶中各个声音的频率时，可以比照钢琴等键盘乐器使用的“十二平均律”来确定，即相邻两个“半音”的频率比值都是$\sqrt[12]{2}$（约为1.05946）。

2. 大学的基础物理实验

阅读这方面的书籍，参观大学实验室，对教师设计实验会大有帮助。大学基础物理实验内容丰富、系统性强，在某些方面体现了对中学物理实验的深化和提高。当然教师不能照搬，而应吸取其设计思想，选择与中学物理课程相关的课题，用中学现有的仪器或简单、廉价的器材来实现。

例如，质量是力学的重要概念，通常习惯于用天平测量引力质量，而由$m=\frac{F}{a}$定义的惯性质量却很少见诸中学实验测量，因为测量力和加速度比较麻烦且精度不高。大学曾经有“惯性秤”的实验，由弹簧片、托盘和置于盘中的物体组成振动系统，通过振动周期来测定质量。中学可以用常见的螺旋弹簧和钩码组成竖直弹簧振子来代替，轻而易举地完成同样的实验，这不仅扩展了学生测量质量的认识和方法，而且能够验证同一个物体的惯性质量和引力质量的关系，详见本书第六章第四节“四、研究弹簧振子的周期，测定物体的惯性质量”。也可以让学生设计在水平的气垫轨道上组装弹簧振子来完成同样的实验。

又如，用极限法建立瞬时速度的概念并用图线外推得到其数值，也是大学的实验。现在许多中学配备了气垫导轨，完全可以效仿该实验，详见本书第四章第三节“一、瞬时速度概念的引入和测量”。极限法也可以扩展应用于测量钨丝灯泡的真正“冷态电阻”（即不通电时的电阻），详见本书第七章第五节“六、外推法求钨丝灯泡的冷态电阻”。

再如，大学实验使用专门的声速测量仪（价格近千元）来精确地测量超声波在空气中的传播速度，中学则可以将汽车防碰的超声头（约10元/对）安装在光具座上，配合中学配备的低频信号发生器和普通示波器，同样能够用行波法完成声速的测量，使学生掌握实验原理和操作技能。虽然结果误差较大，但精度也可达到三位有效数字，详见本书第三章第二节“四、机械波的观测”。

3. 练习题和考试题

某些练习题和考试题叙述的情境含有实验的因素，可以提取出来转化为实验课题。

例如，有一道题目："如图2-6所示，一列波长 $\lambda=1.8\text{cm}$ 的横波沿 x 轴方向传播，在介质中取 A、B、C 三个质点，其距离 $AB=5.4\text{cm}$，$BC=2.7\text{cm}$。问 B 与 A 振动的相位有什么关系？C 与 A 振动的相位有什么关系？"前文所述行波法测量声速实验与本题原理相同，依据相位关系测定波长，能让学生通过实验现象来加深对波的传播和波长概念的认识，培养他们应用物理知识去解决实际问题的能力。

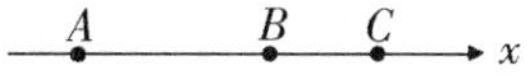

图 2-6

当然也要注意识别某些不恰当的题目，因为它们所叙述的实验其实是人为地按理想情况编写的，编写者并未真正做过，实际上是难以实现的。

七、做好总体规划

纵览中学全部物理课程的内容和相关的知识应用，选定需要设计和研究的实验项目。

一是要针对课程的重点和难点。例如：物体动能的大小取决于哪些因素（定性的观察和定量的关系），动量定理（冲量大小的测量，动量变化与冲量的定量关系），运动的记录和测量（多种手段的运用和评析），电磁感应（动生电动势和感生电动势的定量规律），自感（对传统实验方法的反思，探索新方法）等。

二是所安排的全部实验课题能够尽可能涵盖常用的各种实验方法。例如比较法、转化法、放大法、代替法、取样法、外推法、补偿法、模拟法、计算机仿真法等。本书选取的案例在中学所能涉及的范围内尽可能选择了多种方法并做了较详细的介绍。

三是实验的内容要从易到难、由浅入深，符合学生的认知规律，利于培养学生的科学素养。例如：从单一电学元件参数的测试到含有几种元件的"黑箱"的识别，从水波、声波的干涉到无线电波、光的干涉，从绳驻波到声驻波，从驻波法测量声速到行波法测量声速等。

四是要充分利用现有的设备和简单的器材。例如：使用打点计时器和纸带来记录、研究物体的碰撞和简谐振动；对于电磁打点计时器，还可以将它作为振源用以驱动细绳产生驻波来测定波长，认识波长取决于频率和波速，并且研究波速与绳中张力、绳子线密度的关系，还可以用以观察和说明横波能够偏振；等等。

五是要关注新技术、新仪器和互联网的应用。

第二节　测量和仪器

做实验离不开测量，教师必须关注各种测量的原理和方法，仪器的选择和使用等，加深理解，澄清一些模糊的认识。

一、测量的实质

1. 什么是测量?

（1）直接测量：往往是用一定的装置和方法将待测的某个量与标准器进行比对（比较）。

例如，通常测量物体的长度时就是将物体与刻度尺（标准器）做比对，杠杆式天平是将物体与砝码（标准器）做比对来测定物体的引力质量，用代替法或惠斯通电桥测电阻是将未知电阻与电阻箱（标准器）做比对。

（2）间接测量：是先通过测量相关的几个量，然后再依据物理规律求出欲测的量。

大多数测量均是间接测量，伏安法测电阻是典型的例子。用示波器测电流要采用定值电阻取样法，是将电流信号转换为电压信号，也是依据欧姆定律做间接测量。这种使用取样电阻的方法在本书随后几章的案例中经常会看到。欧姆表测电阻虽然是直读，但仍然是依据欧姆定律做间接测量，只不过是将电流表头上的电流值刻度改画为相应的电阻值刻度。对于能够由仪器直读的测量通常也视为直接测量。

2. 仪器显示的数值代表什么?

很多测量仪器显示的数值其实是它自身的状态量，只有当它与被测系统达到相同状态时才能代表后者的状态。

例如，普通温度计必须与被测系统达到热平衡才能得知被测系统的温度，但是在晶体熔化实验的加热过程中，试管外的热水和试管内的晶体、杯中热水的各部分和晶体的各部分是不可能达到热平衡的，因此应当想一想用温度计测出的究竟是什么。又如，电流表、电压表显示的是自身的 I、U 值，因此电流表必须串联使用是基于它与被测元件的电流相同，电压表必须并联使用是基于它与被测元件的电压相同。

3. 增大测量的信噪比

测量结果中往往会包含环境的各种干扰，这种干扰信号常被称为"噪声"。有用信号与干扰信号的比值称为"信噪比"。增大测量的信噪比将利于识别和提取有用的信号，避免物理规律被噪声所掩盖。屏蔽外界的杂散电磁场，测量电路中选用优质元件来减小其分子运动涨落产生的"热噪声"，都是经常采取的有效方法。例如，使用示波器测量微弱信号时就要特别注意。

二、测量仪器对被测系统的影响

使用测量仪器进行测量时，在许多情况下测量仪器的引入会对被测系统产生不利影响，由此造成的系统误差会导致不能获知该系统未被测量时的真实状态。这是相当普遍的现象，因此不能随意将测量理想化，而应采取必要的对策。例如：

（1）在力学测量中，千分尺（螺旋测微器）的测杆和测砧对被测物体的夹持力必定会使物体变形，所以要用微调旋钮内部的棘齿轮机构来自动限制夹持力的大小。对于较软的物体，则应改用非接触法测量其长度，如使用移测显微镜或其他光学成像方法。

（2）在热学测量中，不能用普通温度计测出一滴热油的温度，在"压缩引火"实验中也不能用普通的测温传感器（或元件）测出被急剧压缩的空气上升到的最高温度，因为测温器与被测物之间要发生热传递。对于这类实验，对策是要改变实验条件使测温器的热容远小于被测物的热容，或者改用非接触测温方法，如红外线热像仪、红外线体温计、光学高温计、辐射高温计等。在中学实验中可尝试使用简单的红外测温方法。

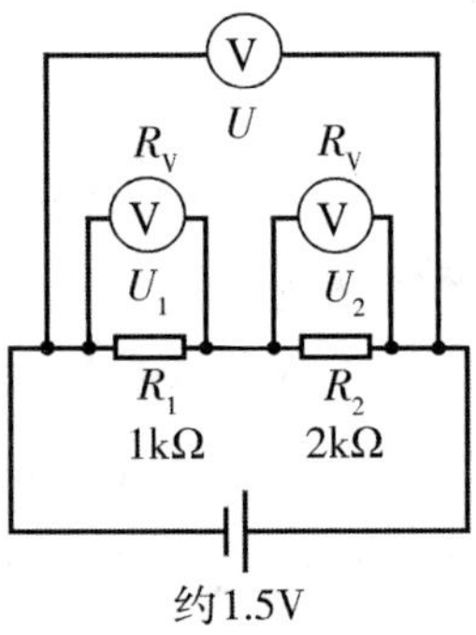

图 2-7

（3）在电学测量中，用伏安法测电阻时电表分流或分压造成的误差只是一个典型的事例，还要使学生知道更多的情况。例如，如果用一个电压表的 3V 量程分别测量图 2-7 电路中的 U_1、U_2

和 U 三个电压值，会出现 $U_1+U_2<U$ 的不合理结果。这是因为电压表内阻 R_V（3kΩ）比被测的元件 R_1、R_2 大不了多少，测量 U_1 或 U_2 时电压表的接入产生严重的分流而导致电路中电压的分配发生明显变化。改用内阻很大的数字电压表（10MΩ）就不会出现这种现象。再如，用示波器测量较高频率的交流电路中某部分的信号电压时，往往需要考虑示波器输入端内部的“分布电容”（可能有几十皮法）对测量结果的影响。

三、测量仪器的发展

近几十年来测量仪器的变化巨大，对中学物理实验也有明显影响。

1. 传统仪表

传统仪表结构简单、原理易懂，但教师绝不能将目光只局限在米尺、螺旋测微器、杠杆天平、机械钟表、玻璃液体温度计、指针式电表等之中，要与时俱进、高瞻远瞩，让学生开阔眼界，接触现代化的仪表，为他们今后的发展创造良好的条件。

2. 智能仪表

智能仪表已经越来越多地进入实验室和社会生活，例如数显卡尺、建筑测量用的激光测距仪、电子天平、光控计时器、数字温度计、数字多用表、数字存储示波器（DSO）等。这些仪器普遍采用传感器和微型电子芯片进行信息采集和处理，并且用数字显示测量结果，是专为测量某种物理量设计的，灵巧易用，准确度较高。

3. 虚拟仪器（Virtual Instrument，简称 VI）

虚拟仪器将通用计算机、接口板卡和专用测量软件组成一种测量系统，配合不同的传感器进行工作。它的测量功能是由用户根据需要进行自定义开发的，需要通过软件编程。目前该类仪器在理工科大学中被普遍采用，采用的开发平台多为 LabView 软件。学有余力的高中生学习一些该类仪器的入门知识是有益的。

教学用数字化实验系统（DES）似可算作一种简单的 VI，但无须用户编程。它正在逐步配备到中学，要积极推广使用。

四、测量仪器的选用

选用测量仪表时，要先了解仪器的结构、原理和功能，做到扬长避短、适用好用。

例如，观测电流和电压的变化过程，一般应使用示波器；如果变化很缓慢，虽然也可使用指针式电表，但须明白电表的惯性和阻尼会导致显示的滞后；若使用普通数字式多用表则由于采样的不连续性和间隔时间较长（约每秒采样 3 次），效果会更差。普通示波器（属于模拟量示波器）适于观测稳态的周期性电信号，而对电容器、电感器的暂态过程和其他突发的不具有重复性的信号就应改用数字存储示波器（DSO）。详见本书第三章第三节“五、通断电自感现象”“六、*LC* 电路的阻尼电磁振荡”，第四章第三节“六、电容器的充放电”，以及第九章中的介绍。

又如，定性地观察磁铁插入（或拔出）线圈时有无感应电流及电流方向的实验，习惯上常使用指针式电流表，这是可以的，但要显示感应电动势（或电流）的大小及其变化的过程就不可行了。用发电机模型演示交流电的产生，如果转速较慢，可以在大的电流表上看到指针在零点左右缓慢地周期性摆动并且幅度比较明显；加快转速时会产生更强的电流，但却出现指针摆幅减小的不合理现象。改用具有存储（记忆）功能的数字化仪器，就能解决上述问题。

有教师偏爱使用小灯泡代替仪表作为显示电流强弱的一种方式，其实从它的发光机理来说，只能用于少数情况下，不可滥用。详细分析见本书第八章第二节“二、慎用小灯泡和电流表做显示”。

每种仪表都有一定的准确度。例如，天平依照最小分度和最大载荷的比值分为九级，砝码依照相对误差分为五等；中学常用的指针式电表大多为 2.5 级。这些都会在说明书中给出，有些还会在仪表盘上标明。

要正确认识数字化仪表的精度。有人认为使用传感器就会使测量结果更精密，其实这取决于该传感器系统内部的模拟量/数字量（A/D）转换位数。数字量是以多位二进制数呈现的，如 $2^8 = 256$，那么使用 8 位 A/D 转换时能够分辨（显示）的最小数值就是所选全量程模拟量的 1/256；若使用 10 位 A/D 转换，则精度就能达到所选量程的 1/1024。目前，数字化实验系统（DES）所配备的传感器大多采用 10 位 A/D 转换，如用量程-50～+50N 的力传感器，则最小只能分辨 0.1N 的力，用以测量通电导线所受的微小安培力（10^{-2}N 数量级）就不可行。同理，如果想用通常测量大气压的压强传感器（一般量程为 0～700kPa）去测量高度为十几厘米的水柱的压强也是不适合的。

许多仪表（最常见的是指针式电表）需要在使用前检查和调零，教师要引导学生养成这种习惯。某些数字化仪表具有自动调零的功能，可以省掉此项操作。例如，弹簧测力计会受到弹簧指针系统自重的影响，通常应在竖直悬挂时校准零点；若要测量水平拉力，应在使用前平放，用调节指针或刻度板位置的方法调零；若要测量竖直向下拉力，一般不能调零，可按照图 2-8 所示方法，手握待用测力计 *A* 外壳去倒拉作为标准的测力计 *B*，使它们出现较小的示数，记下两者的差值 ΔF，然后仍然手握 *A* 去测量向下的某个拉力，用 ΔF 去修正 *A* 的读数作为结果。力传感器内部测力的弹性元件自重对测量结果也有明显的影响，因此应当在固定好其测力方向后，点击软件中“调零”按钮给示数调零。

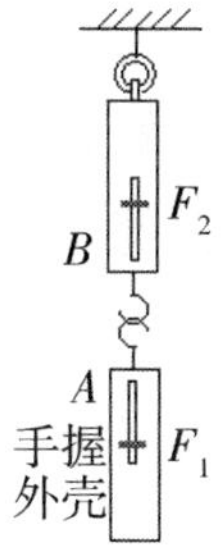

图 2-8

使用不熟悉的仪表，必须先看说明书。厂家提供的说明书往往不适合学生使用，因此教师要按照教学需求对其进行改编，使之具有良好的可读性和适用性。

第三节　自制教具的研究

自制教具密切结合教学中的重点和难点问题，构思巧妙，教学效果良好，不仅是对成品仪器的补充，更体现了教师个性化的教学思想和创造性。有一类自制教具重视利用新技术、新材料，如单片机、传感器、3D 打印、激光雕刻等，能够解决传统仪器难以完成的实验难题。还有一类自制教具主题突出、结构简单、直观性强，小东西解决大问题，取材容易，人人都能制作，便于推广。自制教具要注意利用廉价的新型材料和元器件，但并非越“土”越好，也不必过分追求工艺和外观。

北京市苹果园中学史香川老师制作的“电磁阻尼和电磁驱动演示器”如图 2-9 所示。A 为木质底座和支架，用两条细丝线 B 悬挂圆柱形钕铁硼永磁体 C 构成一个摆。底座上平放一块厚度为 1～2mm 的条形铝板 D，并且使它与悬垂静止时磁体 C 下端磁极的间隙很小。将摆拉离平衡位置并释放，会看到它的振幅急剧衰减，特别是接近铝板时速度明显变小。若让摆悬垂静止，沿 x−x' 方向以适当的频率反复拉动铝板，则会看到摆随之振动起来。这样就用一套装置既观察了电磁阻尼又观察了电磁驱动现象，并且认识到两者在本质上是相同的。将铝板换成塑料板重复该实验，就不会产生上述现象。将同样的铝板剪切成梳状（如图 2-9 中 E），代替整体铝板 D，会看到电磁阻尼现象变得不明显，证明电磁感应使板中产生的涡流减弱，由此可以解释为什么变压器的铁芯要用表面有绝缘层的许多硅钢片叠成而不用整体的铁块。有一个应用的例子——健身车上的飞轮使用的是电磁阻尼装置，并且可调节阻尼的强弱，这也可制成演示的模型。

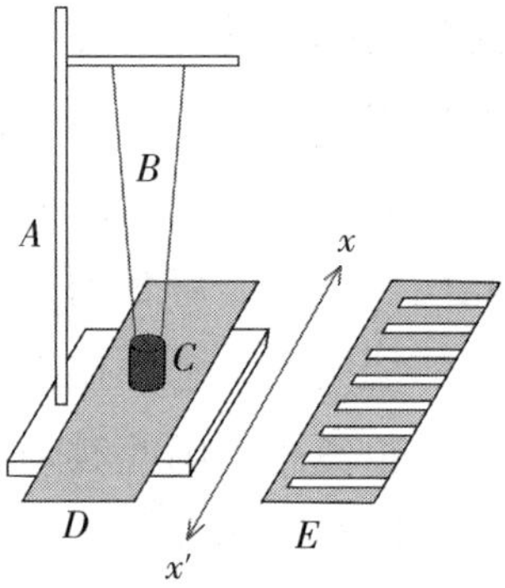

图 2-9

又如，我们常用两个磁环相互排斥演示磁悬浮现象，但德国教师却自制了一种“悬浮磁环组”教具，极大地丰富了实验的内容。如图 2-10

所示，A 为玻璃或硬塑料制成的立柱，外表面光滑清洁，B 为非磁性材料制成的底座，C 为尺寸相同的 5~8 个磁环，质量近似相同，磁性强弱也大体相同。磁环最好是用钕铁硼永磁体，上下表面为磁极，并且使相邻的两磁环相对的表面为同名磁极。要求磁环圆孔的内表面光滑，与立柱 A 的间隙小，摩擦也很小，能够沿立柱轻松地滑动。实验内容可分为下列几项：（1）观察如图 2-10 所示的静止悬浮现象，分析每个磁环的磁极是在其表面上什么地方？设底部那个环是 N 极在上面，那么相邻的磁环下面一定是什么磁极，上面一定是什么磁极？其余各个磁环的上下面又各是什么磁极？（2）说明为什么磁环的间距自上而下是越来越小的（可忽略地磁场的作用）。要求学生具有良好的分析物体受力的能力，会运用牛顿第三定律和物体平衡条件。（3）手持最上端的磁环下移，适当压缩各磁环间距，然后突然释放，观察出现的现象（要设法阻挡磁环从立柱顶端跳出），解释其原因并说明此过程中能量的转化，并认识静磁场是具有能量的。（4）将立柱 A 改为水平方向，试试能否使磁环等间隔分布？此外学生还可以设想做其他观察研究，从这一简单的装置发掘出丰富的实验内涵。

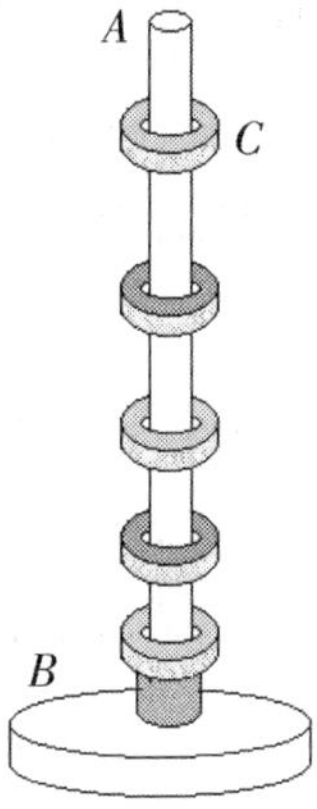

图 2-10

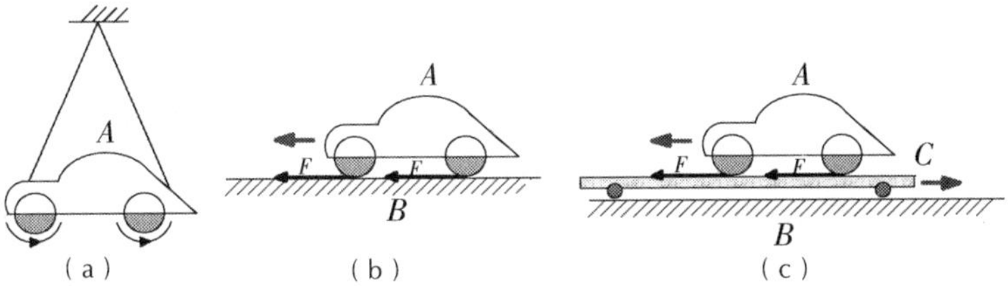

图 2-11

要善于从学生的疑问中获取制作教具的课题，这会有很好的解惑效果。例如，针对“汽车牵引力究竟是如何形成的?”的问题，可以制作如图 2-11 所示的教具：（a）将四驱玩具电动车 A 用线吊起来，开动后尽管车轮飞转但车并不能前进；（b）将车 A 置于水平桌面 B 上则可前进；（c）将车 A 放到有轮的水平长木板 C 上，可看到 A 前进的同时 C 后退。以上实验直观地说明了：虽然驱动的能量源于车内的电动机，但却是通过外部支持物（桌面、木板）与车轮之间的摩擦力的相互作用而产生驱动力 F，解释了“源自内而形于外”的原理。

学生往往觉得物体落到运动的传送带上必定会随着传送带运动。为了解释这个疑问，首都师范大学附属中学宁成老师和北京市第三十五中学郑旭老师制作了如图 2-12 所示的教具。由电动机驱动的传送带有足够大的倾角，当它不开动时，让木块 M 轻轻落到传送带上的 A 点，M 会匀加速下滑，用光电计时装置测出 M 到达 B 点时的速度 v_1；开动传送带使之按图示的方向运动，仍将木块落在 A 点，则以地面为参照物，会看到 M 仍匀加速下滑，测出 M 到达 B 点时的速度 v_2。结果显示 v_2 与 v_1 相同。这里存在一个条件，即该木块与传送带之间的滑动摩擦力大小不因相对速度而改变。

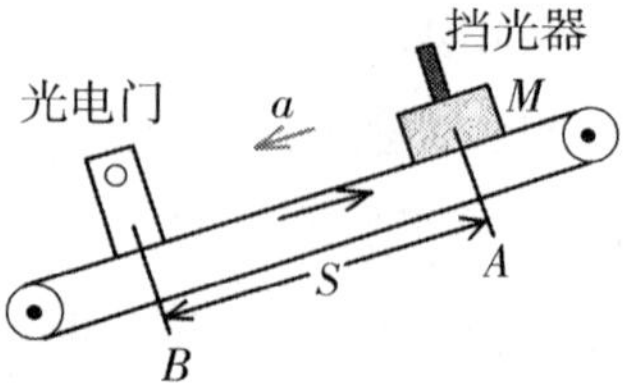

图 2-12

本书第三、第四、第五、第六、第八章中也介绍了若干自制教具，如对安培力、电磁感应定律的定量研究等，可供参考。

第三章 新实验的研究与设计

教师们所熟悉的众多的传统实验项目和方法，具有密切结合教学主体内容、简单易行、效果明显等优点，应当充分发挥其作用。但仍有许多做不好和做不成的实验，特别是涉及重点和难点内容的。课程内容的改变又提出了若干新的实验课题。近年来，在新课标的教学理念指导下，教师们积极探索新的实验课题，重视对新的方法和技术手段的利用，体现了新时代的特征。

新实验突出了对物理现象本质和物理规律的揭示，更加重视对学生科学素养的培育和对联系实际应用问题的关注。这些实验不仅改革和充实了教学内容，而且也促进了教师对教学方法的研究。

本章将选择若干专题进行研讨，既有笔者的思考和研究，又介绍了许多教师的优秀成果。所选取的案例力求能反映设计新实验的指导思想，体现不同类型实验（建立概念、探究规律、测量物理量、解决应用问题等）的特点，适应不同教学模式（演示、分组、课题研究、校本课程等）的需求。另有些新实验的案例可参看本书第四、第五、第六章。

第一节　指导思想

教师设计实验时常常会想到“求新求变”，但是也要注意“巧而不偏”，避免为了标新立异而将简单问题复杂化或盲目地追求趣味性。希望教师能着重从以下诸方面来考虑。

1. 新实验要能够深刻、准确地揭示物理现象的本质，体现丰富的物理思想和方法。例如，认识自感现象的本质必须要显示自感电动势的产生及通过电感元件的电流不能突变的特性。传统实验用小灯泡来观察的方法存在明显的缺陷，改用数字化仪器观测则能够直接、准确地显示出这种暂态过程的规律，避免“断电时灯泡闪光”现象引起的误解。又如，认识波动的规律离不开对波长的观测，传统的方法是要形成驻波，现在设计了行波法和干涉法，不仅从不同角度对同一问题提出多种解决方案，还能加深学生对波动过程中各个质点间相位关系的认识。再如，观测发光二极管的伏安特性，是通过一种典型的非线性元件扩展了对物质导电性的认识，还学习了利用 I–U 曲线对其工作状态进行调控的方法及对实用电路的设计。

2. 新实验要力求将抽象的论述转化为直观的现象，将定性的观察提升为定量的研究。例如，引入电容器电容的概念，若用水桶容量做类比，貌似形象，实则并不确切。改用数字式电压表对大容量的电容器做测量，则可提供多组数据展现变量 U 与 Q 的关系，在给电容定义的同时让学生感受电容的物理意义。又如，过去只能间接地介绍物体碰撞时的平均冲力，现在可借助力传感器和光控计时装置定量观测碰撞过程中冲力的实时变化及测定冲量，并且对动量定理进行验证。再如，对于简谐振动的特征，传统上是用匀速圆周运动小球的投影实验来论证它的位移是按照正弦函数规律变化的，现改用传感器同步采集其位移和回复力，可以由计算机自动绘出位移、速度、加速度、回复力等各项变化的图像，看到它们消长的过程及彼此之间的关系，以及动能和势能的相互转化。

3. 新教材中增加了若干新内容，也应为此开发相关的实验。例如，用水波演示惠更斯原理和多普勒效应，用集成电路芯片认识逻辑电路的基本功能、组合和分析测量方法，认识几种传感器的性能并练习组装简单的应用电路等。

4. 新技术和新仪器的发展，为解决传统实验遇到的难题和开发新实验提供了新思路和新手段，教师要积极学习和运用。例如，为了定量认识抛体运动的二维空间特征，采用数码相机快速获取频闪照片的新方法，其教学效果明显优于传统的平抛竖落仪和手工采点描迹。又如，磁铁穿过线圈产生的电动势通常都是较复杂的脉冲，现在改变思路试用几种方法获得随时间做线性变化的电流来产生恒定变化率的磁通量，从而得到恒定的感生电动势，就解决了定量研究法拉第电磁感应定律的实验难题。再如，若使用指针式电流表观察阻尼电磁振荡，需要借助非常笨重的电感线圈，而且往往会出现假象。现在有了数字化实验系统（DES）或更好的数字存储示波器（DSO），就能采集由很小的电感器和电容器组成的电路产生的真实振荡电流图像，并且能观测影响振荡频率的因素和振荡过程中电压与电流的相位关系。又如，采用无线传输的力传感器能够直接测量运动物体的受力数值，用以改进牛顿第二定律和向心力等实验。

5. 注重开发一些应用性和研究性的实验，使全体学生有机会接触重大新技术的发展，提高一部分学生的研究兴趣和能力。例如，发展新能源的一个重要项目是光伏发电，可以编写“光伏板特性和应用”这一实验课题来落实有关能源教育的内容。又如，由一般的伏安法测电阻出发，进而研究低电阻的测量，认识接触电阻的存在，设计和组装多倍率指针式欧姆表等。

6. 努力发掘传统仪器的新用途。例如，利用打点计时装置记录小车的碰撞来研究动量和动能的变化。又如，课本中只安排一次“练习使用示波器”的实验是远远不够的，应在设计其他实验时多加使用，才能让学生熟悉其应用。

7. 对于大学基础物理实验课中的选题也要注意借鉴和衔接。例如，用行波法测量空气中的声速，其原理是高中生能够理解的，使用中学配备的示波器和廉价的超声元件就能完成。又如，设计和组装多量程数字式直流电压表和电流表等。

第二节　力学实验案例研讨

一、频闪技术的应用

1. 设计

这是一种利用频闪光来观察、记录、测量物体运动的方法，在教学和工程上都有重要应用。它需要选择合适的频闪光源和观测记录仪器，有些情况下还利用到人的视觉暂留。

常见的应用是频闪照相，原理是用频闪光源发出的强光照亮运动物体，相机快门取较长的曝光时间，使用传统相机时，将在一张感光胶片上记录下物体不同时刻于空间中不同位置所成的一系列像。为了避免生成的像“拖尾”，必须让光源每一次发光的时间远小于闪光周期（技术上称为有很小的“占空比”）。但胶片后期处理费时费事，不适合课堂教学。再者，简易频闪光源的闪光频率误差较大，所用气体放电闪光管价格高、寿命短。现代电子信息技术的应用和数码拍摄设备的普及提供了优良的条件和多种选择的可能。例如，有些摄影专用闪光灯附带简单的频闪功能，适合学生在家庭中用数码相机拍摄频闪照片；市场上也有使用大功率发光二极管（LED）的频闪光源产品，由电子电路驱动，闪光频率可在1~9999Hz范围内精细调节，能够长时间频繁使用。还有的教师另辟蹊径，用电子元件制成微型频闪光源安装在运动物体上，简化了实验装置，可称为自频闪照相法。

再一类应用是频闪观测。例如，“发波水槽”和类似的实验装置中，使用频闪光源可以让看到的物体的周期性运动“变慢”“静止”，甚至出现“倒退”的现象。传统上是用旋转的扇叶遮挡普通灯光产生频闪光，虽然原理简单，但频率稳定性较差，又容易发生机械故障，现在则可以利用电子技术来解决。频闪技术也可用来测量电动机等仪器的较快的转速。

2. 实验

（1）自由落体的自频闪照片

中国人民大学附属中学吴月江老师自制的仪器如图3-1所示。将黑

色背景板 A 固定在竖直方向，深色塑料小方盒 B 作为落体，小方盒正面中心安装发红光的高亮度发光二极管 C，E 为承接落体的软泡沫垫，背景板上有两个测量标志 D，D 的前表面各画有一条水平刻度线，两条刻度线之间的竖直距离 s 为已知。此刻度线要与落体上的发光管在同一竖直平面内，以避免因距离相机远近不同的透视关系造成长度测量误差。例如，图 3-3 中拍出落球两个位置的实际距离 y 与尺子上刻度线距离 s 不同就是这种误差。

选用具有快门优先功能的数码相机，曝光时间设定为 1s 或稍多一些就够用了。拍摄时环境较暗即可，无须暗室。相机固定在 3m 外的三脚架上，拍出的照片如图 3-2 所示。然后将照片上传到电脑，在 Windows 系统自带的画图软件中打开，用光标测量各个光点的位置和两条刻度线的距离 s，再由比例关系将像素值换算成长度坐标值。

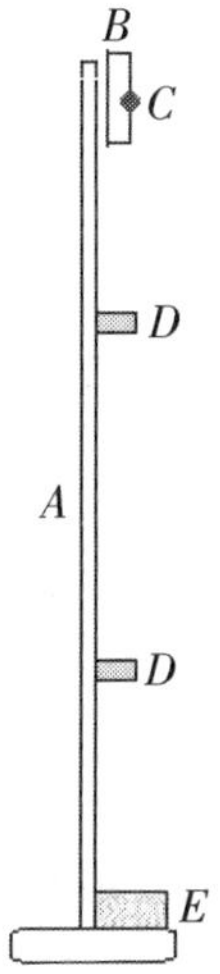

图 3-1

图 3-2

小方盒 B 内安装的电子电路会产生窄脉冲电压使发光管闪光，闪光脉冲的占空比约为 1∶100，故照片上的光点就不会出现“拖尾”现象。单片机控制闪光频率的准确度很高，相对误差约 10^{-5}，故可取 5 位有效数字，例如 $f=50.000$Hz，因而得到的时间 t 数值的误差很小。据此可以验证自由落体是匀加速直线运动，并求出较准确的加速度值。

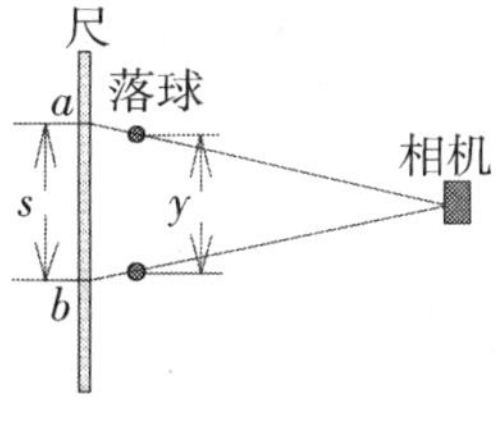

图 3-3

（2）抛体运动的自频闪照片

拍摄平抛运动所用的物体是透明塑料制成的空心扁圆柱体，内部装有闪光驱动电路，一侧的圆心处安装发光二极管，并且使整体的质心也在轴线上。让圆柱体从弧形轨道高处滚下，于末端脱离后在画有坐标方格的背景板前做平抛运动，拍出的频闪照片如图 3-4 所示。依据照片可以做测量，以验证平抛运动的性质。

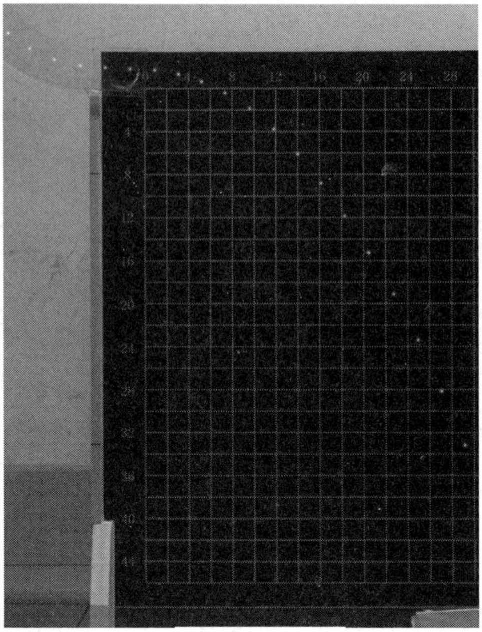

图 3-4

还可让这个扁圆柱体以倾斜的初速度射出去，拍摄出美观的斜抛运动频闪照片。

（3）“等效”的频闪照片

现在许多数码相机和手机上都有高速连拍功能，能够以相当小的时间间隔自动连拍 10 帧照片或者更多，并且也都有拍摄视频短片（录像）的功能。学生可以很方便地利用相机拍摄运动物体，但是拍出的像可能会有“拖尾”现象，原因是相机自动设定的电子快门曝光时间较长。为了减轻“拖尾”现象，可以让背景黑暗，运动物体表面为白色并采用强光照射，以缩短自动曝光时间。

这样拍出的每帧照片上只有一个位置的像，需要后期在电脑上用图像处理软件将这些照片叠加起来，才能等效于一张频闪照片。

另一种方法是用某些型号的手机以较高的帧频（如 240 幅/帧）拍摄运动物体（小球）的一段视频录像，然后在电脑中用视频分析软件 Tracker 逐帧播放，该软件可以读出物体一系列时刻的空间坐标，从而画出运动轨迹。

（4）频闪法测量转速

测量物体转速有多种方法，当前工程技术上常用的是数字式转速表，外形如图 3-5 所示。在中学实验中，对很慢的转动，可以靠人眼计量转动圈数，同时用秒表测量时间来计算。对较快的转速常使用图 3-6 所示的测速盘配合频闪光源来测量。

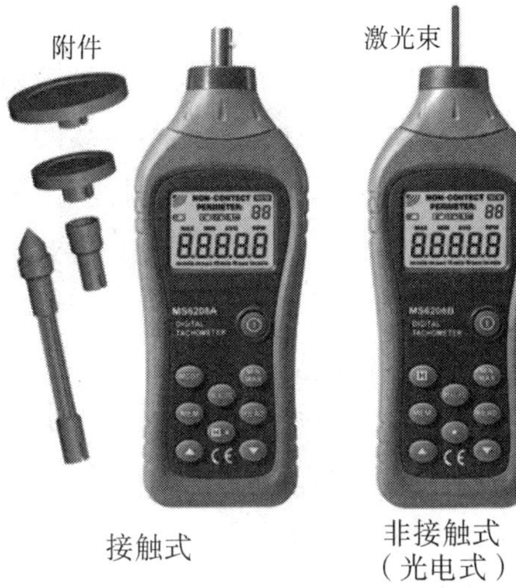

图 3-5

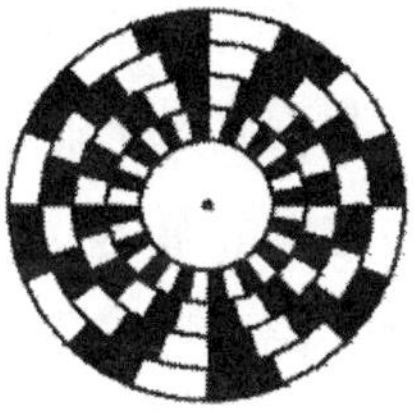

图 3-6

先做个小实验，用硬纸板按图 3-6 制成一个陀螺，圆盘最内圈黑白条纹各有 $N=16$ 条。使用 50Hz 交流电供电的传统电感镇流器的老式日光灯作为频闪光源，日光灯光是以 $f=100\text{Hz}$ 闪烁的（因为交流电每个周期内有两次达到最亮）。设某次最亮时刻，圆盘恰在图示位置，经过 0.01s 又最亮时，如果最内圈每条白条纹恰好移到原来下一条白条纹的位置（黑条纹也是如此），那么由于人有约$\frac{1}{16}$s 的视觉暂留，就会感到各条纹都是“静止”的了。这种情况下圆盘转一周的时间就恰好为 0.16s，即相当于 $n_0=6.25$ 周/秒（375 周/分）的转速。若转速比 n_0 稍快或稍慢一点，就会看到条纹缓慢“前进”或“后退”的现象。当转速恰为 n_0 的整数倍时也能看到条纹“静止”（但较模糊）的现象，而小于 n_0 则不可能看到。总之，能看到“静止”现象必须满足的条件是转速 $n=\frac{kf}{N}$（$k=1, 2, 3, \cdots$）。

还可练习测量小电动机或电风扇的转速。将测速盘固定在转动轴上，使盘的圆心与电动机轴线重合，调节频闪光的频率，测出能看到条纹“静止”的最高频率值才是正确的结果。为能够看得清晰，测量较低的转速时，要选用盘上条纹数较多的那一圈。

3. 讨论

（1）作为感受频闪现象的入门，可以在前述的老式日光灯照射下手持一根白粉笔在黑暗背景下水平快速移动，会看到一排不连续的粉笔影像。现在的日光灯和护眼灯使用的是电子镇流器，闪光频率达到30000Hz，人眼不会感觉到这种频闪现象，但是用光敏传感器件是可以探测到的。

（2）使用专门的频闪光源代替日光灯来做测量转速的实验，效果会更好。原因是前者闪光脉冲的“占空比”（即每个方波周期中闪光时间所占的比例）较小，不易产生“拖尾”造成条纹模糊的现象，并且闪光可在较大范围内调节，以方便测量更快的转速值。

（3）地铁隧道壁上的一种灯光广告也是频闪现象的应用，详见本书第六章第六节“二、生活中应用频闪的装置”。

二、两个力学基础定律的探究

1. 探究加速度与力、质量的关系

（1）设计

探究物理规律需要采集较多的数据，还要求测量结果有足够高的准确度，使其规律不致被误差掩盖，才能对猜测到的几种可能规律进行明确的比较和做出合理的选择。

本实验的传统方法是由沙桶牵引小车在木板或轨道上运动并且用打点纸带测量相关物理量再计算加速度，但存在两方面的问题使其在教学中的可行性欠佳。一是误差大，首先是将沙桶受的重力大小作为小车所受拉力而造成系统误差，其次难以将小车所受阻力的影响完全消除，再者由打点器计时和纸带记录位移的精度不高，导致加速度值误差也相当大。二是调整仪器、测量操作和计算费时费力，不可能在一个课时内完成，学生的注意力也难以集中到分析和认识规律上来。

气垫导轨的普及，光控计时系统和力传感器的应用，为解决上述困难提供了良好的条件。

（2）实验

改进的实验设计主要有以下几种：

①方案一 如图 3-7 所示，由质量为 m_0 的小砝码牵引滑块在水平气轨上做匀加速运动。用光电门和数字计时器来计时，测量加速度的精度较高。

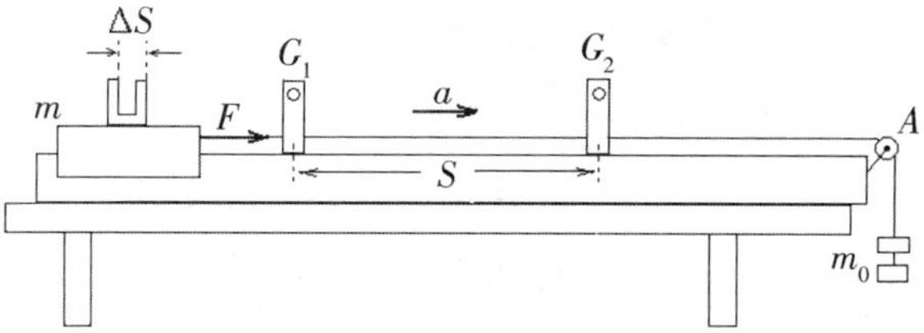

图 3-7

由于阻力很小，砝码质量 m_0 就可取得较小。若将滑块与其配重总质量 m 在 200~600g 范围内取值，则 m_0 就可相应地在 5~15g 之间取值，于是较好地满足了 $m_0 \ll m$ 的条件，那么以砝码所受重力当作滑块所受拉力 F 的大小所引入的系统误差就小到可以忽略的程度了。

注意，在小拉力的情形下，空气阻力也不可轻视，否则也会带来较大误差，因此在实验前对气轨的调节要细心到位。方法：在对测量加速度所用（即图 3-7 中标出 S）的这段导轨上做检测，在无牵引情况下，在起点用手推一下滑块，让它自行先后通过光电门 G_1、G_2，并且运动的快慢与正式实验时差不多（考虑到空气阻力与速度有关），如果测出它通过两个光电门所用的时间近似相等，就可认为调好了。这其实是借助轨道的极小倾角来近似地平衡空气阻力。

如果将光电门与数字化实验系统（DES）连接来采集时间数据，即可利用其软件功能自动处理数据、计算结果、显示图像，则在一个课时内完成全部实验探究是有把握的。

②方案二 如图 3-8 所示，最重要的改进是将无线传输的小量程力传感器 C 安装在气轨的滑块上，直接测量细线对滑块的拉力 F，避免了将砝码 m_0 的重力值当作拉力 F 带来的系统误差。这就解除了对砝码质量 m_0 的限制，可以在大范围内选取不同的 m_0 及 m 值。

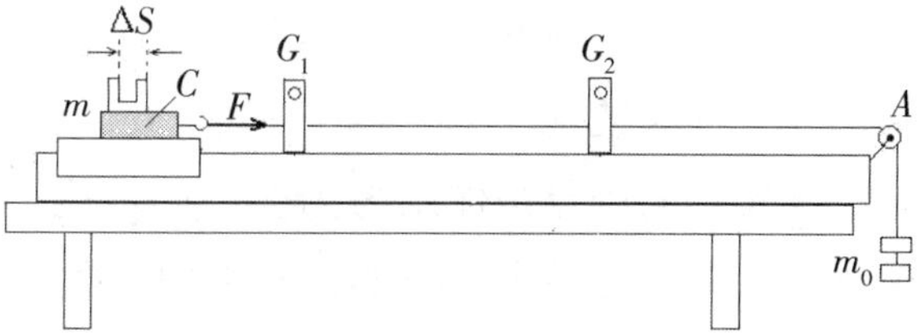

图 3-8

此方案中力 F 和加速度 a 的数据要用数字化实验系统（DES）来采

集，适于配有 DES 的学校采用。不便之处是要改造导轨端部的定滑轮，使其位置升高，牵引线才能水平。

③方案三 北京市第三十五中学郑旭老师采用如图 3-9 所示的装置，A 为长板型铝制轨道，B 是自制的专用“智能小车”，车的上面有液晶屏 C，车内的测力传感器的拉钩 D 从车前伸出，车的下表面及轨道之间装有配套的光电计时装置供测量加速度用（未画出），车内装有 MCU（微控制单元）电路对采集的信息进行运算处理，得到车受到的拉力 F 和加速度 a 两个值，自动存储并在 C 上显示。

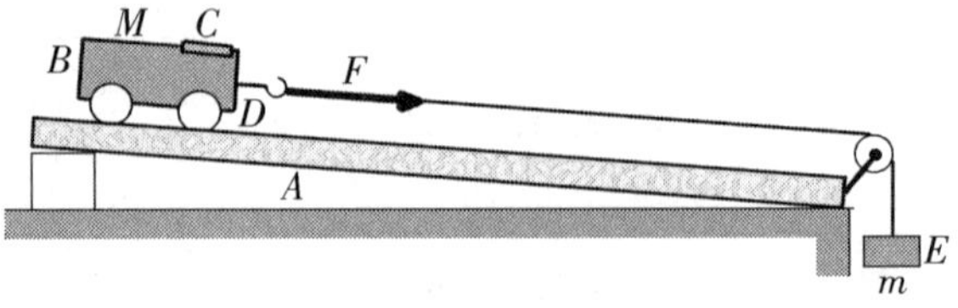

图 3-9

实验前要细心调节轨道的倾角，使小车在无牵引力的情况下能近似匀速下行。然后让砝码 E 通过细线牵引小车在轨道上做匀加速运动，此过程中自动完成测量，运动结束后从液晶屏读出 F、a 值。此方案的特点是，除“智能小车”外，只需使用少量的通用器材，并且最大限度地简化了操作，实现了在短时间内采集足够多的数据，完成实验。

还要指出，该装置中的车轮及定滑轮的转动惯量都会对加速度产生影响，但在实验中被忽略，这也是产生系统误差的原因。

2. 探究或验证动量定理

（1）设计

为了能够忽略系统外作用力（重力）的影响，要使用气垫导轨并且仔细调成水平，请参看本书第九章中关于气垫导轨的介绍。测量速度要采用光控计时装置。

本实验的难点是作用力为变力的情况。现在选取一种较简单的碰撞过程来探究，使用力传感器、光电门和数字化实验系统（DES）做测定，由 F-t 图线可以很方便地求出变力 F 产生的冲量。

装置如图 3-10 所示，在滑块 A 上安装 $\Delta s=1.00\text{cm}$ 的 U 形挡光片 B，滑块前端安装弹簧圈 C，水平气轨一端固定力传感器 D，将它的挂钩换成小圆盘来承受冲力（碰撞力）。

可以让学生考虑如何设置和优化实验条件：（1）为了不让滑块受到

的重力产生冲量，导轨要细心调成水平。（2）由于空气阻力的影响（即阻力产生的冲量）不可避免，测速用的光电门位置与力传感器的距离要小些，使滑块上的挡光片通过光电门后，弹簧圈能够很快与力传感器相碰，并且碰回后挡光片很快又通过光电门，这样就会让测出的结果尽量接近碰撞前后瞬间的速度值。（3）安装弹簧圈而不是让滑块直接与力传感器碰撞，目的是利用弹簧圈显著的形变来延长这个碰撞力（冲力）的作用时间，以便能较好地采集数据，画出冲力随时间变化的图线。（4）即使如此，碰撞时间也只有约 0.1s，为了使图线的形状更准确，就要在这段时间内采集较多的数据点，因此将采集频率取为 100 点/秒是比较恰当的。

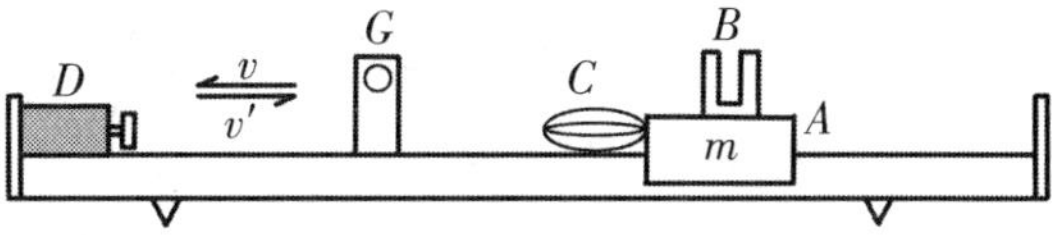

图 3-10

图 3-11 为某次实验得到的图线。计算此图线与时间轴所围成的面积，就是变力产生的冲量。

另一次实验数据为 $\Delta s = 1.00\text{cm}$，$\Delta t_1 = 26.6\text{ms}$，$\Delta t_2 = 28.6\text{ms}$，$m = 329.6\text{g}$，算出动量变化 $\Delta p = 0.239\ \text{kg}\cdot\text{m/s}$，由 $F-t$ 图线求出冲量 $I = 0.245\text{N}\cdot\text{s}$。

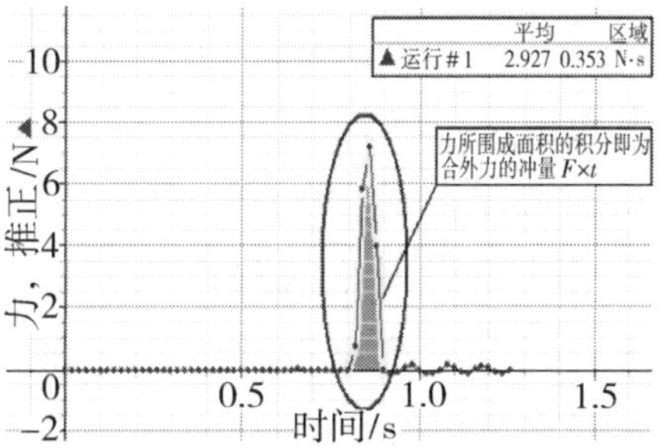

图 3-11

再改变碰撞的速度大小或滑块质量，观测会产生哪些影响。

还可以让学生讨论：（1）为什么碰撞力（冲力）是变化的？这个力的变化与弹簧圈的形变有什么关系？（2）从对碰撞物体可能造成的破坏来讲，应当关注的是冲力的最大值还是平均值？能否不做实验测量而由简单的计算求出冲力的最大值？（3）仔细看会发现图 3-11 中显示出碰撞过程后还有一段小幅度的周期性衰减图线，这是怎么回事？（答案：这不是碰撞力的显示，而是力传感器内部测力的弹性部件在撤去外力后的“余振”。）

顺便指出，在气垫导轨上观测各种碰撞和验证动量守恒定律的实验，也要参照本实验所采取的设置和优化实验条件的措施。

三、机械振动的观测

1. 简谐振动的图像

简谐振动做定性的观察并不难，传统上使用沙摆或滴水摆来做实验，装置和操作都很简单，但撒沙和滴水会导致摆锤质心变化从而影响振动周期，沙粒和水滴运动的惯性会影响其落到承接木板上的位置。还有一种方法，将圆片形小磁体安装在摆球下一同摆动，让它在内装铁粉的专用书写板上“绘出”图线。

做定量的观测才能使实验有更丰富的内涵，下面介绍两种可行的方法。

（1）用电火花做记录

用细铜丝悬挂金属球组成单摆，球下方安装放电针。用电动机驱动滚轮或小车，带动宽幅纸带匀速通过摆球下方。纸带下面设置金属板电极，从现成的电火花打点计时器上将脉冲高压电输出端的两极连接到悬挂摆球的铜丝上端和电极板，即可由电火花在纸上记录出一系列点迹，得到位移-时间（x-t）图线。最好使用热敏纸，可免去铺设碳纸。图 3-12 是北京市东直门中学张国瑞老师的自制教具，供学生分组完成上述实验，该装置还可调节摆长来改变振动周期。图 3-13 是北京市杨镇第一中学的自制教具，在塑料小型气轨弹簧振子侧面朝下安装放电针，让铺

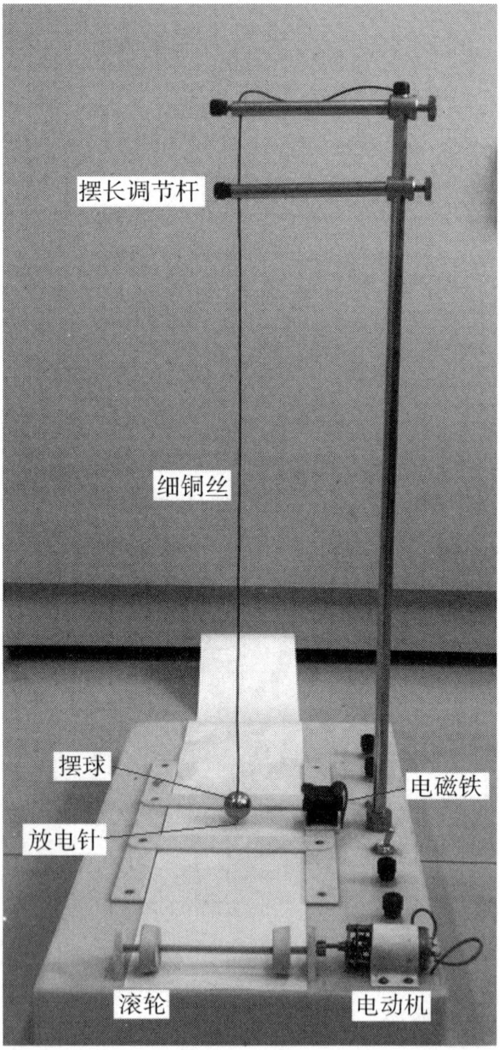

图 3-12

设记录纸的小车从下面匀速通过，记录振子的振动。

学生在学习运动学时已经熟悉了打点计时器，因此是很容易理解本实验的。可以在记录一系列点迹的纸带上截取如图 3-14 所示的一段，让学生做以下处理和研讨：

①从纸带上点迹的分布状况定性判定振动过程中摆球速率的变化（即观察相等时间内的位移不同）。附带说明一下，若使用沙摆，则可以看到曲线各部分堆积沙粒的厚度不同。

②测量振动周期。例如，图 3-14 中一个周期图线内的点迹大约有 28 个间隔，点迹间隔时间为 20.0ms，则 $T\approx0.56$s。为了减小误差，应累积测量几个周期的时间取平均值。

③验证图线的性质。不应当凭感觉默认它是正弦曲线。粗略的判断方法是选择几个特殊点，例如用尺测量$\frac{T}{4}$、$\frac{T}{6}$、$\frac{T}{12}$时刻的位移，即图 3-14 中线段 a、b、c 的长度，看它们的比值是否近似符合图 3-14 中列出的关系。

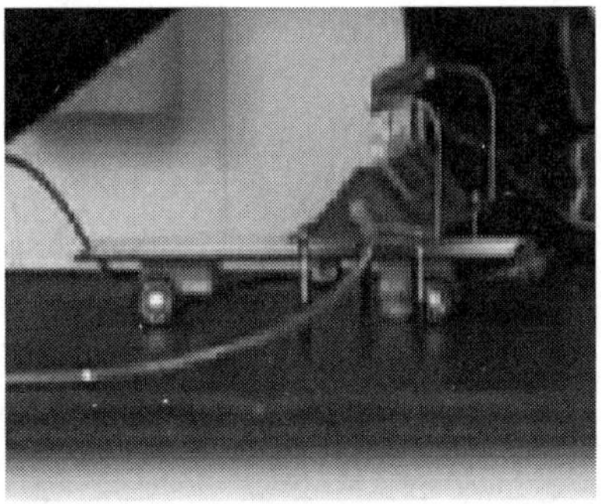

图 3-13

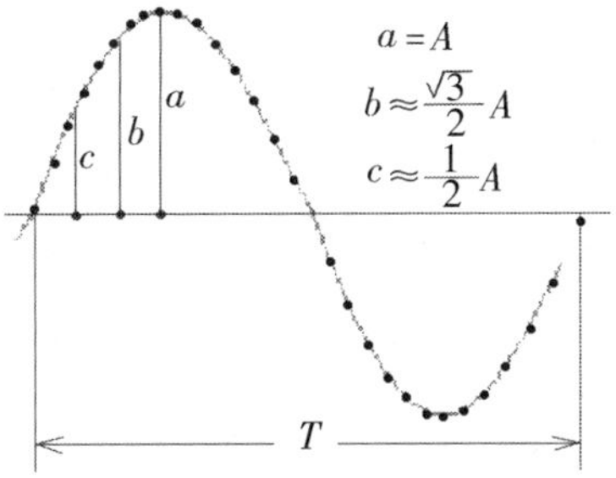

图 3-14

必须注意使用高电压时的绝缘措施和安全操作。电火花打点计时器输出的电流极小，只有几微安，人不慎接触电极时虽有电击感，但仍是安全的。

（2）用数字化实验系统（DES）观测

一种方法是由气轨上的滑块 A 和弹簧 B 组成水平弹簧振子，如图 3-15 所示。北京市第一六六中学物理组选用定制的间绕型螺旋弹簧，这种弹簧在自由状态下各圈间是有间隙的，可伸可缩。此弹簧由细钢丝绕制，质量要很轻（约 1.2g），以避免其中部下垂，并且有较小的劲度系数。滑块上安装小金属板 D，用以反射位移传感器 C 射来的超声波束。滑块 A 的质量约为 200g，阻力对它振动的影响很小，短时间内振幅无明显衰减，可以视为简谐振动。

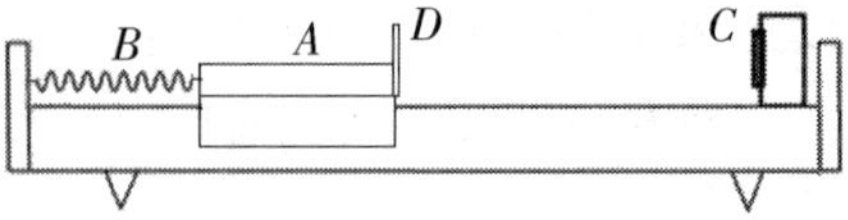

图 3-15

实验得到的图线如图 3-16 所示，上方为直接采集的 $x-t$ 图线，经过计算机计算得到的 $v-t$ 图线及 $a-t$ 图线分别在中间和下方，显示出位移、速度、加速度三者都做周期性变化以及它们之间的相位关系。还可以使用软件提供的函数拟合方法，显示出 $x-t$ 图线与正弦函数很好地拟合，并且读出其振动周期约为 1.32s，如图 3-17 所示。

如果有加速度传感器（无线传输的），可将它安装在滑块上，直接采集加速度变化的 $a-t$ 图线。

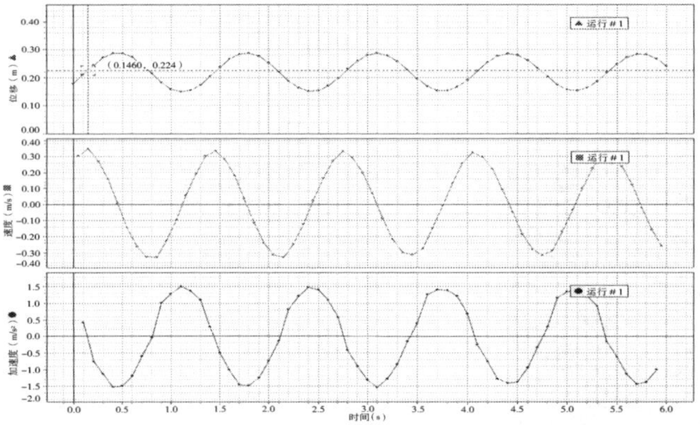

图 3-16

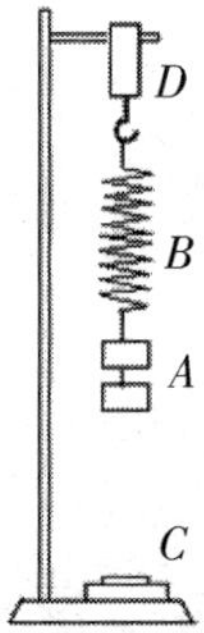

图 3-18

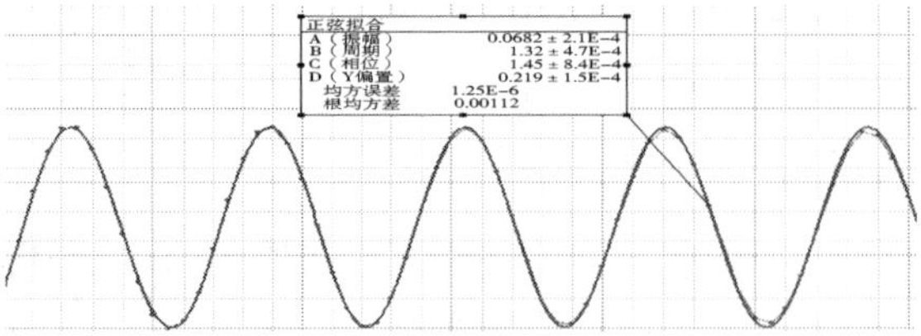

图 3-17

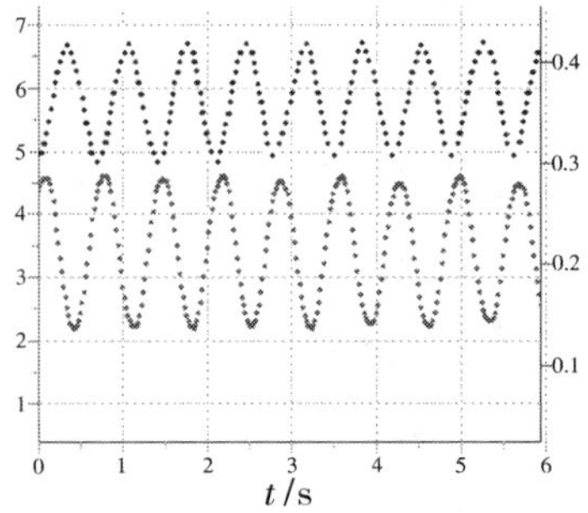

图 3-19

另一种是竖直弹簧振子，装置如图 3-18 所示。C 为位移传感器，但增加了力传感器 D，用以采集回复力-时间（$F-t$）图线。必须用较粗的弹簧 B，才能承载较重的砝码 A。

图 3-19 为采集的图线，$x-t$ 图线位于上方，$F-t$ 图线位于下方。需要说明的是，回复力应当是弹簧作用于振子 A 的力，而现在测量的是传感器 D 作用于弹簧另一端的力。由于弹簧的质量不可忽略，并且弹簧内还会形成纵波，所以上述两个力不能等同看待，两者达到最大值的时刻也会有些许差异。因此，在同步采集的图像上，$F-t$ 图线与 $x-t$ 图线并不恰好是反相的。

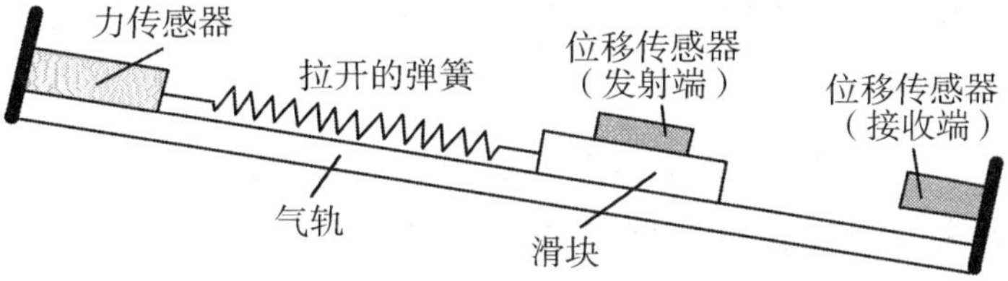

图 3-20

也可以使用气垫导轨附带的密绕型螺旋弹簧来组成振动系统。但是必须将气轨倾斜，如图 3-20 所示，借助滑块受的重力使系统平衡时弹簧处于被拉开的状态。位移传感器也可改用分体式的，按照图示安装。

当然也可以用位移传感器采集单摆振动的 $x-t$ 图线，来证明单摆的等时性并测定其周期。

2. 阻尼振动

在图 3-15 中，滑块上安装一个面积相当大的硬板（其平面与振动方向垂直）作为空气阻尼板来加大空气阻力，就可以观测到其振幅逐渐衰减的阻尼振动 $x-t$ 图线。

3. 受迫振动与共振

做好这个实验有两个重要条件：（1）策动源能够提供可调节的、频率稳定、近似按正弦变化的策动力，并且能输出足够的功率；（2）被策动的振动系统要受到与速度近似成正比的阻力，并且这种阻力足够强。有前者才能产生受迫振动，有后者才能使振动达到稳定状态。

传统上大体有四种实验方法：

（1）单摆组。如图 3-21 所示，用双线悬吊摆球，作为策动源的 A

摆质量要比其他各摆大几倍。此装置其实是一组耦合摆，只可在短时间内定性观察产生共振的现象和条件，时间长了会看到等长的摆 A 与摆 B 之间反复交换能量产生振幅变化的复杂现象。

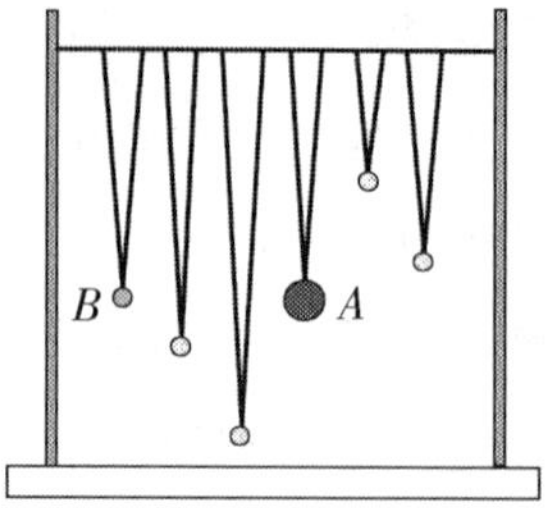

图 3-21

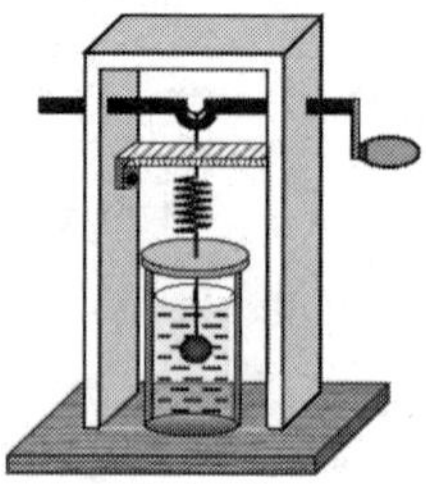
图 3-22

（2）竖直弹簧振子。如图 3-22 所示，必须用黏稠的油产生阻尼，但用手摇提供策动力的方法使得策动力的频率和振幅都不易稳定。后来有改用可调转速的电动机来驱动的，并且由一个电动机同时策动两个固有频率不同的弹簧振子，便于做对比。

（3）簧片组。如图 3-23 所示，将金属簧片（如报废的钢锯条）a、b、c、d 装在滑块 P 上，取不同的长度或在上端加装配重使它们的固有频率不同。用可调转速的电动机 M 通过偏心装置驱动滑块在轨道 Q 上往复运动，即可观察到簧片做受迫振动和共振的现象。

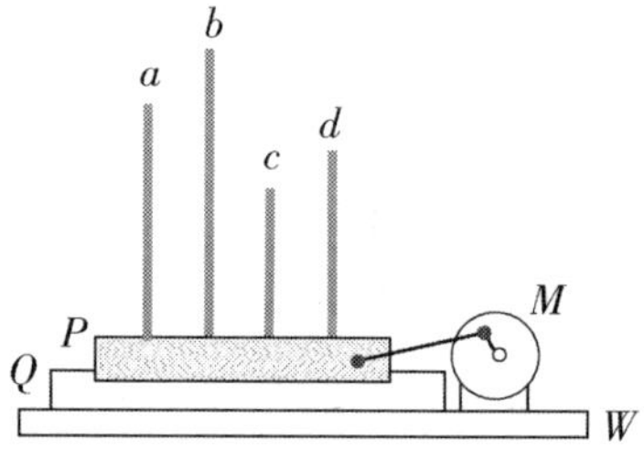

图 3-23

（4）共鸣音叉组。成品仪器是将两支固有频率都是 440Hz 的音叉分别安装在木制的共鸣箱上。如果在其中一支音叉的一个股上附加一个小质量的金属物，则不会发生共鸣。还可以取下音叉持在手中，会发现它能够引起所配的共鸣箱内空气柱共鸣，而其他频率（如 512Hz）的音叉则不能。

现在教师们希望定量观测受迫振动，最好能由实验画出共振曲线。大学里一般使用的是以扭摆为振动系统的仪器或者电磁线圈驱动的音叉及配套的电子仪器，测量精度高，但结构复杂，可参阅《新编基础物理实验》（吕斯骅、段家忯主编）中的实验十二及实验三十三。中学可采用较简单的自制教具，有一种如图 3-24 所示。由可在水平木板（或轨道）E 上运动的小车 A 和间绕弹簧 B 组成振动系统，可调转速的电动机 C 和传动装置带动连杆 D 对弹簧左端施加水平方向周期性的策动力。连

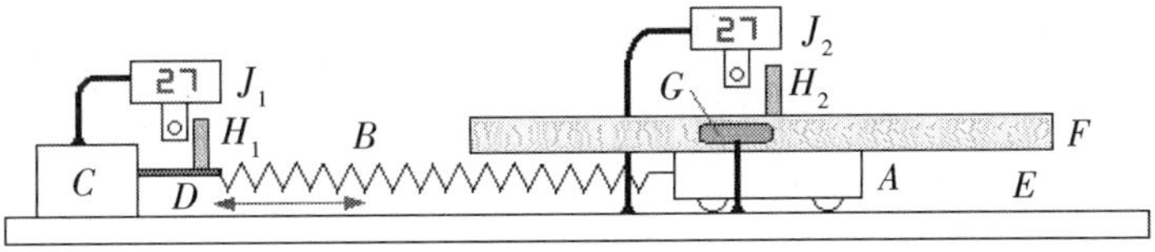

图 3-24

杆上安装挡光片 H_1 使光控计数器 J_1 显示策动力变化的周期数 n_1。小车上安装挡光片 H_2 使光控计数器 J_2 显示振子（小车）做受迫振动的周期数 n_2。小车上还安装条形铝板 F，在小车侧方木板上固定强永磁体 G 并使它靠近铝板，则小车运动时铝板中就会感生涡流起到阻尼作用，从而较快地达到振幅稳定的振动状态。实验时，先将策动力频率取某一定值，待受迫振动达到稳定后，由两个计数器可读出在相同时间内 $n_2=n_1$。再调节电动机改变策动力频率为另一定值，仍有 $n_2=n_1$ 的关系，从而证明受迫振动的频率总等于策动力频率。将策动力频率改变若干次，可看到受迫振动的振幅不同及发生共振现象的规律。还可以改变磁体的数目或磁体与铝板的距离以观察不同强弱的阻尼对振动的影响，或改变小车质量以观察其对振动的影响。图 3-25 所示为北京市第四中学张荣辉老师自制的此种教具。

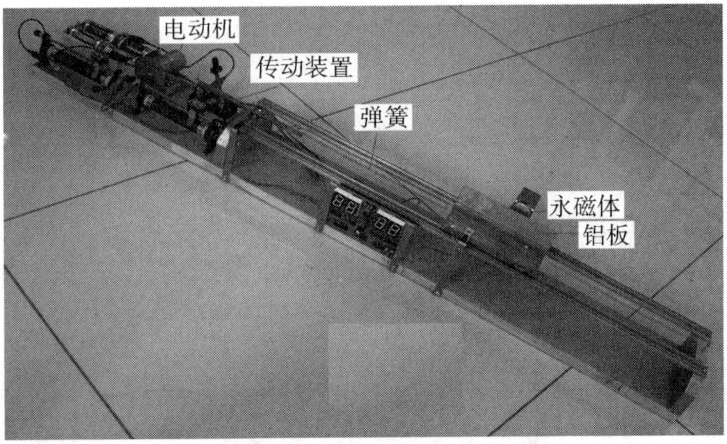

图 3-25

四、机械波的观测

1. 用水波观察多普勒效应

为了观察在观察者相对于介质静止，波源相对于介质运动的条件下产生的多普勒效应，可使用普通的发波水槽，实验者手持振动中的单振子在静止的水面直线移动，可以看到水面波波长的变化。遗憾的是可移动的距离大约不超过 20cm，只能观察一两秒钟。

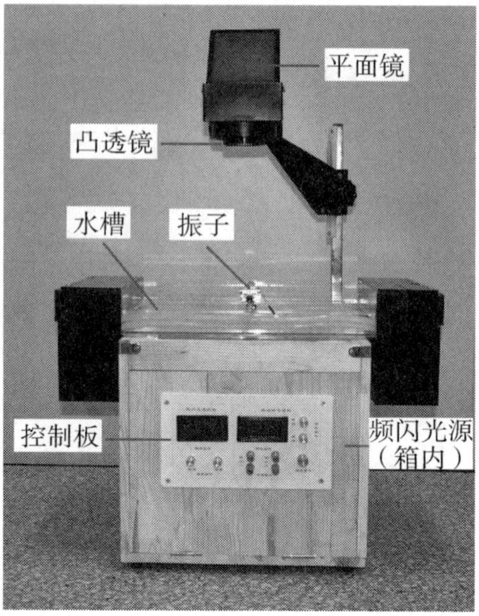

图 3-26

北京市第十五中学刘杰老师设计了另一种观察多普勒效应的教具，如图 3-26 所示。用小水泵让长方形槽中的水匀速平缓地流动，将产生水波的单振子位置固定，这样就可以长时间地观测到稳定的多普勒效应。图 3-27 中（a）为水静止时的水波形状，（b）为水流动时的水波形状。该实验不仅显示出水面波波长的变化，而且提供了对多普勒效应进行定量研究的条件。还可以采用几个水泵来调节水流速度。

该教具还改进了产生频闪光的装置，用电子电路产生的窄脉冲电流驱动大功率的 LED 作为频闪光源，具有发光强、耗电少、生热少、闪光频率稳定且可细调等优点，能够更清晰地在屏幕上显示“稳定”的或传播速度慢的水波。此装置也可用于水波的折射、干涉、衍射及惠更斯原理等实验演示。

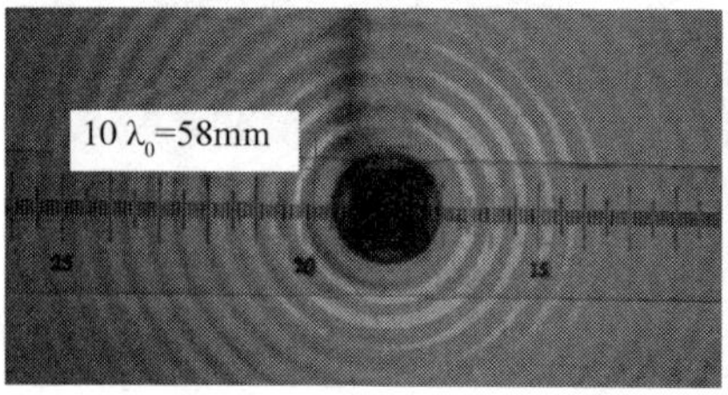

（a）

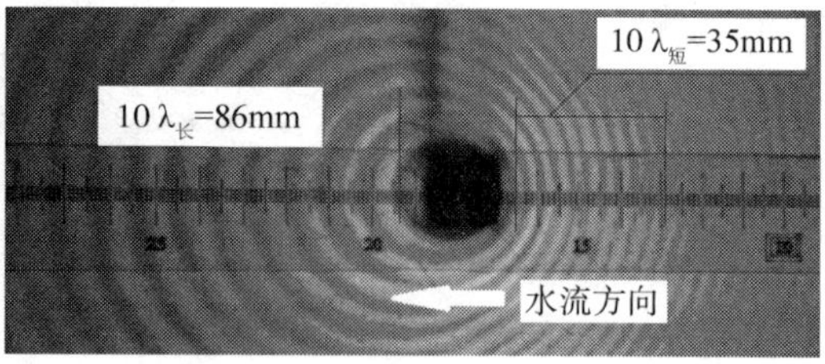

（b）

图 3-27

2. 测量空气中的声速

声速是相当快的，通常采用间接测量法。这个实验的关键是测量声

波的波长 λ 值，再根据已测知的声音频率 f，由公式 $v=\lambda f$ 求出声速 v。学生虽做过不少有关波传播的计算题，但是却没有直接测量过波长，这个实验将介绍几种方法。使用可闻声波做实验的优点是能听到声音，使用超声波则因其波长短、集束性好可在较小空间内做观测，并且易于避免干扰。

（1）驻波法（或称闭管共鸣法）

如果看过绳中的驻波，就会对横波形成的驻波有所理解。驻波法是利用干涉造成波形看起来“不动”的现象，以便于用尺测量波长。这个实验研究的是空气中纵波（声波）形成的驻波。如图 3-28 所示，让一端开口的直管中的空气柱与发声的音叉（或由音频正弦信号驱动的小扬声器）产生共鸣。此方法原理易懂，设备简单，共鸣管可用硬塑料管自制。

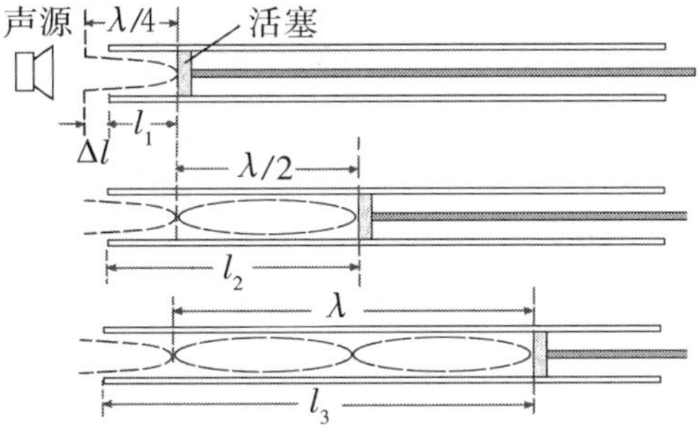

图 3-28

实质上，只有在进入管中的入射波与反射波形成驻波的情况下才能听到共鸣声。由于存在“管口末端效应”，要将恰好发生共鸣时的管长 l 加上修正量 Δl 才等于驻波 $\lambda/4$ 值的奇数倍。但 Δl 是未知的，所以实验中要调节活塞到不同位置使出现若干次共鸣，测出相应的管长 l_1、l_2、l_3、…、l_n，然后用逐差法处理数据，避开 Δl 而求出波长 λ 值。还可以改变声音的频率再做测量，验证声速与频率无关。或在相差较大（不少于 10℃）的气温下测量声速，看它是否受温度影响。

实验中，发生共鸣的空气柱与 $\lambda/4$ 值的倍数越大，共鸣的声音越弱。为了提高听音的灵敏度和避免外界的干扰，在分组实验时可用细乳胶管作为“听诊器”，一端探入共鸣管中，另一端插入耳中；或在演示时将微型驻极体话筒伸入共鸣管中探测，经过示波器显示声音的幅度大小。

（2）干涉法

由中国人民大学附属中学的吴月江老师设计的实验如图 3-29 所示，在超声波发射头 C 后面约 20cm 处放置开有平行双狭缝 m、n 的挡板 A，

双缝中心距离 $d=6.0\text{cm}$。在 m、n 的垂直中心线上距离挡板 $l=50.0\text{cm}$ 处放置超声波接收头 D 及与挡板平行的刻度尺 B。将 D 连接普通示波器，观测超声波的波形，测出当 D 在图示位置及其两侧分别为 7.3cm、7.1cm 时

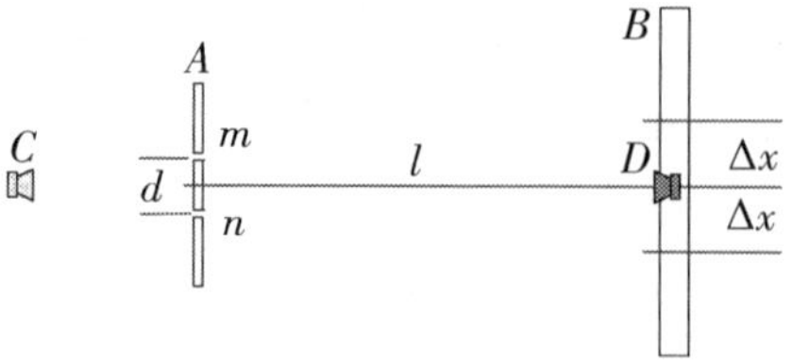

图 3-29

波形幅度最大，可得到 $\Delta x=7.2\text{cm}$。将数据代入双缝干涉公式 $\Delta x=\frac{\lambda l}{d}$，得到 $\lambda\approx0.86\text{cm}$。已知超声波频率 $f=40.0\text{kHz}$，则 $v=344\text{m/s}$。

此法有助于学生对波的干涉现象的感知和理解。使用超声波的优点有：波长短，可在较小的空间中观测到干涉现象；不会刺激实验者的听觉；避免环境中杂散声波对实验的干扰。但此法测量的精度要差一些。

（3）行波法

能否对移动中的波形做测量？这是新的挑战。对于沿直线传播的波，如果介质中两个质点振动的相位总是相同的，则此两点的距离 s 一定是波长 λ 的整数倍。这个实验就是利用示波器上显示的李萨如图形来判定相位关系的。实验利用的是最简单的，由两个频率相同的正弦电压信号形成的李萨如图形，当两者的相位差在 0°到 360°之间变化时，图形会从倾斜的直线变成不同的椭圆和直线，具体的原理和规律可以参阅大学课本。

这原为一项大学实验，配有专用仪器，但现在有一种汽车倒车报警用的小型超声发射头和接收头，价廉易购，用它和中学配备的仪器也可以完成实验。学生在已有的物理和数学知识的基础上稍加提高，是能够理解实验原理的。

具体方法如图 3-30 所示，两个超声头都安装在附有刻度尺的光具座的滑块上。将普通单踪示波器 X 扫描选择“外接 X”，工作于“X-Y”方式。将信号发生器的输出正弦信号同时接到超声波发射头 C 和示波器的 X 输入端。发射头发出的超声波经一段距离 ΔL 传播到接收头 D，转化成电信号后输入示波器的 Y 输入端，该信号比 X 输入端的信号相位落后 $2\pi\frac{\Delta L}{\lambda}$，而频率与 X 输入端的信号相同。示波器屏上显示出由 X、Y

两个信号的相位差决定的不同形状的椭圆或直线，即李萨如图形。将 C 固定而缓慢移动 D，可看到图形形状发生周期性的变化，每移动一个波长的距离，图形就变为原来的形状，据此即可测出超声波的波长。要采用两种方法减小误差：（1）在图形成为图 3-30 所示的一条倾斜直线时作为 D 的初始位置，移动后只要也成为这样的直线就是找到了同相位点。若用椭圆则不易准确判断。（2）采用累积法，测量多个周期 n 移动的距离 ΔL，则波长 $\lambda=\dfrac{\Delta L}{n}$，然后由 $v=\lambda f$ 计算声速。

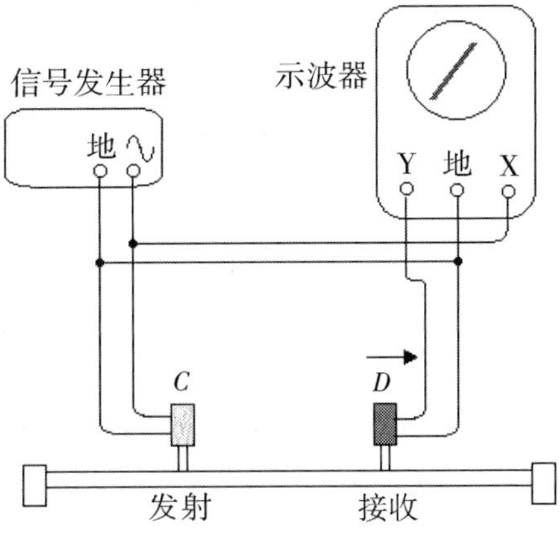

图 3-30

超声发射头标注的频率 40kHz 是近似值，所以测量前要仔细调节信号发生器的频率，使由示波器接收到的信号幅度达到最大，即发射头工作于谐振状态，此时读出其实际的频率 f。也可外接数字多用表上测量频率的功能挡来读出。

某次实验数据如下：$f=40.36\text{kHz}$，$n=15$，D 的初位置 $x_1=36.3\text{cm}$，末位置 $x_2=49.1\text{cm}$。则计算出 $\Delta L=12.8\text{cm}$，$\lambda=0.85\text{cm}$，$v=343\text{m/s}$。

第三节　电学实验案例研讨

一、电容概念的引入

1. 设计

物理教学需要的是建立严谨的概念。某些形象的比喻只适合于大众科普宣传，例如以水桶对水的容量类比电容器的电容。这样的类比并不严谨，并且可能使学生产生误解。

以往的教材中引入电容的概念时，大多是这样抽象的叙述："实验表明，一个电容器所带的电量 Q 与两极板间的电压 U 成正比，比值为一常量。不同的电容器，此比值一般不同。"近年来，有些教师尝试用简单的实验使抽象的论述变得直观。

教师在设计实验时遇到了两个难题。一是电量的测量。由于没有测量电容器极板上静电电荷量 Q 的仪器，因此想到借鉴库伦实验所用的分电荷的方法，将测量 Q 的绝对值转为改变 Q 的比值。二是电容器两极板间电势差的测量。需要一种不会导致电容器放电的仪表，以避免测量时电势差改变。常用的指针式电压表内阻不够大，不能满足要求，于是想到改用静电式仪表或数字电压表。

2. 实验

（1）方案一

由北京市第四中学的老师设计。如图 3-31 所示，将两组尺寸一样的圆形平行板电容器分别固定在绝缘支架上，板的间距均为 1.0cm。其中 A、B 与静电计 M 连接，用起电机或其他方法使 A、B 带上等量相反电荷，并且 M 的指针有较大张角。然后手持不带电的 C、D 分别与 A、B 接触，分去一半电量后移走，

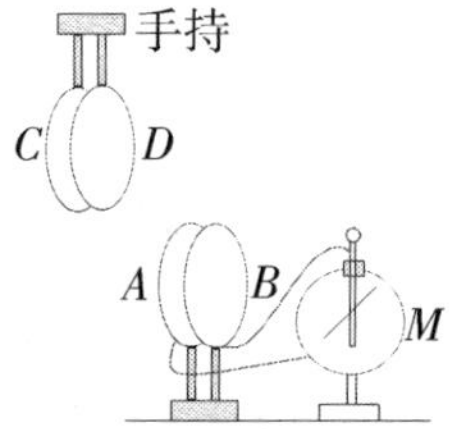

图 3-31

可看到 M 的指针指示的刻度值约为原来的一半，再用同样方法使电量减小为初值的 1/4，观察指针的刻度值。如此可近似显示同一个电容器的 U 与 Q 成正比。

再保持 A、B 电量不变而减小其间距，就相当于另一个不同的电容器，可看到 M 的指针偏角变小，表明其比值 U/Q 与原来不同。

此法的优点是直观性强，不脱离学生熟悉的静电学方法，学生易于接受，并且静电计能够避免测量过程中电容器持续放电。不足之处是静电计只能粗略地显示电压的比值，并且它实际上仍要从电容器上分去一些静电荷 Q_0，导致系统误差。此电容器圆板的直径为 25.0cm，间距为 1.0cm 正对放置，由公式 $C=\dfrac{\varepsilon S}{4\pi dk}$ 可计算出其电容约 45pF，静电计自身的电容约为 3~4pF（用数字万用表测出），因此 Q_0 值的影响还是需要考虑的。

（2）方案二

如图 3-32 所示，电源为两节干电池串联，图中的箭头表示可以随实验步骤接通和断开的活动导线。

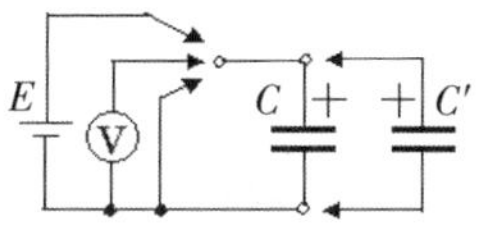

图 3-32

用数字电压表测电压，其内阻 R 极大（10MΩ），选用大电容器 C（几千微法）作为测量对象，使此 RC 电路的时间常数足够大。测量时电容器通过电压表放电极慢，在电压表与电容器开始接触的极短时间（1~2 秒）内进行读数，其电压值的变化是很微小的。电容越大，这种变化越小。

第一项实验：取一个 1000μF 的普通电解电容器 C 充电后，测量出其电压 U。将另一个 1000μF 的不带电的电容器 C' 和它并联，分去一半电量后移走，再测出 C 的电压；用相同方法使 C 的电量再减半，测出 C 的电压。测量结果见表 3-1，可看到 Q 与 U 近似成正比。

第二项实验：再取 C_1（标称 1000μF）和 C_2（标称 4700μF）的不带电的电容器各一个，串联后充电，则两个电容器带有相同电量 Q。测量各自的电压 U_1、U_2，结果见表 3-2，可看到不同的电容器 Q 与 U 的比值不同。

表 3-1

Q	Q	$Q/2$	$Q/4$
U/V	3.17	1.612	0.808

表 3-2

C/μF（标称值）	$C_1=1000$	$C_2=4700$
U/V	$U_1=2.52$	$U_2=0.626$

3. 讨论

（1）上述方案中要注意电容器的选择。普通电解电容器的电容量误差可能达到标称值的±30%，因此，第一项实验要筛选出两个实际电容量很接近的电容器，可以用串联充电的方法来解决；第二项实验如果不挑选电容器，就很难显示出反比关系。

（2）目前很容易购到大电容量的超级电容器（法拉级电容器），如果改用它，则用数字电压表去测量时，在不太短的时间内就几乎看不出电压的变化。为了避免电容器充放电时间过长，选择的电容量也不可太大，以 2F 以下为宜。

二、二极管的特性和发光二极管的应用

1. 设计

传统教材中，电路的负载大多选用金属制成的电阻器和钨丝灯泡。从现代科技和社会的发展来看，应当让学生了解半导体等新型材料制成的元件。新教材对此有所关注，但仍令人感到不足。

可选择几种应用普遍、廉价易得的典型元件——普通二极管、发光二极管（LED）和稳压二极管，设计出用常见仪器能够完成的、内容丰富的实验，可以帮助学生学习用不同方法认识其非线性的特性，了解这类元件的有关应用，起到改进和充实教学的作用。

2. 实验

（1）初步认识二极管的单向导电性

最简便的方法是使用指针式多用表的欧姆挡来显示。例如，测试型号为 1N4007 的硅二极管或标称 6V 的稳压管，都可以看到它正向具有较小的电阻，反向时电表显示为“∞”。由此还要认识到，二极管正向能够导电，但并不相当于一段导线，即实际的二极管并非理想的模型。

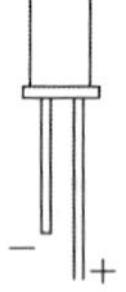

图 3-33

常用的发红光、发绿光的小型发光二极管外形如图 3-33 所示。测试时会遇到两种情况：一是正、反向都不导通，二是正向时导通并且发光。究其原因，二极管必须达到一定的阈值电压才能导通，硅管约需 0.6V，而由砷化镓等不同材料制成的发光管则需 1.6~3V，并且因发光颜色不

同而存在差异。常用的指针表欧姆挡内部安装的干电池，有 1.5V 和 3V 两种情况，出现上述第一种情况就是因为内部只装有一节干电池，可按照图 3-34 所示再临时外接一节干电池，即可使 LED 发光。注意，有外接电池的情况下，不要在测量前进行“欧姆零点”的调节。还可以看到选用的欧姆挡倍率挡越低二极管发光越亮，这是低倍率挡电路的内阻较小的缘故。

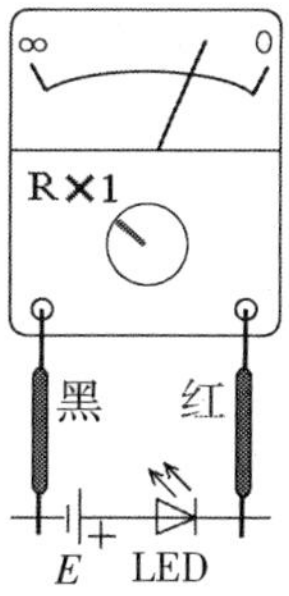

图 3-34

（2）用电表测绘二极管的正向伏安特性

选择发光二极管来做实验，具有直观性强、实验内涵丰富、联系实际应用等优点，会引起学生更大的兴趣。此实验能够培养学生多方面的素养，比现行课本中“钨丝灯泡伏安特性”实验的作用要大，可作为扩展或代替原课题。

让学生提出对测量电路的各种设计并进行讨论，例如，对两种调控电路（制流和分压）做比较，怎样应对预想不到的问题，如超过某一电压才会导通发光，如何选择仪表等。最终按照图 3-35 连接测量电路。因为所加正向电压超过某个值时 LED 才会导通，所以变阻器必须接成可调分压电路。必须串联电阻箱 R_1 对二极管做限流保护，可先预置为 100Ω。为了避免电压表分流造成的误差，要用数字多用表的直流 2V 挡测量二极管两端的电压 U。用 J0411 型指针式多用表的直流 10mA 挡测量通过二极管的电流 I，其最小分度为 0.2mA，读数小于 1/10 分度就可记为“0”。

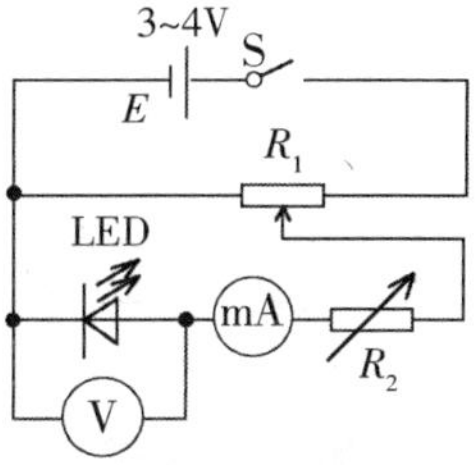

图 3-35

在二极管导通前，取几个较小的 U 值，观测到 I 值都为 0（实际此时也有约几微安的电流，改用微安表才可以观测到）。在导通后，U 值微小的增加会引起 I 值的剧烈变化，所以要取小间隔的 I 值去测量对应的 U 值。图线弯曲段的数据点要取密集些。

例如，测量一个直径为 5mm、圆柱形透明外壳、发绿光的高亮度 LED，并且观察它的发光状况，得到的结果和伏安曲线如表 3-3、图 3-36 所示。

由观测结果可认为：电压约为 2.6V 时 LED 开始导通发出微光，将此值称为这种 LED 的阈值电压；电压为 2.8～2.9V 时发出的亮光能满足一般工作的需要，可作为它通常的工作电压。

表 3-3

U/V	I/mA	发光状况
0	0	无
2.00	0	无
2.30	0	无
2.50	0.01	微
2.62	0.05	弱
2.66	0.10	
2.71	0.20	稍强
2.77	0.50	
2.81	1.0	亮
2.86	2.0	更亮
2.89	3.0	
2.93	5.0	很亮
2.99	10.0	
3.06	20.0	极亮

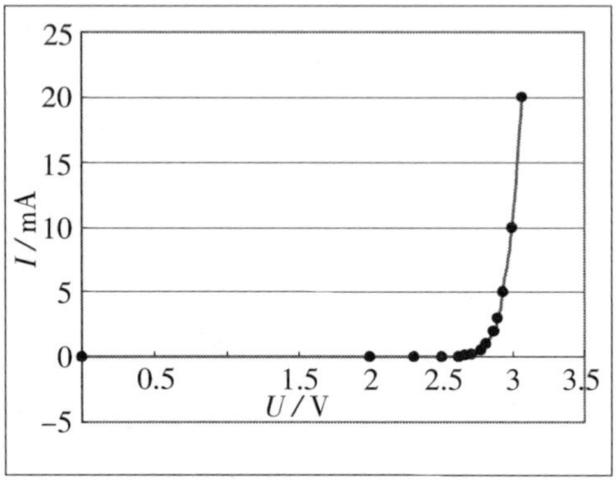

图 3-36

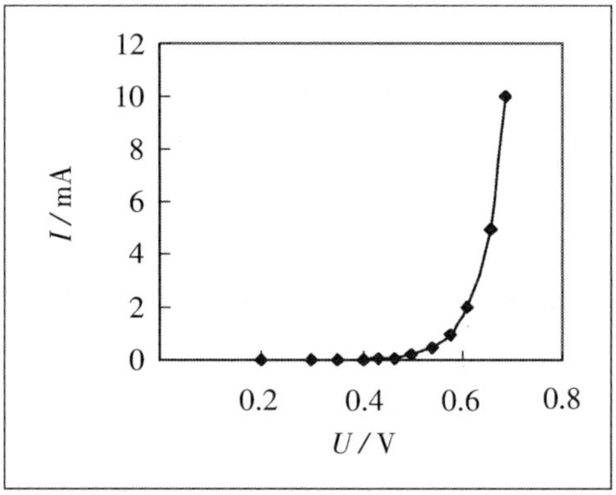

图 3-37

测量整流用的 1N4004 型二极管，得到的正向伏安曲线如图 3-37 所示。它的阈值电压（导通电压、门限电压）约为 0.6V，测量时用一节干电池做电源即可。常用整流二极管的反向击穿电压为几百到上千伏，考虑到设备不足和安全问题，不宜测量其反向伏安特性，学生只要会设计测量电路即可。

（3）用示波器显示二极管的伏安特性曲线

某些稳压二极管，加几伏反向电压即可击穿，这样就能够同时显示正向、反向的伏安曲线。常见的小型玻璃壳的稳压值为 3V 或 6V 的稳压管就适用。

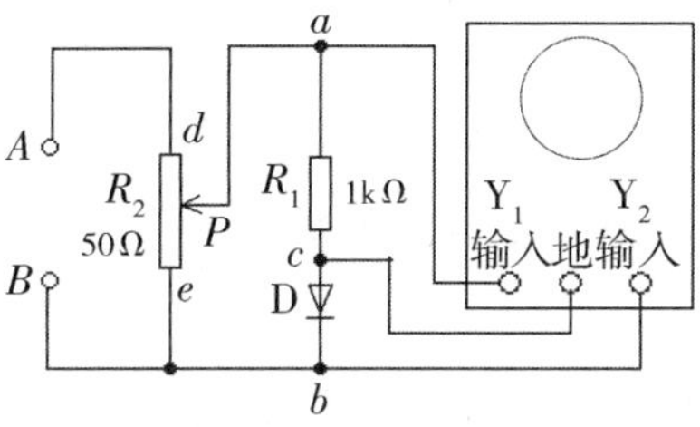

图 3-38

使用双踪模拟示波器的实验电路如图 3-38 所示，示波器设置为“X-Y”工作模式，通道 Y_2 的极性设置为“反相”，两个 Y 输入端都要设置为“DC”。由电流取样电阻 R_1 取电流 I 的信号输入通道 Y_1，由二极管两端取电压 U 的信号输入通道 Y_2。

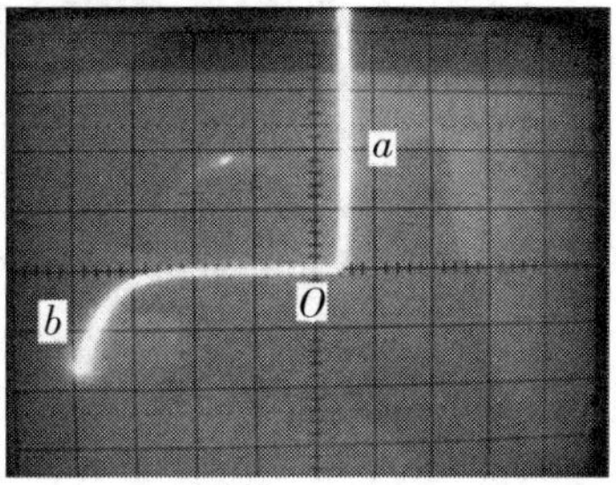

横坐标　1V/格

图 3-39

为了便于认识该曲线的显示原理，若 D 为 3V 稳压管，则在 A、B 间接 4～6V 电池，且 A 接正极，B 接负极。无信号输入时，将光点调至屏幕中心。将变阻器 R_2 的滑片 P 自 e 向 d 移动，可看到屏幕上光点从坐标原点起在第Ⅰ象限内缓缓移动，其运动轨迹恰好是二极管的正向特性曲线。再改电压为 B 正、A 负，仍做以上操作，则可看到光点从坐标原点起缓缓在第Ⅲ象限内反向移动，其运动轨迹恰好是二极管的反向特性曲线。然后在 A、B 端接上 4～6V 的 50Hz 正弦交流电，将变阻器 R_2 的滑片 P 从 e 逐渐滑向 d，屏幕上即可看到二极管正向先导通，反向后击穿，最终显示出完整连续的伏安特性曲线，如图 3-39 所示。这是由于交流电自动使二极管的电压 U 和电流 I 在正、反方向都做连续的变化所致。图 3-39 中 a 显示出正向门限电压约为 0.6V，b 显示出反向电压大约超过 3V 时稳压管被击穿而导电，但是有电阻 R_1 起限流作用，二极管不会损坏。还可以试一下，如果 A、B 端连接脉动直流电（将交流电半波整流所得），会看到什么现象？

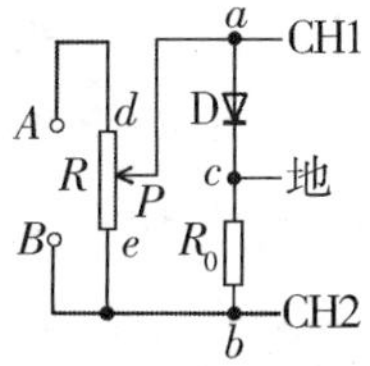

图 3-40

也可以使用数字存储示波器（DSO）做实验，原理同上，电路如图 3-40 所示，由通道 CH1 采集二极管电压，通道 CH2 采集二极管电流，并且将 CH2 输入设置为“反相”。若观测稳定电压为 6V 的稳压管，A、B 间接入的交流电压可取 8V。此种示波器的特点和操作请参看本书第九章。

也可以使用普通单踪示波器，实验电路如图3-41所示。去掉加在X轴上的机内扫描信号，改由外接的“X输入”采集二极管两端的电压信号。注意，由于X和Y输入的信号是反相的（即图中a点电势高于c点时，b点电势低于c点），会使正向特性曲线显示在屏幕的第Ⅱ象限内，而反向特性曲线显示在第Ⅳ象限内。前两种示波器能够对显示做校正（将一个通道Y_2的输入设置为“反相”），而这种示波器却不具有这样的功能。

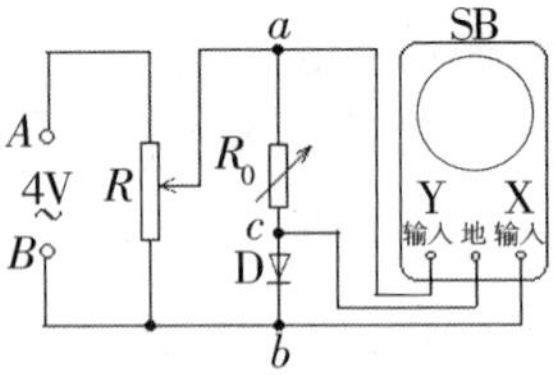

图3-41

（4）发光二极管的正确使用方法

LED中通过的电流过大会损坏元件，因此LED是一种电流控制型元件，没有额定电压，通常会在说明书中给出允许通过的最大电流值。常用的小型LED的最大电流值为20mA，因此使用时必须串联限流电阻R做保护，如图3-42所示。例如，由电压为6.0V的直流电源对前文中测量的发绿光的LED供电，设计要通过I=7.0mA的电流，则应在图3-36所示的伏安曲线上做内插，得到与7.0mA对应的工作电压U=2.95V，则限流电阻$R=\dfrac{6.0-2.95}{0.007}\Omega\approx436\Omega$。实际装配时，限流电阻取市售的“430Ω 0.1W”小型金属膜电阻器即可，然后再接好电路来检验其实际工作状态（参数I和U）是否与设计相符。

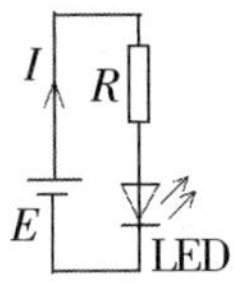

图3-42

怎样用一个6V电池同时给发红光和发绿光的LED并联供电？乍看起来似乎图3-43中两种电路都可以，但实际实验结果却不然：（a）电路中两个LED都正常发光，（b）电路中却只有发红光的LED发光。原因是两种LED的阈值电压不同，发红光的LED的阈值电压约为1.7V，从其伏安曲线可知发光最强时两端工作电压不会超过2.0V，那么在（b）电路中共用限流电阻的情况下，m、n两点间电压被限制在2.0V以下，

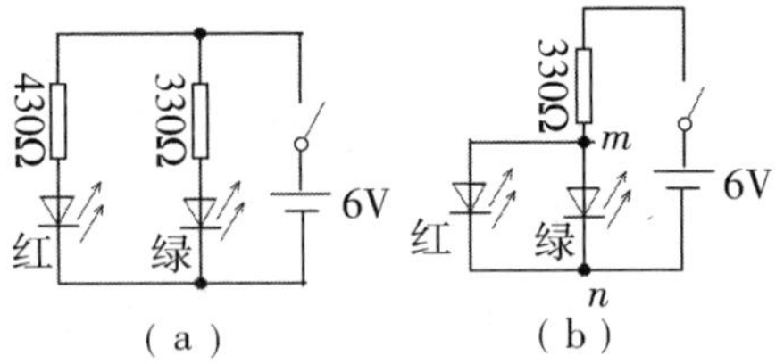

图3-43

而发绿光的LED的阈值电压约为2.6V，它两端的实际电压达不到这个值，所以不能发光。电子技术上将此种情况称作发红光的LED对 m、n 两点间电压 U_{mn} 起了“钳位”作用。所以（b）电路的设计是不可行的。常用的发光颜色不同的LED各自的阈值电压都不同（可以分别测出），若要混合并联使用，也要像（a）电路那样分别串联限流电阻。

（5）用三基色LED观察色光的混合

有一种LED是在一个透明塑料壳中封入分别发红、绿、蓝光的芯片，它们靠得很近。这种LED外形类似图3-33，但有4根引脚，其中1根长引脚为共用的正极。实验时将另外3根引脚分别串联可调电阻后与直流电源负极连接。人在几米以外对着LED观察，调节3种色光的强弱，就可看到混合成的多种色光。大型彩色电子显示屏就是由几十万甚至上百万个这种三基色LED组成的。

三、太阳能光伏板的性能和应用

1. 设计

19世纪末，科学家发现了半导体材料的光生伏打效应（photovoltaic Effect），随后制成了微小型P-N结的光电池，但主要用于对光辐射的测量，民用产品如摄影曝光计。20世纪中期，制作出太阳能电池。随着技术发展和成本下降，现代光伏发电已成为发展绿色新能源的重要部分，建筑上的分布式光伏发电系统和手机用的光伏充电器已相当普遍。常见的光伏板是用晶体或非晶体硅半导体材料制成的大面积P-N结，在光照下两极间会产生直流电压，将光能转化为电能。

传统教材中对于电源的介绍较为偏重化学电池。水果电池的实验偏重于趣味性，放在初中或小学较为适宜，高中实验应当更注重实用性。因此让学生学习使用光伏板，研究它作为能量转换装置和驱动负载的基本性能是非常必要的，这会涉及很多物理知识和技术问题，我们可选择若干重点来做实验研究。

单独一块硅P-N结产生的电压很小，在最强的日光直射下只能达到约0.56V。实际使用的光伏板都是由若干P-N结经过串、并联而成的。廉价的小光伏板容易在网上买到，使用普通的仪表就能够安排丰富的实验内容，学生还可以自行提出研究课题。

2. 实验

使用日光照射光伏板，优点是光照强，缺点是不易长时间保持照度恒定，还会受到天气制约。可以用装有磨砂钨丝灯泡（或卤钨灯泡）的台灯代替太阳，光照稳定且便于调节明暗。测量照度应当使用专门的照度计，示值单位为勒克斯（lx）。有的成套教学仪器中配备了光传感器，有些仪器测量结果用的单位是 W/m^2。

（1）引入——认识光伏效应

用光伏板直接驱动负载，例如发光二极管、微型电动机（风扇）、低压钨丝灯泡。

（2）测量光伏板的两个基本参数

化学电源常取电动势和内电阻为基本参数，而光伏板则通常取开路电压 $U_{开}$ 和短路电流 $I_{短}$ 这两个参数。取短路电流是因为在应用时直接关心的是光伏板最多能输出多大的电流。

让日光（或灯光）垂直照射到光伏板上，测量 $U_{开}$ 必须使用高内阻的电压表（最好是数字式的），测量 $I_{短}$ 必须使用内阻极小（如 0.1Ω 以下）的电流表直接连接光伏板正负极，才能得到其近似值。短时间的短路测量不会使光伏板损坏。

测量结果发现：①开路电压随着光伏板接受光的照度减弱而减小，两者是非线性关系。可以通过改变光源的发光强度，改变光照射角度，改变环境来改变照度。②短路电流随照度减弱而减小，两者为正比关系。

由此认识到光照条件对光伏板能量产出的影响。国家标准要求以在日光照度为 $1000W/m^2$、25℃条件下的测量结果作为产品参数的标称值。我们做实验时一般难以符合此条件。

使用光伏板给负载供电时，必须让选用的光伏板 $U_{开}$ 大于负载需要的工作电压，$I_{短}$ 大于负载需要的工作电流。

（3）观测光伏板的输出特性（U-I 图线）

按照图 3-44 连接电路，G 为光伏板，R 为可调电阻（最好是 100Ω、1W 的多圈电位器），两个电表都是数字式的。取一块标称 0.5V、尺寸约为 5cm×10cm 的多晶硅光伏板，用有反光罩的 50W 卤钨灯光垂直照射，两者距离约为 30cm，保持照度恒定。调节 R 值测出多组 I、U 数据，得到图 3-45 所示的图线。

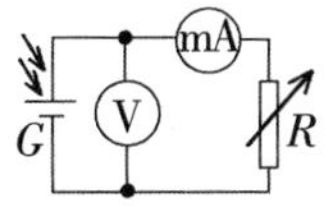

图 3-44

可以看出图 3-45 中的图线是一条曲线。$I=0$ 时的 U 值（0.519V）即为此光照条件下的开路电压，将图线下端外推到 $U=0$ 时的 I 值（约 120mA）可视为短路电流。在曲线弯曲程度最大的那一段可以找到乘积最大的一组 I、U 值，即图中 M 点，即可求出光伏板的最大输出功率 $P_{max}=100.5\text{mA}\times0.434\text{V}\approx43.6\text{mW}$。

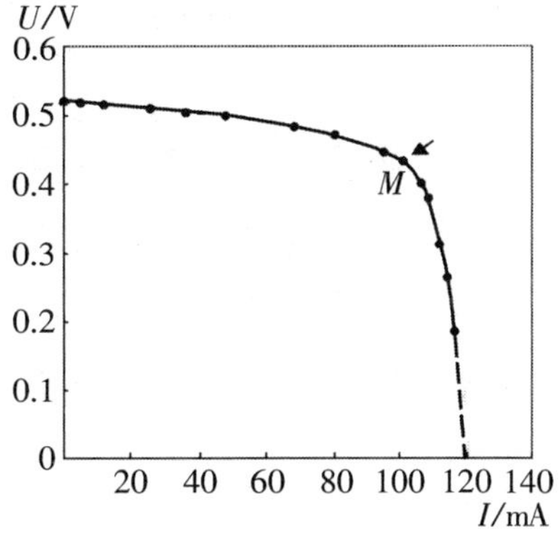

图 3-45

同一块光伏板在不同照度下的 U-I 图线有所不同，在前述的国家标准条件下测出的最大输出功率即作为其标称功率，所对应的电压和电流即作为其标称的工作电压和工作电流。可以发现，工作电压略低于开路电压，工作电流略低于短路电流。

实际应用时，期望光伏板实现最佳的能量产出，就应当匹配合适的负载，使之工作于接近最大输出功率的状态。

在北京春天晴朗的中午日光（透过玻璃窗）直射下，测量另一块标称 6V 的光伏板，得到的图线如图 3-46 所示。

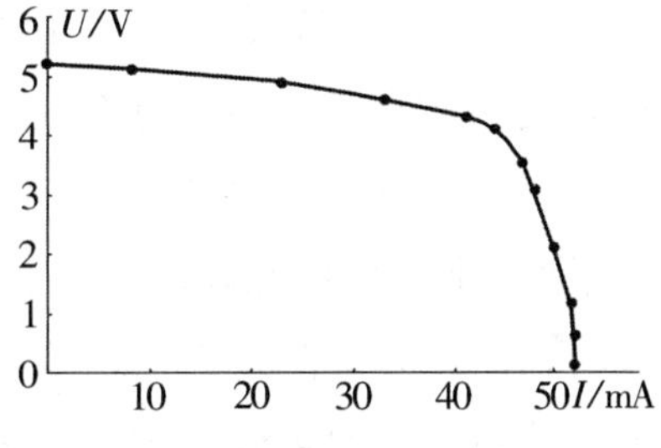

图 3-46

（4）光伏板的组合

应用光伏板给负载供电时，必须让选用的光伏板 $U_{开}$ 大于负载需要的工作电压，$I_{短}$ 大于负载需要的工作电流。当单块板不能满足要求时，要采用几块板串联或并联的方法。

①串联

连接方法和常用电池的串联方法相同。例如，在近似相同的灯光照度下，取前述的标称 0.5V 的光伏板，单块及 2、3、4 块串联后分别进行测量，开路电压分别为 0.525V、1.059V、1.599V、2.14V，以上各情况下的短路电流大致一样，都约为 180mA。

思考：已知发红光的小型 LED 两端电压达到约 1.6V 才能点亮，试一下需要几块上述光伏板串联来供电。

②并联

用两块标称规格相同的光伏板，按照图 3-47 连接电路，负载电阻 R 取适当的恒定值。先只用光伏板 G_1 给负载供电，测量输出电压 U 和输出电流 I。再接通开关 S 将光伏板 G_2 与 G_1 并联，共同对负载供电，看 U 值和 I 值如何变化，思考原因。

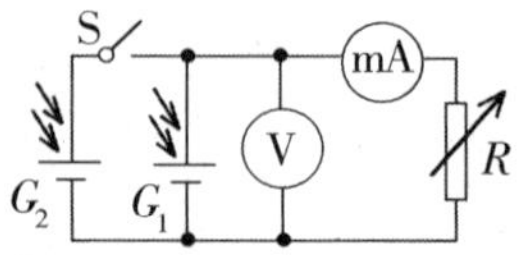

图 3-47

思考：现有几块标称“工作电压 6V、工作电流 170mA”的光伏板，怎样给一只“6V 0.3A”（或“6V 0.5A”）的小灯泡供电才能使它发光最亮又安全?

3. 讨论

（1）由于光伏板与化学电池不同，所以它的最大输出功率不能经由欧姆定律计算，而必须用实验测定。

（2）电源的并联在实际中有重要用途，但教材中未涉及，而光伏板实验做了具体、生动的补充。学生会认识到，电源的并联一是能够输出单只电源不能提供的大电流来满足负载的需求，二是能够减小电源的内阻，保持较大、较稳定的输出电压。综合起来就是电源并联能够使负载得到更大的功率，这对于发电装置尤为必要。

（3）还可以估测光伏板工作时的光电转换效率。这需要使用照度计［或数字化实验系统（DES）中的照度传感器］测量光伏板输入的光功率，同时由前述方法测量光伏板输出的最大电功率。工业上用于太阳能发电站的光伏板的效率可以达到百分之十几，教学实验用的光伏板效率会低些。

（4）可利用光伏板制作简易的手机充电器和太阳能路灯模型，详见本书第六章第六节“四、组装太阳能充电器和太阳能路灯模型”。

四、法拉第电磁感应定律

1. 设计

法拉第电磁感应定律是电磁学的重要定律，历来没有合适的教学实验做出定量的验证。为了便于观察和测量，感生的电动势 E 应为恒定值，这就要求创设一个条件，使线圈中的磁通量变化率是恒定的。但是利用条形永磁体穿过线圈运动的方法难以做到，这由条形磁体的磁感线形状的特征便可以知道。近年有许多教师做出多种新的尝试，主要是使用空心的原、副线圈，设法控制原线圈中的电流来产生磁感应强度变化率恒定的磁场，从而在副线圈中感生恒定的电动势。

2. 实验

介绍三种实验方法。

（1）用机械装置控制原线圈中电流做线性变化

这是最早进行的一种探索。由北京市大峪中学汪维澄老师设计的实验，如图 3-48 所示。该实验的核心是自制的非线性滑动变阻器 R_2，当滑片 P 匀速滑动时能使原线圈中的电流 I 随时间做线性变化，空心线圈中产生的磁通量 Φ 与电流成正比，就使穿过副线圈中的磁通量变化率是恒定的了。这个特殊的变阻器的电阻分布规律是依据欧姆定律计算得到的，详细介绍见《高中物理教学深层研究Ⅱ》中《定量观察电磁感应规律实验的研究》一文。

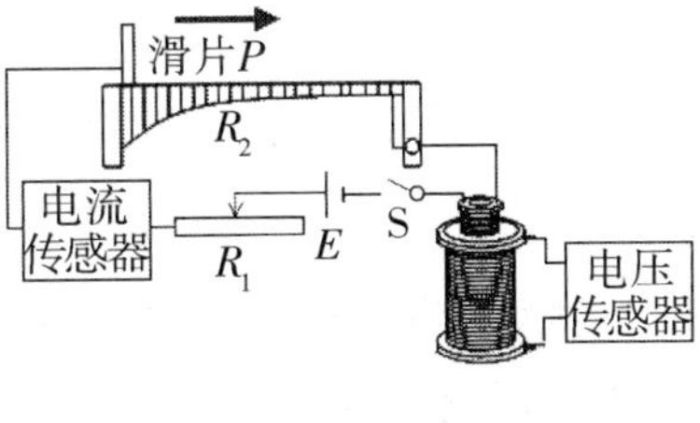

图 3-48

实验时要配合数字化实验系统（DES），接入电流传感器测量原线圈电路中的电流 I，电压传感器测量副线圈感生的电动势 E。实验电源为 6V 稳压直流电。接通开关 S 后，用手尽可能匀速推动滑片 P，就能得到如图 3-49 所示的图线。图中两条标志线 X_1 和 X_2 之间位于上方的倾斜直线显示了电流 I 的变化，位于下方的近似水平的直线显示了产生的恒定电动势的大小。推动滑片 P 以较大的速度匀速运动，可看到电流变化率增大，电动势也增大。

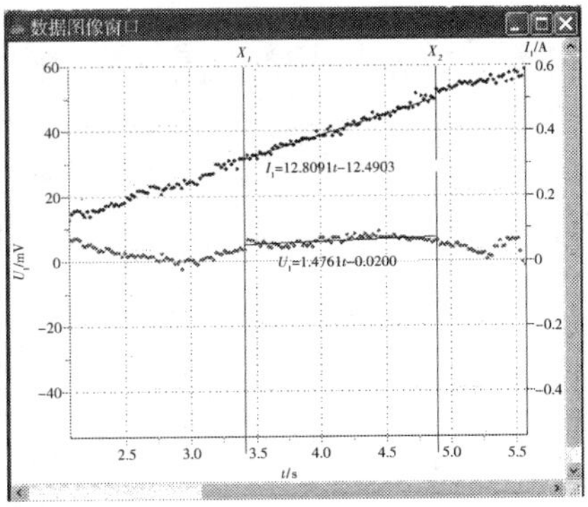

图 3-49

还可以利用光盘驱动器中的电动机和齿轮齿条结构代替人手推动滑片 P，使之更好地做匀速运动。

（2）用信号发生器输出的三角波使原线圈中电流做线性变化

这是一种使用成品仪器的方案，简单易行。电路如图3-50所示，空心线圈 L_1、L_2 取自可拆变压器，也可用细漆包线自制一个扁圆的线圈 L_2（直径稍大于原线圈 L_1）与原线圈 L_1 同轴贴靠在一起，效果会更好。R 为电流取样电阻，将它采集的信号输入示波器的 Y_1 通道，副线圈则连接到 Y_2 通道。三角波的频率可在100~500Hz内选取。

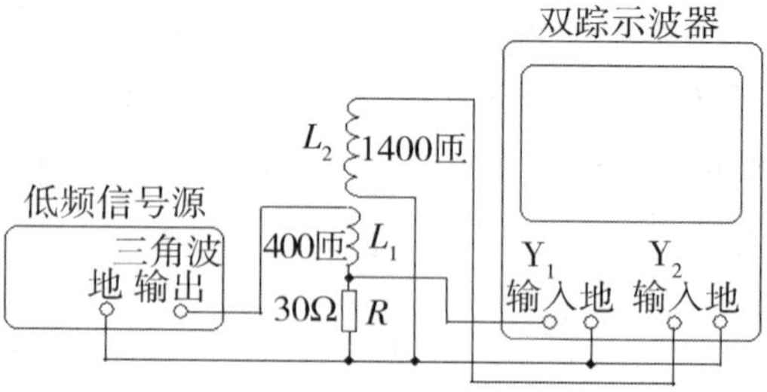

图 3-50

实验时，先将信号频率调为某一值，例如100Hz，则示波器同时显示出原线圈中通入电流和副线圈感生电动势的图线，如图3-51所示。为了便于观察比较，再调节示波器使三角波和方波分别位于屏幕上下方，如图3-52（a）所示。然后让三角波的幅度增大2倍或频率增大2倍，则屏幕上的图线将分别变为图3-52（b）、（c）所示。这两种情况下，线圈中磁通量的变化率都是图（a）的2倍，可看到感生电动势 E 也变为图（a）的2倍，即 E 与 $\dfrac{\Delta\Phi}{\Delta t}$ 成正比。

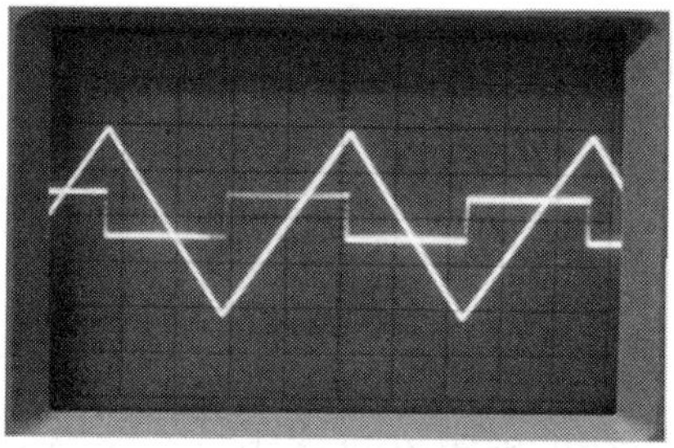

图 3-51

对比 I 和 E 两条图线的关系，还可以看到感生电动势的极性与磁通量变化的关系，这是符合楞次定律的。

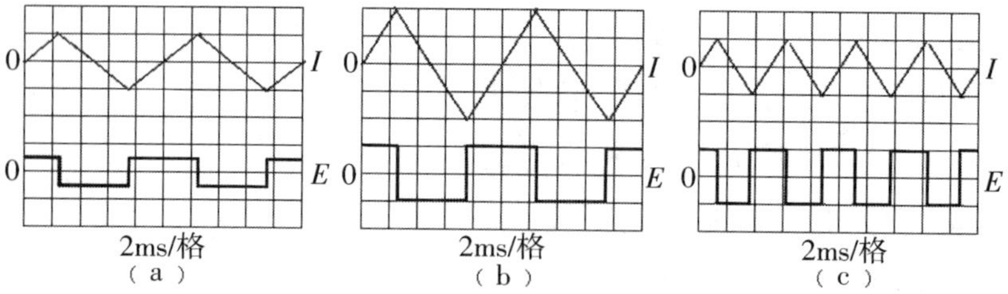

图 3-52

（3）使用厂家生产的专用仪器和数字化实验系统（DES）

该方法做了两点改进：一是用磁传感器直接测量磁场，显示出线圈内磁感应强度随时间变化的图线（$B-t$ 图线），在线圈横截面积一定的条件下，以此代表磁通量的变化规律；二是提供由专用的电子电路制成的特种电源，给原线圈通入不对称梯形波和组合锯齿波的直流电流，产生按相应特征变化的磁通量。这样就突出了观测的主题，取得良好的教学效果。

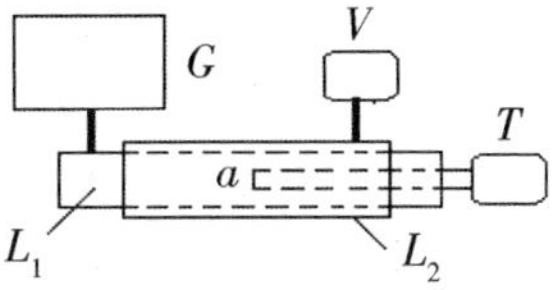

图 3-53

实验装置如图 3-53 所示，原线圈 L_1 和副线圈 L_2 套在一起，磁传感器 T 的探头 a 插入原线圈中央，特种电源 G 与原线圈连接，电压传感器 V 与副线圈连接。

原线圈通入梯形波电流时得到的 $B-t$ 图线如图 3-54 所示。图线上升段 ab 的斜率 k 与下降段 cd 的斜率 k 不同，表明两种情况下磁通量变化率不同。对应的 $E-t$ 图线则显示了感生电动势 E_1、E_2 的大小和方向（极性）都不同，分别为 0. 14mV 和−0. 28mV。

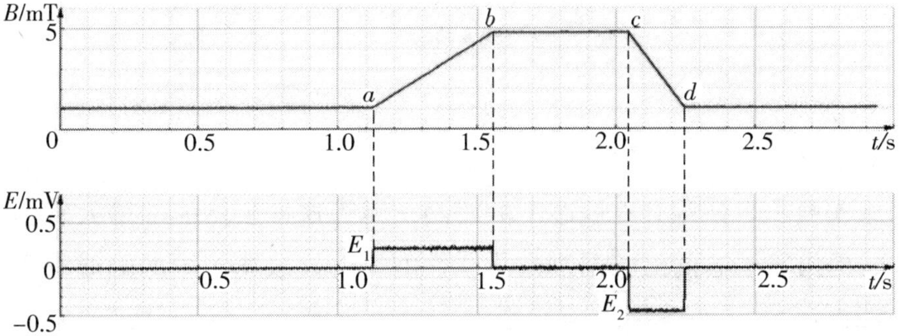

图 3-54

再改用组合锯齿波电流通入原线圈做测量，得到的图线如图 3-55 所示，只观测 $B-t$ 图线的上升段，情况简单。各上升段的斜率 k 不同，即磁通量变化率不同，感生电动势 E 也不同。取这 5 组数据画出 $E-k$ 图线如图 3-56 所示，表明感生电动势与磁通量变化率成正比。需要说明的是，图 3-55 中 $E-t$ 图线的负向脉冲（向下的竖直线）是 $B-t$ 图线锯齿波“下降沿”产生的，无须采集数据。

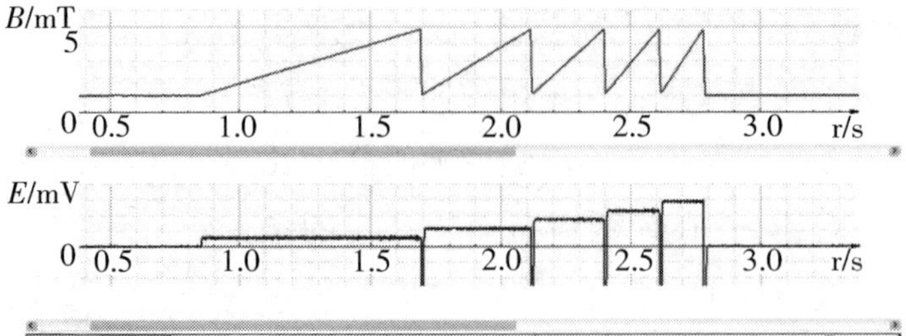

次数	1	2	3	4	5
斜率k	4.58	9.14	13.65	18.15	23.09
感应电动势E/mV	0.11	0.23	0.34	0.45	0.57

图 3-55

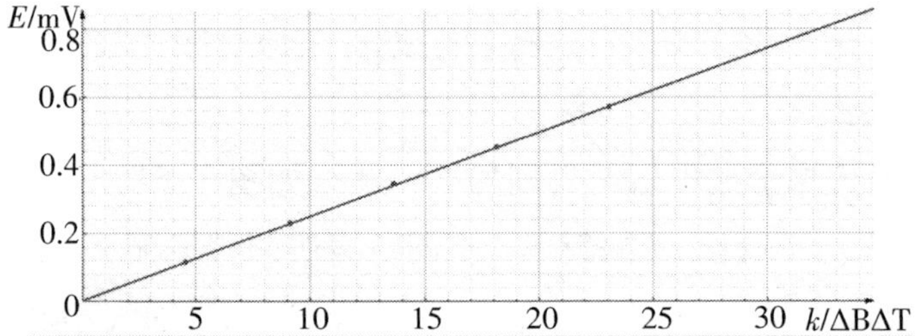

次数	1	2	3	4	5
斜率k	4.58	9.14	13.65	18.15	23.09
感应电动势E/mV	0.11	0.23	0.34	0.45	0.57

图 3-56

3. 讨论

本实验不可使用套在铁芯上的线圈，因为这样虽然能够增大感生电动势，但由于铁芯的磁滞回线是非线性的，将导致线圈中的磁通量变化率不能恒定。

五、通断电自感现象

1. 设计

只要通过一个线圈中的电流发生变化，就会产生自感现象。之所以选择通断电来做实验，是因为它是一种典型的暂态过程，容易观测到某种较简单的现象。自感现象的本质是产生感应电动势，导致通过电感器（线圈）中的电流不能突变。我们做的实验应当着重反映上述特征，即直接或间接地显示自感电动势的存在和电动势的极性，还要能够观察到电流逐渐变化的过程及其规律。

传统的实验大多是在几十年前设计的，使用小灯泡做演示，虽有一些优点，但受到当时技术条件的限制，难以尽如人意，本书将在第八章对此问题做深入分析。

要想完整、定量地显示自感现象，最好采用示波法，即采集电流和电压随时间变化的图像。中学使用的普通示波器的示波管屏幕是短余晖的，并且示波器对信号无存储功能，图像只能在屏幕上闪现一下，不便于观察，所以要采用数字化实验系统（DES）或数字存储示波器（DSO）。

设计实验电路和选择元件时，必须以暂态过程的理论分析为依据，不仅要注意线圈的自感系数 L，还必须考虑电路中的电阻 R。

2. 实验

（1）观察通断电时线圈中电流的变化

典型的实验电路如图 3－57（a）所示。通电时，含有电感线圈的支路电流按照①式增长；断电时，电阻 R_0 与线圈、传感器形成回路，电流将按照②式衰减。

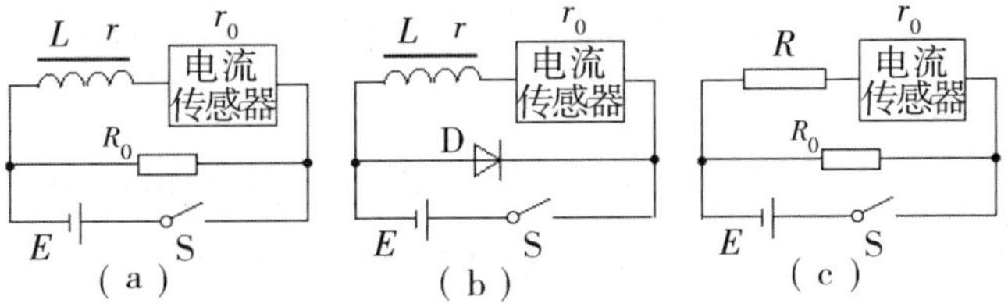

图 3－57

$$I=\frac{E}{R}\left(1-e^{-\frac{R}{L}t}\right) \qquad ①$$

$$I=I_0e^{-\frac{R}{L}t} \qquad ②$$

设线圈自身电阻为 r，传感器（视为纯电阻性元件）内阻为 r_0，则①式中 $R=r+r_0$，②式中 $R=r+r_0+R_0$。

两式中，比值 L/R 具有时间量纲，叫作这个 RL 电路的时间常数 τ，它将影响电流增长或衰减的快慢。

为了能从图像中看出电流逐渐变化的过程，必须使电路有足够大的时间常数。可选用演示变压器的 1400 匝线圈，套在闭合铁芯上，其 L 是相当大的。此线圈电阻 r 约为 40Ω，还不算大，若更小则更好。电池的电动势 E 约为 6V，电阻 R_0 约取 30Ω。还可以如图 3－57（b）所示，用二极管 D（1N4007 型或类似型号）代替图 3-57（a）中的电阻 R_0，断电时自感电动势会使二极管导通，从而给暂态电流提供通路，但该电路中有非线性元件，前文中公式②将不适用。

使用数字化实验系统（DES）做实验，可将采样频率取 50～200 点/秒，先接通开关 S，过 1～2 秒后再断开 S，可得到如图 3-58 所示的图线：*AB* 段是通电时的暂态过程，*BC* 段是电流达到稳态后的状态，*CD* 段是断电时的暂态过程。明显可以看出线圈中电流不能突变，而是做非线性渐变的，开始阶段变化快，随后逐渐减慢。由于铁芯线圈的自感系数非恒定值，所以 *AB*、*CD* 两段曲线的形状与前文给出的理论公式①②有明显的偏离。

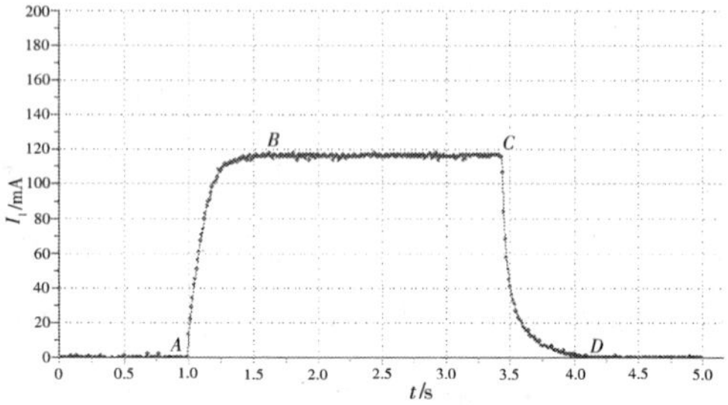

图 3-58

使用数字存储示波器（DSO）做实验的电路如图 3-59 所示。R_1 做电流“取样”，得到的信号电压输入示波器的 Y 通道 CH1。自感线圈的选择、实验操作和得到的图线形状与使用 DES 时相同。

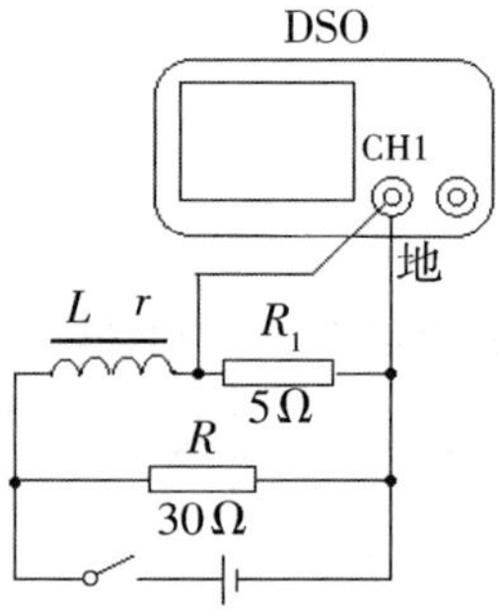

图 3-59

（2）对比电感元件与电阻元件中电流的变化

如图 3-57（c）所示，将图 3-57（a）中的线圈换成一个普通的电阻器 *R*，再做通断电观测，可得到如图 3-60 所示的图线，表明通断电时电阻元件中电流发生的是突变，与电感元件不同。严格地讲，一般的电阻元件和电路中的导线都具有微小的电感，通断电时也会有暂态过程。但此电路的时间常数极小，在我们所使用的测量仪器上按照上述的采集条件做观测是看不到此过程的。

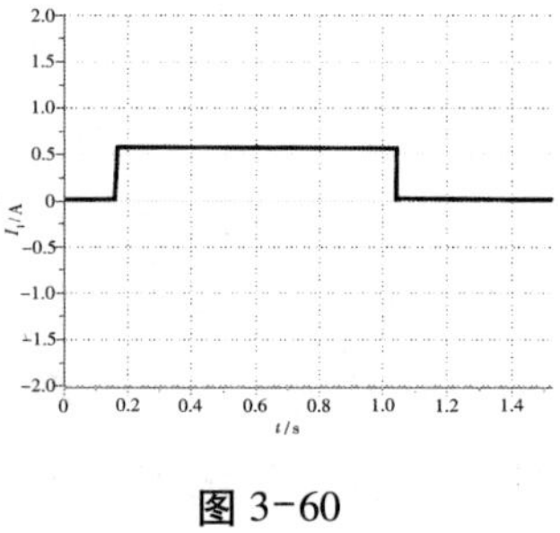

图 3-60

还可以在 DES 上采用两个传感器同步采集对比的方法，电路如图 3-61 所示。定值电阻 *R* 的阻值要与线圈的电

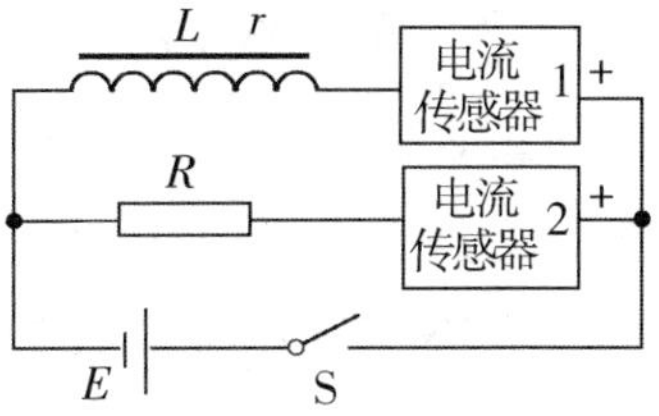

图 3-61

阻 r 略有差别。实验得到如图 3-62 所示的图线。ABCD 是线圈 L 中电流的变化过程，AEFGD 是电阻 R 中电流的变化过程。值得注意的是，断电后 R 与 L 成为一个闭合回路，线圈中的自感电动势成为此回路中的电源，使两者流过的是同一个电流，但是此时 R 中的电流方向与原来通电时相反，所以 R 中的电流是由 F 点跳变到 G 点，然后沿着曲线 GD 衰减。由于数字化实验系统（DES）采集的数据是不连续的，往往采集不到断电时流过 R 中的与 C 点对称的最大初始电流，致使 G 点纵坐标的绝对值比 C 点小一些。图 3-62 中就出现了这种情况，提高采样频率可以略微改善这一情况。

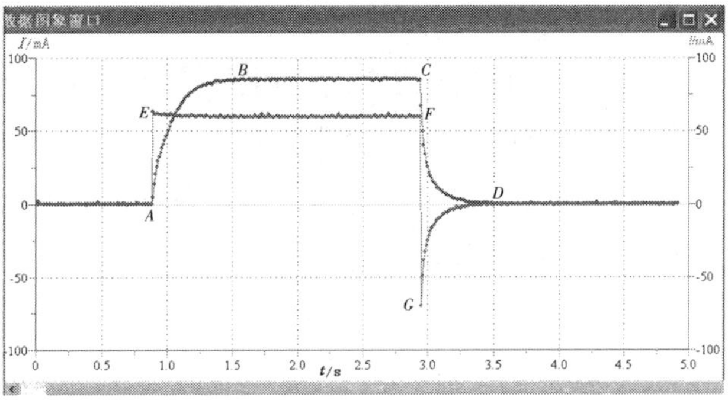

图 3-62

使用 DSO 做实验的电路如图 3-63 所示。R_1、R_2 分别是两个支路的电流采样电阻。将采集的信号电压分别输入示波器的两个 Y 通道，相当于接入了两个电流传感器。实验得到的图线形状与使用 DES 时相同。

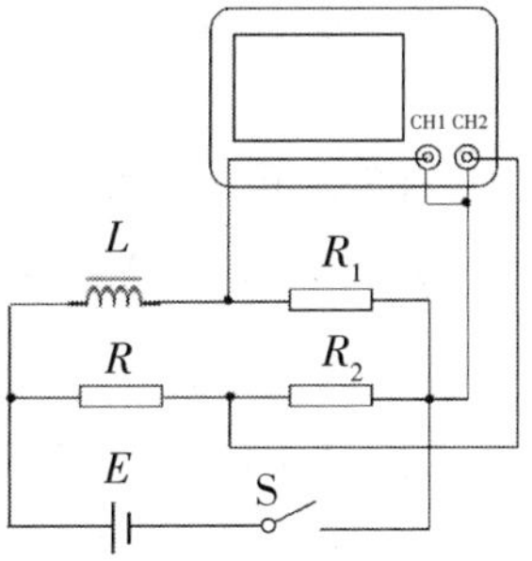

图 3-63

（3）观察断电时的自感电动势

通电时的自感电动势无法直接观测到。断电时的通常情况是开关很快断开，电流的变化率很大，则会产生很大的自感电动势。自感电动势是一个尖脉冲，其最大值往往比原来电源的电压大得多，很容易感受到它的存在。

使用 DES 做实验的电路如图 3-64 所示。线圈与图 3-57 所示实验所用相同，电阻 R 与线圈电阻 r 值接近，约 30～50Ω。用电压传感器观测线圈两端 a、b 间的电压。将开关先接通再迅速切断，就可采集到如图

3-65 所示的图线 *AHIJK*。其中 *HI* 段是通电时的电压（即电源电压），其值为正，代表线圈 *a* 端的电势高于 *b* 端；*I* 点对应的是断电时刻，图线突然跳变到 *J* 点，电压变为负值，表明此刻线圈中产生了自感电动势，*b* 端的电势高于 *a* 端。由于线圈 *L* 与电阻 *R* 构成回路，电压传感器测出的只是路端电压而不是自感电动势的大小，但这也足以间接反映出自感电动势的存在，其最大值要比 *J* 点电压值更大。还要指出，多次重复采集到的 *J* 点电压值会有所不同，原因是数字化实验系统（DES）采集数据是不连续的，往往难以采集到电压最大那个时刻的数据。若将电阻 *R* 值加大，则 *J* 点的电压值会更大些。但必须注意，绝不可去掉电阻 *R*，否则断电时就会有极大的电压（近似等于自感电动势）加到传感器（或示波器）上，造成仪器损坏。

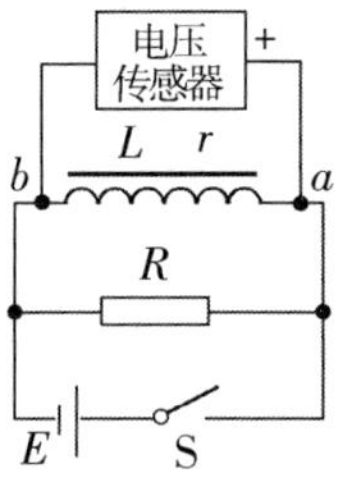

图 3-64

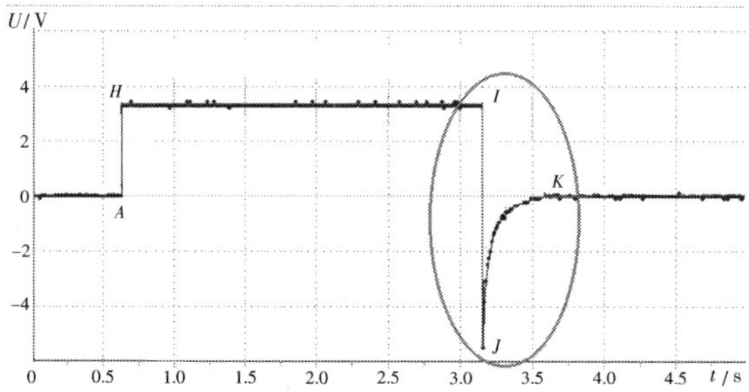

图 3-65

图 3-66 是用 DSO 采集的图线。电路同图 3-64，但将 *R* 值加大为 200Ω，用 1.5V 电池。断电时产生了最大值约 70V 的尖脉冲，持续时间仅约 25ms。

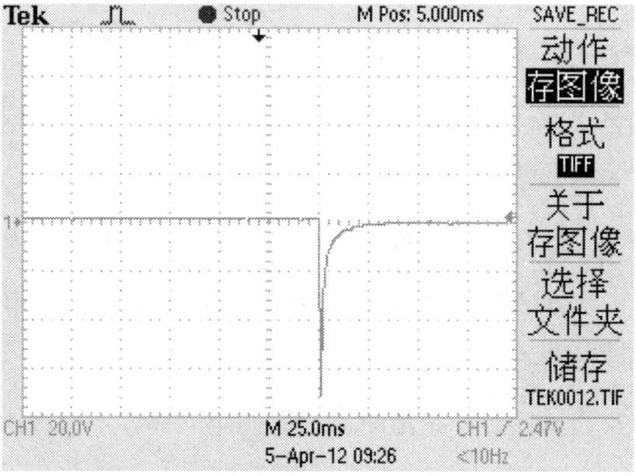

图 3-66

（4）综合性的观测实验

使用 DES 做实验，按照图 3-67 连接电路，接入三个传感器做测量，可采集到如图 3-68 所示的图线。再让学生做综合分析，认识各段图线所反映的物理现象和规律。还可能遇到一个有趣的现象：若使用较旧的干电池做电源，会出现电压图线（图 3-68 中最上端的线）在 H 点“翘头”的怪现象，并在其后一段时间（约 0.3s）逐渐减小，与电流图线（图 3-68 中中间的线）从 A 点开始的增长过程对应。此乃电池内阻造成的，可以启发学生探讨原因，然后要用实验验证：给电池串联一个 1~2Ω 的小电阻，等效于增大电池内阻，可看到上述怪现象更严重。这将有助于锻炼学生综合运用自感和闭合电路欧姆定律知识的能力，比去解答某些故意编写的、缺乏实际价值的类似习题更有意义。

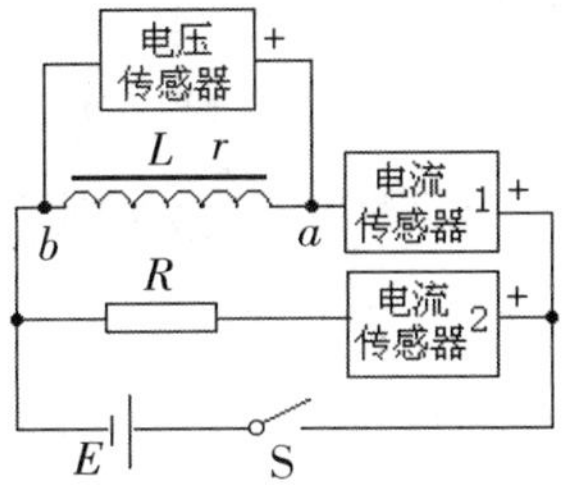

图 3-67

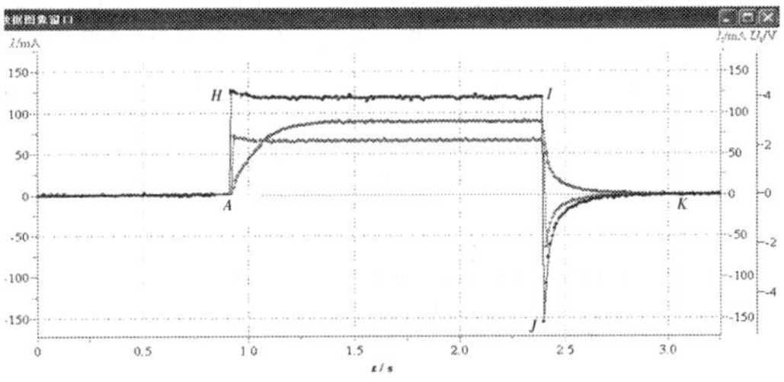

图 3-68

（5）显示断电时自感电动势的极性的简单方法

方法一，利用发光二极管的单向导电性。电路如图 3-69 所示，L 为套在闭合铁芯上的 400 匝线圈，LED_1 和 LED_2 分别为发绿光和发红光的发光二极管，电阻 R_1 约 300Ω，R_2 约 100Ω，电源 E 的电压为 3~4V。先闭合开关 S，只有 LED_1 持续发出绿光。再断开 S，LED_1 立即熄灭，而 LED_2 发出一下红色的闪光，这表明线圈 L 中产生的自感电动势是 A 为正、B 为负。注意，LED_2 的支路不可断路，否则断电时的自感电动势将使 LED_1 被反向击穿。

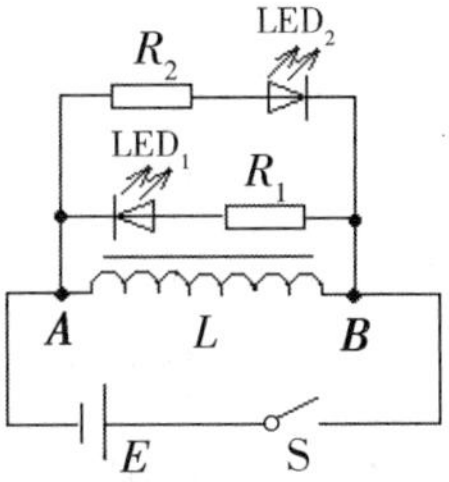

图 3-69

方法二，利用氖管的辉光。直流电压使氖管起辉时，辉光只产生在负极周围。在图 3-70 的电路中按照图示连接 3~6V 电池 E 的正负极，切断开关 S 的瞬间，可看到 b 附近出现辉光，表明线圈 L 中产生的自感电动势是 A 为正、B 为负。使用套在闭合铁芯上的线圈，能

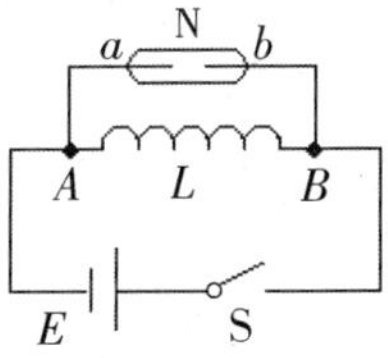

图 3-70

够让测电笔氖泡（起辉电压在 50V 以上）发出明亮的辉光；若用几百匝到上千匝的空心线圈，也能发出较弱的辉光。

（6）令人震撼的电击实验

取一节干电池给老式日光灯的镇流器通电，几个人手拉手后去接触线圈两端，切断电池的瞬间，人会被电击一下，这让学生非常惊奇。注意，不要提高电池电压，以保证安全。

（7）定性观察影响自感系数 L 的因素

空心线圈的自感系数 L 取决于线圈本身的尺寸和匝数，与通过的电流大小无关。当线圈中有铁芯时，由于铁磁物质被磁化，铁芯的磁导率要比原来空心线圈中空气的磁导率大出千百倍，所以线圈的自感系数将增大很多。但是铁磁物质的磁滞回线为非线性，因此线圈的自感系数与通过的电流大小有关，因而不是恒量。

用可拆变压器做前文中图 3-57（a）、图 3-64 等所示的实验时，改变所接入线圈的匝数（如将 1400 匝改为 800 匝）或者将闭合铁芯打开少许间隙，都可以观察到自感现象变得不明显了。几分钟的实验，会给学生留下深刻的印象，避免学生死记硬背。

六、LC 电路的阻尼电磁振荡

1. 设计

有些成品示教板采用电流表观察振荡电流，有些书也这样建议，其实在一般情况下是不可行的，会存在假象。本书第八章第二节“二、慎用小灯泡和电流表做显示”会分析其原因，这里补充一点：电流表的动圈摆动时切割磁感线会产生电动势，也会对电路中的振荡电流产生影响。曾经有一种解决办法：采用大电感线圈（几百亨）和大电容（几百微法的介质损耗很小的油浸电容器），配合惯性和阻尼都相当小的小型指针式电流表，并且给电流表外接阻值合适的阻尼电阻来抑制其指针系统的固有振动。但是大的铁芯线圈十分笨重，不便于使用。

理论上可以证明，LC 电路的参数必须满足 $R<2\sqrt{\frac{L}{C}}$ 才能产生电磁振荡。R 为电路中的全部电阻（包括线圈电阻），且 R 值越小，振幅衰减

越慢，则可以观察到较多周期的振荡图线。因此，实验中要用自感系数 L 值较大，电阻 R 值尽可能小的电感线圈，并且搭配电容 C 值不太大的电容器。

阻尼振荡是一种逐渐衰减、不重复的非稳态过程，必须使用具有波形存储功能的示波器来观测，数字存储示波器（DSO）就是很好的选择。它不仅能避免电流表造成的问题，而且可以选用较小的扫描时基，从而便于使用轻小的电感、电容元件搭配来满足产生阻尼振荡的条件。

2. 实验

电路如图 3-71 所示。电感器 L 可选用电感式的 30~40W 日光灯镇流器，或演示用的可拆变压器的千匝左右的线圈套在闭合铁芯上，也可以自制——在小尺寸（不到核桃大小）的高磁导率闭合铁芯上用细漆包线绕几百匝线圈，总之其自感系数要有 0.2~1H。电容器 C 要选用无极性的，容量为 0.2~2μF。电流取样电阻 R 值取 10~20Ω，整个 LC 回路电阻要在 50Ω 以下。

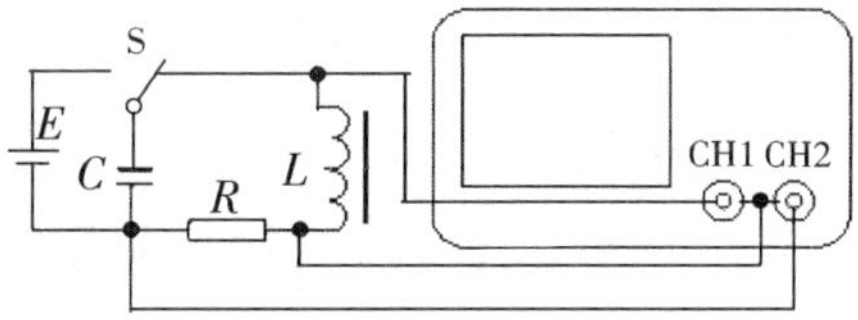

图 3-71

（1）只显示振荡电压变化的现象。只用通道 CH1 采集信号：将电路中的电阻 R 改为一根导线，按照说明书将示波器设置到“采集单次信号”的准备状态。开关 S 先接通电池，给电容器 C 充电，然后将开关 S 接通线圈 L，使电路中产生振荡，于是屏幕上就显示出图 3-72 所示的波形，若电路参数搭配合适，至少能看清十几个周期。振荡幅度是逐渐衰减的，理论上是按指数函数衰减的，图 3-72 中的波形看起来也符合这个规律。

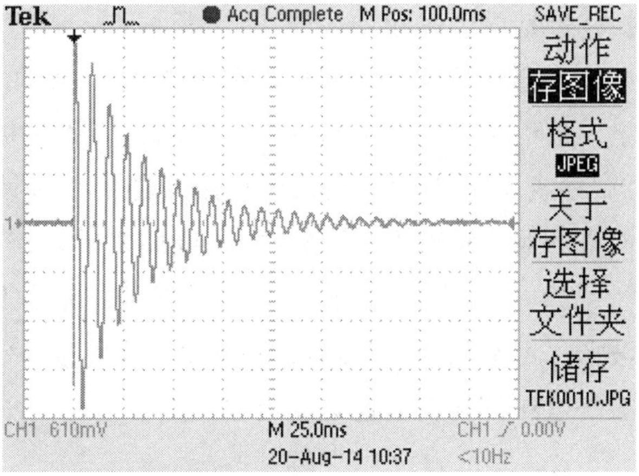

图 3-72

（2）同时观测振荡电压和电流。电路中接入取样电阻 R，增加用通道 CH2 采集电流的图线。得到的结果如图 3-73 所示，幅度较大的曲线为振荡电压，幅度较小的曲线为振荡电流。利用可移动位置的竖直光标线，能够明显地看出电流与电压的变化存在 $\pi/2$ 的相位差，由此可说明振荡过程中电容器 C 内电场的能量与线圈中磁场的能量是相互转化的。还可以利用光标线在横坐标上读出振荡的周期 T。例如图 3-73 中时基为 5 毫秒/格，于是读出 $T \approx 9.2$ms。

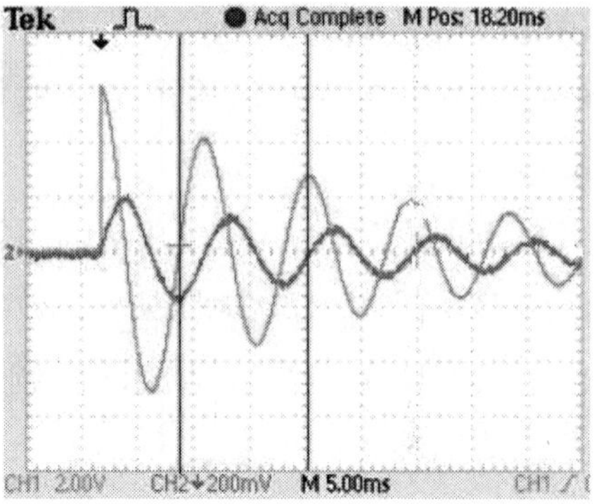

图 3-73

3. 讨论

（1）可以使用传感器配合数字化实验系统（DES）完成本实验，电路如图 3-74 所示。由于该系统的采样频率较低，因此要搭配较大的电感和电容元件。要使一个振荡周期内能采集不少于 10 个数据点，否则波形会严重失真。例如，取可拆变压器的 1400 匝线圈套在闭合铁芯上，搭配 47μF 的电解电容器（最好是无极性的），采样频率取 250 点/秒或 500 点/秒。还可以利用线圈的抽头改变匝数，或换用容量不同的电容器，观察 L、C 值对振荡周期 T 的影响。

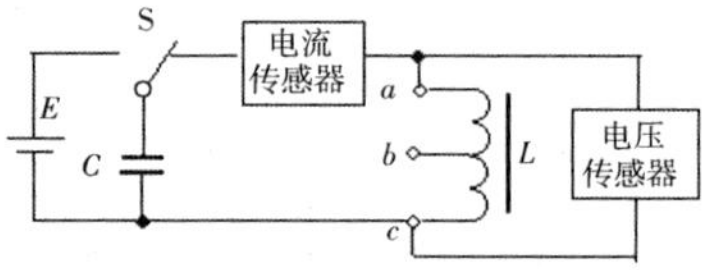

图 3-74

（2）使用普通模拟示波器观测时，屏幕上不能呈现稳定的阻尼振荡波形。可参照本书第八章图 8-42，采用按一定周期通断的微型继电器使振荡电压信号自动地重复出现。

第四节　电子技术实验案例研讨

一、认识逻辑电路

1. 设计

20 世纪 90 年代以来，欧美一些发达国家的物理课本中，已经编入逻辑电路的内容，体现了对新技术知识的关注。现在我国的新课标也将它列入要求，这是完全必要的。

教学中，要让学生对电路功能的认识拓展到一个新的领域。学生原来熟悉的是状态做连续变化的模拟电路，相关参数间的关系可以用某种连续函数来描述，现在却要看到性质完全不同，即具有逻辑功能的基本电路——门电路。门电路是组成复杂数字电路的“细胞”。应当让学生学会正确地看待逻辑电路，认识到它是具有特定功能的“模块”，无须了解其内部结构，只要求掌握其外在特性。使用时应当识别此模块的输入端及输出端，会用真值表来表述其逻辑关系。逻辑关系也可用逻辑代数式来描述，但不宜在中学讲述。还要避免简单地将逻辑电路视为“电子开关”。

仅对逻辑电路做抽象的描述不会取得良好的教学效果，必须配置相应的演示实验和分组实验。目前，不少教师缺乏这方面的基本理论和技术，教学中也很少见到教师对此项教学的研究。市场上关于逻辑电路的实验仪器产品大多并不适用，它们往往是由厂家设计的，未必符合教学需求，也没有通过实践检验其效果。更有些做成黑箱式、积木式的仪器，只能算是电子玩具。因此，需要设计合适的实验内容，选用合适的器材和方法，展示具体的元器件实物，让学生用少量导线做简单、必要的连接，以体现整体工作电路的组成。实验操作要简单、可靠，用很少的时间就能观察到清晰的现象，获得正确的结果，从而帮助学生认识电路的功能。

2. 实验

笔者设计了如图 3-75 所示的门电路实验板，可以完成以下（1）、

（2）两项基础性的分组实验。使用时须由插口（图中 17）接入 5～6V 的直流电源，电路板才能工作。

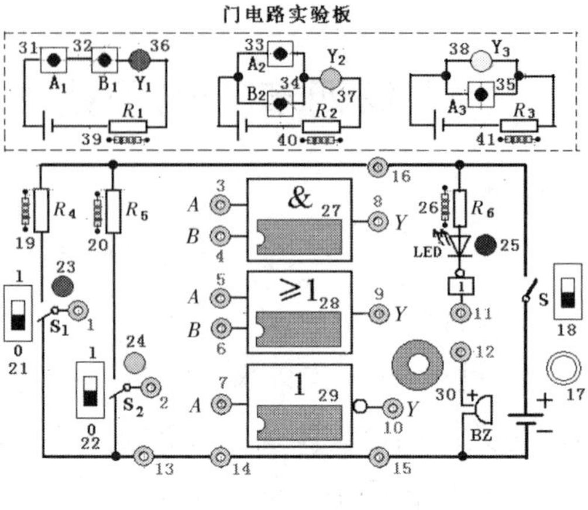

图 3-75

（1）初步感受什么是电路的逻辑功能

实验板上部的虚线框内是由按钮开关（图中 31～35）控制发光管（图中 36～38）的三个电路，可先分别操作各个按钮来帮助学生初步形成“与”“或”“非”三种逻辑概念。

（2）观察三种门电路的逻辑功能

实验板下部的集成电路芯片（图中 27～29）是三种实际使用的基本门电路，型号分别为 74LS08、74LS32、74LS04。插口 3～7 分别连接每个门电路的输入端，插口 8～10 分别连接各自的输出端。

先观察“与门”的逻辑功能。按照图 3-76 所示，只需用带插头的导线（要取不同颜色）*a*、*b*、*c* 分别连接插口 1 和 3、2 和 4、8 和 11。接通电源开关 S，进行以下操作：向上拨动开关 S_1，红色发光管 23 点亮，显示

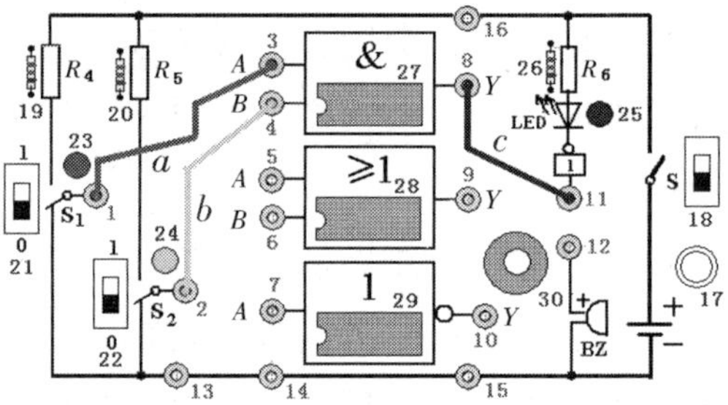

图 3-76

A 端为高电平“1”；向上拨动开关 S_2，绿色发光管 24 点亮，显示 B 端为高电平“1”；此时可看到蓝色发光管 25 点亮，显示 Y 端为高电平“1”。将 S_1 和 S_2 其中任意一个向下拨动，则相应的发光管熄灭，显示该输入端 A 或 B 为低电平“0”，也可看到蓝色发光管熄灭，显示 Y 端为低电平“0”。再使 A、B 同时为低电平“0”，则蓝色发光管也为熄灭状态。依据以上观测结果，写出“与门”的真值表。

再用类似的方法观察“或门”及“非门”的逻辑功能。以上三项实验可在 10 分钟内完成，作为课上随堂分组实验可取得良好的教学效果。

（3）门电路的组合

选取将“与门”和“非门”组合成的“与非门”为例，如图 3-77 所示。通过观察其逻辑功能，写出“与非门”的真值表。还可以用类似方法组成“或非门”。

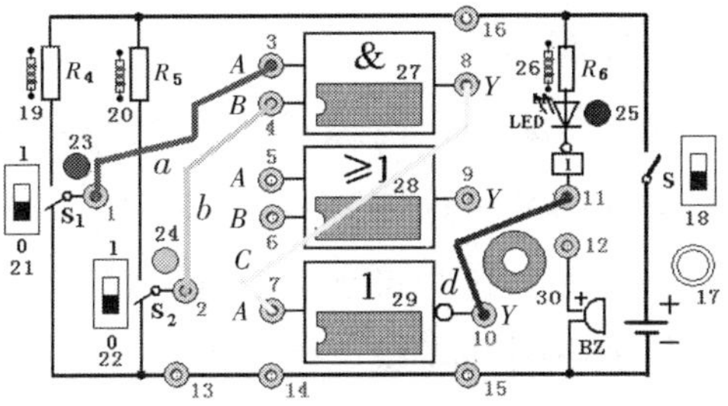

图 3-77

这项实验的目的是建立组合逻辑电路的概念，学习分析较复杂的逻辑电路功能的方法。实际应用中有现成的无须组合的“与非门”产品，例如型号为 74LS00 的芯片。

（4）其他实验

例如，用数字电压表或示波器测量三种门电路的输入和输出电平，门电路的简单应用——防盗报警器，门电路在实现逻辑判别方面的应用——举重比赛裁判器、三人表决器。

3. 讨论

（1）为什么用图 3-77 中的蓝色发光管（图中 25）检测电平高低时要增加一个“非门”？该发光管的正极通过电阻 R_6 连接到高电平，负极连接“非门”的输出端，“非门”的输入端（图中 11）连接被检测点。当检测到高电平时，经过“非门”的反相就使 LED 导通发光。由于“非门”输入端的高阻抗，它对被测电路的分流很小，不会影响被测电路的正常工作。如果采取简单接入 LED 的方法，则会使被测电路的输入和输出电平不符合标准值而无法正常工作，也就不可能实现多级逻辑电路之间的连接。其实红色发光管（图中 23）和绿色发光管（图中 24）也都增加了“非门”，只是隐藏在实验板背面，未标出而已。

（2）也可以不使用实验板，而直接将集成门电路芯片和其他元件插在集成电路实验板（俗称面包板）上组成简单的实验电路。这种方法能够让学生学到更多的知识和技能，但是容易出现连接错误和接触不良等问题，需要较多的教学时间，所以只宜作为课外实验。

二、传感器的原理和应用

1. 设计

一般来说，传感器是一个具有将非电学量转化为电学量功能的组件，它需要与某种仪器或计算机配套使用，教学用的数字化实验系统（DES）即是如此。我们将选择原理简单、价格低廉、使用方便的敏感元件（例如热敏电阻和光敏电阻）来做实验，将它作为一个最简单的传感器来认识以及练习传感器的应用。

需要将电阻的变化转换为电压的变化来产生温控信号和光控信号。采用图 3-78 所示的分压电路，电源电压 U 恒定。R_t 为热敏电阻，电阻 R_1 取合适的定值（例如 2kΩ），则热敏电阻 R_t 上温度变化就会使 P 点和电路的公共端（电源负极）之间的电压发生变化，从而获得了温控信号 U_1。产生光控信号的方法与此类似。

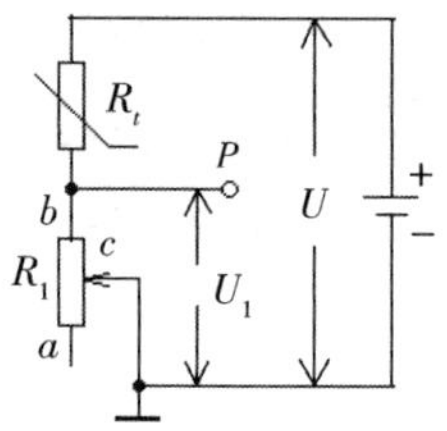

图 3-78

传感器主要有测量和控制两种用途，在图 3-78 的实验中传感器做控制用。常用的传感器一般不能直接驱动被控制的元件，而是通过某种功能模块来完成，例如使用合适的门电路或者电磁继电器。

笔者设计了几个专用的实验板，在下文中逐一介绍。这些实验板的电路简单易懂，具有较丰富的教学内容；实验操作简单，性能可靠，现象明显，并且能在较短的时间内完成实验，可行性良好。

2. 实验

（1）观测热敏电阻和光敏电阻的功能

取一个圆珠形或圆片形的标称（常温下）阻值几百欧的 NTC（负温度系数）型热敏电阻，与多用表上合适的电阻挡连接，然后将它浸入冷水和热水中，可看到电阻值的明显变化。

取一个硫化镉（CdS）光敏电阻，与多用表上“R×100”的电阻挡连接，让它受到不同的光照或完全遮光，可看到电阻值会有几倍甚至上百倍的变化。

上述实验也可以利用下面介绍的实验板上的热敏电阻和光敏电阻进行。

（2）用热敏电阻产生温控信号

实验时按照图 3-79 先将热敏电阻（图中 29）连接线的插头 30 插入实验板上的插口 20，再将导线 *d*、*e*、*f* 插入相应的插口连接成电路，在插口 5（相当于图 3-78 中 *P* 点）和 19 接入数字电压表来测量温控信号电压 U_1。转动电位器 R_2 的旋钮（图中 21），使电位器内滑动片 *c* 大约处在端点 *a*、*b* 的中间位置，并保持不变。将热敏电阻放入不同温度的水中，观察 U_1 如何变化。

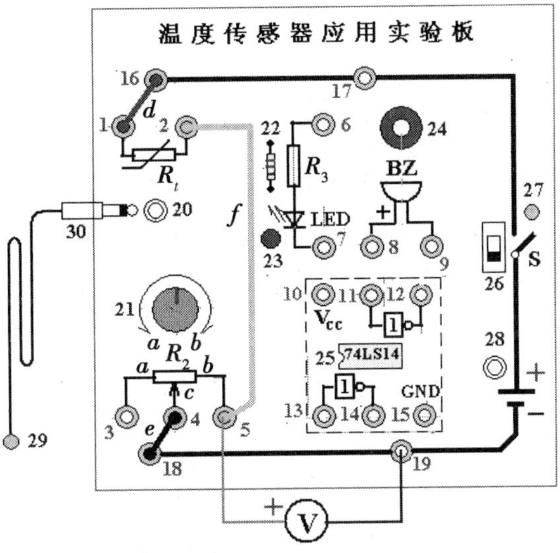

图 3-79

（3）组装温度报警器

按照图 3-80 所示，用 8 条导线（*d*～*k*）连接实验板上的元件。BZ 是蜂鸣器，要用导线 *h* 将它的正极插口 9 连接电源正极。虚线框内的芯片 74LS14 内部有 6 个独立的特殊的“非门”（称为斯密特触发器），触发器的功能是将输入的连续变化的温控电压 U_1（模拟信号）进行转换，输出跳变的电压（电平），而这正是实现控制作用所需要的。这个实验只通过插口 13、14 接入其中一个触发器。这个芯片必须连接电源才能工作，所以要用导线 *g*、*i* 将它的插口 10（标有 V_{cc}）和 15（标有 GND）分别连接到电源的正负极。导线 *j* 将温控信号送到“非门”的输入端，导线 *k* 将“非门”的

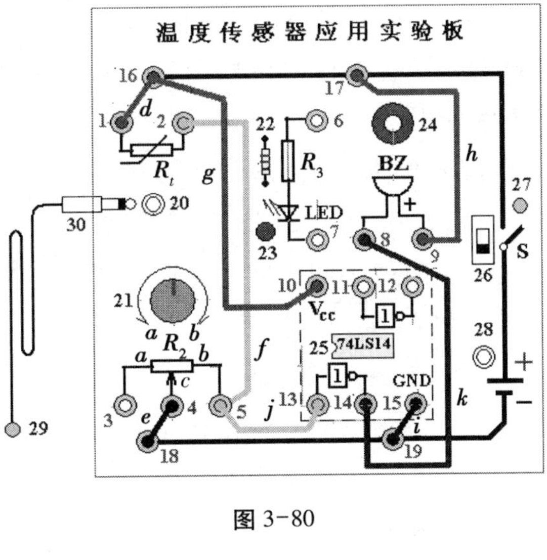

图 3-80

输出信号送到蜂鸣器的负极。

实验时，先把热敏电阻放在常温的空气中。设电源电压为 5.0V，转动旋钮（图 3-80 中 21）逐渐减小电位器的阻值 R_{cb}，使“非门”的输入电压下降到 0.8V 时，则其输出电压上跳到 3.4V 的高电平，于是蜂鸣器两端电压仅为 1.6V，未达到其工作电压，不发声。然后将热敏电阻浸入 70℃以上的热水中，“非门”的输入电压逐渐上升，当达到 1.6V 时，其输出电压立即下跳到 0.25V 的低电平，于是蜂鸣器两端电压变为约 5V，达到其工作电压，就会发声报警。将热敏电阻从热水中取出冷却一段时间，当“非门”的输入电压又下降到 0.8V 时，蜂鸣器就停止发声。

还可以用导线将插口 6 和 17、7 和 8 连接，即可实现蜂鸣器发声与 LED 发红光同时报警。

让学生思考：如何能使在温度更高时才会报警？试一下，说明原理。

（4）用光敏电阻产生光控信号

在图 3-81 所示的实验板上用 3 根导线连接电位器 R_1 和光敏电阻 R_G，转动电位器 R_1（全阻值为 100kΩ）的旋钮使电位器内滑动片 c 大约处在端点 a、b 的中间位置，并保持不变。将数字电压表接到插口 5 和 22 来测量光控信号电压 U_1。对光敏电阻做不同程度的光照和遮挡，观察 U_1 如何变化。

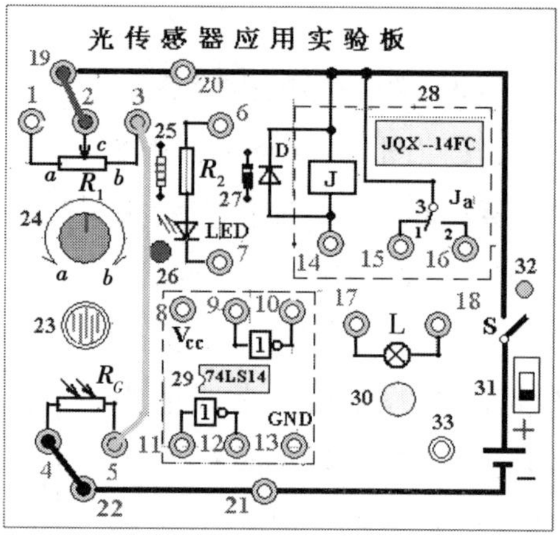

图 3-81

（5）组装光控电路

为了节约电能，要让路灯在黄昏自动点亮，在清晨自动熄灭。下列实验模拟了这种自动光控装置。

第一种实验电路如图 3-82（a）所示，非常简单，以发白光的 LED 代表路灯（此种

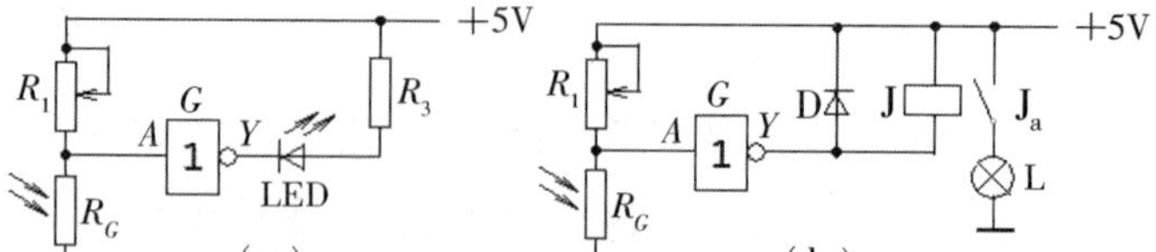

（a）　　（b）

图 3-82

LED 需要达到 2.7V 才能发光)。

按照图 3-83 所示将实验板上的元件连接成电路。电源电压取 5.0V。先让光敏电阻(图中 23)受到较强的自然光(或手电筒光)照射,转动电位器旋钮逐渐增大 R_{cb},使"非门"的输入端电压下降到 0.8V 的低电平,则其输出端电压跳变到大于 3.4V 的高电平,于是 LED 两端电压小于 1.6V,刚好不能发光。然后对光敏电阻遮光,"非门"输入端电压就上升,当大于 1.6V 时,其输出端电压立即下降到 0.25V 的低电平,于是 LED 两端电压变为约 5V,满足了工作电压的需要,就发光了。恢复对光敏电阻的光照后,LED 熄灭。

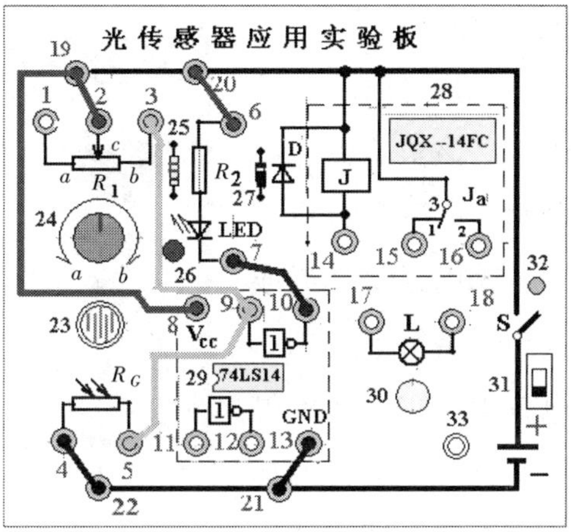

图 3-83

让学生思考:如何能使在天更暗时路灯才会点亮?试一下,说明原理。

第二种实验电路如图 3-82(b)所示,改用"6V 0.3A"的小灯泡模拟路灯。小灯泡需要的工作电流较大,因此需要用继电器来控制。实验时只需将图 3-83 中连接的电路做些改动,即去掉插口 6 和 20 之间的导线,将插口 7 和 10 之间的导线改接为插口 10 和 14,再连接插口 16 和 18、插口 17 和 21 就完成了。

(6)用"电压比较器"芯片实现的温控和光控电路

这是教育科学出版社编写的高中课本中采用的实验方案,其优点是电路对温度和光照变化反应的灵敏度很高,但需要先了解"电压比较器"的功能。实验板如图 3-84 所示,具体实验内容、原理和操作方法可参看《创新中学物理实验》。

(7)磁传感器的应用

专用的实验板如图 3-85 所示。它上面装有三种磁传感器——干簧管、霍尔元件、用开关型集成霍尔传感器，并且另附一个小磁铁。该实验板能够分别完成下列实验。

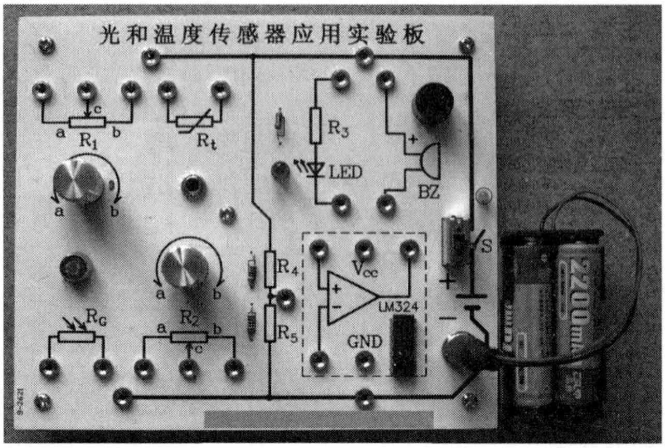

图 3-84

①用磁铁靠近或远离干簧管来控制小电动机的转动和停止。有关干簧管的构造、工作原理和使用方法，可参看《创新中学物理实验》。

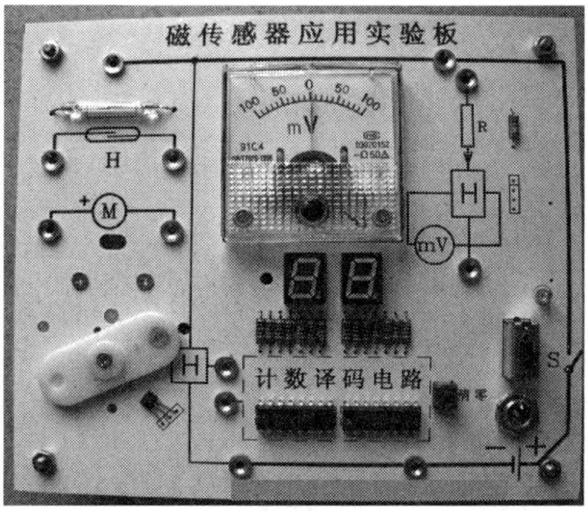

图 3-85

②用霍尔元件探测磁感应强度。有关霍尔元件的构造、工作原理和使用方法，可参看《创新中学物理实验》。实验时让磁铁的不同磁极以不同的距离和方向靠近霍尔元件，该元件输出的电信号会使电流表做出不同的显示。

③用开关型集成霍尔传感器测量电动机转速。电动机的转盘边缘上粘贴一块小磁铁，每转一圈就要在霍尔传感器旁通过一次，传感器就会输出一个电脉冲信号。信号经过计数译码电路，由数码管显示出转动的圈数。用自备的手表测量一段时间 t 内数码管显示的转数 N，即可计算出转盘的转速$\left(n=\dfrac{N}{t}\right)$。

可以让学生研究讨论以上三项实验在实验板上连接电路的方法。

3. 讨论

也可以将集成电路芯片和其他元件插在集成电路实验板（俗称面包板）上组成简单的实验电路。例如，图 3-86 就是在面包板上按照图

3-82（a）插接而成的光控电路，所需的元件容易购买，价格便宜。

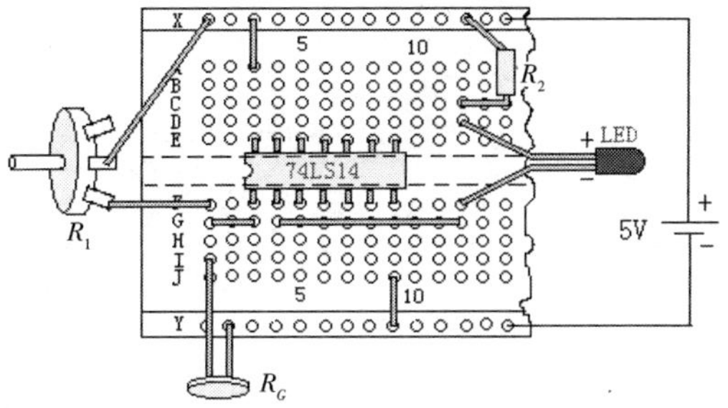

图 3-86

第四章 演示实验的研究与教学

演示实验是最常使用的教学实验。物理仪器和自制教具的大多数类型都是为演示用的，20世纪的中学物理教学大纲中曾规定了初中和高中必做的上百项演示实验。目前使用的不同版本的教材虽然是在同一个课程标准指导下编写的，但是它们推荐的演示实验却不尽相同。这反映了不同编者的思考，也照顾到大多数学校可能具备的物质条件。

演示实验课题的选择主要是为了让学生能够理解物理知识和概念，澄清学习中的疑问和模糊甚至错误的前概念。教师们的教学设计也是多种多样的，课本上的实验方案并不能满足要求，或者未能充分、正确地运用实验手段和新的技术。这就给广大教师提供了重要的研究课题，提供了发挥创新能力的广阔空间。

但是目前很多学校仍然不做或很少做演示实验，有些则以计算机课件或实验录像代替。这也反映出需要研究开发教师们乐于使用和便于使用的多种演示实验的必要性和迫切性。

本章将对演示实验应当符合的要求和教学策略提出一些看法，对一些典型的案例进行分析，并且介绍教师们和笔者对设计新的演示实验的思考和探索。

第一节　对演示实验的要求

演示实验是最常使用的教学实验。物理仪器和自制教具的大多数类型都是为演示用的，20 世纪的中学物理教学大纲中曾规定了初中和高中必做的上百项演示实验。

设计演示实验时要注意以下几个方面。

1. 启发性

演示实验要使展示的现象能激发学生的思维。教师要注意将思考导向主题，追本溯源，使实验符合学生的认知规律。例如：电容器的充放电现象，不仅要让学生观察电路中电流的变化过程，还要究其原因——极板上的电量如何变化及其对电流的影响，进而再观测电容器两极板间电压是如何变化的，从而使学生对其物理机制获得深层次的认识。详见本章第三节“六、电容器的充放电”中的讨论（1）。

2. 直观性

第二章第一节中已有相关论述，此处再强调几点。

要力求使学生直接观察到需要研究的物理变化及引起此种变化的条件。例如，定量验证法拉第电磁感应定律时，观测一个永磁体穿过线圈下落似乎不是好的思路和办法，因为磁通量变化相当复杂，产生的又是脉冲电动势，不能直接看出两者的定量关系，也难以进行论证。较好的思路是使用特殊的方法使线圈中形成随时间做线性变化的磁通量，从而能感生恒定的电动势，并且磁通量变化率易于取不同的值，以显示感生电动势与磁通量的变化率成正比。详见本书第三章第三节“四、法拉第电磁感应定律”。

仪器结构要简单，尺寸要大，实验过程和现象的可见度要高，要善于用配色、照明、透射、投影等手段使观察的主题与背景有明显的反差，甚至教师衣服的颜色都要考虑到，以期取得最佳效果。当被观测对象的尺寸不够大时，传统上常用光学成像放大的方法，现在则可使用摄像头、电子目镜和投影仪等设备将细微的结构在大屏幕上显示出来。

实验过程要力求简洁。例如，认识大量分子热运动的统计性规律时，使用道尔顿板做模拟要比投掷硬币的实验效果好。

传统方法难以揭示的物理规律要采用新的设计思路和技术手段来实现。例如，研究超重和失重现象，最早是使用带有记忆指针的弹簧测力计来观察某些简单有趣的现象（如自由下落的水“失去”对容器壁的压强），还有用体重秤观察电梯变速时乘客“视重”的变化。现在则可以借助与数字化实验系统（DES）连接的力传感器来采集“视重”变化的图线，并可对蹦极运动做定量模拟，详见本章第三节“三、超重和失重”。

3. 科学性

科学性首先体现在实验的设计思想上。物理学史上的许多著名实验都体现了光辉的科学思想和智慧。例如伽利略的斜面实验，在没有精确的测量时间的仪器的条件下证明了匀变速运动的规律。爱因斯坦曾指出，伽利略的发现以及他所应用的科学推理方法是人类思想史上最伟大的成就之一，而且标志着物理学的真正开端。

要防止为了简单、生动、有趣而导致实验本身出现原理性的错误和概念上的模糊，甚至出现虚假的现象。例如，以下的设计都是不可取的：观测受迫振动时忽视阻尼的作用而未设置阻尼装置，用小灯泡的亮度比较电容器储存电荷量的多少，用指针式电表显示 LC 电路的阻尼电磁振荡，展示光通信原理时用音频电流直接驱动半导体激光发射器件。这些都会在本书相关的案例中做详细分析。

4. 多样性

为不同的教学目的和环节设计不同特点的演示实验。引入新课题的实验，有的要能激发学生的兴趣，有的要引导学生进行深层次的思考和探究。建立概念和认识规律的实验，要主题突出、条件明确、数据充足可信，利于分析、归纳、推理。应用物理知识的实验，要能培养学生观察分析实际现象的能力，关注技术的发展和知识需求。

实验本身也有多种类型，主要有归纳性、验证性、模拟性、应用性等，还有侧重于观察现象或为澄清概念和解释疑问而专门设计的实验。

同一个实验课题，也会有不同的实验方法，适于在不同条件下使用，或反映同一规律的不同侧面。这体现了开放性的思维。

5. 可靠性

实验装置和条件要稳定，操作和结果要有良好的可重复性，这才能在课堂上用尽可能短的时间取得最佳教学效果。

6. 可推广性

要求实验装置尽可能使用部颁仪器或用比较容易取得的器材组装，使广大教师均可运用。

第二节 教学策略

好的演示实验必须采用好的教学方法，才能获得切实的教学效果。因此教师在课前不仅要掌握实验本身，还要设计好教学过程。

1. 在建立物理概念时，应当尽可能对抽象的数理演绎辅以形象的实验观测。例如本章第三节“一、瞬时速度概念的引入和测量”中瞬时速度的引入。

2. 教学中切勿只追求通过实验得出预设的结论。教师要引导而不是代替学生思考，在实验过程中要渗透研究思想和实验方法，从而起到培养学生实验素养的作用。例如本章第三节“二、自由落体运动”中对自由落体运动规律的思考、观测方法的发展、不同方法的比较，还有本章第三节“三、超重和失重”中对复杂的超重、失重实验所得图线的各段所对应状态的分析和物理意义的理解。

3. 任何实验都存在误差，不要为了追求“准确”的数据和“理想”的结果或者节省时间而刻意掩盖误差甚至弄虚作假，必须使学生认识到现实与理想的区别和联系，树立科学的态度，正确分析和对待误差。例如在落体仪实验中会发现电磁铁的剩磁造成了系统误差，教师要能够通过研究采取对策。

4. 教师在实验过程中的各个方面都要有良好的示范作用。令人遗憾的是有些年轻教师往往疏忽大意、顾此失彼。

5. 学生对有些实验装置未必能一目了然。对于复杂的仪器（例如光控计时装置、示波器），教师要有较透彻的理解并熟悉其操作，教学时要能做出简要的说明。现在的学生都能熟悉智能手机的多种操作，表明他们具备使用现代化仪器的能力。只要联系学生已有的经验，安排必要的铺垫和巧妙的解说，就容易使他们顺利地熟悉实验装置。

6. 要改变学生只是看表演的状态，引导他们参与和互动，还可以将某些演示实验改为随堂分组小实验。

第三节　实验案例研讨

下面介绍几个典型的演示实验。

一、瞬时速度概念的引入和测量

1. 设计

从理论上讲，一个质点做变速直线运动，如图4-1所示，它通过 A 点后在时间 Δt 内的位移为 Δs，则平均速度 $\bar{v}=\dfrac{\Delta s}{\Delta t}$。当 $\Delta t\to 0$ 时，则 $\bar{v}$ 即为质点在 A 点的瞬时速度 v_A。

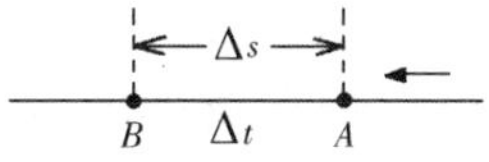

图 4-1

从实验上看，是做不到使 $\Delta t\to 0$ 的，因而不能由测量 Δt 和 Δs 得出瞬时速度值。但是可以做多次测量将 Δt 递减，就会显示出平均速度向某个值逼近的趋势，从而引出瞬时速度的概念并且间接推算出符合理论定义的瞬时速度值。

2. 实验

选用学生容易理解的气垫导轨和光控计时装置，对滑块的匀变速运动进行观测。

一种方案如图4-2所示，将气轨支成小倾角斜面。滑块上安装I形（条形）挡光片。在位置 A、B 分别安装两个光电门 G_1、G_2，由轨道侧面的刻度尺测出它们的距离 Δs。从 O 点由静止释放滑块，挡光片对 G_1 挡光的时刻开始计时，对 G_2 挡光的时刻停止计时，就可测出它在 AB 间运动的时间 Δt。固定 G_1 位置，将 G_2 移到 G_2'，仍从 O 点释放滑块再做测量。如此将 G_2 移动几次，逐次缩短距离 Δs，测出若干组 Δt 和 Δs，分别计算出平均速度 $\bar{v}$。可以看到 $\bar{v}$ 值是递减的，并且呈现向某个值逼近的趋势，于

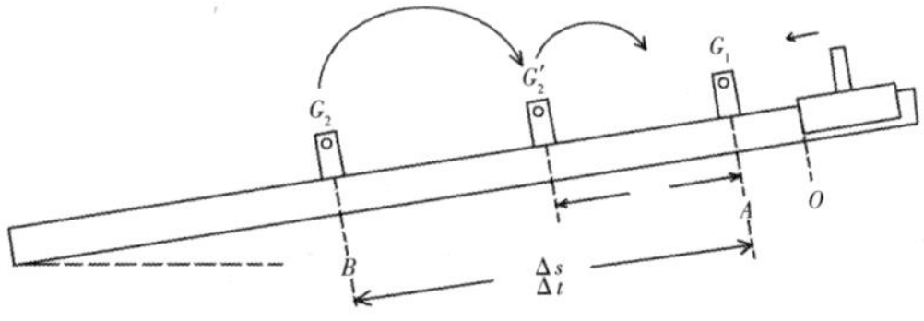

图 4-2

是由这个事实引入瞬时速度的概念和定义。这个方案的优点是测量原理直观易懂，缺点是操作费时间，并且光电门的定位造成 Δs 值误差较大，测量时间的模式也存在误差（详见第九章中对气垫导轨实验的分析），但这种误差对建立概念并无大碍。

另一种方案如图 4-3 所示。实验原理与前者相同，但只采用一个光电门 G，配合 U 形挡光片。挡光片的第一前沿 a 对光电门挡光时开始计时，第二前沿 b 挡光时停止计时。ab 的距离就是运动的位移 Δs，是已知的数值。

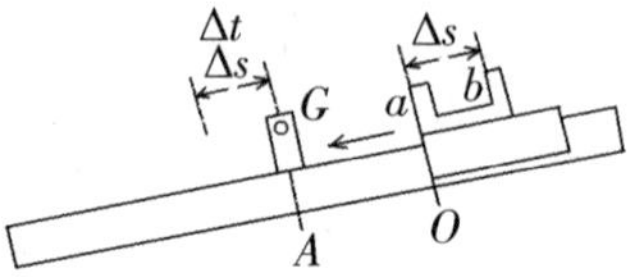

图 4-3

仪器配套提供了 Δs 值不同的 4 个挡光片逐次换用，安装时其前沿 a 都要对齐滑块前端，实验时都从同一位置 O 点释放。此种方案的优点是 Δs 值的准确度高，测量时间的模式不存在系统误差，缺点是选取位移样本的方式稍难理解，且受到所配备挡光片的限制只能取 4 组数据。

下面列出某次用 U 形挡光片做实验的数据（表 4-1），以说明如何求出瞬时速度值。

表 4-1

Δs/cm		10.00	5.00	3.00	1.00
Δt/ms	1	359	193	121	41.4
	2	360	193	120	41.5
	3	361	194	120	41.4
	平均	360	193	120	41.4
$\bar{v}=\frac{\Delta s}{\Delta t}$/（cm·s^{-1}）		27.8	25.9	25.0	24.2

表中数据显示出随着 Δt 的减小，$\bar{v}$ 将趋向某个数值。

将各组数据标记在 $\bar{v}$-Δt 的坐标中，依据其分布状态做线性拟合，将此直线延伸与纵轴交于 A 点，如图 4-4 所示。读出 A 点的纵坐标为 23.7cm/s，就是 $\Delta t \to 0$ 时的极限值，即瞬时速度。

这种利用图线求瞬时速度的实验方法，可称为外推法或极限法。

3. 讨论

（1）实验的可重复性问题

该实验的可重复性指的是如何使实验条件和实验操作都可以重复。

该实验要多次从同一位置（O 点）释放滑块，目的是使每次达到 A 点时的瞬时速度都相同。实验时必须考虑到靠目测标尺刻度来控制释放点会有偏差，可采取的对策是在轨道上固定一个定位板，每次释放前都将滑块后端与定位板贴靠，也可以利用轨道端部的支架作为定位板。此外还要注意避免环境中气流对滑块运动的干扰。

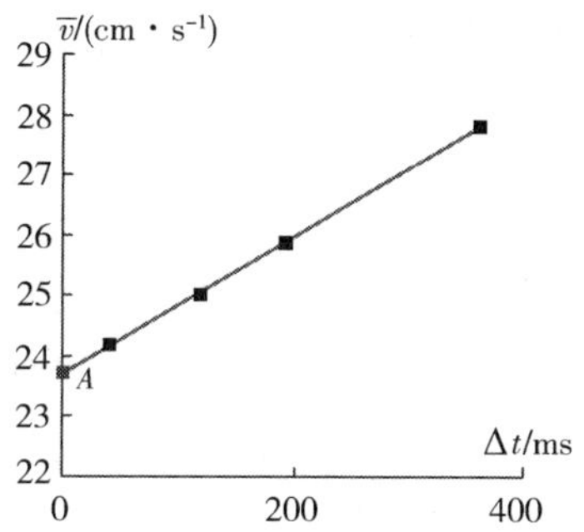

图 4-4

（2）由 $\bar{v}$-Δt 图线还能够求出什么？

将表 4-1 中数据改为国际单位，使用 Excel 软件对其做线性拟合，得到函数式 $y=0.1139x+0.2369$，$R^2=0.9993$。对于匀加速运动，可以导出$\dfrac{\Delta s}{\Delta t}=\dfrac{1}{2}a\Delta t+v_0$。由两式可知，拟合函数的一次项的系数为加速度值的一半，则得到加速度 $a=0.228\text{m/s}^2$，从其常数项数值也可得到瞬时速度 $v_0=0.237\text{m/s}$。

（3）应用性知识的扩展

工程技术上也有间接测量瞬时速度的方法。例如，19 世纪曾经有人使用冲击摆测量高速飞行的子弹速度，中学实验室中也曾配备过同类的模型做实验，现在则常用高速摄影和声波（或电磁波）的多普勒效应等方法来测量车辆的行驶速度。

二、自由落体运动

1. 设计

本小节内容在教学中通常会先谈到历史上亚里士多德的见解，再用牛顿管实验证明在真空中铜钱和羽毛自由下落的情况是相同的。但手持大玻璃管进行颠倒不便于观察，这里有一种改进方法：将羽毛托在小铁片上，用强磁铁从外面将它们吸在玻璃管内顶端，实验开始时移去磁铁，则铁片和羽毛随即下落。

虽然伽利略使用的计时装置相当粗糙，但他巧妙地利用斜面来减小金属球滚动时质心的加速度，得到数据后再进行推理。现代有各种计时仪器来测量自由落体的运动：纸带打点装置简单易行，但误差较大；专用的落体仪采用光控电子电路计时，误差要小得多；等等。本章介绍采用光控计时器观测自由落体运动的两项实验，该仪器构造和特点详见第九章。

2. 实验

（1）观测位移与时间的关系

实验装置如图 4-5 所示。该实验的独特之处是能够从物体下落的初始时刻（初速度为零）开始测量。为此，光控计时器要选择自由落体实验的专用功能挡位，即可与电磁铁断电同步开始计时，并在光电门被挡光的时刻再次计时。钢球 C 被吸在电磁铁 D 下作为其初始位置，将光电门 G_1、G_2 分别置于球下方距离 h_1、h_2 处，并且使 $h_2=4h_1$。D 断电时刻 t_0 计时器自动开始计时，钢球先后对 G_1、G_2 挡光，

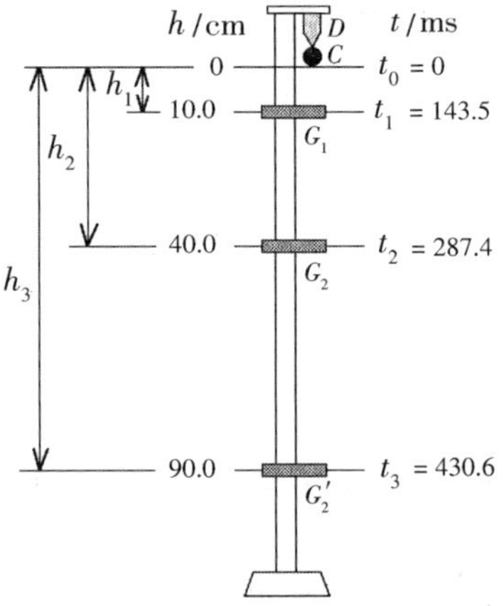

图 4-5

由计时器测出钢球下降 h_1 的时间 t_1 和下降 h_2 的时间 t_2。再将 G_2 移到 G_2'处，并且使 $h_3=9h_1$，让钢球再从初始位置自由下落，测出钢球下降 h_3 的时间 t_3。图 4-5 中记录的是某次实验的数据，测得的球和光电门位置的数据会存在约 1mm 的误差，所以各 h 值的有效数字应记录到毫米。实验结果近似有 $t_1:t_2:t_3=1:2:3$ 的关系，证明了自由落体运动是初速为零的匀加速运动。

（2）测定重力加速度 g

由实验（1）测量的 h、t 数据可以计算出 g 值，但误差较大，主要原因是存在系统误差：断电后电磁铁和钢球存在剩磁，其消退是需要时间的，钢球真正开始下落的时刻要比断电滞后一些，所以测出的 t 值大于实际下落的时间，导致 g 值偏小。

避开剩磁影响的方法是不从下落的初始位置开始计时，即将计时器的

工作模式设置为对第一个光电门挡光时开始计时，对第二个光电门挡光时停止计时。按照图 4-6 所示，将光电门 E 固定在钢球起始位置下 5~10cm 处，光电门 F 先置于与 E 距离为 s_1 处，给电磁铁断电，测出钢球在两个光电门间下落的时间 t_1 及位移 s_1。然后将第二个光电门改置于 F' 处，使钢球仍从原来的初始位置下落，测出下落时间 t_2 及位移 s_2。则有：

$$g=\frac{2\left(\frac{s_2}{t_2}-\frac{s_1}{t_1}\right)}{t_2-t_1}$$

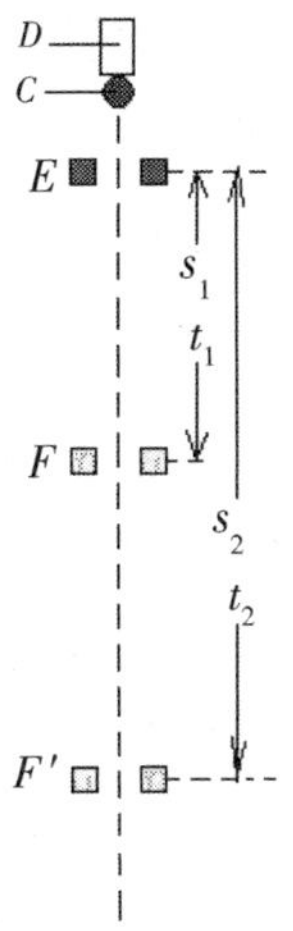

图 4-6

学生可能会问：难道这种方法测出的 g 值就没有误差了吗？结果仍然会存在位移和时间的测量误差，为了减小其相对误差，应当使所取的 s_2 与 s_1 的差值尽量大些（例如不小于 60cm），当然 s_1 值也不可太小（例如不小于 20cm）。这种设计思想在本书第六章第四节“二、用形状不规则的摆锤组装单摆测定重力加速度”中优选实验条件（摆长）时也有体现。

3. 讨论

（1）钢球通过光电门的轨迹往往会稍微偏离光束中心，而且每次偏离的程度会有所不同，因此会导致计时误差。

（2）还有另两种实验方法：一是频闪照相，见第三章第二节“一、频闪技术的应用”；二是条栅尺配合光电门，见第八章第二节“一、物体运动的记录和测量”之（6）。它们的优点是能够在一次下落过程中自动采集多组位移、时间数据，准确度较高，还可以计算落体的若干时刻的速度值 v，进而绘制 $v-t$ 图线来显示自由落体是匀加速运动并求出 g 值；缺点是不能从自由下落的初始时刻开始测量。

三、超重和失重

1. 设计

实验的目的是直接观察物体“视重”的变化，帮助学生认识超重、失重现象是怎样产生的。为了精细研究各种情况下的超重、失重现象，实验需要记录和显示全过程，并做定量分析。

常见的传统实验是将重物挂在装有记忆指针的弹簧秤下，手持弹簧秤在竖直方向做加速和减速运动。此法简单易行，但指针只能记录下加速度最大时刻重物所受的拉力。还可以借助阿特伍德机，即用细线跨过一个高处的定滑轮，线的一端悬挂弹簧秤和重物，另一端悬挂配重使两端质量不同，从而使弹簧秤和重物能在较长的时间内做竖直方向的匀变速运动，观测到单一、恒定的受力现象。

改进的方案是用力传感器代替弹簧秤，由数字化实验系统（DES）记录和显示物体“视重”的连续变化。

2. 实验

如图 4-7（a）所示，用绳子将钩码与力传感器的挂钩扎紧，手持力传感器做竖直上下变速运动，可得到如图 4-8 所示的 F-t 图线。

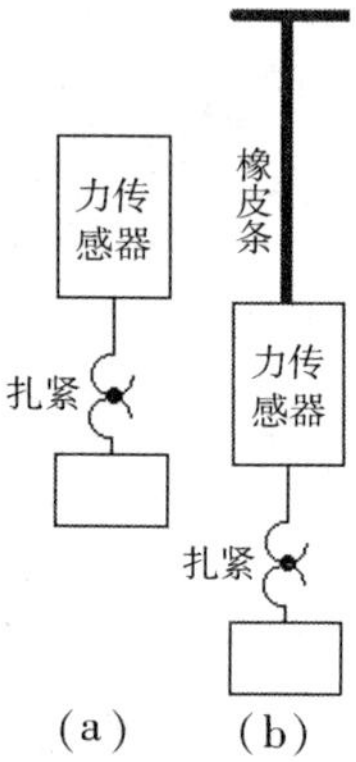

图 4-7

让学生思考：为什么图 4-8 中 abc 段记录的是钩码从静止开始向上运动直到停止的全过程中所受拉力的变化？哪段是超重？哪段是失重？不同时刻的超重或失重情况有何不同？def 段记录的又是怎样的情况？已知钩码的质量为 250g，能从图线看出超重最大时钩码的“视重”达到多大吗？过程中是否出现过完全失重的状态？

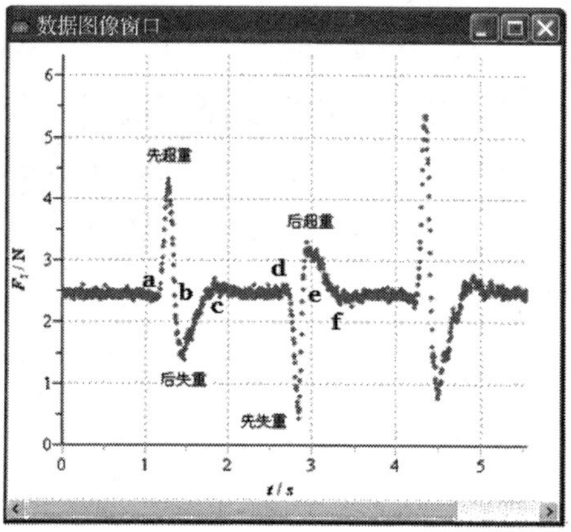

图 4-8

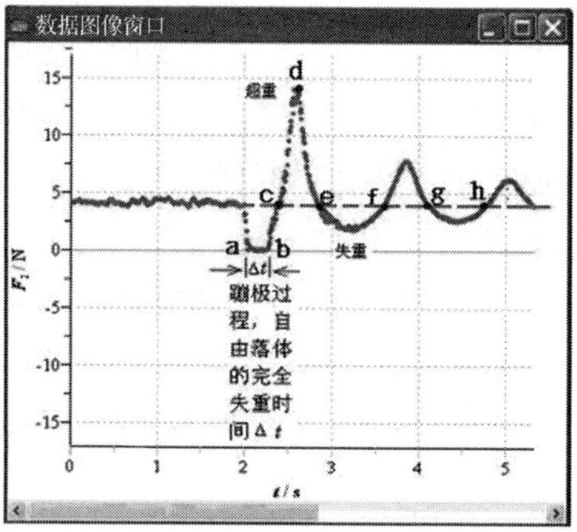

图 4-9

北京市大峪中学汪维澄老师设计了一个模拟蹦极运动的实验。装置如图 4-7（b）所示，将一根结实的长橡皮条上端固定，下端悬挂力传感器和 400g 的钩码。先将力传感器和钩码提高使橡皮条松弛，然后释放，就可在其后的竖直上下运动过程中采集到如图 4-9 所示的 F-t 图线。图 4-9 中的 ab 段就显示了钩码自由下落过程中完全失重的状态。对此图中其后图线表示的状态可参看下文中的讨论。

3. 讨论

（1）如果用阿特伍德机定量观测超重、失重现象，就需要选用无线传输的力传感器，以避免从传感器拖出的数据线影响物体的运动。可参看第九章“五、教学用数字化实验系统（DES）”的介绍。

（2）可以将加速度传感器和配套的便携式数据采集器安放在人的口袋中去乘坐过山车或旋转木马，体验和测量这些过程中的超重、失重。

（3）有一种教学用的微重力实验平台，将摄像机和被观测物体装在同一个自由下落的平台上，自动录制近似完全失重下的奇特现象，图 4-10 是正常状态（左）和失重状态（右）下蜡烛火焰形状的对比。

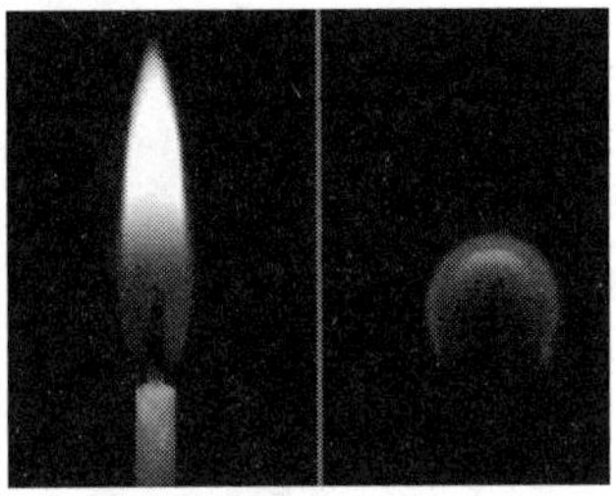

图 4-10

（4）用手握住其下挂有重物的力传感器演示超重、失重过程，操作虽然简单，现象却相当复杂，学生容易产生误解。但是这也给学生提供了练习运用牛顿定律和运动学知识分析实际问题的生动事例，比抽象的习题好得多。例如对于实验测出的如图 4-11 所示的 F-t 图线，有的学生凭某种感觉误认为 ABC 记录的是重物上升的过程，CDE 记录的是重物下降的过程，其实不然。正确的认识方法应当是具体分析重物的速度、加速度、运动类型的变化，以及出现超重、失重的阶段，得到的结果可采用如图 4-12 所示的描述方法。由图可知从 A 到 E 只是重物自静止起提

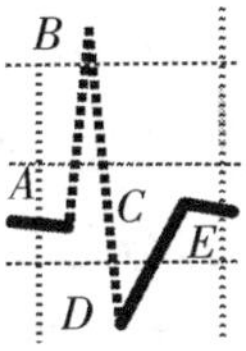

图 4-11

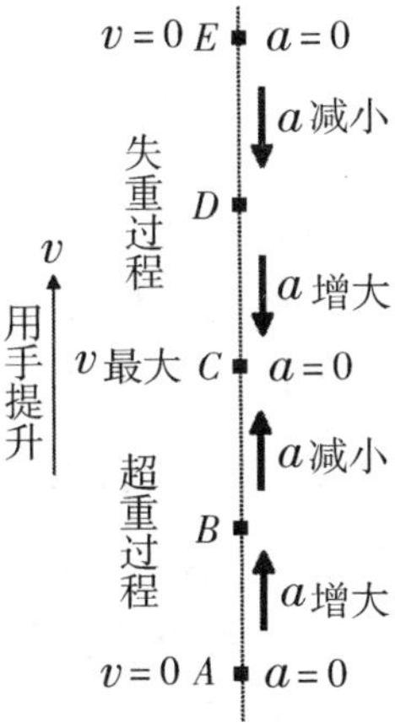

图 4-12

升到某个高度最终又静止的一个始终上升的变加速度运动过程。实验中上述过程很快，变化细节一般看不出来。

四、气体的等容变化

1. 设计

理想气体的三个定律是热力学最基本和最重要的内容之一，教学中有必要通过实验来认识它们。本小节只研讨查理定律所表述的等容变化规律。

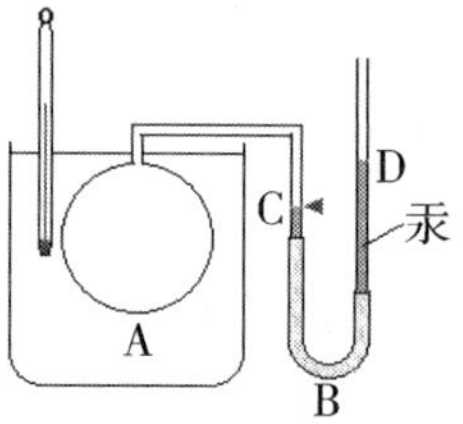

图 4-13

图 4-13 为一种传统的查理定律实验装置，细玻璃管 C、D 由橡胶管 B 连接，里面装有水银（汞），构成曲管水银压强计，竖直移动 D 管即可调节和测量容器 A 中气体的压强。由于水银有毒，禁止在教学中使用，于是改用指针式压强计。图 4-14（a）为一种气体定律演示仪：B 为装有待测气体的玻璃注射器，背板上标有观测其容积变化的刻度；A 为压强计，依靠内部的一根密闭的弯曲弹性金属扁管来感受压强，如图 4-14（b）所示。压强计的工作原理为让气体进入金属扁管内腔中，气体对管壁压强的变化会改变金属扁管的弯曲程度，通过机械传动系统带动指针就可以显示出压强的大小。但是这种压强计难以反映微小的压强变化，只能做较粗略的测量。有人将图 4-13 中曲管压强计内的液体改为机油，避免了水银中毒的危害，但是机油密度太小，只能测量较小的压强变化，且机油与玻璃的浸润也会带来不便和误差。再者，改变气体的温度大多采用水浴的方法，要等待容器内的气体、杯中的水和温度计三者达到热平衡时才可读出温度，这相当费时间。

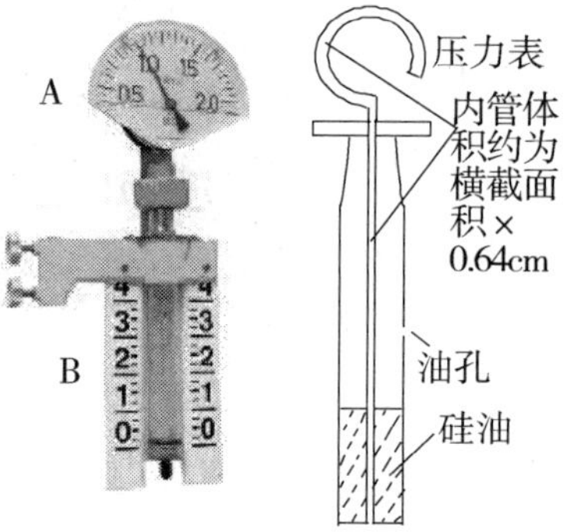

（a） （b）

图 4-14

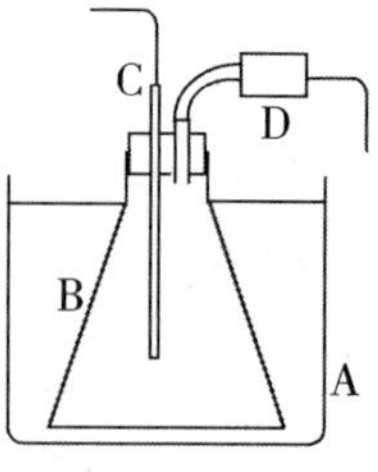

图 4-15

图 4-15 是使用数字化实验系统（DES）的一种实

验方法，以小锥形瓶 B 作为气体容器，置于水浴杯 A 中，密封的瓶塞上打两个孔，插入温度传感器 C，用玻璃管和软管与气体压强传感器 D 连通，由传感器测量瓶中气体的压强。

2. 实验

中国人民大学附属中学吴月江老师设计制作的高精度灵敏压强及温度测量仪，用一种微型芯片将气压和温度传感器组合为一体，成为一个便于放在气体中的探头，能同时快速测量压强 p、温度 t 两个物理量；探头再与以单片机为核心的主机组成一种专用的数字化仪器，主机小到可以放在手掌中。图 4-16 为主机的面板，由数字液晶屏显示测量结果。该测量仪测量气压的性能：量程 300～1100hPa（百帕），误差为±1hPa，分辨力 0.1hPa。测量温度的性能：量程 -30～150℃，误差为±0.5℃，分辨力 0.1℃。

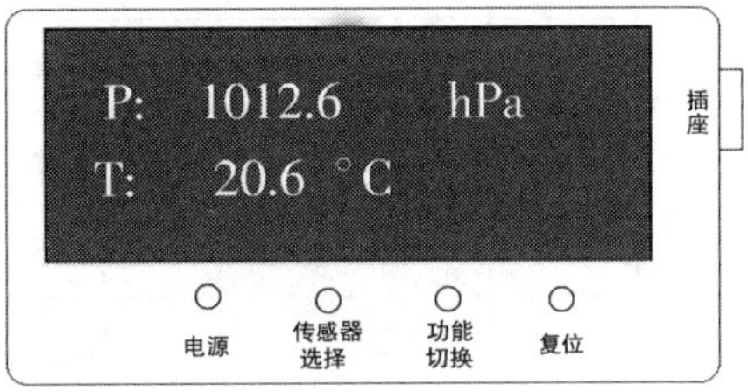

图 4-16

按照图 4-17 所示，将传感器密封在一支小容量的一次性注射器内，通过插头与主机的插座连接，注射器中有一定质量干燥的空气，注射器的活塞位置固定，保持空气体积不变。或者用橡皮塞将传感器密封在薄壁小玻璃试管中。这种装置有如下几个优点：一是能够直接测量气体的压强，避免了外接气压传感器时连接软管内的气体温度与注射器内的气体温度存在差异而引起的误差；二是直接测量气体的温度，避免了将测量的水温作为容器内气体温度造成的误差；三是容器小，内部各部分气体容易达到热平衡，减小了温度不均匀造成的误差；四是温度传感器自身的热容极小，管内气体的质量少、热容小，因此改变温度后达到热平衡所需的时间明显缩短，便于教学。

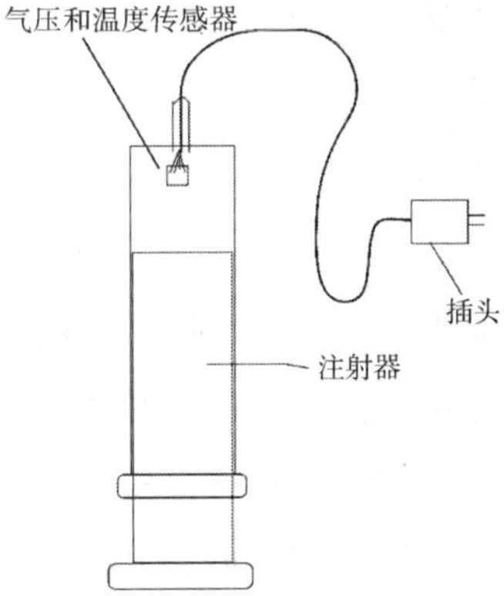

图 4-17

表 4-2

序号	t/℃	T/K	p/×10²Pa	$p\cdot T^{-1}$/（×10²Pa·K⁻¹）
1	50.0	323.1	1158	3.584
2	41.6	314.7	1132	3.597
3	37.0	310.1	1115	3.596
4	32.5	305.6	1098	3.593
5	28.5	301.6	1083	3.591
6	25.0	298.1	1070	3.589
7	20.5	293.6	1055	3.593
8	18.1	291.2	1046	3.592

用水浴加热改变容器中空气的温度，由测量仪读出若干组温度和压强的数据，表 4-2 为某次实验的记录，图 4-18 是由它画出的图线。可看到在实验条件的范围内压强 p 与温度 t 有良好的线性关系。如果按照此规律外推，则可得到如图 4-19 所示的图线和函数式，由该函数式可得出：当 $t=-275.5$℃时，$p=0$，这与公认的定义 0K = -273.15℃ 非常接近。

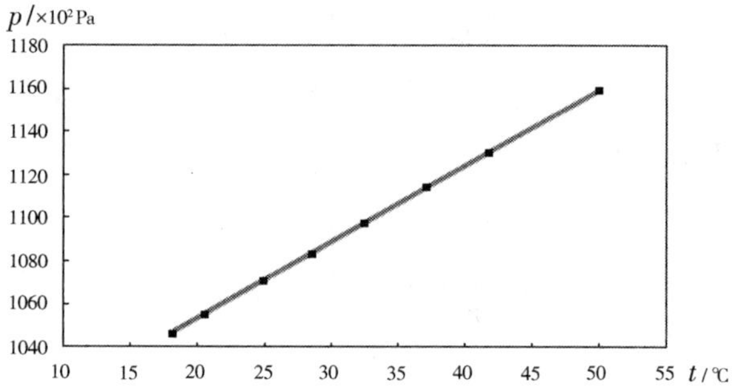

图 4-18

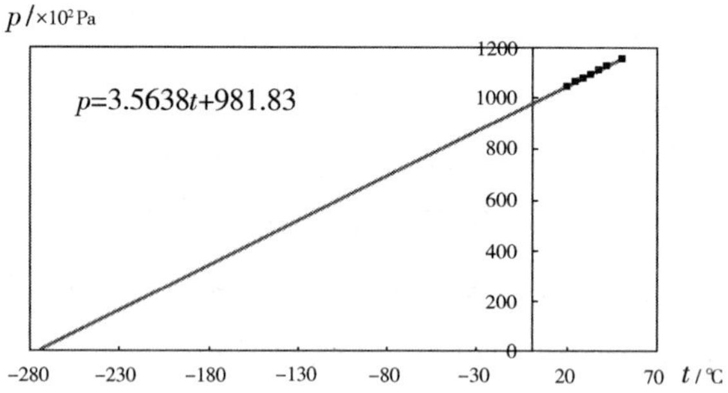

图 4-19

表 4-2 中的 p/T 数据和图 4-19（将横轴改用热力学温度数值）都可以验证：对于质量一定的理想气体，在体积保持不变时，其压强与热力

学温度成正比。

3. 讨论

（1）使用数字化仪表还可以方便地验证玻意耳定律、盖·吕萨克定律和理想气体状态方程。教师需要在实验前向学生简略介绍气压传感器的功能，并且用它观测一下大气压的数值。

（2）实验中用注射器的刻度测量气体体积存在误差较大的问题，因此不适宜用于由等压变化过程来验证热力学温度 0K 定义的实验，验证理想气体状态方程时也会有较大的误差。

五、气体分子速率分布规律的模拟

1. 设计

模拟是一种重要的物理实验方法。模拟是指使用某种恰当的物理或数学模型来研究难以直接观察的现象或难以测量的规律。例如用稳恒电流场可以模拟静电场，因为在一定的条件下两者遵循的规律有相同的数学表达式。

这个实验是用大量钢珠碰撞的宏观力学现象模拟微观粒子（气体分子）热运动的速率分布，从而帮助学生认识这种统计性规律。这个实验比投掷硬币的实验方法更省时省力，结果更直观，内容更丰富。

实验仪器称为道尔顿板（或称伽耳顿板），可以自制。传统道尔顿板的样式如图 4-20 所示，在玻璃面板和塑料背板之间有约 1cm 的狭窄空间，上部交错固定许多钉子，下部隔成若干个高度适当的条形格子。

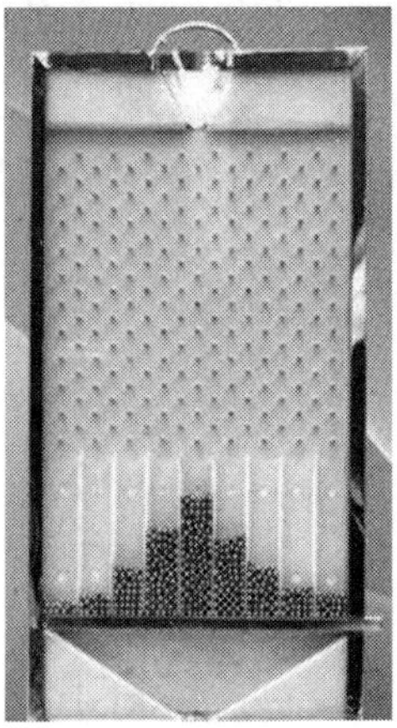

图 4-20

2. 实验

抽开仪器上方漏斗下口的挡板，将几个小钢珠一个一个地放入漏斗，可看到钢珠与哪些钉子碰撞并落入哪个格子中是完全随机的。然后挡住漏斗下口，将几百个小钢珠倒进漏斗中，抽开挡板，可看到这些小钢珠落入各个格子中却呈现一定的规律性，如图4-20所示。可用彩色笔在玻璃面板粗略地画出其分布曲线。重复上述实验，可看到每次这些小钢珠的分布基本相同，这表明大量偶然事件的总体是具有一定的统计规律性的。仔细观察，可发现几次重复实验的分布曲线会稍有差别，这反映了统计规律中的涨落现象。

3. 讨论

有一种改良的仪器如图4-21所示，在“钉子阵”上方增加了可移动挡板A，下方增加了一条弧形轨道，使小钢珠通过“钉子阵”后都要由轨道末端沿水平方向飞出，速率较大者会落入较远的格子中。当大量钢珠自漏斗落下后，每个格子中收集的钢珠的多少，就反映了不同速率区间内的钢珠在总数中所占的比例，也就是钢珠具有不同速率的概率，这样就模拟了气体分子速率的麦克斯韦分布律。

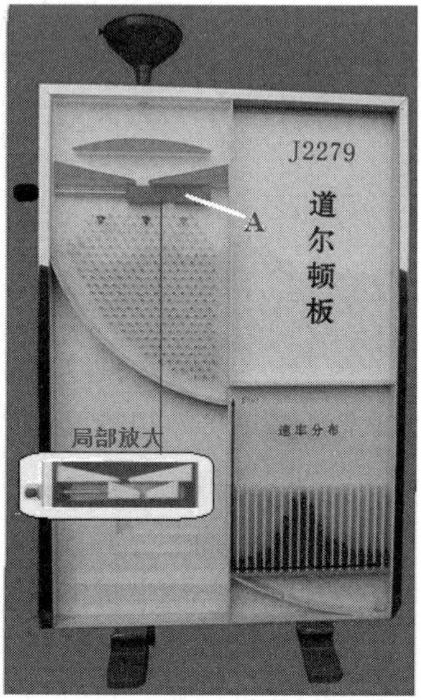

图4-21

将挡板A平移到左端，就会有更多的钢珠落入轨道高处，从而获得较大的速率，于是钢珠在各个格子中的分布就有变化。这就模拟了温度升高时，气体分子的平均速率增大，则速率最大的区间将向着速率较大的方向迁移。

六、电容器的充放电

1. 设计

理解电容器的特性和应用，需要以认识电容器的充放电过程及其规律为基础。

传统教材中，大多是用起电机将莱顿瓶充电后观察火花放电现象，这可能使有些学生误以为充放电是在一瞬间完成的，会给以后学习交流电路和电磁振荡等知识造成困惑。

新教材重视了对充放电过程的正确描述，通过实验让学生观察充电电流和放电电流的存在和变化的规律，以及“电容器两端的电压不能突变”这一特性。

典型的充放电实验电路是一个 RC 电路，R、C 均为定值。即使不接入电阻器，也存在导线的电阻和连接点的接触电阻，不可忽略。电容器充放电是一种典型的暂态过程，电流变化的规律为 $I=I_0e^{\frac{-t}{RC}}$。式中 I_0 为初始（$t=0$ 时）电流，乘积 RC 具有时间量纲，叫作这个电路的时间常数 τ。当 $t=\tau$ 时，I 衰减为初始电流 I_0 的 $1/e$，即 $I\approx0.37I_0$。充放电过程中电容器两端电压的变化规律分别是 $U=U_0(1-e^{\frac{t}{RC}})$ 和 $U=U_0e^{-\frac{t}{RC}}$。

若使用常见的电容器和电流表按照图 4-22 所示电路做实验，会很难看到充放电的电流，原因是电流表的内阻很小，导致此电路的时间常数太小，甚至不到 1ms。因此正确的设计是搭配足够大的 R、C 值，使 τ 值在 3～10s，并且要选择能够确切、全面显示物理规律的检测仪器。下面将介绍几种不同的方法。

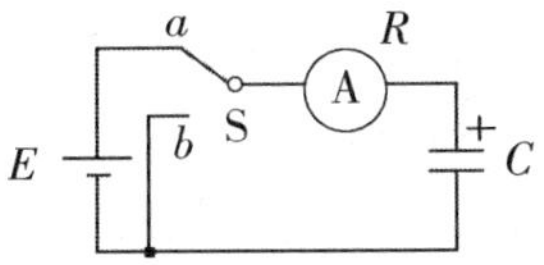

图 4-22

2. 实验

（1）使用指针式演示电流表和超级电容器

超级电容器（图 4-23）是一种新型的电容器，它具有极大的电容（几法拉到几百法拉）和很小的体积，工作电压只有几伏，并且有正负极，不可接反。

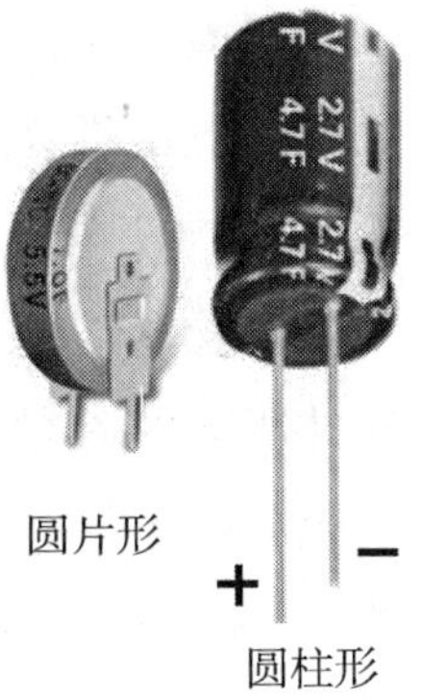

图 4-23

实验选用东南电表厂生产的 J0401 型演示电表的 0.5A 挡，搭配“1.5F　2.7V”的超级电容器。将电表指针零点调到刻度盘中央，则量程成为±0.25A，零点左右各有 10 格刻度。已知该电表此档内阻 $R=4.0\Omega$，则电路的时间常数 $\tau=6$s，恰好满足实验观测的需求。

按照图 4-22 连接电路，使用一节干电池，则充电、放电的初始电流均约为 $I_0=\frac{E}{R}=\frac{1.5}{4.0}\text{A}\approx0.38\text{A}$，虽然超过电表的量程，但并不严重，并且由于动圈指针系统的惯性和阻尼，指针不会打过头，最多偏转 8~9 格。

其他的演示电表可以选用 1A 挡，因为其内阻只有 0.1Ω，所以必须给它串联一个 2~3Ω 的电阻来增大电路的时间常数，才可以使实验成功。

此方法的优点是电路简单，充放电的电流衰减过程可达 20s，也能观察到放电和充电的电流方向相反；缺点是电流表指针的显示在时间上滞后于电流的变化，只能作为定性的观察。

（2）使用发光二极管（LED）显示电流

用 LED 代替小灯泡，是一种较好的简单演示方法（本书第三章第三节“二、二极管的特性和发光二极管的应用”中对 LED 有详细介绍）。实验电路如图 4-24 所示，电阻 R 取 510Ω，对 LED 做限流保护，并且使电路的时间常数增加到大约 3s，因而有足够的时间观察充放电过程。

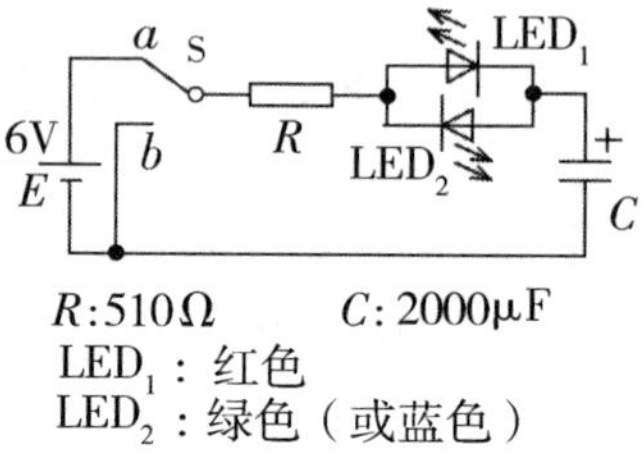

图 4-24

此方法的优点是将两个发光颜色不同的 LED 反向并联，利用 LED 的单向导电发光的特性显示了电容器充电和放电过程中电流的方向相反；缺点是只能由 LED 的发光亮度定性地显示电流大小的变化，并且由于 LED 具有一定的正向阈值电压，致使电容器充电后达不到电源的电压，放电后电压不会降为零。

（3）使用数字化实验系统（DES）

实验电路见图 4-25，图中标注了元件所取的参数。使用电流传感器测量充放电电流，电压传感器测量电容器上的电压，两者同步进行，同时显示。

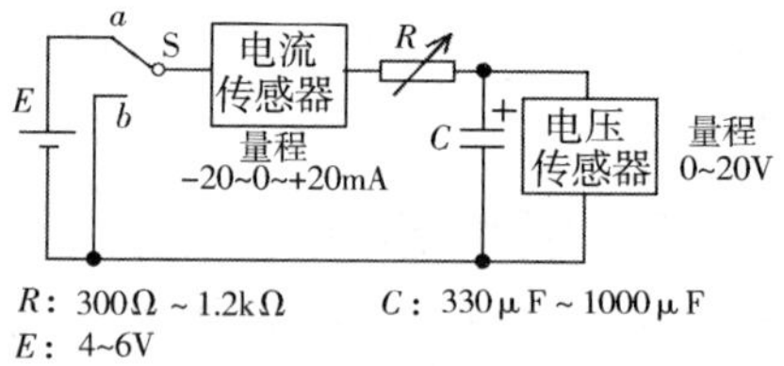

图 4-25

此法的优点是能自动、快速地采集大量数据，由计算机画出电流、电压变化的图线，直观、准确、实时地反映物理过程，便于分析物理规律。若采用优质的电解电容器，其漏电可以忽略，则得到的充放电曲线能很好地符合前文所述的指数函数式。选取 50 次/秒的采样频率，得到的图像如图 4-26 所示，间接地反映了电场能的储存和释放过程。

若人来得及进行切换开关 S 的操作，RC 电路的时间常数小些（如 0.5s）也无妨。还可以改变 R、C 值，观察其对充放电快慢的影响。

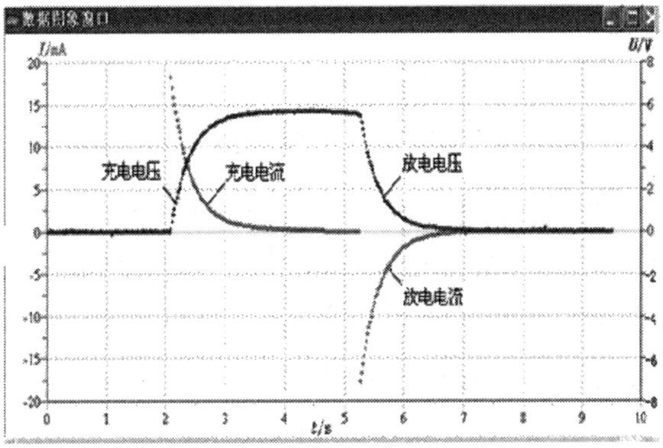

图 4-26

（4）使用数字存储示波器（DSO）

按照图 4-27 连接电路，将电容器 C 上的电压变化输入示波器的通道 CH1，充放电电流通过取样电阻 R 转化为电压信号输入通道 CH2，两个通道共用一个接地端。元件规格可参照图 4-25，电源用一节干电池即可。最好制成示教板，可使学生看清电路，利于教学。

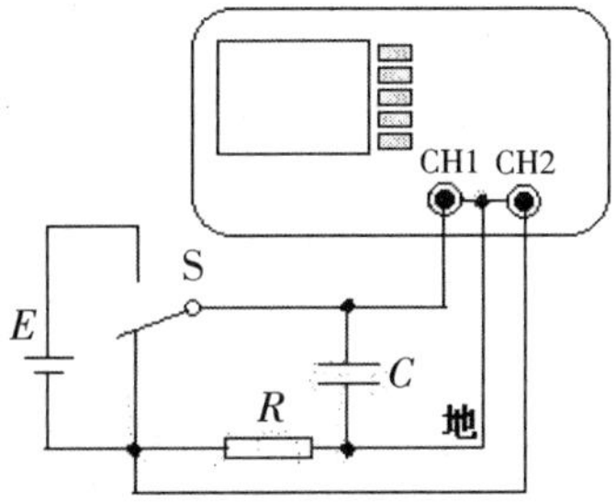

图 4-27

实验时参照表 4-3 设置示波器的工作状态，得到的图像形状与图 4-26 相似。使用稍小的 R、C 值也能成功。

表 4-3

输入通道 1（CH1）				输入通道 2（CH2）				时基	触发
通道	电压挡位	耦合	反向	通道	电压挡位	耦合	反向		
开	500mV/diV	直流	关	开	500mV/diV	直流	开	1s/diV	自动

（5）演示电容器储存能量

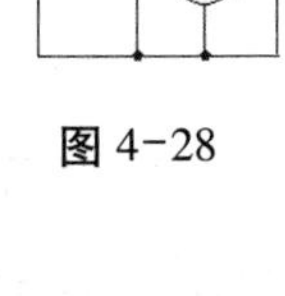

图 4-28

电路如图 4-28 所示，C 是容量为 10F、工作电压为 2.7V 的超级电容器，E 为 3V 干电池组，L 为“2.5V 0.3A”小灯泡，用数字万用表的直流 20V 挡监测电容器上的电压。虽然小灯泡的 R 值相当小，但由于电容器 C 值较大，使得电路的时间常数可达到几十秒。注意：充电时必须注视电压表，不可超过 2.7V，以免损坏电容器。若使用较旧的干电池，则不接电压表也无须担心。电容器充足电量后，可使小灯泡持续发光约 2 分钟。

如果将上述的 5 个相同的超级电容器串联充电到 12V，使电容器储存足够多的电量，然后将它接于“12V 5W”的摩托车用灯泡，发光会很强，并可持续 20s 以上，更加生动地显示了电容器的储能作用。注意：电容器的实际电容并不都相同，为了避免其中电容较小者因分压较大而被击穿，要按照图 4-29 所示接上 5 只相同的电阻（阻值几十千欧）做“均压”。

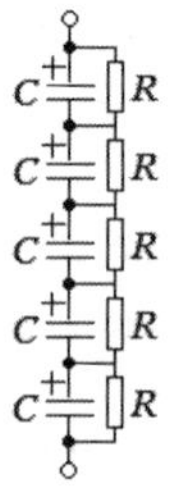

图 4-29

3. 讨论

（1）学生可能提出下列问题：*RC* 电路的充电过程中电流是逐渐减小的，放电过程中电流的衰减是越来越慢的，各自是什么原因造成的？

较好的教学方法是，不引用前文中的指数函数 $I=I_0e^{\frac{-t}{RC}}$，而是引导学生从形成电流的物理机制上分析，加深对现象本质的理解。

第一个问题：充电电路中存在两个相反的电压，即电源电压 U 和电容器被充电形成的电压 U_C，因此充电电流 $I=\frac{U-U_C}{R}$。初始时刻 $U_C=0$，I 最大，其后随着电容器中电量 Q 的增多，U_C 就逐渐增大，U 和 R 恒定，则 I 必逐渐减小。

第二个问题：放电过程中的电流 $I=\frac{U_C}{R}$，初始时刻 I 最大，其后随着放电的进行，电容器中电量 Q 逐渐变少，$U_C=\frac{Q}{C}$，C 恒定，U_C 就变小，R 恒定，则 I 必逐渐减小。I 的减小将使电容器电量 Q 的变化率减小，则导致 U_C 的变化率减小，而 U_C 的变化率减小必导致电流 I 的变化率减小。

（2）可将演示实验改为随堂分组小实验，简单易行，适于推广。

实验电路如图 4-30 所示。G 为学生用的 J0409 型灵敏电流计，其优点是动圈指针系统的惯性和阻尼都比大型演示电表小得多，零点又在度盘中央，能够显示电流方向。此电表量程约为±300μA，接

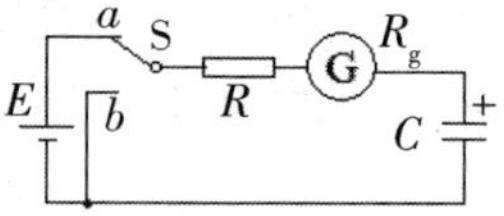

图 4-30

用“-”与“G1”两个接线柱时内阻 $R_g = 2.5\text{k}\Omega$。E 为一节干电池，为防止充电或放电的初始电流超过电表的量程，需要再串联一个 2.5kΩ 的电阻 R，使这个电路中的电阻达到 5kΩ。C 选用普通的“1000μF　6V”电解电容器。此电路的时间常数约为 5s，恰好能够从容地观察电容器充放电过程中电流的方向和大小的变化。

（3）电容器充放电特性的应用实例——*RC* 延时电路。

与其解答虚拟的涉及电容器暂态过程的习题，不如观察解释一些实用的实验。

图 4-31 是一种简单的手动延时开关电路。IC 是集成电路芯片 CD4069 中的一个“非门”，延时电路由 R_1 和 C 组成。按钮开关 S 的特点是按下时接通，释放时自动断开。发光二极管（LED）作为被控元件，要串联电阻 R_2 做限流保护。6V 电池的负极接地，依照电子电路图的绘制习惯，图中省略不画出。

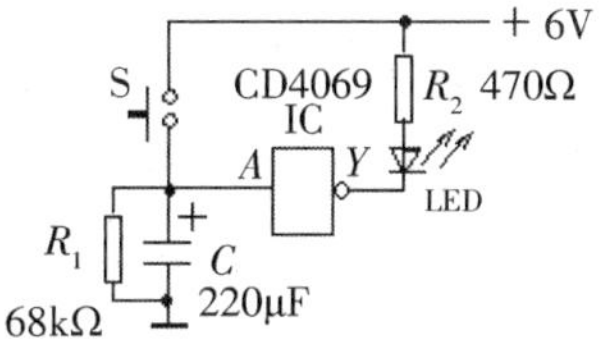

图 4-31

工作原理：按下 S，电池直接对电容器 C 充电，充电回路中电阻极小（只有触点的接触电阻和导线电阻），则 C 两端电压迅速增大，使“非门”输入端 A 达到高电平，则其输出端 Y 跳变为低电平（约 0.1V），于是 LED 导通发光；释放 S 自动断开后，C 通过大电阻 R_1 缓慢放电，使 A 点电平 U_A 逐渐下降，此过程中 Y 点保持低电平，LED 仍发光，直到 U_A 降到小于 1V 的低电平时，就使 U_Y 跳变为高电平（近似等于电源电压 6V），则 LED 熄灭，如此就能使在 S 断开后 LED 能够延续发光达 20s 左右。给 C 再并联或串联一个 220μF 电容器，或将 R_1 改为 470kΩ 的电位器，就能改变和连续调节延时时间的长短。

楼道节能灯是声光自动控制的，电路有多种设计，比较复杂，其中最简单的也曾利用电容器组成的 *RC* 电路实现延时功能。马路上交通灯的信号变换要求延时精度达到 1s，但由于电容器的电容值误差较大并且会因温度和老化而改变，故不可使用上述电路，实际使用的是数字计时电路，与某些电子钟表类似。

七、光纤通信原理

1. 设计

曾经见到用图 4-32 所示的方法演示光纤通信原理。用水槽模拟光纤，槽底放置平面镜，其反射面向上。槽中为极稀的乳浊液或悬浊液，对激光起散射作用。发射端由 MP3 输出音乐信号，经过功率放大器后使激光笔发光，由绿色激光束（波长 532nm）的闪烁显示传送信号，但接收端扬声器发声严重失真，听不出是乐曲了。

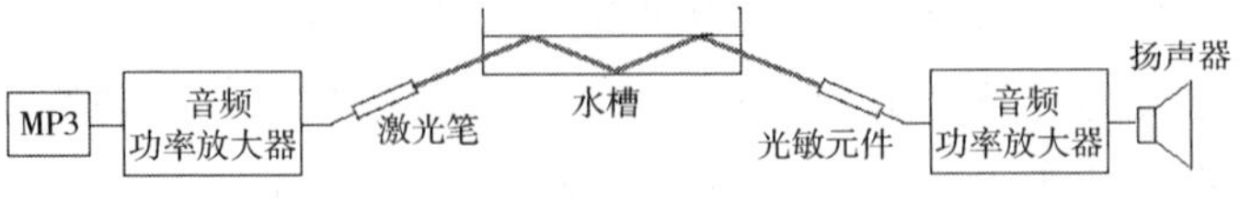

图 4-32

该方法传送声音未成功的主要原因是对光通信的技术原理了解不够。对于光通信的发射端，存在“电信号直接转换为光信号”的模糊认识，缺少“调制”的概念和技术知识。另外，还要知道绿色激光笔里的激光二极管（LD）是由半导体 PN 结所构成的单向导电器件，具有非线性的伏安曲线和约 3V 的正向阈值电压，超过此电压值才能发光。图 4-32 电路中左侧的功率放大器输出的音频交流信号电压的最大值一般不超过 10V，因此激光二极管的工作状态可用图 4-33 示意说明：图（a）为电路左侧功率放大器输送到激光二极管上的音频交变电压，但只有半个周期的正向电压［图（b）］才能够使激光二极管发光；但是激光二极管的正向阈值电压 U_D 的作用又使小幅度电压信号被“削去”，如图（c）所示；最终只剩下一些大幅度的杂散的脉冲电流使激光二极管发光，如图（d）所示。所以图 4-32 所示方法射出的光信号与原来的音频电信号相比就面目全非了。

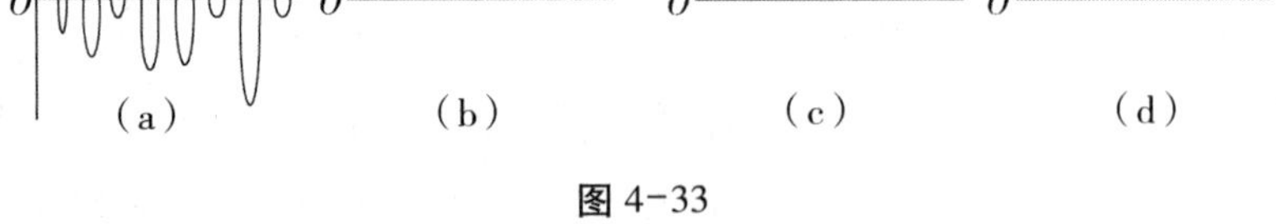

图 4-33

要明确光纤通信的概念和物理原理：光是电磁波，光通信和传统的无线电通信的概念是相同的，即用要传送的信号（模拟信号或数字信号）来调制载波的某种参数（幅度、频率、相位等）。

正确的设计应当是将强度恒定的激光作为载波，用音频信号对载波进行调制。最简单、容易实现的模式是调幅，这与调幅的无线电音频广播原理相同。载波（激光）的能量由电池供给而不是由音频信号提供，故未加调制信号时，仍有激光射出。

2. 实验

仪器由以下三部分组成：

（1）简单的调幅发射电路。如图 4-34 所示，可制成示教板。LD 为半导体激光头（能发射红色或绿色激光），T 为三极管（做调幅用），C 为电容器（音频信号耦合用），R_1 为负反馈电阻（稳定三极管的工作点），R_2、R_3 为偏置电阻（调节三极管的工作点使之处于线性放大状态）。

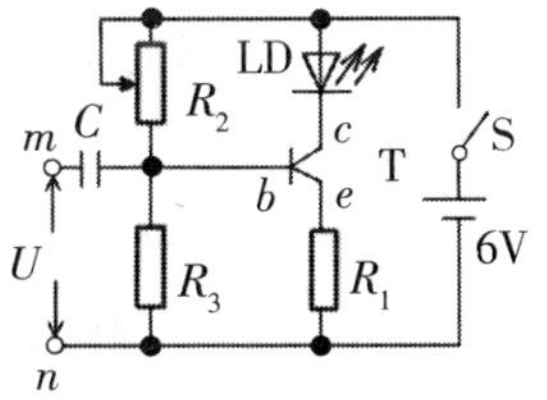

图 4-34

（2）接收电路。如图 4-35 所示，R_G 为硫化镉光敏电阻（加遮光罩以避免环境中杂散光的干扰），R_4 为负载电阻，C 为耦合电容器。

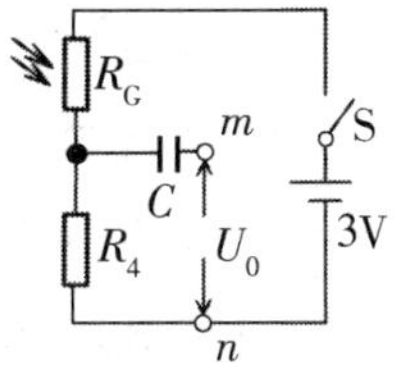

图 4-35

（3）光传输介质。矩形横截面有机玻璃条（直的和弯曲的各一根），其长度可使激光束在其中发生 3 次全反射。还可以再取实用的光纤（有护套，可弯曲成任何形状）做传输介质。

实验时，接通发射电路的电源，则三极管的静态电流就使激光头发射出幅度恒定的激光束。将 MP3 音频播放机的输出端连接到发射电路的 m、n 端并且播放乐曲，则音频信号电压 U 就使三极管的基极电流 I_b 随之变化，从而导致集电极电流 I_c 变化，引起激光幅度随音频变化，实现了调幅。接收电路的光敏电阻 R_G 受到上述被调制的激光束照射，其电阻发生变化，使 R_4 两端的电压也发生变化，其交流成分与音频波形相似，通过电容器 C“隔直”，就从 m、n 端输出音频电压 U_0 到音频放大器，进而驱动扬声器。让激光束在空气中从远处正对射到光敏电阻上，扬声器就会发出清晰的乐曲声。用手挡住激光束就听不到声音了，或不挡光而关掉发射电路的音频播放机也没有声音了。

再演示用有机玻璃条模拟光纤，能看到光束在其中靠全反射传播的路径，并同时听到声音。最后使用真正的光纤演示传输音频信号。

3. 讨论

（1）要想看到激光传输信号时的闪烁现象，可改用信号发生器输出的低频（10Hz）的信号并接入图 4-34 中 m、n 端做调制，并且有足够的信号电压来实现合适的调制程度。

（2）发射电路也可采用图 4-36 所示的简单设计。使用电池 E 给激光二极管（LD）做“正向偏置”，其电压必须大于二极管的阈值电压，使得在没加音频调制时二极管就能导通发光。R 为限流保护电阻。从 m、n 端输入音频信号电压 U，要调节其幅度与电池 E 的电压搭配，使得音频信号幅度最小时激光二极管也不会截止。

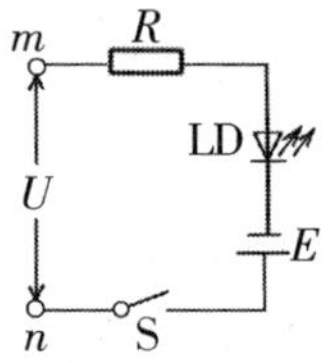

图 4-36

（3）在网上能买到 30～50mW 的激光头，价格便宜，便于安装在演示板上。也可以用激光笔代替激光头。光敏电阻也可以用光电二极管或硅光电池代替，但接收电路要做修改。

（4）我国正以“三网合一”“光纤入户”实现全民的光通信，其调制的方式和技术要复杂得多。居民家中安装的“光猫”就是组合在一起的多功能调制解调器。

第五章 分组实验的研究与教学

学生分组实验是物理课程的重要组成部分。分组实验教学是使学生形成实验素养的重要手段。

20 世纪的高中物理教学大纲中规定了较多的学生分组实验，教学时间大约占总学时的 10%。特别是改革开放以后，我国物理教学突破了传统教材的束缚，借鉴世界上更多的先进经验，设计出一些新实验，研发了多种配套的仪器，例如在当时的“甲种本”教材中共设置了 40 个学生实验。

目前新的课程标准中，对传统的实验项目做了一些筛选和调整，提出要重视通过实验使学生领会科学探究的思想和方法，还指出学校应充分利用已有的实验器材，努力开发适合本校情况的实验课程资源，尽可能让学生自己动手多做实验。近年来许多教师对分组实验的改革做了有益的尝试。

但是目前很多学校并未开设分组实验课程，即使开设了分组实验课程，多数教师仍然习惯采取“课本上写什么、高考题考什么就做什么”的态度，认为沿用了多年的传统实验已经定型，无须再做研究。教师应当从新的教学理念和科学技术的发展等方面，审视和反思现有的实验课题，推陈出新，以期更好地实现教学目标。

本章将对分组实验的要求和相关教学策略提出一些看法，对几个典型的案例进行分析，并介绍笔者对设计新的分组实验的思考和探索。

第一节 对实验的要求

考虑到分组实验的特点、教学目标及实验设计上存在的疑难和误区，拟提出以下几方面问题：

1. 实验内容和教学目的如何定位？

要使实验内容丰富，难易适当，兼顾各种实验类型，实验课题也要推陈出新。例如：

（1）传统教材中“用单摆测定重力加速度”实验只需照章操作，完成测量即可，现在改为“探究单摆周期与摆长的关系”，就包含了方案设计选择和数据分析判别等诸多内容。

（2）“测绘小灯泡伏安特性”实验不仅是认识小灯泡的导电特性及原因，还要学会分压电路的连接和使用，落实电学实验操作的一般规范和手工描绘实验曲线的规范，更可以扩展出应用特性曲线解决实际问题的内容。

（3）“伏安法测电阻”实验不宜仅作为对系统误差理论分析的验证，而应让学生亲身感受系统误差的存在和影响，设计不同条件下的对策并实施。

（4）“测量电阻率”的实验似无必要，它的电学内容太简单。如果是为了学习螺旋测微器，那么“干涉法测定光的波长”实验所用仪器的测量中就有，或可编入该处。

（5）随着在工业生产中数显卡尺的普及，是否可以考虑取消学习游标卡尺的实验？

2. 有良好的可行性，能得到可靠的结果

分组实验要求所需的器材完备，实验所受的干扰较小，误差较小，一般要在一课时内完成。例如：

（1）“探究物体动能变化与做功的关系”实验的一种方案是用橡皮筋弹射小车。这个实验貌似简单，但由于打点纸带测出的速度值误差相当大且橡皮筋的一致性不佳，会导致难以判别数据究竟符合哪种设想的规律，故缺乏可行性。对此，有人认为只需关注过程的参与而无须顾及结果的优劣，这种观点恐怕有失偏颇。对于该实验，一种解决方法是改用气垫导轨，并借助光电门测算速度，教学实践证明此法可得到良好的结果。

（2）以前做“玻意耳定律”实验使用玻璃注射器，曾因容器的密封性不佳和活塞与针筒间的摩擦力不可忽略而给实验带来不少困扰，并且测算气体的压强相当烦琐。现在改用传感器直接测量气体压强并使用一次性医用塑料注射器就破解了难题，并且能够在短时间内获取大量数据，很好地显示出压强与体积的反比关系，还可以研究在不同气体质量和温度条件下的等温线。

（3）“探究加速度与力、质量的关系”实验，若使用斜面、小车和打点计时器来做，大部分时间都花费在打纸带和处理纸带上，需要两个课时才能勉强完成，更严重的是冲淡了主题。笔者认为宜改为演示实验，并使用现代化的仪器完成。

3. 设计新课题，注重应用性

高考说明列出的实验课题是受到一些条件限制的，不宜作为标准要求。平时的教学要推陈出新、因地制宜。例如：

（1）现代生活中会用到各种各样的电源，需要对它们有较具体深入的认识，为此可设计一个实验课题“研究电源的输出特性”，取代传统的“测量电源的电动势和内电阻”实验。新课题着重通过实验认识电源供电的一个主要性能——输出电压要随负载变化，探讨影响它的因素及改善此性能的可行方法，也体现了闭合电路欧姆定律的应用。还可以设计一个新实验“太阳能光伏板的特性和应用”，见本书第三章第三节“三、太阳能光伏板的性能和应用”。

（2）“探究变压器电压与线圈匝数的关系”实验的内容太单调，所用的仪器也难以看到真实的匝数，不如改为“观测变压器副线圈输出的电压及原线圈输入端电流的大小如何受到负载变化的影响”，用以认识实际（而非理想）的变压器的工作状态、能量转化等。

4. 如何利用现有设备和采用新仪器？

现有的分组实验仪器大多是通用的，要尽可能一物多用。电学仪器自不必说，力学仪器中的打点计时器可拓展于研究碰撞的实验，测定折射率的实验所增加的内容无须增添设备。

要尽量采用性价比高的材料。例如，笔者设计的太阳能电池实验用的光伏板每块不到 10 元，传感器实验用的光敏电阻和热敏电阻更便宜，而且都很容易在网上购买。

有些传统仪器可以舍去或更新。例如：电子天平的普及已使得高中不再学习杠杆式物理天平；研究气体定律的实验改用传感器测量气体的压强和温度，又准又快。

有两种通用电学仪器值得推广。普通数字多用表目前价格只有几十元，其性价比明显优于指针式多用表，应作为人人都会用的通用仪表，而指针式多用表可以转移到技术课或下放到初中进行学习。20 世纪设计的学生示波器已落后，应当用国家标准的通用示波器代替，学习它在实验中的应用。

第二节　教学策略

分组实验是培养全体学生实验素养的主要途径，必须精心设计教学方案，充分利用课时，务求取得实效。需要注意以下几方面：

1. 解读教材。课本对实验的描述比较简略，教师要分析每个实验在教学中的地位和作用，以及它与理论知识、实际应用的关系，注意挖掘每个实验的内涵，并可适当调整内容。确定教学目标时绝不可单纯以高考的要求决定取舍，要注意整体课程中实验教学的系统性和渐进性，分散难点，各有侧重。例如，“测绘小灯泡伏安特性”实验除了认识元件的非线性，还应当学习相关的应用——使用非线性元件时是依据实验图线而不是公式计算来确定电路的工作状态。

2. 教师必须先做一遍实验，切实体验和掌握实验的全过程，发现可能出现的问题并提出相应的对策，因为课本和教学参考书中对此往往不会述及。只有做到这些，才能给学生细致、及时、有效的指导和示范。

3. 每次实验都是一个小的“系统工程”，教师要做好整体安排。例如，在课前学生要具备哪些背景知识，要布置哪些预习题，如何设计实验方案等，本章第三节“二、探究单摆的周期与摆长的关系，测定重力加速度”实验中有详细论述。

4. 以学生为主体，处理好开放性和严格要求的关系。鼓励学生提出质疑和不同的方案，对结果进行比较和讨论，教师应注意及时进行表扬。同时必须严格贯彻操作规范，杜绝弄虚作假。“实验室内无小事”，要时刻注意落实对学生实验素养的培养。本章第三节“三、钨丝灯泡的伏安特性和应用”实验中介绍了具体案例。还可以请几位学生担任小助手，让他们提前做实验、提问题，便于教师检验、修改教学方案，并让他们在全班上课时协助教师辅导其他同学，学生间的互动有时效果会更好。

5. 必须让学生接触和学习现代化的技术和仪器。例如用计算机软件处理实验数据。

6. 要锻炼学生自行书写完整的实验报告。现在的中学生十分欠缺用文字表述科学思想、实验现象和规律的能力，往往言不及义，文不流畅，不注意逻辑性。如果只是填写现成的报告册，记数据、做计算、写简单的结论或回答应试性的问题，则难以培养上述能力。每个实验的报告内容应各有侧重，避免流于形式，每个学生的报告都应当具有个性和特色。

7. 教师要认真批阅实验报告，将实验报告作为考核和评估教学效果的主要手段。

8. 对于容易出现故障的器材，课前要仔细检查，并留有备份。

第三节　实验案例研讨

一、用纸带打点装置研究碰撞

1. 设计

为了引入动量的概念和认识动量守恒定律，教材中设置了“探究碰撞中的不变量”的实验，提出了多种实验方案，其中最简单又适合学生分组实验的方案如图 5-1 所示。在有轨道的水平铝板 ab 上，让拖着纸带 E 的小车 m_1 去碰撞静止的小车 m_2，依靠黏性物（或尼龙搭扣）C 使它们合为一体共同运动，由打点计时器 D 在纸带上做出记录。如果使用木板，最好能沿着木板画一条直线，将两辆小车的中心都放在这条直线上。

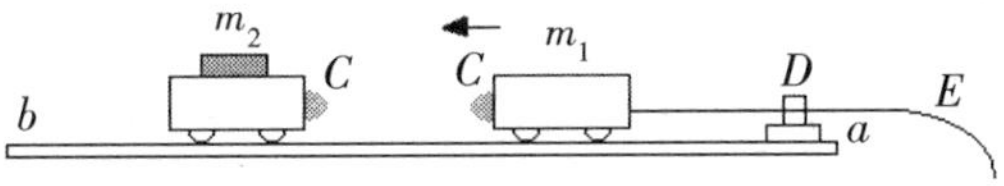

图 5-1

这个实验具有相当丰富的内涵。教材中虽多次安排了使用打点计时器的实验，但该实验要体现该仪器应用的扩展和学生实验能力的提高，不仅将观测的对象变为两个物体，而且通过实验建立新概念和探究新规律。学生在设计时要做很多事情：构建实验模型，选择和优化实验条件，筛选实验数据，采取适当的措施以避免物理规律被误差掩盖等。其中很重要的一项（也是较高的要求）是依据纸带上记录的点迹识别不同类型的直线运动和较为复杂的力学过程（即碰撞前后两种状态的过渡）。

教师要提出下列问题引导学生思考：①对于两辆小车组成的系统，如何避免或减小外力的不利影响？如何检验所采取的措施是否有效？②纸带上的点迹，哪些记录了碰撞前的运动？哪些记录了碰撞后的运动？哪些记录了碰撞过程？③测算碰撞前后的速度时如何在纸带上取点及减小相对误差？④你准备测算碰撞前后的哪些物理量？猜想哪个量可能是不变的？如何找到碰撞前后的不变量？由此应当引入什么新的概念并能得到什么规律？⑤让各组所用的两辆小车的质量 m_1、m_2 取不同的比值有什么作用？m_1、m_2 取怎样的数值是可行的？⑥由实验数据计算碰撞前后系统的动能，看看是否守恒，并说明原因。

2. 实验

两辆小车受到的阻力是产生误差的主要原因。选用电火花打点计时器可以避免打点针对纸带产生阻力，使纸带平整并以正确的导向穿过打点器，这样能够减小两者间的摩擦。小车的运动也受到摩擦阻力。由于碰撞前后小车都是自 a 向 b 运动，故可将板的 a 端稍加垫高，用重力的分力来平衡全部摩擦力的影响：先只让小车 m_1 拖着纸带，推一下后若能自 a 向 b 近似做匀速运动（靠目测），就是初步调好了。这种平衡操作关系到实验结果的优劣甚至实验的成败。实验时两辆小车及纸带的中线要对正，手推一下小车 m_1 使它获得碰撞前的速度，此速度要大些。上述这些措施都有助于减小实验误差。

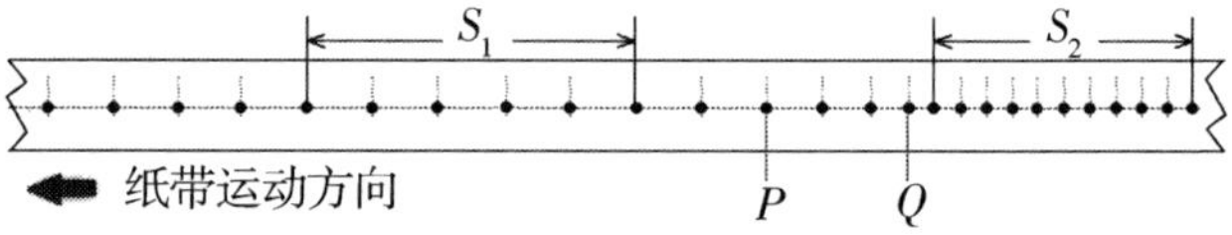

图 5-2

做碰撞实验打出的纸带会如图 5-2 所示，其中 P、Q 之间的点距是递减的，反映了黏性物 C 发生塑性形变的过程。P 点左边的点距较大且大致均匀分布的部分记录了碰撞前 m_1 的运动，Q 点右边的点距较小且大致均匀分布的部分则记录了碰撞后两车共同的运动。实际上，两车的碰撞未必是在恰好打出某个点迹的时刻开始或结束的，因此只能表明碰撞可能开始于 P 点或 P 与其后相邻的点迹之间的某一时刻，可能终止于 Q 点或 Q 与其前相邻的点迹之间的某一时刻，即碰撞经历过程的时间等于或小于 P、Q 之间所记录的时间，但依据纸带的记录不可能做出具体的界定。

为了减小测量的相对误差，应如图 5-2 所示累积多个点距测量位移值 s_1 和 s_2，并且测量 s_2 时要多累积些，然后读出对应的时间 t_1 和 t_2，求出碰撞前后的速度 v 和 v'。

表 5-1 是某次实验的记录，测量位移数值累积的点距数 $n=10$。

表 5-1

序号	m_1/g	m_2/g	s_1/cm	t_1/s	s_2/cm	t_2/s	v/m·s^{-1}	v'/m·s^{-1}
1	200	200	12.60	0.200	5.85	0.200	0.630	0.293
2	400	200	14.05	0.200	9.45	0.200	0.703	0.473
3	200	300	11.95	0.200	4.80	0.200	0.598	0.240

表 5-2　　（省略相关物理量的单位）

序号	质量		碰撞前后的关系Ⅰ		碰撞前后的关系Ⅱ		碰撞前后的关系Ⅲ	
	m_1	m_2	m_1v	$(m_1+m_2)v'$	m_1v^2	$(m_1+m_2)v'^2$	v/m_1	$v'/m_1+v'/m_2$
1	200	200	0.126	0.117	0.0794	0.0342	3.15	2.95
2	400	200	0.281	0.284	0.197	0.134	1.76	3.54
3	200	300	0.119	0.120	0.0714	0.0288	2.99	2.00

由表 5-2 中“关系Ⅰ”的数据可发现守恒现象，从而建立动量的概念和动量守恒定律。与另两个猜想相关的实验结果：“关系Ⅱ”的数据明显地反映出碰撞造成了系统动能的严重损失；“关系Ⅲ”的数据则表明该猜想不存在守恒关系。

3. 讨论

（1）笔者将上述实验中小车的质量取不同的比值，分别在平衡稍有不足和平衡稍有过度的情况打出多条纸带，得到的数据分别显示出系统的动量在碰撞后稍小于和稍大于碰撞前的结果，其差值一般都在 10% 以下。这样实验结果就能够对不同猜想呈现出不同的规律性，而不会使规律被误差所掩盖，特别是能够相当近似地看出动量守恒。在只有简单仪器的条件下，这或是一种可行的实验方案。

（2）对于其他各种碰撞的情况，该实验方法不能进行观测，还是要在气垫导轨上用光控计时方法来测量两个滑块碰撞前后的速度，使研究具有更普遍的代表性。

（3）打点计时器有电磁式和电火花式两种。前者结构和工作原理简单，后者打点频率稳定，对纸带运动的阻力较小，已逐步取代前者。

二、探究单摆的周期与摆长的关系，测定重力加速度

1. 设计

传统的实验是课本给出了原理和方法，学生只要照着去操作，最终测出重力加速度 g 值就可以了。现在改为探究性实验，设定了更高的教学目标，丰富了实验内容和方法，也给改进教学模式提供了空间。

教师可以布置如下的预习题，让各小组分项目动手准备，引导学生重视实验中的每一个细节。课上先汇报讨论，比较不同的设计方案，然后选择合适的方案去做实验。

（1）装置和基本操作：①如何装置一个与理想模型接近的单摆？（理想的单摆是在没有质量、不可伸缩的线下面系上一个质点）②如何测量摆长？（传统方法是怎样的？是否有更简便的方法？）如何确定测量结果的最大可能误差和有效数字？③如何使单摆做简谐振动？如何由振幅控制摆角？5°是控制摆角的绝对界限吗？怎样释放摆球可使其近似在一个竖直平面内摆动？④怎样设置平衡位置的标志物？怎样避免计量振动的次数出错？⑤为什么要用累积法测量周期？测量结果的误差可能有多大？有效数字取几位？

（2）研究周期与摆长的关系：①取多少个不同的摆长值为宜？可在什么范围内选取？这样做的理由是什么？②调整摆长时可否简化测量和计算？（允许在摆线上画标记）③设计记录表格。摆长不同时，可否使累积的振动的次数不同？（既省时间又不增大相对误差）④使用 Excel 软件处理数据。试做不同函数的拟合，从中选择最佳（相关性好、物理意义合理）的一种得出结论。再画出一个与此结论对应的线性化的图线。

（3）测定当地的重力加速度：①如何利用以上的实验数据计算出重力加速度 g 值？②分析结果的误差，确定有效数字。

教学中教师要注重引导学生思考、感受，还要依据误差合成的原理和实验的条件统筹安排，如哪些量的测量要精确些，哪些量的测量可以粗略些。

2. 实验

重点研讨以下几方面。

（1）装置单摆

在细尼龙线（最好是单丝的钓鱼线）下面拴一个钢球，线长要比球的直径大得多。棉线在不同的拉力下会有明显的伸缩现象，硬塑料球密度较小，均不宜采用。

如何固定摆线的悬点？在横梁上打结之法不佳，因为这样的悬点会在振动过程中变动。推荐如图 5-3 所示的方法，在橡皮塞上切口来夹持摆线，橡皮塞再被烧瓶夹固定在铁架台上。此法也易于调节摆长。

（2）测量摆长

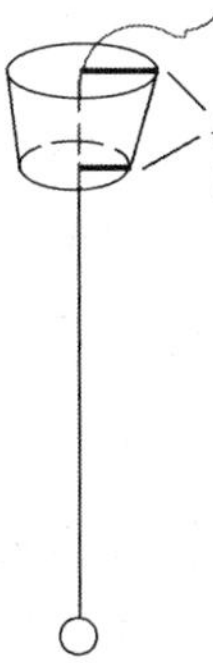

图 5-3

传统教材中是用毫米刻度尺测量悬线长度，用游标卡尺测量摆球直径，再由线长与球半径之和得到摆长。其实米尺测得的线长误差会有 1mm，卡尺测得的球径再精确（误差不超过 0.1mm）也不会使摆长的误差减小。为了避免误导，有必要向学生讲明这种误差合成的原理。笔者觉得教材可能是为了不将卡尺的使用单列为一个实验课题而将其嵌入此实验中，但这样会增加教学时间并分散学生的注意力，并无益处。

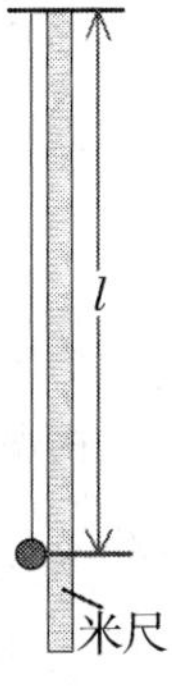

图 5-4

可行的一种测量方法如图 5-4 所示。将米尺与悬垂的单摆贴靠，凭目测找到摆球与米尺侧面的接触位置进而直接读出摆长 l，省时省力。这样测出的 l 值的不确定度（绝对误差）约 1~2mm，故 l 的有效值只能记录到误差所在的这一位，例如 0.893m、1.240m 等。当摆长接近 1m 时，相对误差仅 0.1%~0.2%，可以满足实验的要求。当摆长大于 1m 时，可以先用 1m 长的米尺测出 1m 线长，做个记号，再测出其余部分后相加，有学生将悬线对折后测量，也是可行的。

（3）控制摆角

摆角 θ 对周期 T 有影响，以小些为好。摆角度数要让学生自主掌握，不宜僵化规定为 5°以下。有些学生靠目测判定摆角大小，往往不可靠。在不便使用量角器的条件下，可以用尺测量振幅 A 的大小，控制它与摆长 l 的比例。如图 5-5 所示，若取 $\frac{A}{l}=0.07$，则 $\theta\approx4°$。

（4）测量振动周期

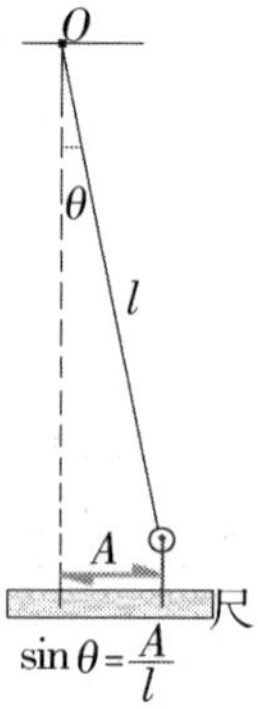

图 5-5

首先，要弄清人手操作机械式秒表计时的误差。考虑到秒表秒针的转动是不连续的，即每 0.1s 跳 1 小格，还受人的生理反应所限，所以可以认定约有±0.1s 的误差（不熟练时会更大些）。这个误差也可以让学生自己通过试测来发现。例如：在预习时由 10 个人各用手机中的电子秒表测量同一个单摆振动 5 次的时间，求出平均值，看每人的测量值与平均值的偏差有多大以及多数人的偏差情况，再求出平均偏差，看看它实际的大小。

其次，要估计一下如果只用秒表测量一次振动的时间，得到的周期值 T 的准确度如何。可以按约 1m 的摆长估计，T 约 2s，绝对误差 0.1s，相对误差约 5%，比摆长 l 测量值的相对误差大太多了。

通过以上分析，让学生明白：为了能够清楚地展现物理规律（周期与摆长的关系），以及减小间接测量结果（g 值）的误差，必须使直接测量的各个量具有互相匹配的准确度。于是在计时仪器精度不够的条件下，依据单摆的等时性，采用累积法测量周期。累积振动的次数 n 并无硬性规定，能够使测出的 T 值准确度达到 0.1%～0.2%，与测出的 l 值准确度相配即可。周期较长时，n 可取小些。考虑到单摆受到的阻尼会导致振幅衰减，对周期会产生微小的影响，因此 n 也不可取得过大。

（5）数据处理

某次实验数据见表 5-3。对 T 与 l 的关系，先试用一次函数、二次函数、指数函数、对数函数做拟合，结果如图 5-6 所示。若它们的相关性还都不错，再将图线向 $t=0$ 做外推，则发现 $l=0$ 时 $T\neq0$，这是实际上不可能出现的现象，故这些规律都是不合理的，不可取。

表 5-3

l/m	0.400	0.600	0.800	1.000	1.200	1.400
n	40	35	30	30	25	25
t/s	51.4	54.3	54.1	60.7	55.4	59.5
T/s	1.285	1.551	1.803	2.023	2.216	2.380
T^2/s^2	1.651	2.406	3.251	4.093	4.911	5.664

再用幂函数做拟合，结果如图 5-7 及图 5-8 所示，即 l 趋于 0 时 T 也随之趋于 0，与真实情况符合，是合理的结果，并且得到 $T-l$ 函数的幂值为 $0.4975 \approx 0.5$，或 $l-T$ 函数的幂值为 $2.0092 \approx 2$。由此推测出可能存在“单摆的周期与摆长的平方根成正比”这一规律。再做“曲线化直”，画出 T^2-l 图线，如图 5-9 所示，为一条直线。依据误差计算，可证明该直线通过坐标原点，详见第七章第五节“八、判别单摆的周期与摆长的平方根是否成正比”。于是上述推测得到证实。

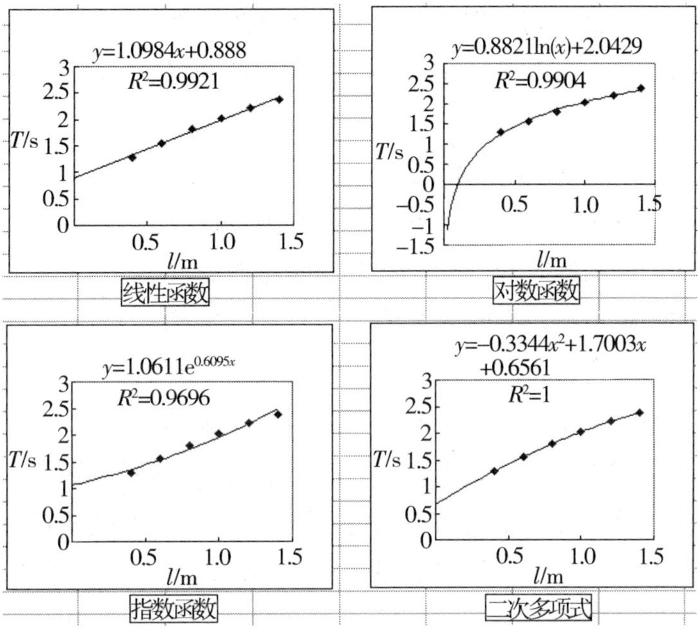

图 5-6

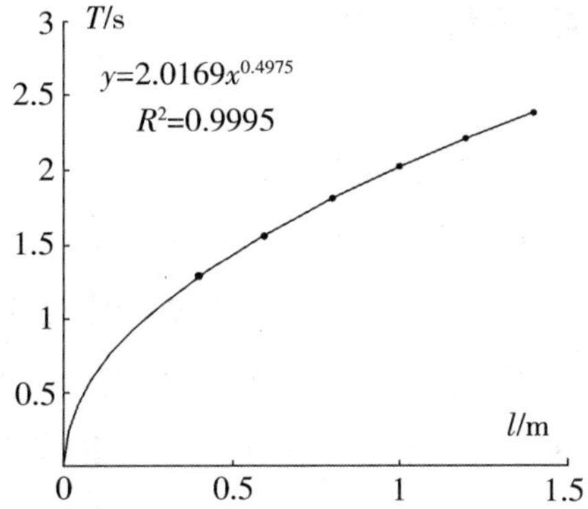

图 5-7

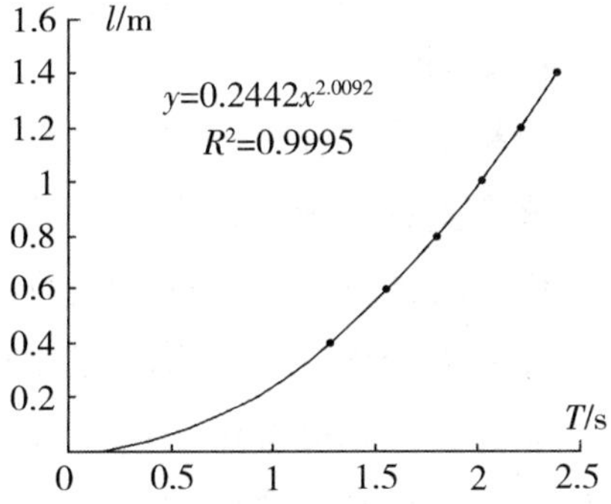

图 5-8

3. 讨论

（1）如果只选择 3~4 个摆长值并且都相差不大，再加上测量误差的影响，就会难以判别 T 与 l 究竟存在哪种函数关系，所以必须在大范围内取多组数据。

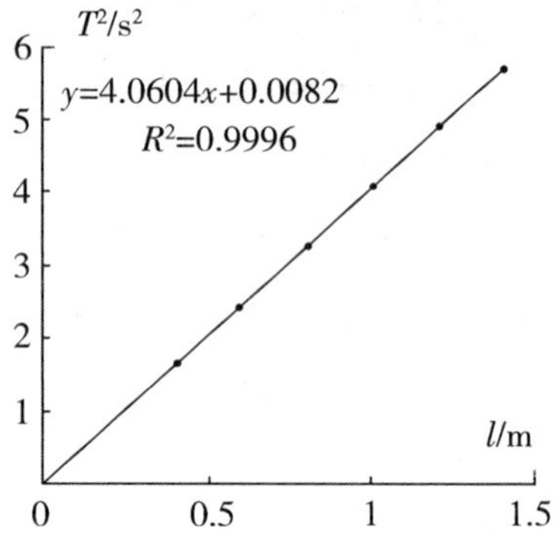

图 5-9

（2）使用光控数字计时器［或数字化实验系统（DES）］可以直接测出单摆一次全振动的时间。光控数字计时器能够测到 1ms 或更短的时间，故得到的 T 值准确度比前述累积法更高。选用光控数字计时器的“测量周期”功能，可以逐次显示 10 个（或更多个）T 值，同时能观察到单摆振动的等时性。与光控数字计时器配套的光电门间隙较小，不能让摆球通过，所以要改用摆线挡光。但摆线太细，挡光效果可能不佳，可如图 5-10 所示，在摆线 a 的中部装上一小段深色塑料套管 b 来实现可靠地挡光。

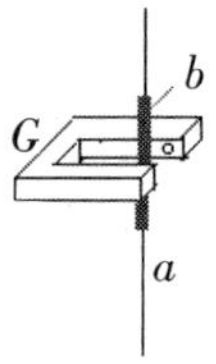

图 5-10

（3）可以建议学生在家中自行设计实验方案，利用不规则重物做摆锤和手机中的秒表计时来测定重力加速度，第六章第四节“二、用形状不规则的摆锤组装单摆测定重力加速度”中有详细介绍。

三、钨丝灯泡的伏安特性和应用

1. 设计

教材中将实验内容定为测绘灯泡的伏安特性图线，并认识其物理意义。该实验看似简单，实则内涵丰富，因此对这个“小题”要“大作”。

伏安特性是反映元件导电特性的重要手段。现代技术中使用了多种非线性电学元件，所以有必要在高中将学生的认识从线性元件扩展到非线性元件，而不能仅限于研讨欧姆定律在什么条件下成立。对于非线性元件的伏安特性，难以用简单的理论公式来表述，通常是采用实验测出数据并描绘曲线来描述。一种典型的非线性元件是半导体二极管，但是测量它的实验相当复杂。教材安排的实验器材是学生熟悉的钨丝灯泡，它没有极性，测量一个方向即可，测量电路简单，其伏安特性的物理意义和导致其非线性的原因容易理解。

该实验的一个难点是由滑动变阻器组成的分压电路，其原理要在此前的理论课上解决，实验课中只学习电路连接和操作。要让学生从初中记忆的滑动变阻器“一下一上接两根导线”的两端接法的思维定式中跳出来，认识和掌握“两下一上”的三端接法。

该实验的重点之一是依靠直觉对实验数据做拟合并描绘成曲线，这是在没有理论的数学模型时获得经验规律的一种方法。

伏安特性曲线是一种能够解决若干实际问题的重要工具。笔者认为需要让学生对此有所体验，故在此实验中增加一项应用性的内容——用图解法求含有钨丝灯泡电路的工作状态。

2. 实验

选用器材：钨丝小灯泡（6.2V　0.3A），学生电压表，学生电流表，变阻器（50Ω　1.5A），电阻箱，学生电源（直流稳压输出，电压可调，最大值不小于 10V 即可），导线，开关，坐标纸。

（1）测绘钨丝灯泡的伏安特性图线

该实验是高中初始的电路实验，要在初中的基础上加强对学生操作规范的培养。电路如图 5-11 所示，由调控电路和测量电路两个功能模块组成，应当按照图中序号 1～8 的顺序连接这两部分电路。仪器的摆放位置要与电路图相同，电表靠近实验者以便于读数。按照国际习惯，电源正极的引出必须用红色导线，负极和公共端用黑色导线。导线的布放要简明，以便于检查核对。图 5-12 是一个实例。

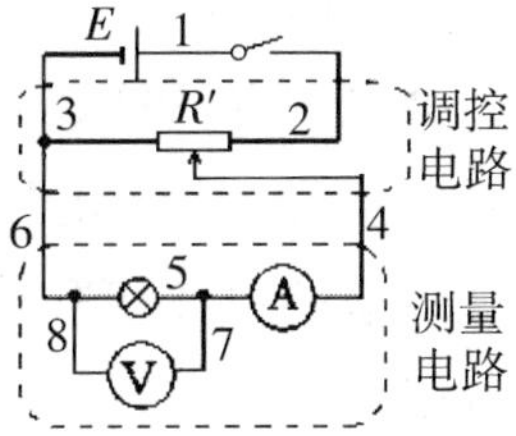

图 5-11

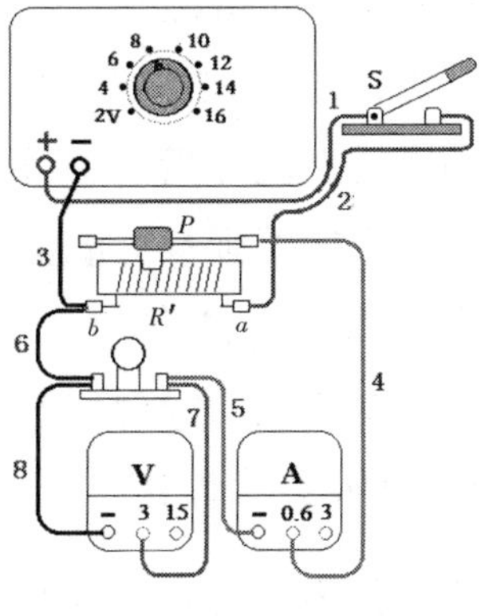

图 5-12

为了能够得到平滑和比较准确的伏安曲线，就要减小实验数据的随机性误差，使坐标纸上数据点分布的离散程度较轻，因此有必要对电表的示数做估读：可将电压表示数取整刻度，对电流表进行估读。该电流表 0.6A 挡刻度最小分度为 0.02A，估读到 1/4 格（即 0.005A）是可行的。自变量 U 可先按 1V 等间隔地选取，然后在图线弯曲程度较大的部分加测几个点。

表 5-4 中记录了某次实验的数据，U、I 值都体现了测量结果的有效数字。表中添加灯丝电阻 R 一栏，以便在分析实验结果时使用。

表 5-4

U/V	0	0. 10	0. 20	0. 30	0. 50	1. 00	2. 00	3. 00	4. 0	5. 0	6. 2
I/A	0	0. 040	0. 055	0. 065	0. 080	0. 105	0. 155	0. 185	0. 220	0. 250	0. 280
R/Ω	\	2. 5	3. 6	4. 6	6. 3	9. 5	13	16	18	20	22

选择尺寸合适的坐标纸，靠目测做直觉拟合，用手工绘制出平滑的实验曲线，如图 5-13 所示。

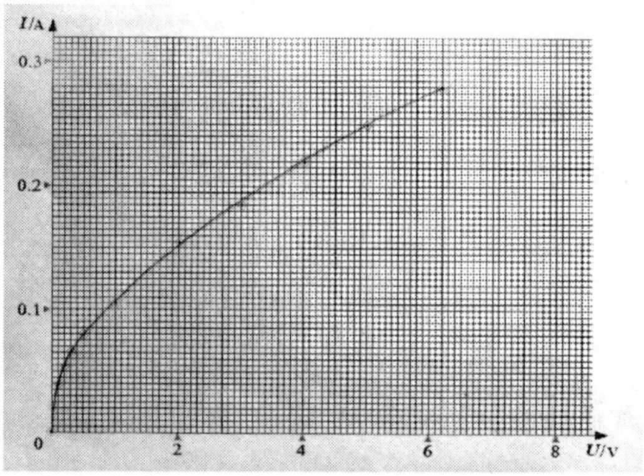

图 5-13

（2）伏安特性曲线的应用

将该实验所测的小灯泡和一个 $R_0 = 30.0\Omega$ 的定值电阻串联，接到 8V 的电压上，求通过灯泡的电流 I 和灯泡两端的电压 U。

先用作图法求解，求出的结果必须满足灯泡和定值电阻各自分得的电压之和为 8V，且通过两者的电流相等。如图 5-14 所示，在前面画有灯泡伏安曲线的坐标纸上，自横轴上“8V”的点开始向左上方画出定值电阻 R_0 的伏安特性图线，即斜率的绝对值为$\frac{1}{30}$的直线，两条图线必相交，读出交点 Q 的坐标为 $I = 0.180$A，$U = 2.65$V，即满足上述条件。Q

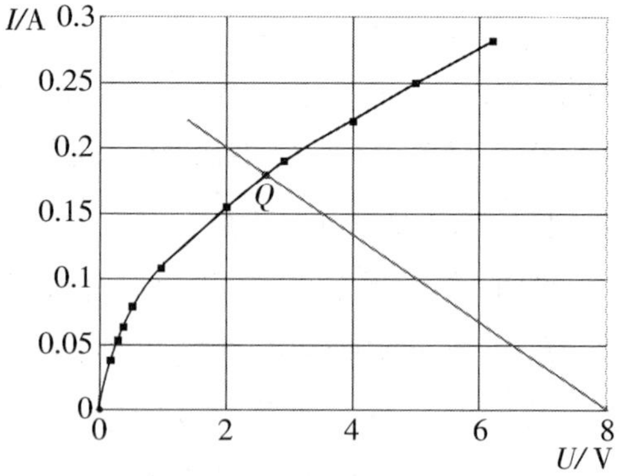

图 5-14

点称为灯泡的静态工作点。

必须用实验来验证上述结论，使学生养成自觉的意识——理论需要实践来检验。

在原来的实验电路中串联电阻箱作为定值电阻 R_0，电源电压可取 9~10V。用同一个电压表做检测，如图 5-15 所示。先将分压器输出调到 8.00V，然后测出灯泡的 U、I 值，与图解得到的结果相比，会看到两者较好地相符。

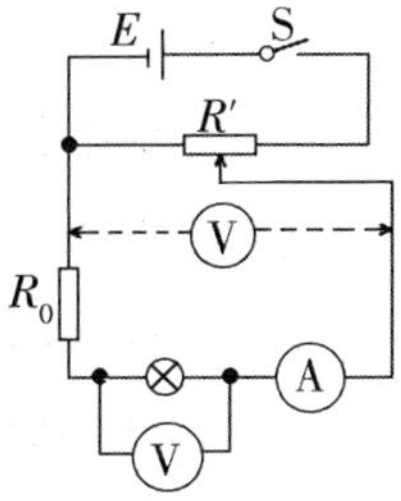

图 5-15

3. 讨论

（1）许多复杂的实用电路往往要采用“功能单元”的概念来认识和连接，这样做能使各部分的作用及相互关系更清楚，导线连接的目的性更明确。例如，可将分压电路看成一个功能单元，如图 5-16 所示，具有输入端 a、b 和输出端 P、b，两者有公共端 b，所以变阻器要采用三端接法：输入端接电源，输出端接负载。

北京师范大学附属中学魏义钧老师采用图 5-17 所示的教学方法，添加一根导线 MN 就将学生对电路的连接形式的认识从限流电路过渡到分压电路，使学生感到并不困难。

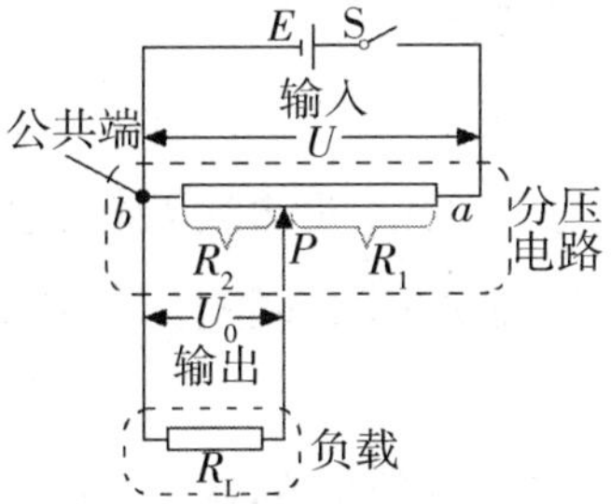

图 5-16

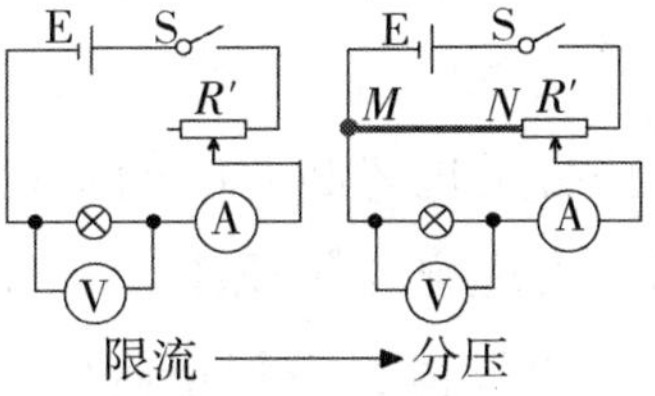

图 5-17

（2）伏安特性曲线，反映了灯丝的电阻 R 并非定值。初中某些习题中将灯泡当作定值电阻，如“一个小灯泡两端电压在 3V 以下时，电阻大致等于 14Ω 不变”，这些都被实验数据否定。可见用上述假设来编写习题是脱离实际，有害无益的。

（3）对于小灯泡呈现非线性的原因，要做深入细致的剖析：通过灯丝的电流增大导致灯丝的热功率增大，再导致灯丝温度升高，使钨的电阻率增大，从而灯丝的电阻增大。需要指出，有人用“电流做功增多导致温度升高”来表述是不确切的。

还要明确，在某一电流下灯丝温度只能达到一定值而不能持续上升，这是热平衡的结果，即单位时间内电流产生的热量与灯丝散发的热量相等。这种平衡要受到钨丝的表面积和绕制的疏密等条件影响，例如给食品加热的红外线灯泡与相同功率的照明灯泡相比，前者灯丝的温度要低，发出的可见光要弱得多。

（4）还可以由实验数据画出小灯泡的功率受电压影响的 $P-U^2$ 图线，解释该曲线的斜率随 U^2 的增加而逐渐减小的原因。

（5）该实验每一组 U、I 值都是在灯泡达到稳定状态下测出的，所以得到的伏安曲线反映的是灯泡的静态特性。表 5-4 中第三行列出了由每一组 U、I 值计算出的结果，可称为静态电阻，它等于从原点到图线上每一点所画出的弦线斜率的倒数，如图 5-18 所示。曲线上任一点切线斜率的倒数 $R'=\dfrac{\Delta U}{\Delta I}$，可称为动态电阻，反映了该元件在交变电压下工作的动态特性。

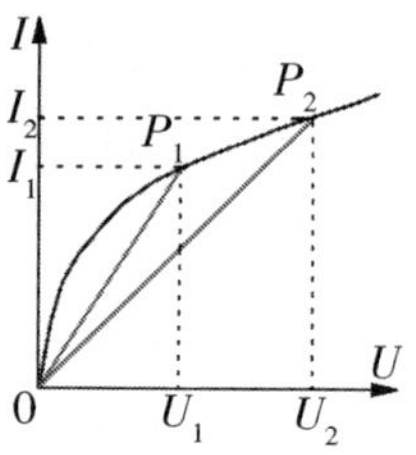

图 5-18

（6）该实验不宜使用计算机软件 Excel 绘制伏安图线。因为 Excel 软件的平滑线散点图是逐点连接的，在实验数据的随机性误差较大的情况下，往往会呈现忽凸忽凹的不良形状，不能起到抵消误差的作用，难以较准确地表现出变化规律。

（7）半导体二极管是典型的非线性元件，测绘它的伏安特性曲线并用来解决问题具有更好的实用意义，在第三章第三节“二、二极管的特性和发光二极管的应用”中有具体介绍。

四、伏安法测电阻

1. 设计

初中物理课程就设有这个实验。该实验的教学目的是认识欧姆定律的应用，学习一种测量电阻的方法，练习使用基本的电学仪器等操作技

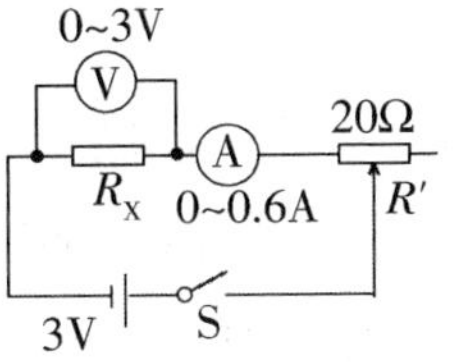

图 5-19

能。电路如图 5-19 所示，器材也是有意选择的，被测电阻 R_X 是成品的 5Ω 定值电阻（遮去标志），并且认为电表是理想的，对测量没有影响。所用电压表 3V 挡内阻为 3kΩ，在电路中确实可以忽略其分流作用。测量时可以调节滑动变阻器使两个电表的读数都取简单的整数值，所以实验操作和求 R_X 的计算都变得很简单。其实，这样将被测电阻值选为整数并不好，应取一个不是整数的电阻，例如“6. 8Ω 3W”的金属膜电阻器，让学生练习读取电表上随意的数值，并且在计算时感受偶然误差的存在，学会处理误差，避免学生养成“凑数”的不良习惯。

高中教学的重点是认识电表内阻造成的系统误差以及相应的处理对策。但许多教师往往是用代数式和图像从理论上做分析，或导出所谓的连接电表的“法则”：当 $R_X^2>R_A \cdot R_V$ 时选择内接，当 $R_X^2<R_A \cdot R_V$ 时选择外接，即“大内小外”的口诀，并且只能在电流表的内、外接两者中择其一。实际上，还存在无论电流表内接还是外接都会产生很大误差的第三种情况，上述“法则”就未必有用。有些习题或考题中给出的电表规格是人为设想的，实际上并无此种产品，甚至参数也不合理。再者，一般电表并不标出内阻值，只有指针式多用表在表盘上标有灵敏度，例如 2000Ω/V，由此可以推算出其电压挡的内阻，如 10V 挡的 R_V 为 20kΩ。电流表的内阻却极少有标出的。

因此需要设计一种实验方案，先让学生对系统误差有实际的感受，并且还要设置电流表内、外接都不可取的第三种情况，再引导学生提出修正或减小这种系统误差的对策，锻炼学生分析解决实际问题的能力。

2. 实验

器材：待测电阻（约 360Ω，遮去标志），两节干电池，学生电压表（J0408 型），学生电流表（J0407 型），指针式多用表（有 10mA 量程，为达到前述教学目的设定不允许使用电阻挡）等。这些器材的选择体现了在实际情况下往往并不知道电流表的内阻和待测电阻的粗略值。

内容：

（1）先用图 5-19 所示电路进行实验，使用学生电压表和电流表，不接变阻器。学生会发现电流表指针偏转还不足半小格，无法读出电流的精确值，于是知道需要改换电流表。

（2）换用指针式多用表的 10mA 量程测量电流。如图 5-20 所示，用电流表内、外接法各测一次，某个学生的实测数据见表 5-5。从表 5-5 中看到两次测出的 I 值有明显差别，两次测出的 U 值也有明显差别，从而感受到电表内阻会造成测量误差。由两次数据算出的被测电阻值 R_1 与 R_2 差别也很大，在 25% 以上。考虑到实际上人的读数误差与电表本身示值的可能最大误差合起来也不可能有这么大，这就让学生发现遇到了第三种情况，即电流表内、外接都不可取，且 R_X 的准确值应在 R_1 与 R_2 之间。

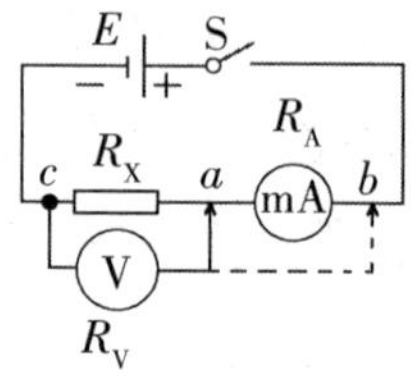

图 5-20

表 5-5

电流表外接			电流表内接		
U_1/V	I_1/mA	R_1/Ω	U_2/V	I_2/mA	R_2/Ω
2.33	7.3	319	2.85	6.7	425

（3）修正系统误差

观察发现所用的 J0408 型学生电压表恰好标出了 3V 挡内阻值 R_V = 3000Ω，则可以用此值对电流表外接法做修正。

方法一：修正电流表的读数，求出实际通过待测电阻的电流 I_X。

$I_X=I_1-I_V=7.3\times10^{-3}\text{A}-\dfrac{2.33}{3000}\text{A}\approx6.5\times10^{-3}\text{A}$，则被测电阻的实际值

$$R_X=\frac{2.33}{6.5\times10^{-3}}\Omega\approx358\Omega。$$

方法二：由外接法测量数据直接求出的是待测电阻与电压表并联的等效电阻 R_1。可用电阻并联公式修正：

$$\frac{1}{R_X}=\frac{1}{R_1}-\frac{1}{R_V}，\text{则 }R_X=\frac{R_V\cdot R_1}{R_V-R_1}=\frac{3000\times319}{3000-319}\Omega=357\Omega。$$

（4）优化实验条件

对于电流表外接法，可设法满足可以忽略电压表分流的条件，即 $R_V \gg R_X$，将理论上的期望变为现实。现在普通的数字多用表的直流电压挡内阻 R_V 都可以达到 10MΩ。将图 5-20 中的学生电压表换为极高内阻的电表来测量电压，就可以直接由两个电表的读数求出 R_X 值，例如用数字表 2V 挡测出 $U=2.88$V，指针式多用表 10mA 挡测出 $I=8.1$mA，可得到 $R_X=356\Omega$。

3. 讨论

（1）也可以对电流表内接法做修正。这需要知道所用电流表的内阻，若未见到电表上有标志，那么可以从说明书的电路图中查出，例如 J0411 型的 10mA 挡内阻 $R_A=72\Omega$。由内接法测量数据直接求出的是待测电阻与电流表串联的等效电阻 R_2，则 $R_X=425\Omega-72\Omega=353\Omega$。

（2）具有自动选择量程功能的数字多用表的直流电流挡内阻很小（实测 UT136B 型数字表“mA”挡内阻约 1.5Ω，“A”挡内阻约 0.20Ω），该实验采用电流表内接法时，换用它测量电流，就能满足 $R_A \ll R_X$ 的条件，于是可以直接由两个电表读数求出 R_X 值。

（3）伏安法测电阻必定有上述系统误差吗？有一种特殊的情况（用伏安法测电表本身的内阻）就不存在上述系统误差，可让学生自行设计电路然后进行测量。图 5-21（a）所示电路是测量电压表内阻 R_V，电压表显示的就是本身两端电压 U，电流表显示的就是通过电压表的电流 I。图 5-21（b）所示电路是测量电流表内阻 R_A，电流表显示的就是通过本身的电流 I，电压表显示的就是电流表两端电压 U。这两种电路都从原理上避免了电压表分流或电流表分压造成的系统误差。

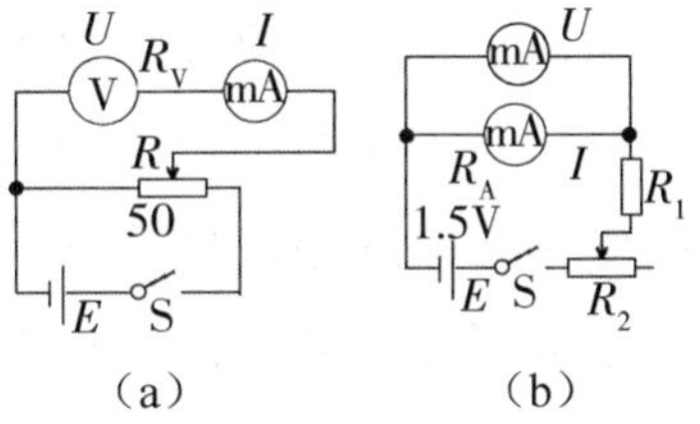

图 5-21

实验时，用图 5-21（a）测量学生电压表 3V 挡的内阻，用指针式多用表的 1mA 挡测电流。用图 5-21（b）测量指针式多用表的任一毫安挡的内阻，将 J0415 型学生微安表作为毫伏表测电压（微安表显示的电流值与其内阻的乘积即是电压），电路中必须接入适当的电阻 R_1 做限流保护。

（4）用惠斯通电桥测量电阻能够避免电表的接入误差，这是一种精确测量电阻的方法。但是该方法仍然有误差，一是另三个桥臂的已知电阻值存在误差，二是受检测电桥平衡的仪表灵敏度所限，不可能调到理想的平衡状态，只能做到“准平衡”。

（5）用伏安法测量低电阻（如毫欧级）的主要误差来自电路中导体连接处的接触电阻造成的系统误差。对策是将电流接点与电压接点分开，可称为“四端接法”，可参阅《华罗庚学校高中物理实验》《高中物理选修实验课本》中相关实验。

五、电源的输出特性和应用

1. 设计

有一个沿用了几十年的传统实验——用电压表和电流表测定电源的电动势与内电阻，似乎不需要再研究了，但其实还有些问题值得反思。

（1）该实验存在明显的困难——测量过程中数据不稳定，可重复性差，结果的误差大。

通常以一节普通干电池（锌锰电池，商品称为碳性电池）作为测量对象。实验时必须让电池输出较大的电流，才能使电池路端电压有明显的变化，以减小电压读数的误差。但如果通电时间较长，会发现电流表的示数缓慢地变小，输出电流越大时这种现象越明显，较旧的电池这种现象更明显。这是电池内部化学反应造成的极化现象，它使得内阻逐渐变大，电动势逐渐变小，两者均非恒定。因此按照教材的实验方案，将测得的几组电压 U 随电流 I 变化的数据拟合为直线，则求出的是假设电动势和内阻为定值时，在所处的测量条件下，进行测量的这段时间内内阻和电动势的平均值，这很难作为客观事物的真实、确切的反映。

有的教师漠视上述问题的存在而任由学生随意处置，认为学生只需了解测量方法并能够应付考试即可，这对于培养学生的科学态度和责任心显然是不利的。

成品铅酸电池（如电动自行车用的）能够在较长的时间内保持相当稳定的电动势，但是其内阻太小（$<0.1\Omega$），难以用常规的实验方法去

测量，因而不能作为该实验的测量对象。曾经有专为此实验制造的可调高内阻蓄电池，但其极板的品质太差，极不耐用，并且硫酸容易溢出造成人体伤害和环境污染，一般不推荐使用。

（2）该实验是一个测量性实验，主要目的是巩固闭合电路欧姆定律的知识，练习用图线处理实验数据。但是在教学和考试中，测量方案（$U-I$ 法、$I-R$ 法、$U-R$ 法）的设计和误差分析往往冲淡了对其物理内涵和实际应用问题的思考。有些学生会问：有必要用如此麻烦的方法测量电池的电动势吗？能否用欧姆表去直接测量内阻？我们发现很多学生并不明确该实验是通过电源内部的电势降落来间接测量出内阻的，对内电阻和电动势的认识也未能得到深化，甚至在潜意识中仍将电源理想化。

（3）能源是当前世界最关注的问题之一。在家庭中，小至手机中的锂离子电池，大至电动车的电池，化学电源的应用相当普遍，生产和各种技术上更有多种电源，因此认识电源的工作特性十分必要。笔者曾对一些高三学生做过调查，发现他们对此很少关心，虽然知道内电阻，却不关注其对电池的实际使用的不良影响以及相应的改善对策。

基于上述考虑，笔者认为有必要将此测量性实验改为应用型实验课题——研究电源的输出特性和应用，将学生对于电源的理想化认识（即内电阻为零、路端电压恒定、输出的功率不受限制等）转向实际，让学生深刻认识到内阻的真实影响，以及了解改善电源特性的对策等。新课题在包含原来的操作内容的前提下，突出了理论与技术的结合，对学生有更好的教育作用，而对于电动势和内阻数值的测量要求则退居次位，也无须达到很高的准确度。

2. 实验

（1）用演示实验引入

将两节干电池串联，给“2.5V 0.3A”小灯泡供电，先只接一个灯泡，再将两个灯泡并联，然后将三个灯泡并联，观察灯泡亮度有何不同，探讨原因。

（2）分组测量电池组的输出特性

按照图 5-22 连接电路，电压表（宜选用数字多用表）直接连接干电池组两端，空载时先读一次输出电压 U_0。再接通开关，以变阻器 R 作为负载，测出电池的输出电流 I 和电池的输出电压 U。调节变阻器让电流逐次增大，顺序测出五组 I、U 值。每测一组数值都要在通电后快速读出随即断电，并且可看到通电时 U 值难以稳定，是逐渐变小的，而断电后逐渐恢复，所以需待趋近 U_0 时再通电测下一组数据。测出最末一组数据后，记下断电时的瞬时值 U'。由于电压表内阻远大于电池组内阻，故可将空载时的 U_0 和 U' 都视为电池组的电动势。若 $U'<U_0$，表明电池放电时其内部的化学反应导致电动势变小，且放电电流越大，两者的差异越明显。表 5-6 是某次实验的数据，测量对象是用过一段时间的两节 5 号碱性电池。

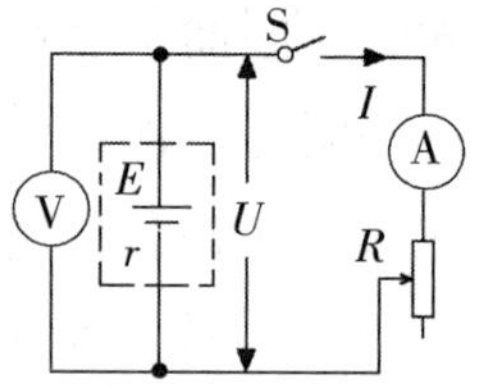

图 5-22

表 5-6

	空载（通电前）	对负载供电过程中					空载（断电时）
I/A	0	0.05	0.10	0.15	0.20	0.25	0
U/V	$U_0=2.81$	2.73	2.66	2.58	2.51	2.41	$U'=2.65$

图 5-23 是由表 5-6 对负载供电过程中的数据得出的输出特性图线，显示了输出电压并非恒定值，而是随输出电流增大逐渐减小的。其原因在于内阻导致电源内部产生电势降落，并且可由此间接地推算出内阻 r 约为 1.6Ω，见图 5-24 做线性拟合得到的函数中的斜率值。由此使学生对电源的认识与初中相比，在感性和理性两方面都会得到提升。

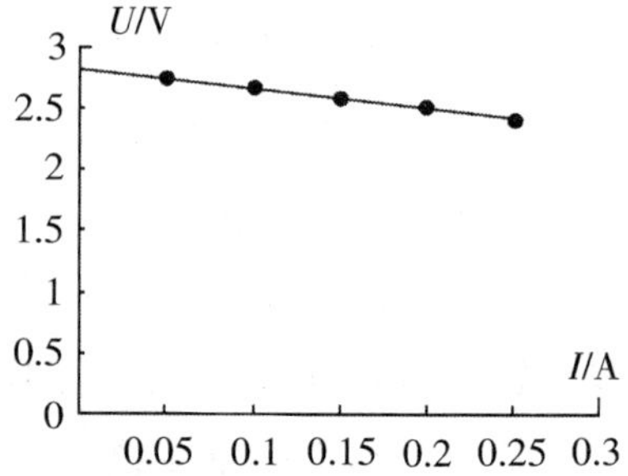

图 5-23

（3）探讨改善电源输出特性的方法

对于用户，当然希望电源主要能满足两方面的要求：一是输出电压尽量少受负载变化的影响，二是能够输出足够大的功率。这都要力求减小电源的内阻。常用的方法如下：

①并联电池组。可用图 5-25 所示电路做实验，两组电池都是常用的干电池，并且电动势 E_2 与 E_1 相同（实际上只能近似）。观察电池并联前后灯泡亮度及电压表的示数有何不同，认识此法的效果，分析原因。

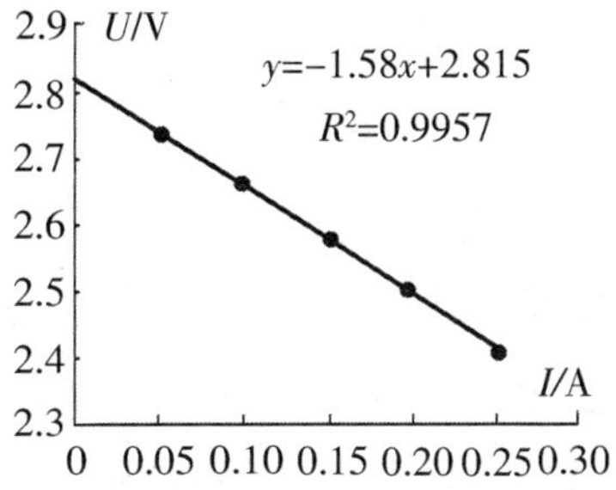

图 5-24

②换用内阻更小的电池。对相同的负载（如几个并联的小灯泡）分别用电动势相同（或近似）的干电池组和铅酸蓄电池（如实验室常用的）供电，对比不同的现象，感受内阻的影响。

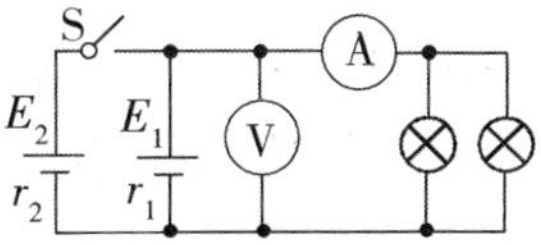

图 5-25

③制造电源时采取减小内阻的设计。例如：增大电池极板面积（可出示铅酸蓄电池内部将多片极板组合的图片）；发电机要用粗铜线绕制线圈。

3. 讨论

（1）当电源不接负载时，用电压表直接测量其两端电压（技术上称为开路电压）即可视为电动势值。这是一种简捷实用的方法，用此法测出的电动势值（表 5-6 中的 U_0）与用图 5-24 所示图线推算出的结果是相符的。

（2）能否用欧姆表直接测电源内阻？对于发电机，在它不运转时是可以的，但对于各种化学电池则不可行。

（3）要注意让学生从描述的对象和测量方法两方面来认清电源的输出特性 U-I 图线（也称为外特性图线）与元件的伏安特性 I-U 图线的区别。

（4）理想的“恒压源”内电阻为 0。实际使用的稳压电源则是利用某种电子电路使等效内阻变得很小（可低到毫欧级）。可以对学生电源的直流稳压端的输出特性做测试，例如：在输入交流电压为 220V 条件下测量其标称 5V 的输出端，当输出电流在 5mA～1.5A 变化时，输出电压变化不超过 0.1V，典型值仅为 9mV，是极小的。本书第六章还将介绍一个实验——装置简单实用的稳压电路。

六、探究气体等温变化的规律

1. 设计

该实验遇到的难题是选择测量气体压强的方法。传统实验使用的水银是有毒的。后来改为用玻璃注射器作为气体容器，用砝码和测力计给活塞施加外力来测算气体压强，但难以做到既密封，活塞与注射器管的摩擦又小，并且操作和计算烦琐，故可行性不佳。若改用指针式压强计（工业用的压力表）可简化操作，但被测量的空气还包括从注射器到压强计连通管腔中的气体，这部分空气的数据不可忽略却又未知，必将引起相当大的系统误差，并且压强计的刻度也相当粗略。

气体压强传感器能够直接测出不少于三位有效数字的数值，误差很小，解决了上述问题，而且还能够在十几分钟内测取大量数据，使该实验改为随堂分组实验变得可行，学生可将主要精力用来认识物理规律。

2. 实验

装置如图5-26所示。塑料医用注射器密封性极好，活塞受到的摩擦力不影响气体压强的测量数据。

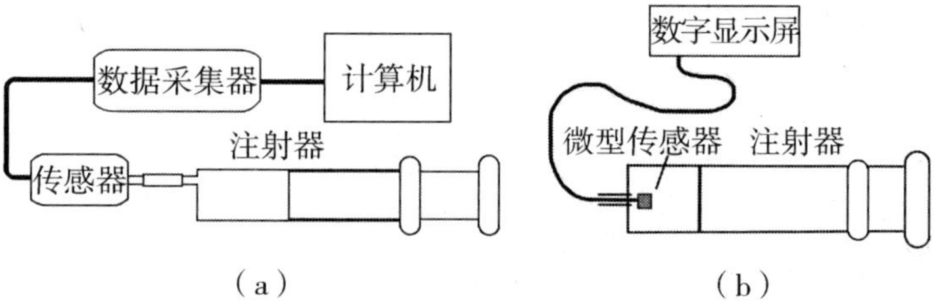

图 5-26

图 5-26（a）是使用数字化实验系统（DES）的装置，将气压传感器用一段容积很小的软塑料管与注射器连接，厂家也会给出传感器内空腔的容积，需要用这两个容积数值对读出的注射器内的空气体积数做修正。图 5-26（b）是中国人民大学附属中学吴月江老师自制的仪器，将微型的高灵敏度传感器（探头）直接密封在注射器中，无须做空气体积的修正，采集的气压数据由配套的显示屏读出，详见第四章第三节“四、气体的等容变化”。

表 5-7 列出了某次在室温下实验的数据，画出的 $p-V$ 图线如图 5-27 所示，是用幂函数做拟合的，可看出相关性极好（$R^2=0.9998$），并且幂值近似于-1（-0.9833），于是推测 p 与 V 可能存在反比例关系。然后再画出 $p-V^{-1}$ 图线，做线性拟合，如图 5-28 所示，其反向延长线近似通过

坐标原点。

表 5-7

V/mL	V^{-1}/mL^{-1}	p/×10^{2}Pa	pV/（×10^{2}Pa · mL）
7. 0	0. 1429	1445	10115
8. 5	0. 1176	1198	10183
10. 0	0. 1000	1021	10210
11. 0	0. 0909	934	10274
12. 0	0. 0833	849	10188
13. 0	0. 0769	789	10257
14. 0	0. 0714	731	10234

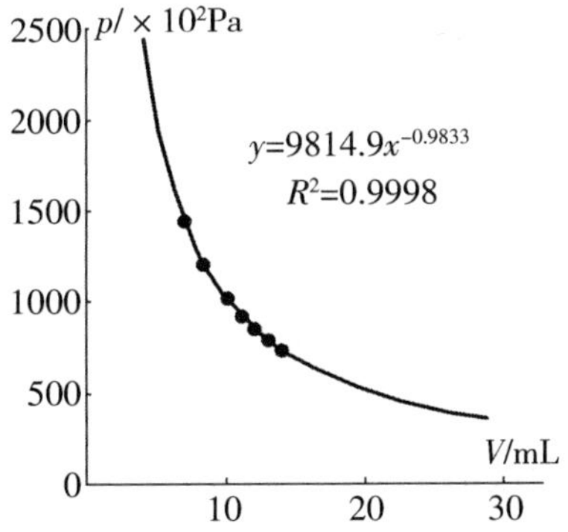

图 5-27

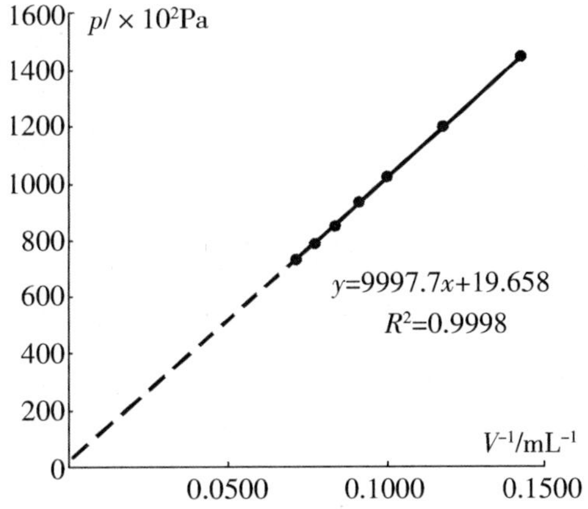

图 5-28

3. 讨论

该实验可扩展的内容：（1）在同一注射器中封入不同质量的空气进行测量，在同一坐标系中画出它们在相同温度下的 p-V 图线，如图 5-29 所示，研究两条图线的位置为何不同。（2）研究相同质量的空气在不同温度下的 p-V 图线，如图 5-30 所示。改变温度的一种方法是将浸有热水的厚毛巾包在注射器外。快速采集几组数据，在很短的时间内，此法可使注射器中空气温度近似保持不变。（图 5-29、5-30 由汪维澄老师提供）

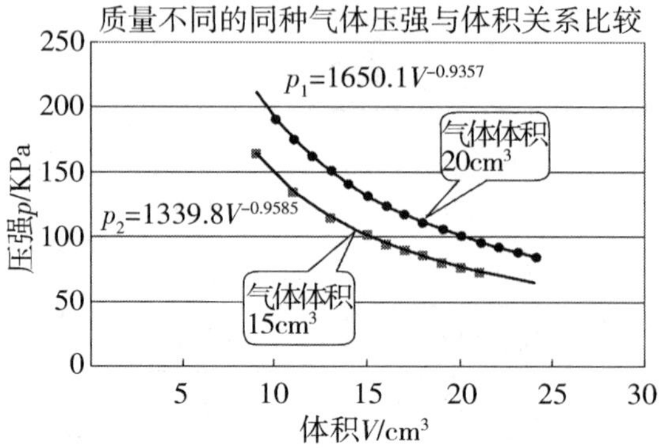

图 5-29

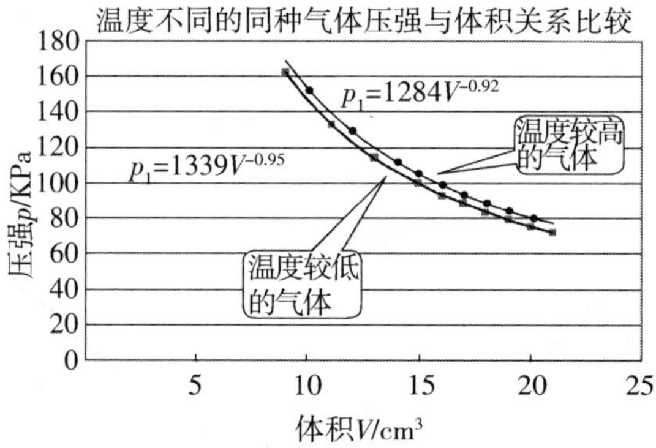

图 5-30

七、测定玻璃和水的折射率

1. 设计

传统的实验取矩形玻璃砖为测量对象，借助插针法确定光路。不妨反思一下：插针法是最便捷和唯一的方法吗？可否将 4 根针减少为 3 根、2 根？可否用激光笔直接显示光路？（要用细玻璃圆柱将激光扩为扇形光束，才能在背景板上显示出光路，但必须防止激光直接射入眼中）如何用简单的方法测定水的折射率？笔者引导学生从描绘光路的不同方法及不同的测量原理提出一些新的设计，并且对每种方法的优点和不足进行评估。下文介绍的例子可能是一般书籍中未曾提及或少见的。

2. 实验

（1）用尺瞄法代替插针法

图 5-31 是一种改进的方法。先在纸上用细铅笔画出较长的直线作为入射光路，再放上玻璃砖，从另一侧透过玻璃砖看到 AO_1 这条铅笔线的虚像，然后将直尺放在眼前的纸上，用尺的一侧瞄准此虚像并进行调节，使尺的侧边与虚像成为一条直线，用笔尖紧贴尺的侧边画出直线 O_2B，就得到出射光路。

此法比插针法便捷很多，又可避免针与纸面垂直程度不佳造成的方向误差。

（2）测定水的折射率

用外卡钳配合钢直尺测出薄壁大烧杯外径 D，在平放于桌面的纸上用圆规画出直径为 D 的圆，如图 5-32 所示。烧杯内装适当深度的水，杯底与纸上画出的圆形对正，使两者同心，将大头针 M 贴靠烧杯外壁竖直插在纸上。由于烧杯壁的厚度远小于其直径，可忽略它对光的折射，近似将所画的圆视为水与空气的界面。用一只眼通过烧杯观察 M 的虚像，并调整眼的位置使虚像与烧杯中央有适当偏离。此时再竖直插入大头针 P、Q 于眼与烧杯之间，挡住虚像从而确定空气中的折射光路方向。移去烧杯后画光路图，连接 QP 并延长与圆交于 O 点，连接 MO 得到光在水中对 O 点的入射光路。依据圆心 c 和 O 点画出法线 cN。其后的测量和计算与常规方法相同。

此法巧妙地解决了对液体折射率的测量，简单易行。选用大烧杯可以增长水中光路，从而减小此光路的定向误差。再者，也可以用前文介绍的尺瞄法代替插入的大头针 P、Q。

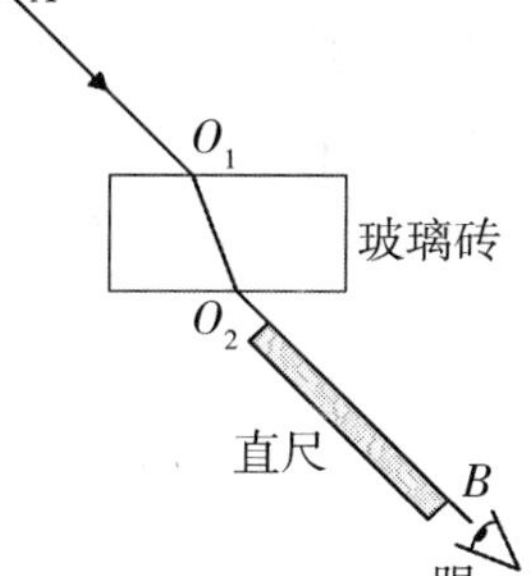

图 5-31

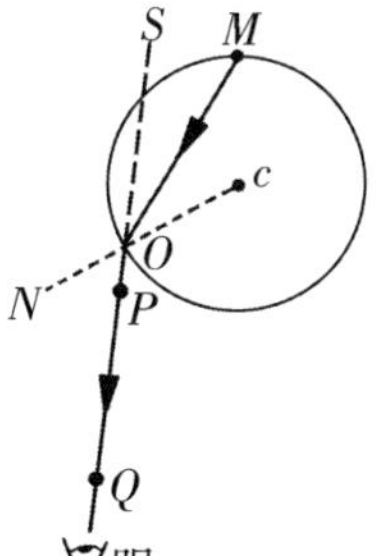

图 5-32

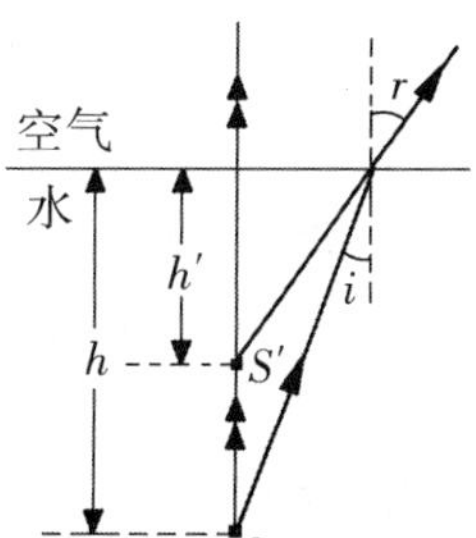

图 5-33

(3) 用视深法测定折射率

视深法的原理如图 5-33 所示，眼垂直水面向下看到发光点 S 的虚像 S'，虚像的深度 h' 称为物体的视深度。实际进入眼中的光束是很细的（图中将它夸大了），所以入射角 i 和折射角 r 都很小，则水的折射率 $n=\frac{h}{h'}$。用尺测出 h 和 h'，即可求出 n 值。实验的关键是确定虚像的位置。虚像不能成像在光屏上，可以另取一个参照物借助视差的现象来实现。

现以此法测量玻璃的折射率。如图 5-34 所示，将大头针 M 贴靠矩形玻璃砖后表面并插在中央位置，可近似当作它在玻璃中。眼通过前表面中央看到 M 的虚像 M'，手持另一根大头针 N 竖立在玻璃砖上面，并且使看到的 N 与 M' 上下对正成一条直线。然后将眼左移和右移少许，若看到的现象如图 5-35（a）所示，N 总是与 M' 对正，就叫作两者无视差，即表明用 N 探测到虚像 M' 的位置了。若眼左移和右移时看到如图 5-35（b）或（c）所示，N 与 M' 错开的现象，就叫作有视差，（b）表明 N 比 M' 离眼近（如图 5-34 中透视图），（c）表明 N 比 M' 离眼远，都要再调节 N 的位置。

此法非常便捷，但靠眼判定有无视差会带来较大误差，而选用厚玻璃砖来增大 h 值可以减小误差。

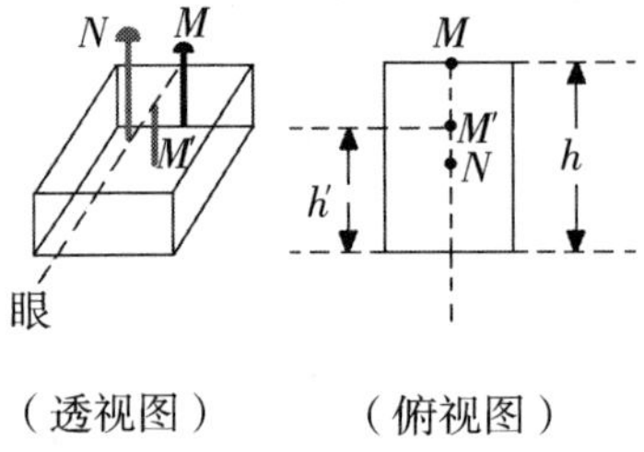

图 5-34

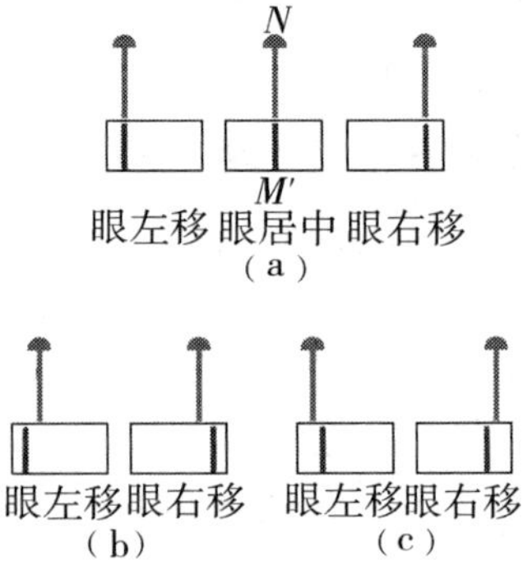

图 5-35

3. 讨论

同一种介质对不同频率的光的折射率是略有不同的，因此严格地讲应当使用单色光来测定。光学技术上使用的折射率数值是以钠原子发出的黄光（真空中波长 589.3nm）来定义的。精确的测量可以使用分光计在钠灯照射样品的条件下进行。上述的几种实验只能得到较粗略的三位有效数字的结果。

八、练习使用示波器

1. 设计

示波器是一种用途广泛的电子仪器。当前高中物理实验教学有过分重视数字化教学实验系统而忽视示波器的倾向，因此有必要加强示波器的教学。

目前高中配备的 J2459 型学生示波器，是 20 世纪 80 年代初设计的简易产品，仅供教学使用，且性能已落后，调试方法特殊，与目前通用的示波器有较大的差异。如果学生只记住这种教学示波器的操作，那么见到实际生产生活中的示波器仍然无法上手。一些考试题或习题要求学生记忆此种简易示波器独有的调试方法是不妥的，为了应付高考而大量配备这种示波器也造成了资源的浪费。现在教育部推荐采用符合国家标准的 10MHz 小型通用示波器进行更新换代，所以应当将教学重点放在理解通用示波器的测量原理上，掌握某些用途和操作。

适合学生使用的是 ST16 型通用示波器。学生在生活中已经积累了丰富的操作电子产品的经验，在课前通过阅读简明的使用说明（要由教师编写，产品配备的说明书不适用）即可了解其基本调试方法。实验的重点应当是用它观测电信号，主要是显示周期性的信号电压随时间变化的规律（习惯上称为波形，其实是振动图像），对信号的参数和电路的状态进行测量。将该实验编入“交流电”一章能够使学生了解示波器的几种实际应用，从中体验其优越功能。

2. 实验

（1）显示正弦信号波形

将信号发生器输出的正弦信号电压有效值取 0.5～1V，频率取 2000～3000Hz（无须取整数），接到示波器的 Y 输入端。注意，信号发生器的“接地”端必须与示波器的“接地”端连接。

示波器 Y 轴的偏转系数（灵敏度）取 0.5V/div（伏/格）并将 Y 微

调旋钮调到“校准位置”，X 轴扫描的偏转系数（时基）取 0.1ms/div（毫秒/格）并将 X 微调旋钮调到“校准位置”，再选择“自动”触发，并且将触发电平调到合适的大小，就可以得到稳定的波形，如图 5-36 所示。注意，实际常用的示波器并不需要扫描频率与被观测信号频率取整数比，显示的波形也就不一定为整周期数，选择时基的作用只是让波形的周期数多一些或少一些以便于观测而已。

（2）测量正弦信号的周期和幅度

可直接从屏幕坐标读出。例如图 5-36 中，波形 $2T$ 的时间为 0.84ms，则周期 $T=0.42$ms，于是频率 $f=2.38$kHz；波形的峰-峰值 $U_{pp}=2.6$V，则最大值 $U_m=1.3$V，可计算出其有效值 $U=0.92$V。

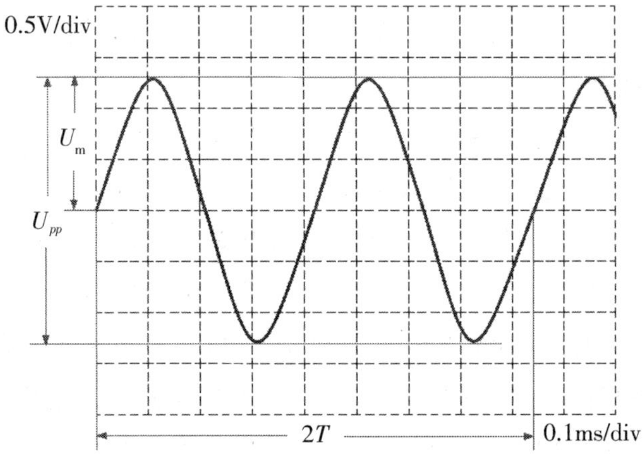

图 5-36

还可将数字多用表的交流电压挡连接到示波器的 Y 输入端测量，此时它显示的是此正弦电压的有效值，与示波器测量结果的 U 值相符。

（3）观测非正弦周期性信号

将信号发生器的方波和三角波信号输入示波器，观看波形的特点。取不同的信号频率和电压，练习选择 Y 轴的灵敏度和 X 轴的时基，再测量出该信号的周期（频率）和峰-峰值。

（4）观察学生电源上不同类型电压输出的波形

通常有以下三种：①低压正弦交流，由 50Hz 的 220V 交流电经变压器得到，但受到电网中的干扰，波形会有些畸变。②不稳压直流，由①中交流电经过全波整流得到的脉动直流电。③稳压直流，由②中脉动直流经过稳压电路得到的恒定电压，波形为水平直线。

（5）观察二极管对交流电的整流作用

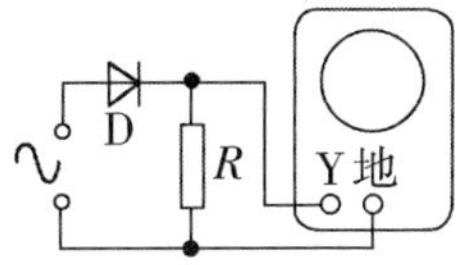

图 5-37

电路如图 5-37 所示，用型号 1N4007 的二极管 D 与 1kΩ 的电阻 *R* 串联，接到约 6V 的 50Hz 正弦交流电源上。用示波器观察负载 *R* 两端得到的脉动直流电压的波形并判定其正负极，说明整流原理。再对调二极管的正负极，看波形有何不同。

（6）定性观测电容器和电感器对正弦交流电的阻抗

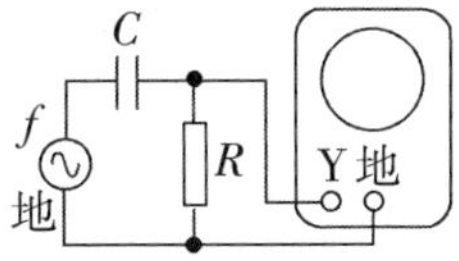

图 5-38

电路如图 5-38 所示，将 0. 1μF 的电容器 *C* 与 1. 5kΩ 的电阻 *R* 串联后接到信号发生器上，让信号发生器输出频率 f= 1000Hz 的正弦交流电压，在示波器上显示出 *R* 两端的波形。保持发生器输出的信号电压不变，调节其频率，看波形幅度的变化，从而得知电容器的容抗大小与频率的关系。再保持发生器输出的频率恒定，换用容量不同的电容器，看波形幅度的变化，从而得知电容器的容抗大小与电容量的关系。

将电路中的电容器换为电感器（例如绕在闭合铁芯上的几百匝线圈），仿照上述方法观测感抗与交流电频率及电感器自感系数的关系。

第六章　其他类型实验的研究与教学

为了实施 STS（Science，Technology，Society）的教育理念，全面提高学生的科学、技术素养，提倡自主学习和促进学生个性的发展，需要将物理实验的模式和内容多样化，从课堂扩展到课外，从实验室走向社会。

20 世纪，在中学物理教学大纲指导下的高中物理课本，三册中共编写了 24 个课外实验活动，涉及力学、热学、电学、光学诸方面。现在的课本则多以“做一做”“课题研究”等栏目呈现。

教师们在教学实践中创造了多种课型，如实验专题研究、物理知识的应用制作、有关社会调研、选修校本课程、简单的计算机仿真实验等。实验课题也非常广泛，有课本及参考书中介绍的，也有来自社会的，更有意义的是学生自己提出的。这些实验课题有些内容比较单一，有些是综合性的，有些则应编写为校本教材，形成系统性的课程。

许多教师对这类实验缺乏关注，其原因一是考试中未曾列入，二是教师不感兴趣或自身的知识面不广，因而难以胜任这方面的教学。我们要多加研究和引导，努力改变这种局面。

本章将就这些类型的课程设计和实践进行研讨并介绍一些典型案例。

第一节　实验专题研究、制作活动和社会调研

一、课程设计

新课标中对实验专题研究、制作活动和社会调研提出了明确的要求并列出了若干案例。在这些独立的专题研究中，有些是由课内学习延伸出来的，不受课本和教学进度的限制，教师要让它们成为满足广大学生的爱好，锻炼探究能力，发挥创新精神的广阔天地。

实验的内涵要丰富，能够提高学生的科学素养以及观察能力、研究能力、人际交往能力，增强学生学以致用的意识。课题的深度和广度要适当，低年级学生适合做简单的小题目，高年级可做综合性的题目。课题开发要注意因地制宜，注重可行性。

1. 专题研究

可选课题的范围很广，现着重说明两方面：

（1）作为课内教学的补充和扩展。这是最容易想到的，且大多数实验能够利用通用实验器材来实现，例如用气轨上滑块的运动验证动能定理（可涉及重力做功和弹力做功两种情况），研究不同类型的碰撞，用分压法、分流法和代替法测电阻等。有些实验可以利用家庭中的物品来完成，例如用不规则重物（一把挂锁）组成单摆来测定重力加速度。

（2）选择现代应用技术中的物理问题。例如，光伏板的特性和所获得电能的储存，交流电的整流和滤波，半导体制冷元件的功能和原理，磁传感器的结构、原理和应用，直流电动机的构造、原理、反电动势、调速、正反转和自锁控制，等等。

2. 制作活动

制作活动必须注重物理知识的运用，不可只简单地进行制作或追求趣味性。例如，制作“喷水火箭”要以力学原理为指导，探究如何增加其射高而不是盲目摸索。

要通过制作活动学习相关的技术知识和技能。如装配低压直流稳压电源的过程中需要了解各种元件的性能、参数，掌握插接或焊接的操作，

练习电路的测试和调整等。

自制教具是一项重要的内容。许多教具适合由师生共同完成，所以要鼓励学生自行设计。

3. 社会调研

生活中许多事物和现象都隐含着物理原理，要对它们充满好奇心，多问些“为什么”，就会从中获得调研的课题。通过调研能够对学生进行切实的 STS 教育，加强环境保护意识。例如，在行驶的地铁上为什么会看到隧道中的灯光广告是“静止”的？手机电池上标出的几个电学参数各有什么物理意义和实用意义？木琴的键盘下方为什么要悬挂一列两端开口的圆筒并且各自长度不同？有哪些使用半导体制冷的家用电器及它们有什么优点？太阳能路灯（或庭院灯）整体系统的组成和工作原理是怎样的？有些家庭中安装的光伏和风力发电装置系统是怎样组成的？光伏板产生的低压直流电是怎样“逆变”为 220V 交流电的？推广 LED 照明有什么社会意义和经济意义？等等。

二、教学策略

1. 积极利用多种教学资源

首先是校内的资源。例如，除常用的实验仪器外，还要发挥一些现代化仪器和储备仪器的作用；进行制作时也需要利用技术课程的知识、设备和技术（如 3D 打印）。

其次是社会资源。例如，与物理知识相关的设备、产品和事例，各种科技展览，专业技术人员的指导等。

2. 注重开放式教学

开放实验室，鼓励学生自行提出课题；有些实验可以鼓励学生在家庭中做；还要鼓励和组织学生到社会上去。

3. 制订教学计划

纳入学校整体的教学计划，要求学生自行撰写课外研究项目的报告（不得从互联网上下载材料拼凑）。对学生的成果进行讲评、交流并记录在案。

4. 发挥教师的指导作用

教师要指导选题的方向，并可给出丰富的备用课题供学生选择参考；对学生遇到的困难要及时帮助解决。

第二节 校本课程

开设校本课程的主要目的是探索高中物理实验教学的系统化、优质化和个性化。笔者历经十多年教学实践，在高中一、二年级开设了两种形式的课程，自编讲义并经过不断修改、充实后出版。

一、课程设计

分别对两种课程做介绍。

1. 物理实验选修课

通用课本中编入的学生分组实验很少，并且各自独立分散在各章中，因此选修课的目标是系统地培养学生的实验能力，为学生日后升入理工科大学打下较好的基础。选修课最好能与课内教学进度大体同步，安排若干相关的实验，逐步从简到繁、由浅入深。选修课必须有确实的物理内容，不可随意找一些趣味性的小实验、小制作将选修课变成科技活动。

笔者1993年编著的北京市第四中学校本教材《高中物理选修实验课本》及配套的报告册，是一种适合高中学生的系统性教材。该书以实验的基础知识为纲分别写成12讲，有仪表读数方法，直接和间接测量结果的误差及有效数字，正规的逐差法及其原理，图线法处理数据和最小二乘法，误差合成及误差分析的应用，如何做实验设计，热学、电学和光学实验的基础知识等。每一讲各配几个实验，全书共有44个典型实验和一些选做实验，其中包括若干应用性的内容。该教材中大部分实验都可以使用标配的常规仪器和常见的材料完成。

选修课可用的选题很多，例如：浮力法测密度和自制液体密度秤，在气轨上测定瞬时速度和加速度（多种方法的比较），用频闪照相研究自由落体和抛体运动，在气轨上验证机械能守恒定律（含弹性势能），用示波器观察乐音的三要素，研究冷却规律（牛顿冷却定律），用毛细管测定液体的表面张力系数（含使用移测显微镜），验证焦耳定律（电能转化为内能，量热器内外热传递的补偿），惠斯通电桥，补偿法测电压，用洛伦兹力实验仪测定电子的比荷，用电流天平测定磁感应强度，阻抗法测定电容和自感系数（使用示波器），用二极管和继电器做逻辑控制，门电路芯片的性能和简单应用，传感器的原理和应用，测定水的折射率，测定透镜焦距，用激光笔测定双缝间距，等等。

2. 奥林匹克竞赛物理实验课

主要为准备参加物理竞赛的学生开设。借鉴大学基础物理实验内容，采用适合中学生的教学方式，帮助学生系统、全面、深入地学习物理实验知识，掌握常用的实验方法，以培养学生高层次的探究、设计、创新能力为目标。实验中要充分利用中学必配和选配的仪器，再适当增加一些高档仪器。

笔者 1998 年编著了华罗庚学校奥林匹克丛书《华罗庚学校高中物理实验》作为该课程教材，书中分为测量和数据处理、力学、热学、电磁学、光学五篇，每篇中编入基础知识、例题分析、练习性实验、设计性实验几部分，以练习性实验为基础，设计性实验为重点，有高水平的力学、热学、电学、光学实验共 76 个。例如，借助游标精密测量角度，使用比重瓶和天平测量液体和颗粒状固体的密度，在气轨上测定空气对滑块运动的阻尼系数，研究弹簧振子的周期并测定惯性质量，测量空气中的声速（驻波法、行波法），多种方法测定液体的比热容，测定摩尔气体常量，测定蓖麻油的黏滞系数，测定低电阻（接触电阻的影响和处理对策），组装双倍率欧姆表，测定电源的短路电流（补偿法），组装热敏温度计（不平衡电桥的应用），检测电学黑箱（内有 R、L、C 元件及二极管、电池），用谐振法测定 LC 串联电路的参数，测定球面镜的焦距，多种方法测定薄透镜的焦距（含测微目镜的使用），测定透镜组焦点的位置，测定凸透镜玻璃的折射率，用分光计测定玻璃和水的折射率（含掠入射法），组装望远镜模型并测量其放大率，用干涉法测量细丝的直径，用光栅衍射测定氢光谱线的波长和普朗克常量，等等。现在看来，这套教材需要随着时代的发展和竞赛的要求而做出调整、补充和提高。

二、教学策略

1. 积极采取建构式教学模式和自学讨论式教法。确定实验课题后，教师要适当提出引导性的问题和背景资料，让学生主动地获取和利用相关的信息，进而设计方案、付诸实施和评估实验结果。

2. 保证教学的有效性。要通过深思熟虑的教学方法使学生深入理解实验的原理和科学思想，悟出具有共性和指导性的规律，不断提高实验素养。要以最少的时间取得最佳的效果。

让学生通过思考习得知识的教学是有效的，而让学生去大学实验室参观往往只是开眼界，即使在大学实验室做几个实验也只是练习使用某些高档仪器，既无预习又无总结，其效果有限。

3. 体现开放性和选择性。学生可以根据需求和兴趣选学课程的一部分内容，例如只选择电学及电子技术实验。要鼓励学生自行提出课题。除了并进式实验，还要安排适量的轮换式实验，以应对仪器数量不足的问题。

4. 把握好高水平和可接受性的关系。教学实践表明，学生接受新事物的潜力是很大的，只要引导得法，大学基础物理实验的不少内容高中学生都能够接受，一些实验难题也能有所突破。学生由此获得的实验素养和能力，有可能达到普通大学基础物理实验课的水平。

第三节　仿真物理实验

一、什么是仿真物理实验

从广义上讲，“仿真”是对现实系统的某一层次抽象属性的模仿。人们利用这样的模型进行实验，从中得到所需的信息，然后对现实世界中某一层次的问题做出决策。人们利用计算机建立被仿真的系统的模型，并在某些设定条件下对模型进行动态实验。仿真具有高效，安全，受环境条件的约束较少，可改变时间、空间比例尺等优点，已成为分析、设计、运行、评价、培训等的重要工具。

近年来，物理教学仿真软件逐渐引起教师们的关注，它与用动画制作的课件有着本质上的不同：动画突出的是动态视觉效果，其现象是人为设计的，而仿真软件是严格按照物理规律设计的，有良好的开放性和互动性。例如，使用者可以自行选择不同的元件连接所需的电路，而且电路中的电流、电压、波形等参数都会符合相关的电学规律。但是，仿真实验不能也不应该完全代替使用真实仪器的实验。真实实验会受到周围环境和实验系统中很多因素（特别是不可预料因素）的影响，是客观情况的全面、真实的反映，而仿真实验却表现为一定程度的理想化的结果。真实实验中能够感受到的某些现象（如电流通过电阻器发热），在仿真实验中却难以表现出来。

二、仿真实验在教学中的应用

仿真实验作为一种辅助手段，恰当地运用能发挥良好的作用，所以对此要积极地探索，不可盲目地否定。对于不具备现实条件的物理过程，例如单摆的振动周期与重力加速度的定量关系，粒子在回旋加速器中的运动等，在实验室中是无法重现的，但是却可以仿真。

更为普遍的作用是，学生可在课后利用仿真软件对做过的真实实验进行练习和自主的扩展性研究。这与在纸上解答关于实验的习题和考试题相比，更具有真实感和灵活性，对于增强学习兴趣，提高实验技能，培养研究能力，提高教学效率等都是大有裨益的。

国产软件中，“仿真物理实验室”是较早开发的，可以完成一些力学、电学、光学实验，并且注重与我国现行教材的内容配合，易学易用，其试用版可以从网上免费下载。华中理工大学李元杰教授开发了一款适用于大学和高中物理课程的软件，能够做多种复杂的仿真实验，但需要用计算机语言编程。

国外有 Newton、Interactive Physics 等力学仿真软件。

Edison 为一款适合中学生使用的电路仿真软件，试用版可以从互联网上免费下载。该软件提供了几十种常用的电路元件，都是彩色三维实物图形，更可贵的是还提供了几种高档仪器，如双踪示波器、信号发生器、可调稳压直流电源等。运行该软件时，选择所需的元件图形拖放到主界面上，然后用鼠标点击和拖拽来连接导线，与此同时，在界面右方窗口中会自动生成电路图。电路接通后，灯泡发光，仪表显示数字，示波器显示图形，过载时，灯泡和保险丝会爆断，凡此种种都相当逼真。元件的规格和仪表的工作参数都可按需要修改，十分便利。学生不难在课后用该软件来完成自己感兴趣的实验。由于该软件是外国软件，使用的图形符号有些与我国不同，但使用几次后即可适应。

例如，图 6-1 是一个仿真实验的界面，用虚拟的双踪示波器同步观测电容器充电、放电过程。图线 A 是示波器通道 A 采集 *RC* 电路中电流的变化，图线 B 是示波器通道 B 采集电容器两端电压的变化。图 6-2 是观测通断电时线圈的自感现象。电感线圈的自感系数设置为 500mH (0.5H)，电阻为 0Ω，电阻 R_1 设置为 10Ω，R_2 设置为 2Ω，电池电压为 1.5V。点击示波器实物图形上相应的按钮，将“时基”设置为全程 1s，A 通道电压最大值为 2V，B 通道电压最大值为 3V，用 A 通道采集电感器两端的电压，B 通道采集电感器中的电流，在界面右上方的图形菜单中选择示波器的工作方式为采集单次信号，然后用鼠标点击开关的实物图形，即可得到图 6-2 中右方的图线。图线 B 显示出通电和断电时通过电感器中的电流都是逐渐变化的，图线 A 则显示出上述过程中电感器两端电压的变化，其向下的尖脉冲则间接地反映了断电时产生的自感电动势。

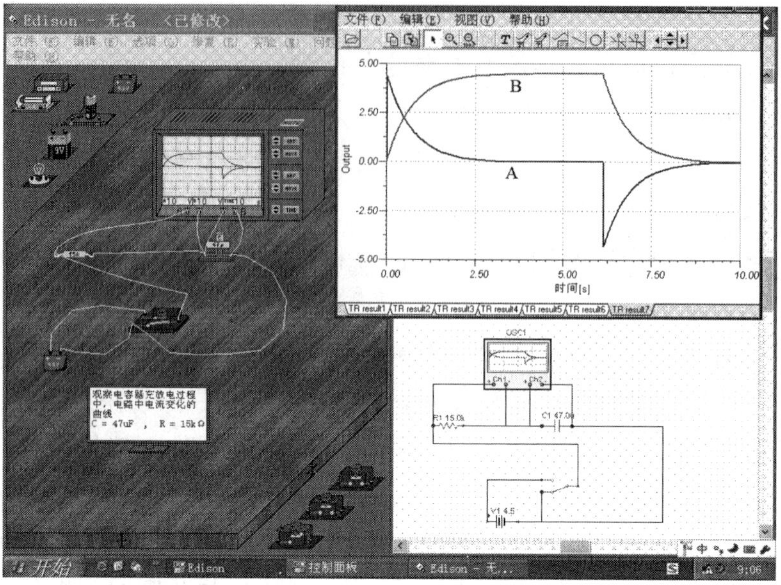
Edison - 无名 <已修改>
文件(F) 编辑(E) 视图(V) 帮助(H)
B
A
5.00
2.50
0.00
-2.50
-5.00
Output
0.00
2.50
5.00
7.50
10.00
时间[s]
观察电容器充放电过程中，电路中电流变化的曲线
C = 47uF , R = 15kΩ

图 6-1

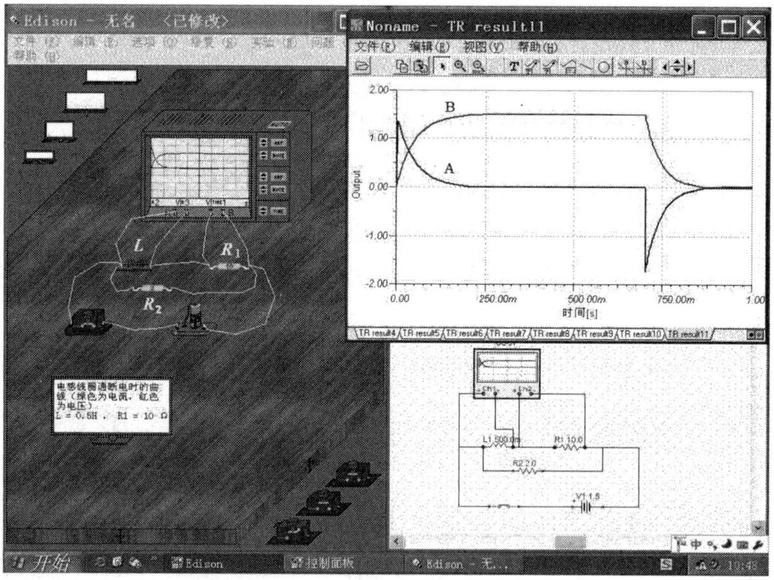
Edison - 无名 <已修改>
Noname - TR result11
文件(F) 编辑(E) 视图(V) 帮助(H)
B
A
2.00
1.00
0.00
-1.00
-2.00
Output
0.00
250.00m
500.00m
750.00m
1.00
时间[s]
L
R1
R2
电感线圈通断电时的曲线（绿色为电流，红色为电压）
L = 0.5H , R1 = 10 Ω

图 6-2

第四节　力学和热学实验案例研讨

一、用圆锥摆验证向心力公式

这是一个简单的实验，若使用手机中的电子秒表来计时，则可在家庭中完成。该实验仅在特定的条件下对向心力公式做了某方面的验证，学生可设计出不同的实验方案，下面介绍其中一种，如图 6-3 所示。用手指轻摇悬线靠近悬点处，使摆开始旋转，待轨迹接近圆形后松开。在半径 R 无明显缩小的情况下，测量其转动 n 圈的时间 t 及图中的 H_1、H_2 两个高度（以水平桌面为参照）。此方案无须测量摆球质量 m 和圆形轨迹的半径 R。

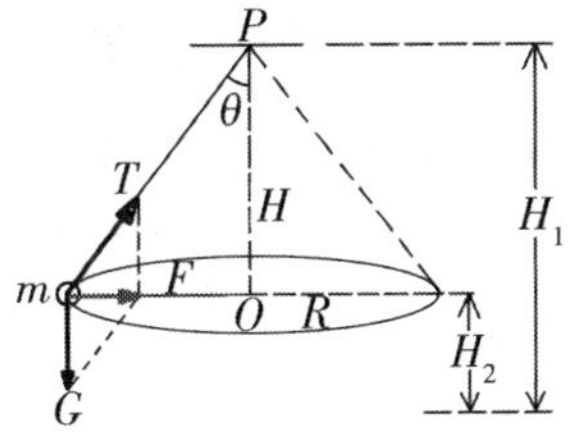

图 6-3

由测量数据可求出：$F=G\tan\theta=mg\dfrac{R}{H}=mg\dfrac{R}{H_1-H_2}$ 和 $m\omega^2R=m\left(\dfrac{2\pi n}{t}\right)^2R$，然后将两者进行比较，看数值是否相等。

某次实验数据如下：$n=8$，$t=12.1\pm0.1\text{s}$，$H_1=58.6\pm0.2\text{cm}$，$H_2=3.0\pm0.5\text{cm}$（把直尺竖立在圆形轨迹旁，测量 H_2 要靠目测，不易对准，所以估计其误差可能达到 $\pm0.5\text{cm}$）。将数据代入前述两式，算出 $F=17.6mR$，$m\omega^2R=17.2mR$。可看到所得的这两个量近似相等，即可认为公式 $F=m\omega^2R$ 得到粗略的验证。

严格来讲，这样做结论是不严谨的，应当通过误差合成的估算来确定，具体内容请看第七章第五节“四、由误差判定向心力公式是否得到验证”中的论证。

二、用形状不规则的摆锤组装单摆测定重力加速度

该实验可作为设计性实验在家里完成。该实验遇到的困难是不能确定摆锤质心位置，因而无法直接测量摆长；解决的办法是采取“迂回”

策略，可以有不同的方案。

（1）最简单的方法：测量尽可能少的物理量，选择较好的实验条件，得到尽可能准确的结果。

设计的思路是采用差值法避开对摆锤质心 c 的定位。如图 6-4 所示，在悬线上标记两次悬点 A、B，改为测量两次摆长之差 ΔL，再测出两次不同摆长下的振动周期 T_1、T_2。依据单摆的周期公式可导出下式，即可求出 g 值。

$$g=\frac{4\pi^2\Delta L}{T_1^2-T_2^2}$$

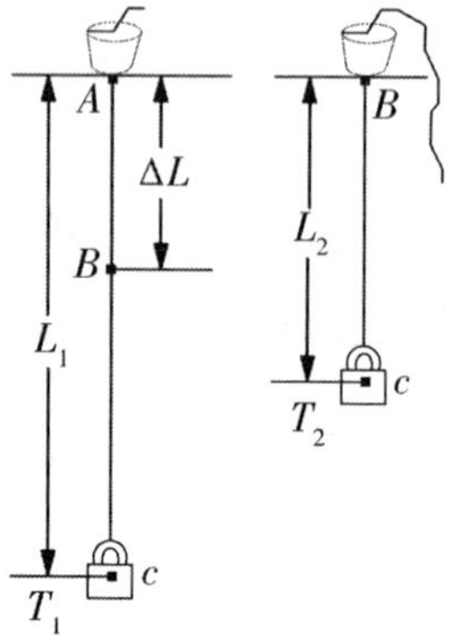

图 6-4

实验时必须优化实验条件。怎样选择两次的摆长较为有利呢？可依据上面的公式来分析。首先要使它们的差值 ΔL 大一些，例如取 40～50cm，可以减小其测量值的相对误差。这样也就同时会使 T_1 与 T_2 的差别较大，则（$T_1^2-T_2^2$）的相对误差也就较小。其次，短的那个摆长也不可太短，例如不小于 80cm，否则难以视其为单摆。

某次测量数据见表 6-1。

表 6-1

ΔL/m	n_1	t_1/s	T_1/s	n_2	t_2/s	T_2/s
0.456	30	71.9	2.397	40	78.8	1.970

初步计算出：$g=\frac{4\times3.1416^2\times0.456}{2.397^2-1.970^2}\text{m/s}^2=9.654\text{m/s}^2$

考虑到各种因素的综合影响，并且未做多次测量，会使所得 g 值的相对误差大于传统实验方法，可达到±2% 或更大，则其绝对误差约为 ±0.2m/s²，故最终结果取 $g=9.7\pm0.2\text{m/s}^2$。误差合成的具体估算方法在第七章案例中有介绍。

（2）另一种方法：在悬线上靠近摆锤处标出定点 P，测量它到悬点 O 的距离 L，也能避开对摆锤质心的定位。改变悬线长度测量多组数据，然后用图线法处理。

如图 6-5 所示，设 P 点到摆锤质心距离为 d，则有：

$$T=2\pi\sqrt{\frac{L+d}{g}}，\ T^2=\frac{4\pi^2}{g}L+\frac{4\pi^2}{g}d。$$

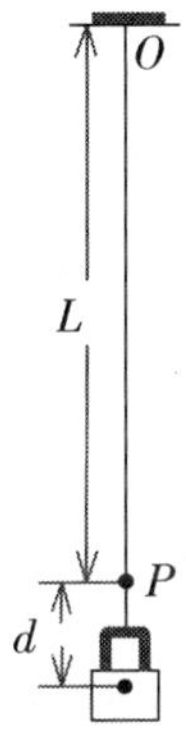

图 6-5

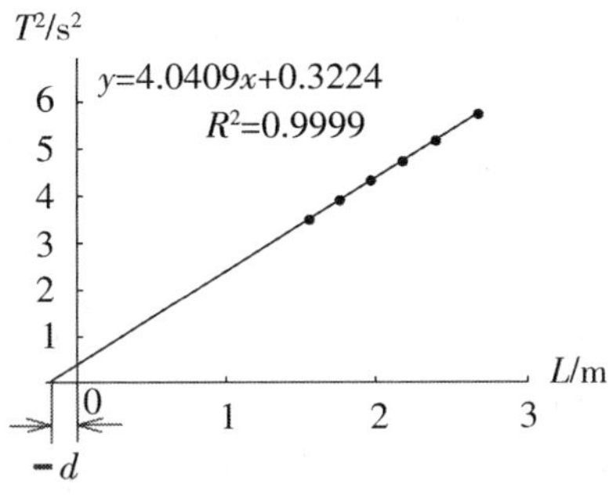

图 6-6

多次改变 L 值，测出对应的 T 值。对多组 T^2-L 数据做线性拟合，得到的图线如图 6-6 所示。由图线的斜率 k 即可求出 $g=4\pi^2/k$。此法的另一个收获是，由图线在横轴上的截距，可求出上式中的 d 值，就得到了摆锤质心的位置。

如果将各次的 L 值取等间隔（例如 10. 0cm），则也可改用逐差法处理数据。

（3）该实验开放性强，由于课本中没有此项内容，学生思路不会受到约束，优化实验条件的措施也会不同。教师要认识各种方案的优点，引导学生比较结果误差的大小，分析选取不同参数条件的优劣。

三、用多种方法测定滑动摩擦因数

学生熟知的方法是拉着物体在水平面上做匀速直线运动，用弹簧秤测出水平拉力的大小，然后依据力的平衡关系得到摩擦力的数值。学生在实验中会感到实现匀速运动和读取弹簧秤示数的不易，那么能否在匀变速运动状态下不用弹簧秤测力来完成测量呢？（前提是默认摩擦因数与速度无关）在学习了牛顿第二定律后，将此作为一个设计性实验，具有很好的开放性，难度适当，又能引起学生的兴趣。

供选择的器材有：长度约 80cm 的木板（一端有定滑轮），长方体木块，铁架台，米尺，秒表，打点计时器和纸带，天平和砝码，细线，钩码。

学生提出了多种方案，并且都想出了优化实验条件的方法来减小误差。下面介绍几个有代表性的设计方案：

（1）木块沿斜面匀加速下滑，使用秒表计时，使用米尺测量相关的长度。

如图 6-7 所示，将木板支成斜面，木块由其上端释放后自行近似匀加速下滑到底端，用秒表测出运动时间 t，用米尺测出木块位移 s、斜面长度 l、斜面高度 h 和底边 b，可以导出计算式 $\mu=\frac{h}{b}-\frac{2sl}{bgt^2}$。用手操作秒表测量时间 t 是误差的一个主要来源，解决的对策是使斜面取恰当的倾角，既能保证木块稳定地匀加速下滑，又能使时间 t 尽可能长些（要大于 1s），并且重复测 10 次取时间平均值。

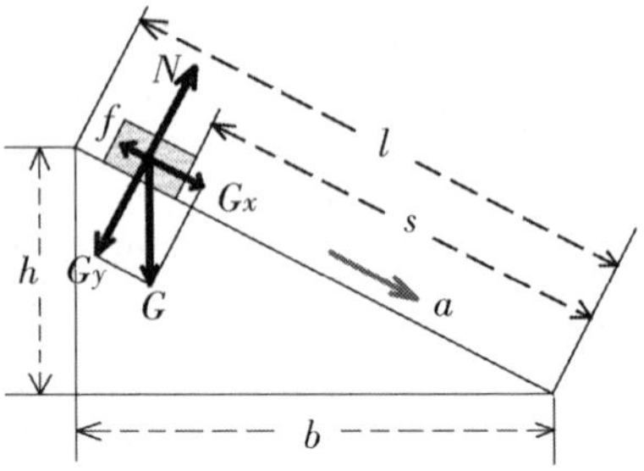

图 6-7

（2）木块沿斜面匀加速下滑，使用纸带打点做记录。

装置同图 6-7，但改用木块拖动纸带，由纸带上的记录求出加速度 a，并导出计算式 $\mu=\frac{h}{b}-\frac{al}{gb}$。打点计时器对纸带的阻力 f' 是误差的主要来源，解决的对策是在木块上放置配重以成倍地增大木块与木板间的摩擦力 f，从而减小 f' 的相对影响。

（3）木块沿水平面匀减速直线运动，使用纸带打点做记录。

将木板水平放置，手推一下木块使它具有较大的初速度后拖着纸带做匀减速直线运动，由纸带上的记录求出加速度 a，计算式为 $\mu=\frac{a}{g}$。误差的主要来源和解决对策同方案（2）。

（4）连接体做两个阶段的运动。

如图 6-8 所示，用天平称出木块的质量 m_1 后，让质量为 m_2 的钩码牵引木块从静止开始运动，木块在钩码落地前做匀加速运动，在

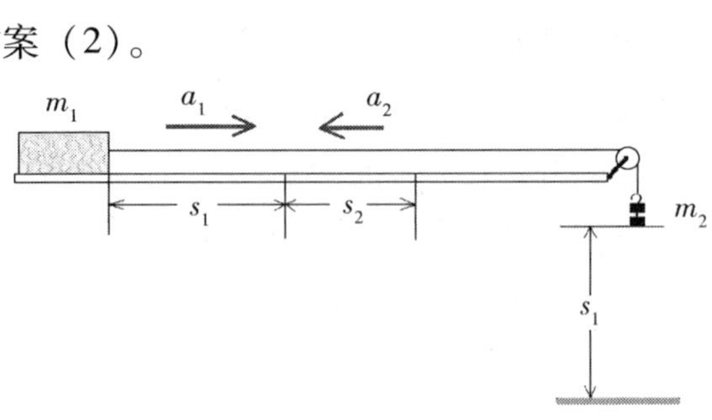

图 6-8

钩码落地后做匀减速运动直到停止。用米尺测出这两种运动的位移 s_1 和 s_2，计算式为 $\mu=\dfrac{m_2s_1}{m_1(s_1+s_2)+m_2s_2}$。误差的主要来源是滑轮轴上的摩擦力矩和滑轮的转动惯量，解决的对策是使 m_1 和 m_2 的值都大一些。

还需要知道，木板各处与木块的摩擦状态会有所不同，使得木块的运动不会是理想的匀变速运动，这必然也会造成实验误差，因此求出的 μ 值取两位有效数字就可以了。

四、研究弹簧振子的周期，测定物体的惯性质量

实验装置如图 6-9 所示，用细线 A 悬挂螺旋弹簧（最大载荷 5N）B，下面连接钩码组 C 作为振子，用停表计时。振子质量 m 取不同值，分别测出此弹簧振子在竖直方向做 n 次小幅度全振动的时间 t，进而求出振动周期 T。有关数据处理和分析见第七章第五节“九、寻求竖直弹簧振子的周期与振子质量的关系”。

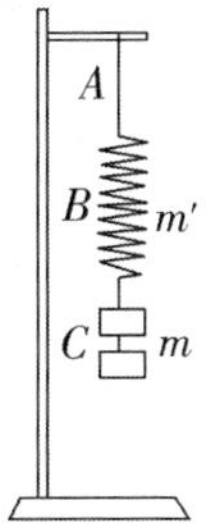

图 6-9

依据实验数据画出 T^2-m 图线，如图 6-10 所示，发现所得的图线是不通过坐标原点的直线。学生按照理想情况猜测弹簧振子系统的 T 与振子的 $\sqrt{m}$ 可能成正比，那么上述实验结果是随机性误差造成的还是另有原因？猜测能否成立呢？于是取不同弹簧做多次实验，得到的图线都与横轴交于原点左侧 P 点，并且对于不同的弹簧，P 点的坐标值也不同，学生就会意识到实验所用的并非理想的轻弹簧，其质量不能忽略，因此必须对理想弹簧振子的周期公式做出修正。将 P 点坐标的绝对值称为弹簧的等效质量 m_0，并将坐标纵轴向左平移使之通过 P 点，则得到 T 与 $\sqrt{m+m_0}$ 成正比的关系，即实际的弹簧振子的周期公式应为 $T=2\pi\sqrt{\dfrac{m+m_0}{k}}$。

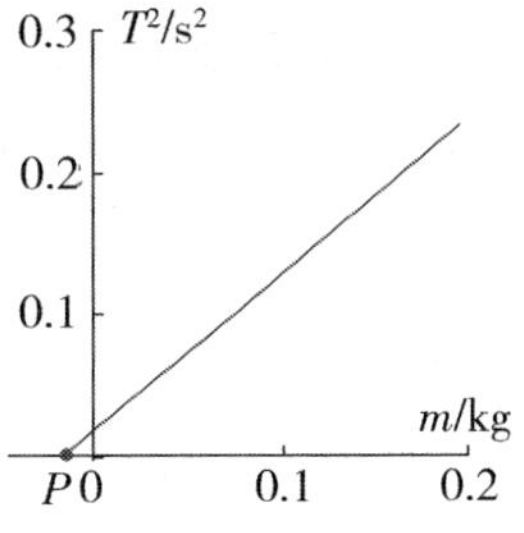

图 6-10

可由实验数据求出 m_0，再用天平称出弹簧的真实质量 m'，会看到 $m_0<m'$。让学生对此做出定性分析，可发现乃是弹簧的各个质元对振动

的参与程度不同。对于水平的弹簧振子，可以从理论上导出 $m_0=\frac{1}{3}m'$ 的关系。

以上是该实验的第一个重点。该实验的第二个重点是可将此装置作为惯性秤，用来测量物体的惯性质量。方法是将待测物体悬挂在弹簧下测量系统的振动周期，然后在 T^2-m 图线上做内插即可。例如：某次实验得到的 T^2-m 图线的函数式为 $T^2=1.097m+0.0185$，将一块钢块和200g钩码共同挂在弹簧下振动，测出 $T=0.568$s，求出 $m=0.2772$kg，则钢块质量 $m_x=77.2$g，这是惯性质量。用天平称出钢块的引力质量为77.1g，可看出惯性质量与引力质量近似相等。教师还要引导学生想一想：在什么情况下可以只将待测物体悬挂在弹簧下作为振子？

该实验也可改用水平气轨上的弹簧振子，其装置请参考第三章图3-10，去掉位移传感器，用光电门配合计时装置测量振动周期。

五、探究物体自然冷却的规律

当一个物体的温度 T 高于环境温度 θ 时，就会向外散热，从而导致物体降温。用 ΔT 表示一段短时间 Δt 内温度的变化量，则定义比值 $\frac{\Delta T}{\Delta t}$ 为冷却速率。生活经验表明，冷却速率与物体的热容、表面的状况、物体与周围介质的接触面积、介质的特性、物体与环境的温度差等诸多因素有关。不妨用函数式 $\frac{\Delta T}{\Delta t}=A\ (T-\theta)^n$ 表示上述关系，可称为冷却定律。式中 A、n 为常数，通过实验可求出 A、n 值，就得到反映冷却规律的经验公式。

最简单的实验方法是用一支普通水银温度计作为待测的物体，将一个40W灯泡置于硬泡沫塑料小盒中作为加热器。先用温度计测出环境温度 θ，再将它有测温泡的一端插入加热器内，当温度升到高于 θ 约40~50℃时抽出，置于环境中让它自然冷却，每隔相等的时间（如10s）读取一次温度值 T。读数要迅速、准确，开始阶段降温较快，可估读到0.5℃，其后则需估读到0.2℃或0.1℃，共读取十几组数据。也可在测温泡外包几层纸来减缓冷却速率使得便于读数。表 6-2 是某次实验的数据。

表 6-2（$\theta=19.8℃$，$\Delta t=20s$）

次	t/s	T/℃	$\frac{\Delta T}{\Delta t}$/（℃·$s^{-1}$）	（$T-\theta$）/℃	lg（$T-\theta$）	lg $\frac{\Delta T}{\Delta t}$
1	0	52.3	/	/	/	/
2	20	47.9	0.200	28.1	1.449	−0.699
3	40	44.3	0.175	24.5	1.389	−0.757
4	60	40.9	0.145	21.1	1.324	−0.839
5	80	38.5	0.115	18.7	1.272	−0.939
6	100	36.3	0.108	16.5	1.217	−0.967
7	120	34.2	0.090	14.4	1.158	−1.046
8	140	32.7	0.073	12.9	1.111	−1.137
9	160	31.3	0.065	11.5	1.061	−1.187
10	180	30.1	0.060	10.3	1.013	−1.222
11	200	29.1	/	/	/	/

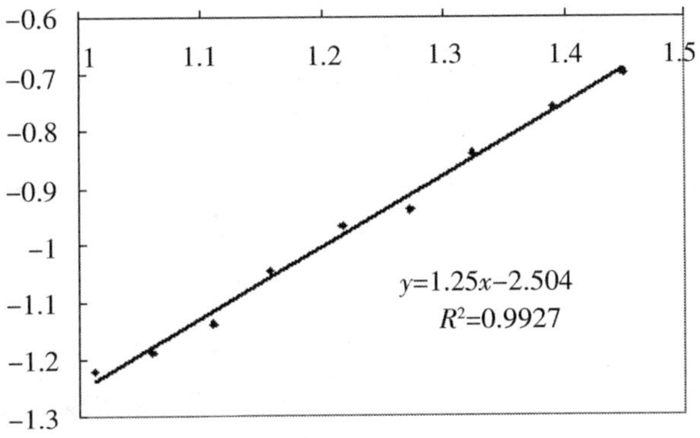

图 6-11

对前文中公式取对数，得到 $\lg\frac{\Delta T}{\Delta t}=n\lg(T-\theta)+\lg A$。取 $\lg(T-\theta)$ 及 $\lg\frac{\Delta T}{\Delta t}$ 分别为横轴、纵轴绘出图线，如图 6-11 所示。数据呈现近似的线性分布，可认为前述的冷却定律成立。做线性拟合得到函数式 $y=1.25x-2.504$，于是得到在该实验情况下，温度计（指水银泡部分）冷却的经验公式为 $\frac{\Delta T}{\Delta t}=3.13\times10^{-3}$

$(T-19.8)^{1.25}$。

若使用 Excel 软件对表 6-2 中的$\dfrac{\Delta T}{\Delta t}$与（$T-\theta$）的关系做幂函数拟合，可得到如图 6-12 所示的结果。

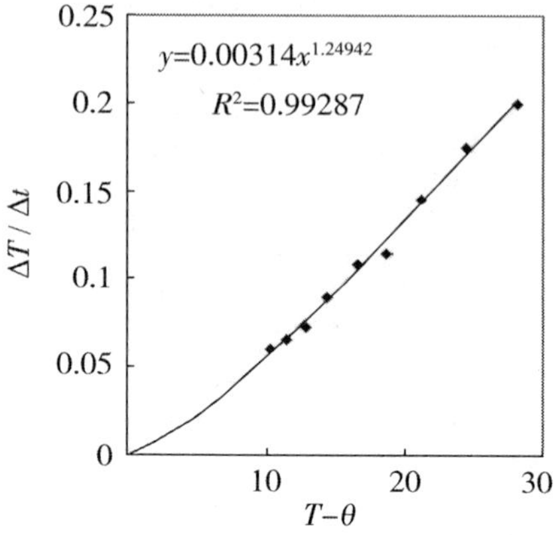

图 6-12

也可以使用温度传感器测量一小杯水的冷却过程，利用计算机进行自动定时采集和记录大量数据。图 6-13 为某次实测的记录，由汪维澄老师提供。

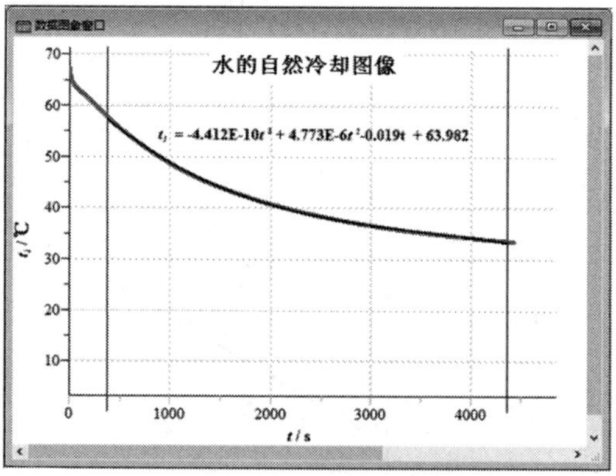

图 6-13

第五节　电学和光学实验案例研讨

一、代替法测电阻

代替法的设计思想是先用待测物 A 使测量系统处于某一状态，然后改用标准物 B 使该系统也处于与原来相同的状态，即 B 与 A 等效，则必有 $B=A$，目的是避开测量仪器造成的系统误差。例如用天平测量物体质量，可以用代替法避免天平不等臂造成的误差，著名的“曹冲称象”也是用代替法。必须指出，代替法似乎很理想，但检测等效性手段的灵敏度却会使得难以判断是否“恰好等效”而导致偶然误差。例如天平中刀口与刀承的摩擦会影响平衡的判断，再试想曹冲能否将木船换为万吨巨轮来称大象呢?

对于代替法测电阻，学生提出了不同的设计方案，现仅用下述两种方案做对比实验。器材：待测电阻 R_X（约 360Ω），电阻箱 R_1（9999.9Ω），电流表（标配的 J0407 灵敏电流计，量程约 -300μA ~ 0 ~ 300μA，分度为 10μA/小格，内阻 R_A 约 100Ω），干电池 4 节，电位器 R_2（10kΩ），定值电阻 R_3（15kΩ），变阻器 R（50Ω）等。

（1）方案一

电路如图 6-14 所示。闭合开关 K_1，使开关 K_2 先接 a，调节 R_2 使电流表满偏或为某个较大的示数 I；然后将 K_2 改接 b，保持 R_2 不变，调节电阻箱 R_1 使电流表示数仍为原值，则 $R_1=R_X$。此法避免了典型的伏安法由于电表分压或分流造成的系统误差，且又与监测用的电流表是否准确无关。

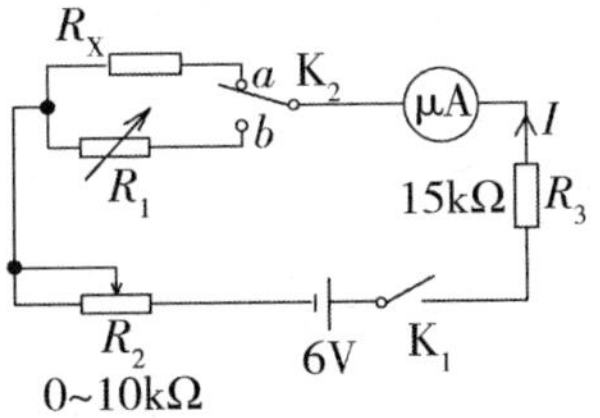

图 6-14

但是实际做实验时，发现用电阻箱 R_1 代替 R_X 后，将 R_1 调为 300Ω 或 400Ω，电流表的示值看起来都与代替前很近似，电阻箱 R_1 变化 100Ω，电流表的指针仅变化 0.1 小格，调节小阻值（×10、×1）的旋钮，看不出电流表有丝毫变化。总之无法测出可信的阻值，实验失败。

究其原因，R_X 的阻值远小于回路中其余部分的总电阻，代替它的 R_1 对电流 I 的影响微不足道。即便不做实验也可通过估算得出此结论。

由此可知，理论上正确的方案未必具备实际可行性。曾有高考题也出现了类似错误。解决之道是提高检测等效性手段的灵敏度：一是寻求能读出 0.01μA（或更小），又有足够大量程（如 200μA）的数字表来做检测，但目前的中学大多不具备这样的条件；二是要成百倍地减小回路中的电阻，但在采用这种限流调控电路的方法下，即使将电源电压减小到 1.5V 也是做不到的。

（2）方案二

电路如图 6-15 所示。改用小阻值的变阻器 R 接成分压调控电路，就实现了成百倍地减小测量回路中的电阻，电流表和电源部分的等效电阻合起来只有 100Ω 多一些，而代替时电阻箱 R_1 取 300Ω 多一些，则 R_1 取值对于电流 I 的影响就是举足轻重的了。

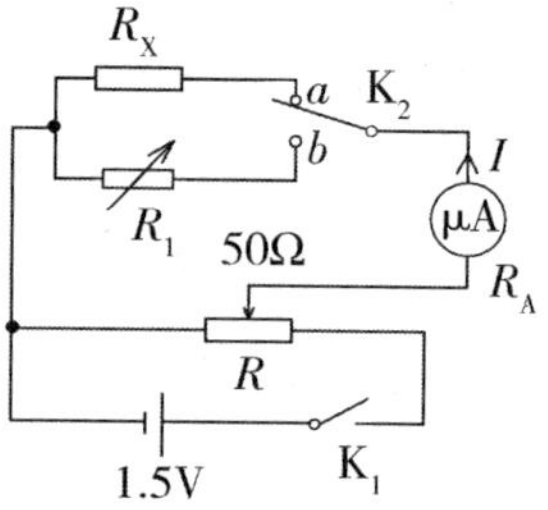

图 6-15

实验时会看到 R_1 变化 6Ω 时电流表指针可变化半小格，这样就能够观察到电阻值个位数的影响了，当然更能准确地测出十位数和百位数，从而得到三位有效数字的电阻数值。学生会由此深切地感受到优化条件才能使实验可行。

学生在实验中还可以感受到，由于视线难以与电流表度盘保持垂直，所以判定代替前后的电流表指针的示数是否相同也会带来误差。再者，电阻箱本身的阻值也存在误差。因此代替法并非测量电阻的最准确的方法，在不良的条件下效果也未必优于伏安法，甚至会更差。

二、用阻抗法和谐振法测定电容和自感系数

这是个综合性很强的实验课题，利于学生得到多方面的学习和锻炼。

1. 用阻抗法测定电容

最简单的方法如图 6-16（a）所示。待测的电容器 C 与电阻箱 R 串联接到正弦信号发生器 G 上，选择合适的信号频率 f 及阻值 R，将开关 S 分别接到 a、b 点，由示波器 SB 测出电容器上的电压 U_C 和电阻上的电压

U_R。由于通过 C 和 R 中的电流相等，则有 $\frac{U_C}{U_R}=\frac{X_C}{R}$。又 $X_C=\frac{1}{2\pi fC}$，且 f 已知，即可求出 C 值。

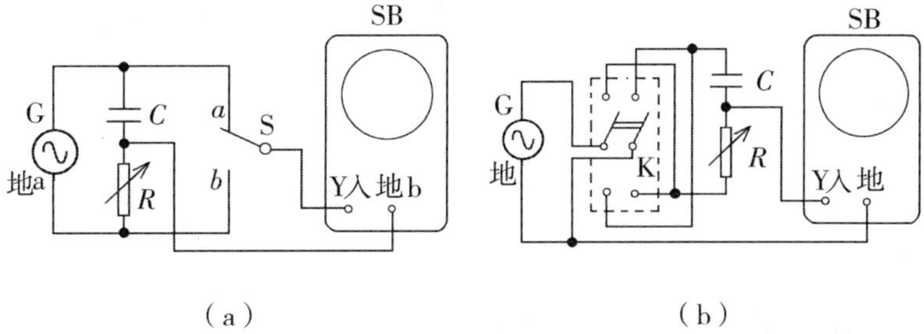

图 6-16

被测电容器宜选用介质损耗很小的电容器（如涤纶、云母或优质纸介电容器），则可将它视为理想的电容器。被测电容的容量不可太小，否则示波器输入端内部的电容会对实验造成明显的误差。注意，该实验的信号源 G 要选用其输出的接地端［图 6-16（a）中标为“地 a”］，不与示波器的接地端［图 6-16（a）中标为“地 b”］连接在一起的，否则必将引起图 6-16（a）电路中的 R 被短路。若两者必须共地，则应按照图 6-16（b）所示的方法连接电路，改用双刀双掷开关。

2. 用阻抗法测定自感系数

请看第八章第二节“七、容抗、感抗及其应用”中第 2 项实验。

3. 谐振法测定电容和自感系数

电谐振现象不仅见于电磁波的接收，在测量上也会用到。

该实验利用的是 LC 电路的串联谐振现象，典型电路如图 6-17 所示。小阻值电阻 R 用作电流取样，用数字存储示波器（DSO）的通道 Y_1 监测正弦信号源 G 输出的电压 U，用通道 Y_2 监测通过 LC 电路的电流 I。当然也可以用两台普通示波器分别做上述检测。若要精确测量 U 值，可将 Y_1 改为专用的音频毫伏表。

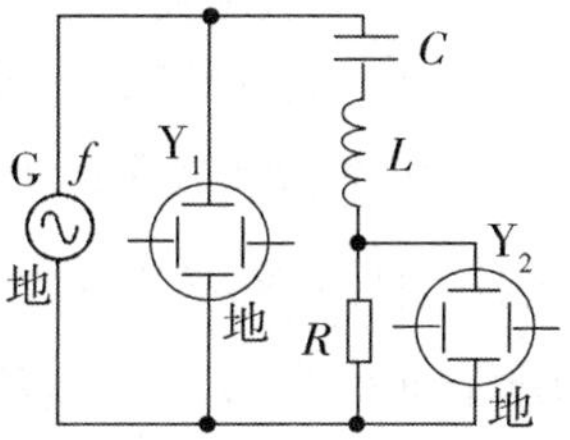

图 6-17

实验时，在相当大的范围内连续改变信号频率 f，将会看到电流 I 出现一个极大值，称为电流谐振现象。上述过程中信号源的输出电压 U 也会有变化，所以要反复调节信号的幅度使 U 保持恒定，从而得到谐振时的频率 f_0。可以证明 $f_0=\frac{1}{2\pi\sqrt{LC}}$，那么如果 C 是容量已知的标准电容器，则可由上式求出 L 值；如果 L 是自感系数已知的标准电感器，则可由上式求出 C 值。

现列举可选用的元件的参数：C 用标称 0.047μF 的电容器，事先用数字多用表测出其较精确的电容值作为标准电容器；L 用可拆演示变压器上的 1400 匝或 800 匝空心线圈。利用上述元件进行实验，测出的谐振频率 f_0 在 1kHz 左右，得到的 L 值为 0.1H 左右。

三、低压直流电源的设计、组装和研究

中学里一些实验用的电源能够提供脉动或稳压直流输出。传统的设计是先用变压器将 220V、50Hz 的交流市电降压，再用二极管整流成为脉动直流电，然后根据需要，或用大电容滤波，或经过稳压芯片得到稳压直流输出，此种电源被称为线性电源。需要指出，目前许多小型家用电器（如手机、平板电脑和无线路由器等）都有配套的电源适配器或充电器，它们大多已经改为开关型电源，其结构与工作原理与上述不同，去掉了笨重的变压器，变得小巧轻便，效率也较高。

该实验要求学生设计出简单电源的电路，并选择合适的元件进行组装、测试；要求学生既能深入认识其工作原理和特性，又会联系许多技术知识，从而得到全面的提高。

（1）最简单的半波整流电路

电路如图 6-18 所示。T 为小变压器，二极管 D 可用型号 1N4007 的二极管，负载电阻 R 可取 1kΩ。用普通示波器观测整流前低压交流电的波形和整流后负载上脉动直流电压的波形（图像从略），再用直流电压表测量负载上的电压，约为 1.5V。此电路适于给普通的单体镍氢电池充电，按图中虚线将电池 E 接入即可。

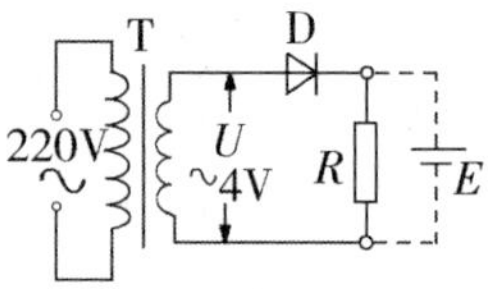

图 6-18

（2）给整流电路增加电容滤波

试用上述单纯的整流电路代替干电池给收音机供电，会听到广播中

混有明显的 50Hz 交流声。解决的办法如图 6-19 所示，给负载两端并联大的电解电容器 C（如 1000μF、耐压 10V）进行滤波，会得到较为平稳的直流电，使交流声弱到听不出。还可用示波器观测并比较大小不同的电容器的滤波效果。

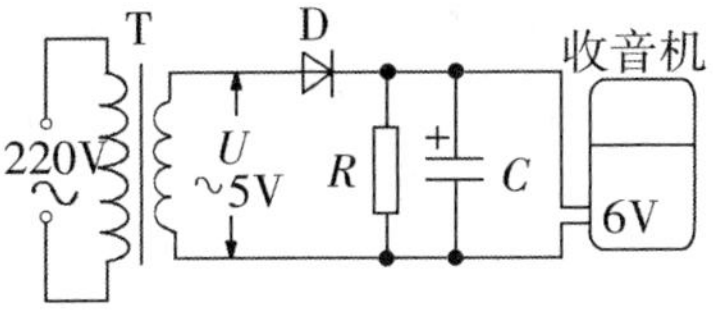

图 6-19

（3）组装典型的直流稳压电源

电路如图 6-20（a）所示。采用 4 根二极管接成桥式全波整流电路，可使交流电的正负半个周期都可被利用。得到的脉动直流电经过电容器 C_2 滤波后进入集成稳压芯片［型号 7805，外形见图 6-20（b）］的输入引脚 1，经过芯片内部电路的作用由引脚 2 输出恒定的直流电。当输出电流在 5mA～1A 的范围内变化时，芯片输出的电压能够很近似地保持不变（变化量通常不超过 0.01V），典型值为 5.00V，红色发光管 LED 做工作指示。实验时，图 6-20 中虚线左边的部分可以使用学生电源的不稳压直流输出，电压的标称值可取 8～10V。若改用型号为 7806 的芯片，则为 6V 的稳压电源。

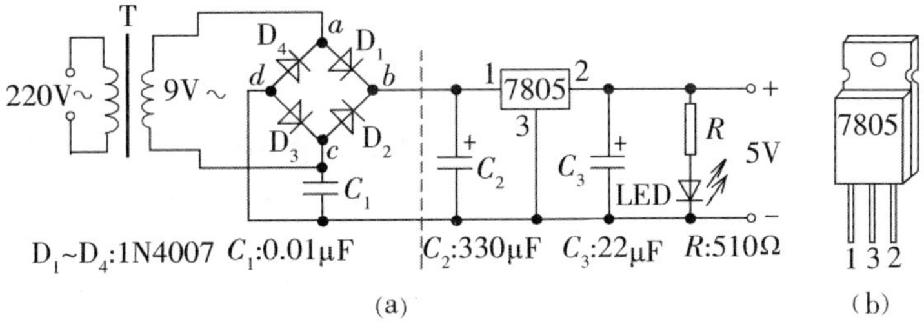

图 6-20

需要指出，上述两种稳压芯片具有一定的最大输出电流（加装散热片时为 1.5A，不加时为 1A），并且具有过载保护等功能。

（4）对前述实验的进一步研究

实验中曾遇到下述问题，笔者引导学生经过讨论和实验观测后得到解决，从而能提高他们的研究能力。

①能否同时观测整流前后的波形？

使用双踪示波器按照图 6-21 连接电路，R_1 为 50Ω 的变阻器，R_2 取

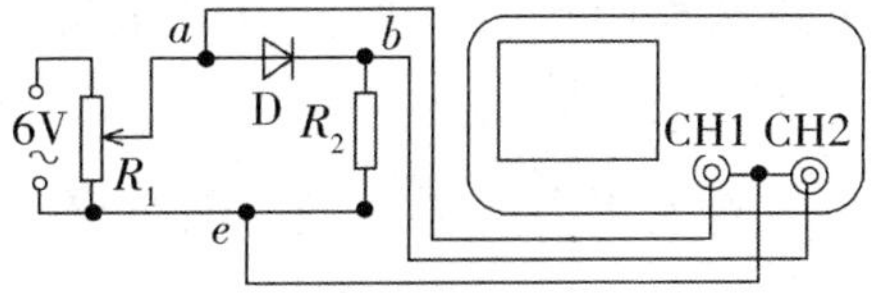

图 6-21

1000~2000Ω。将 a、e 两点间交流电压调到最大，即可同步地显示出整流前后典型的波形。还可将二极管 D 反接，观察波形有何不同。

②将上述电路中 a、e 两点间交流电压调小到约 1V，会出现什么情况？

波形如图 6-22 方框内的情况所示，整流后半波电压（b）的幅度明显小于整流前交流电压（a）正半周期的幅度，是何缘故？此乃二极管 D 的门限电压 U_D（0.6~0.7V）造成的，用图 6-22（c）即可做出解释。通过实验可以看到，被整流的交流电压越大，此种影响就越小，以致可以忽略。

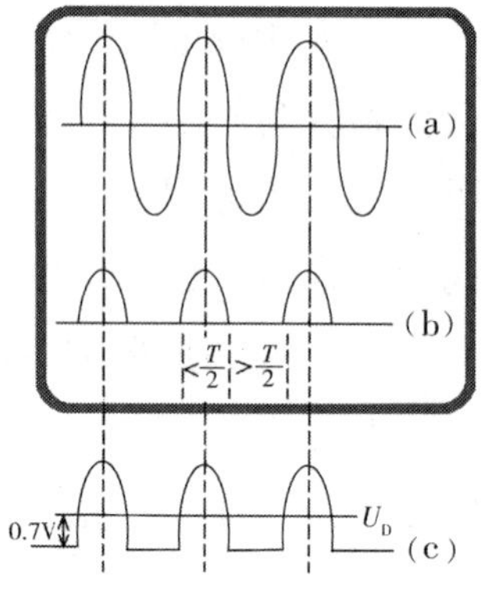

图 6-22

③整流电路工作时，二极管两端电压的波形是怎样的？

最简单的实验方法是用普通单踪示波器进行观测，电路如图 6-23（a）所示。输入的交流电压 U 约取 1.5V，可看到如图 6-24（a）所示的图像。横轴上方的波形表明实际的二极管 D 并非是理想的，它在交流电正半周期导通时会产生 0.6~0.7V 的电势降落，而在交流电负半周期，二极管截止时承受的反向电压是负半周期交流电压的全部。结合问题②中的实验及图 6-22，会使学生对实际的整流电路的工作状况获得深入、全面的认识。

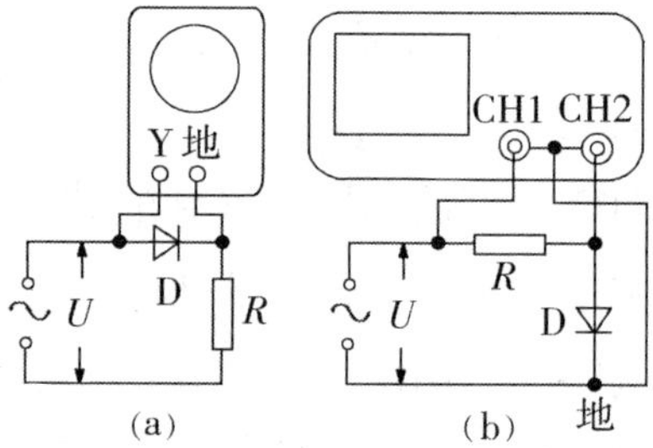

图 6-23

若要使用双踪示波器做同步对比观测，则需要采取图 6-23（b）的电路设计。这是考虑到示波器的两个通道是共地的，由 CH1 采集交流电压的波形，CH2 采集二极管上电压的波形。

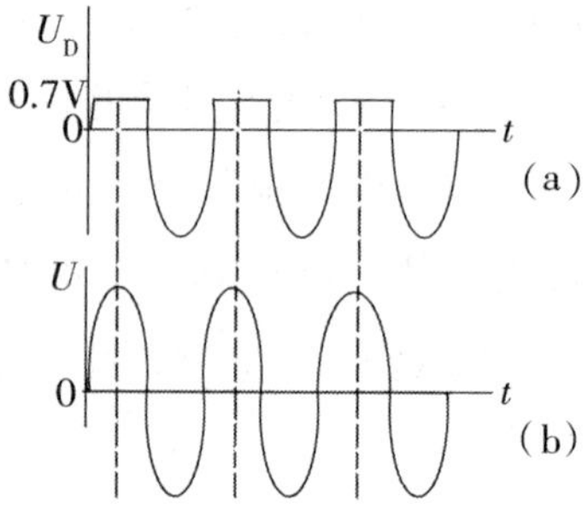

图 6-24

④关于电容器滤波。有的学生设计出图 6-25（a）所示的错误电路，将电容器 C 与负载电阻 R 串联进行“滤波”，那么示波器

观测到的负载两端电压 U_R 的波形会是什么样的？如何解释和验证？

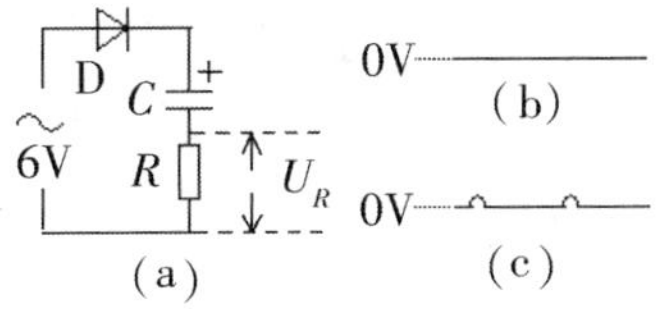

图 6-25

实验结果可能出现如图 6-25（b）、（c）所示两种情况。如果使用优质的电解电容器，内部介质绝缘良好，并且按照正确的极性连接，则在这个电路中电容器只能充电，不能放电，充满后通过 R 的电流为零，于是 $U_R=0$，其波形如图 6-25（b）所示；若使用无极性的电容器也必然如此。如果电解电容器有些漏电，则等效于有一个大阻值的电阻器 R_i（称为漏电电阻）与负载 R 组成串联分压电路，于是出现微小的 U_R，其波形如图 6-25（c）所示。为了验证这种分析，可以人为地给电容器 C 并联一个几十千欧的电阻来模拟漏电，会看到图 6-25（c）中的现象更为严重。若误将电解电容器极性接反，电容器会有些漏电，此时也会出现如图 6-25（c）所示现象。

⑤用磁电式直流电压表测量半波脉动直流电时，其指针为什么不会反复摆动而是指在某一定值处？这个值代表什么？

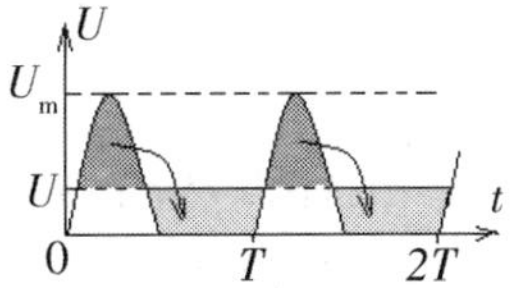

图 6-26

磁电式直流电压表的动圈指针系统具有相当的惯性，并且运动时受到电磁阻尼，因而会指在某一定值处。这个值是此脉动直流电压的直流分量，即如图 6-26 所示的平均值 $\overline{U}$。理论上可以证明 $\overline{U}=\frac{U_m}{\pi}=\frac{\sqrt{2}U}{\pi}=0.45U$（式中 U_m 为输入正弦交流电压的峰值，U 为有效值）。

本小节实验还可以对单相交流电的全波整流及桥式整流进行观测和研究，本文不再赘述。

四、组装开普勒望远镜模型并测定其放大率

望远镜的作用是使远物 A 生成近像 A'，如图 6-27 所示。A 的视角为 α，A'的视角为 β。虽然 A'的尺寸比 A 小，但 A'到人眼的距离比 A 近了许多，则 $\beta>\alpha$，即视角被放大。望远镜的视角放大率 $m=\frac{\beta}{\alpha}$，实际上 α、β

都很小，则有$\frac{\beta}{\alpha}\approx\frac{\tan\beta}{\tan\alpha}$。设物体 A 的长度为 l，将虚像 A' 投影到 A 所在平面上的长度为 l'，于是有 $m\approx\frac{l'}{l}$。

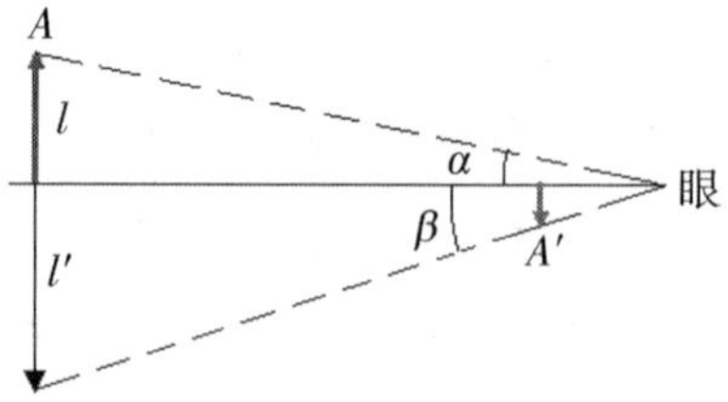

图 6-27

选择中学实验用的光具座配套的焦距最长的凸透镜作为物镜，焦距最短的凸透镜作为目镜，安装在滑块上组成望远镜。如图 6-28 所示，将画有等分刻度的大标尺 C 贴在 5m 以外的墙上。用望远镜对准它，右眼通过望远镜观看标尺，调节目镜到物镜的距离，使看到尺上的刻度线最清晰，此时尺上 1 小格刻度 l 的虚像的长度为 l'；左眼要同时直接看标尺。双眼经过一段时间的自然调节适应，就能同时看清虚像和实物。读出此时右眼看到的 1 格相当于左眼看到的几格，就得到放大率 m。图 6-28 中 $m\approx4.6$。

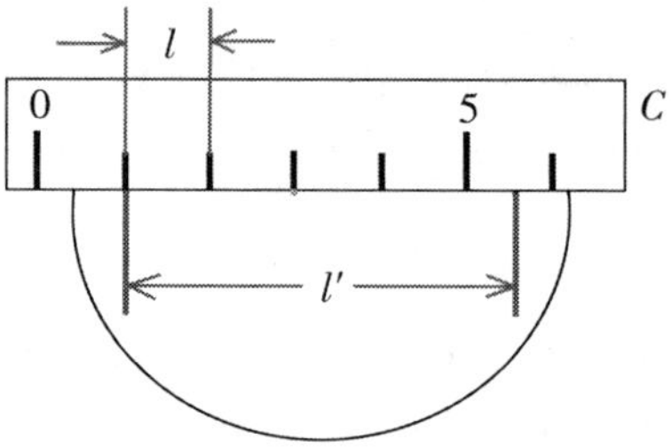

图 6-28

上述方法所得结果比较粗略，但简单易行，使用标配的仪器就能完成，并且能使学生通过切身的感受对望远镜的放大率有明确的认识。

五、用衍射法估测 CD 光盘刻纹间距

CD 光盘上存储信息的刻纹是非常密集的，相当于一个反射光栅。CD 光盘受到激光束照射时，可以在白屏上生成非常清晰的衍射条纹，并且间距很大，便于测量。

该实验使用玩具激光笔，在家庭中即可完成。装置如图 6-29 所示。将光盘 D 和白屏（或白墙）P 平行竖立，让激光器 L 位于两者之间，激光束垂直射到有刻纹的盘面上，白屏上就会出现衍射条纹。中央最亮的光点为 0 级（$k=0$）条纹，两侧对称分布的是 1 级（$k=1$）、2 级（$k=2$）等衍射条纹，各级条纹的衍射角 θ 不同。

已知衍射公式 $d\sin\theta=k\lambda$，式中 d 为光栅常数，即光盘上相邻刻纹间

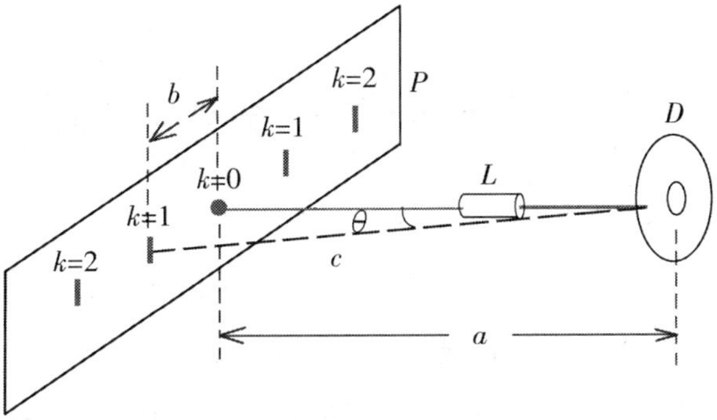

图 6-29

的距离。测出对应于第 k 级条纹的衍射角 θ，再知道激光的波长 λ，即可求出 d 值。

下面是一组实验数据：测出光盘到白屏的水平距离 $a=125\text{cm}$，取 $k=1$，1 级条纹和 0 级条纹的水平距离 $b=58\text{cm}$，已知所用红色激光的波长 $\lambda=650\text{nm}$。可算出：

$$\sin\theta=\frac{b}{c}=\frac{b}{\sqrt{a^2+b^2}}=0.421$$

$$d=\frac{k\lambda}{\sin\theta}=1.54\times10^3\text{nm}=1.54\mu\text{m}$$

第六节 制作和调研活动案例

一、制作“喷水火箭”并进行射高比赛

这是一项传统的活动，简单、易行、有趣。如图 6-30 所示，将用过的塑料饮料瓶 *A* 配上橡皮塞 *B* 和自行车的一套打气门 *C*，再粘上塑料片制成的 3~4 片尾翼 *D* 和圆锥形的头部 *E*，就制成了一个“火箭”。在瓶中装入适量的水，塞紧塞子后使“火箭”竖立，用打气筒向瓶里打气，当气压增大到某个数值时塞子就被顶开，水从瓶口向下喷出，“火箭”就向上飞起来了。

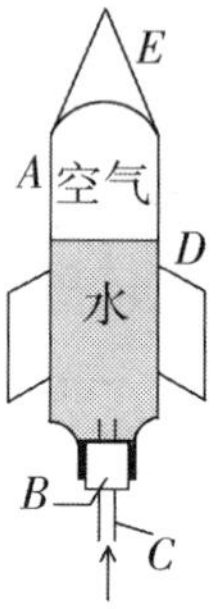

图 6-30

该活动不能只局限于趣味性，教师要引导学生研讨相关物理和技术问题，改进制作和操作，争取获得更好的效果。研讨要集中分析影响飞行高度的诸因素，例如：这是定质量还是变质量的反冲问题？应当怎样运用动量守恒定律？塞子是否要塞得更紧些？水装得多一些好还是装得少一些为好？瓶口相当于“火箭”的尾喷口，那么瓶口的大小和形状会对“火箭”起飞有什么影响？能否避免“火箭”射出后偏航甚至翻跟头？粘贴尖头和翼片是仅仅为了美观还是能够改善火箭的空气动力学外形？

北京市第四中学李靖老师设计了一个“发射台”，如图 6-31 所示，具有特制的充气接口，将打气和释放分开操作，能够使“火箭”内的空气达到比预期更大的压强，并且无须使用瓶塞，便于适应不同的自行设计的尾喷口。此外，还设置了起飞阶段的导向架。

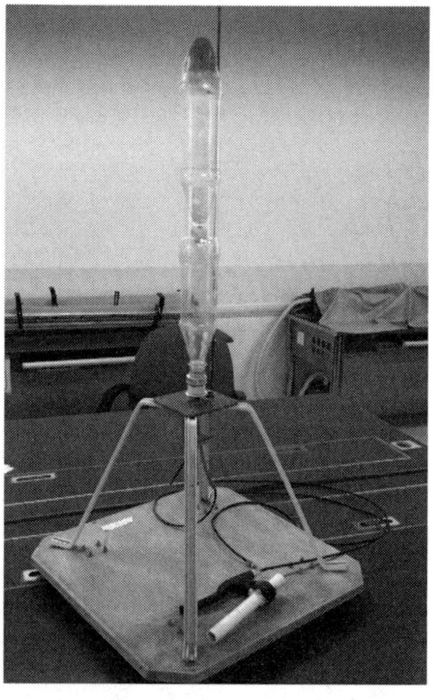

图 6-31

二、生活中应用频闪的装置

（1）地铁隧道壁上若张贴常规广告，从高速行驶的车厢中看去会是模糊一片。现在有一种由 LED（发光二极管）电子屏组成的广告屏，能让乘客从车中看到“静止”的图像，图文清晰且无拖尾现象。可让学生解释这种装置的工作原理。

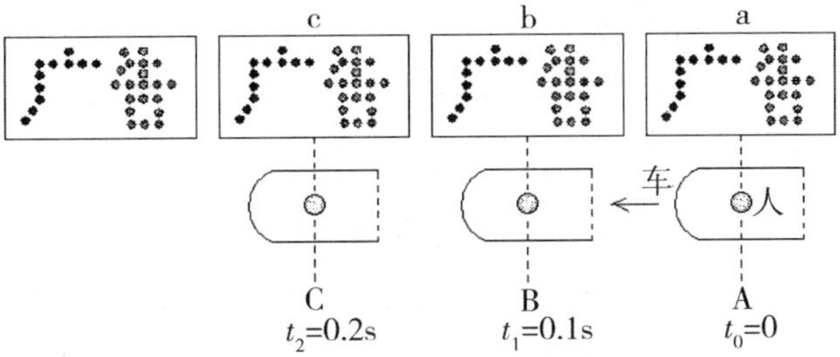

图 6-32

这种广告屏由一系列沿水平排布、样式相同的电子屏组成，各个屏的中心距离须配合一定的车速进行设计。要思考下列问题：屏上的 LED 是持续发光还是按一定频率闪光？每次发光的时间是很短还是较长？相邻两次发光的这段间隔时间内车厢的位移应是多少？人眼的“视觉暂留”起了什么作用？假设车速为 20m/s，相邻广告屏中心距为 2m 时，屏的闪光频率应为多少？建议借助图 6-32 来分析，并可参阅第三章第二节“一、频闪技术的应用”。

如果看到上述广告屏的图像缓慢前移或后退的现象，思考是什么原因造成的。

（2）在某些商业或公关活动中，会见到如图 6-33 所示的“LED 魔球”。在球形玻璃壳内中央装有一个绕竖直轴高速（2300rpm）转动的支架，支架上装有许多 LED，发光时能显示静止或缓慢转动的彩色图文。图文的变化由计算机软件编程控制并存储在芯片中，可随时更换内容。建议学生从互联网上查找有关的资料并解释其工作原理。

图 6-33

三、半导体制冷元件的应用及其工作原理

1. 调研内容

要求学生观看实物，阅读说明书和技术资料。建议拟出下列调研题目：

（1）传统的家用电冰箱和空调都是利用什么装置来制冷的？这种系统主要是由哪些部件组成的？制冷的原理是什么？这种系统存在哪些不足？（可从结构的复杂性、体积、耗能、环保等方面考虑）

（2）家用冷热饮水机、车载小型电冰箱是用什么装置来制冷的？这种系统主要是由哪些部件组成？能否设法看到这些部件？制冷的原理是什么？主要有哪些优点？

2. 半导体制冷原理简介

1834 年法国物理学家 J. Peltier 发现，电流通过由两种不同金属相接而成的回路时，在两种金属导体上除了产生与电流方向完全无关的焦耳热以外，还在接触点发生与电流方向有关的热量的放出或吸收，一个接触点放出热量，另一个接触点吸收热量。这种现象称为帕尔帖效应。

帕尔帖效应的物理原理是载流子在导体中运动形成电流，由于载流子在不同的材料中处于不同的能级，当它在接触点从高能级向低能级运动时，就会放出多余的热量；反之，就需要从外界吸收热量，即表现为制冷。

但是纯金属的热电势差较小，并且导热性能好，所以制冷效率极低，还不到 1%，不实用。20 世纪，科学家发现某些半导体材料具有高热电势差和低导热性，可以用来制成小型的热电制冷器。

3. 常用的半导体制冷元件

常见的半导体制冷元件的外形如图 6-34 所示，称为半导体制冷片。两条导线分别连接直流电源的正负极。半导体制冷片的内部结构如图 6-35 所示，上下两面是两片白色的陶瓷片，中间有若干个由 N 型和 P 型的碲化铋半导体材料

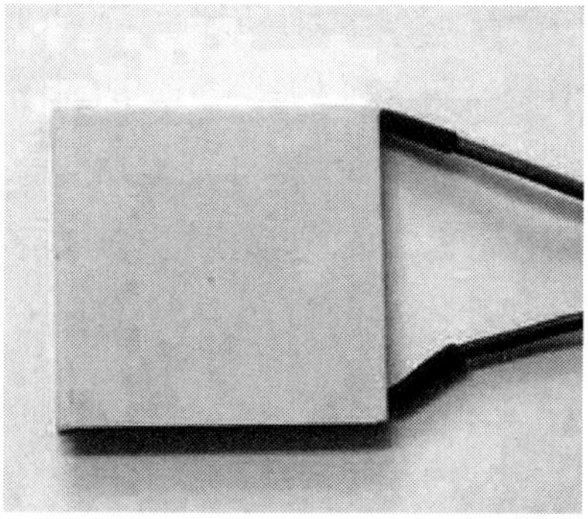

图 6-34

制成的小元件，用金属导体片将这些半导体小元件连接成串联形式的电路，相邻的一块 N 型半导体材料和一块 P 型半导体材料连接成电偶对。在这个电路中接通直流电流后，电流由 N 型元件流向 P 型元件的接头吸收热量，成为冷端；电流由 P 型元件流向 N 型元件的接头放出热量，成为热端。吸收和放出热量的多少是由电流的大小以及电偶对的数目来决定的。制冷片内部有上百对电偶连成的热电堆，以达到增强制冷的效果。

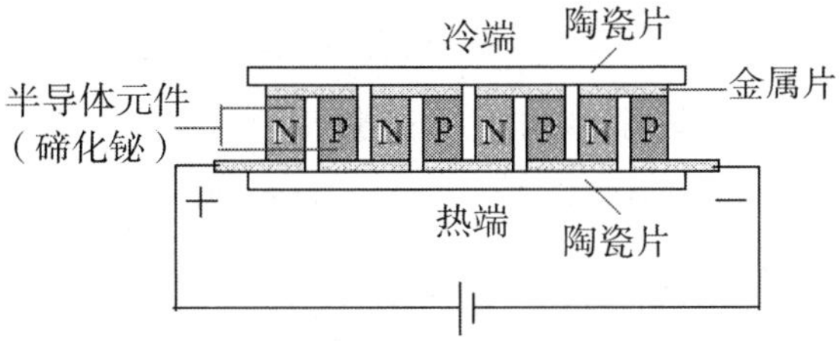

图 6-35

区分制冷片的热端和冷端的简单方法：一般的半导体制冷片的额定工作电压为 12V，短时间内加上小于 12V（如 6V）的直流电压，用手可立即感觉出冷端和热端，即可分别标记出来；如果使电流反向，结果则相反。

4. 半导体制冷片的使用

将半导体制冷片两面的陶瓷片涂上导热硅胶，夹在两个散热片中间，再将两个散热片固定住，就可以使用了。热端要使用面积较大的散热片，放在冰箱外，并安装小型风扇来加快散热；冷端放在冰箱内，这样做成的车载冰箱，可以获得比外界环境低 25℃ 的温度差。在物理教学中可配合温度传感器来观测水的凝固和冰的熔化过程，但需要用水流对热端的散热片进行冷却。

5. 用制冷片做探测热辐射的实验

实验原理是利用制冷片产生的塞贝克效应（即温差电效应，是帕尔帖效应的逆效应），此时制冷片就成为一个灵敏的温差电堆。北京市大峪中学汪维澄老师采用了如下实验方法：将半导体制冷片的两根引脚与直流微安表或数字电压表连接，再将热源（人手或白炽灯泡）靠近（不要接触）制冷片的某一面，就能够显示出几微安的电流或几毫伏的电动势。

四、组装太阳能充电器和太阳能路灯模型

1. 最简单的手机充电器

手机中锂离子电池的标称工作电压为3.7V（或3.8V）。可以选用标称输出电压为5V、电流约200mA的光伏板 *G* 和二极管D（型号如1N4007）组成最简单的充电器给电池充电，如图6-36中虚线框所示，*E* 为被充电的电池。二极管D是不可缺少的，因为它的作用是防止在充电过程中由于光照不足导致光伏板的电压小于被充电电池时电流从电池倒流回光伏板。

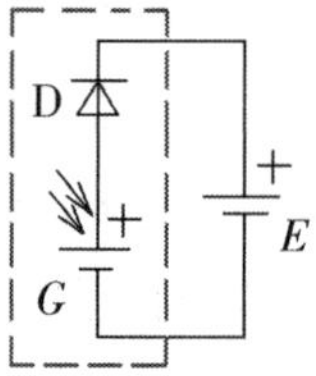

图6-36

市售较好的成品充电器内部装有专用电路，可实现恒流充电，并控制充电电压不超过锂离子电池的允许值，以避免因过充电而损坏电池。

2. 常用的太阳能路灯模型

太阳能路灯的工作模式是白天将光伏板获得的电能储存起来，到夜间将储存的电能释放供给LED灯。

通常是用化学电池储存电能。图6-37所示电路是一种最简单的模型，*E* 为被充电的电池，使用的二极管D、光伏板 *G* 和电池 *E* 与图6-36所示实验元件相同。电池也可以改用7号镍氢电池，但须改用标称输出电压为3V的光伏板。白光LED要串联限流电阻 *R*，其阻值的选择可参照第三章第三节“二、二极管的特性和发光二极管的应用”中介绍的方法；也可用几只同规格的LED并联。

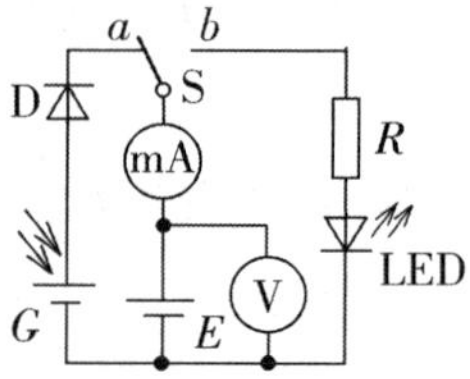

图6-37

白天在阳光照射下，光伏板的输出电压大于被充电电池的电压（差值要大于0.7V）。如图6-37所示，将开关S接通 *a* 点，则二极管D导通，开始给电池 *E* 充电，由电压表可看到电池 *E* 的两端电压缓慢增大，且充电电流缓慢减小。夜间（实验时可用不透明物遮挡光伏板）改将开关S接通 *b* 点，则电池使白光LED发光，能在较长时间内照明，由电压表可看到电池的输出电压会缓慢地下降，放电电流也会缓慢地减小。

开关S接通 *a* 点，试用半透明物遮挡光伏板，使照到光伏板的阳光减弱，观察二极管D起了怎样的保护作用。然后去掉此二极管，从电流

表观察光照减弱时电流从电池倒流回光伏板的不良现象，由此加深学生对二极管保护作用的理解。

3. 用超级电容器储存电能的方案

图 6-37 所示的光伏供电系统整体来讲并不利于环境保护，因为蓄电池仍会造成环境污染，所以可以让学生提出不同的解决方案。其中一种解决方案是改用超级电容器代替化学电池储能，电路如图 6-38 所示。C 为“10~200F　2.7V”的超级电容器，注意其极性勿接反，G 为标称输出电压 3V 的光伏板，还有红光 LED 和约 200Ω 的限流电阻 R。关于超级电容器，本书第四章第三节“六、电容器的充放电”有简略介绍。

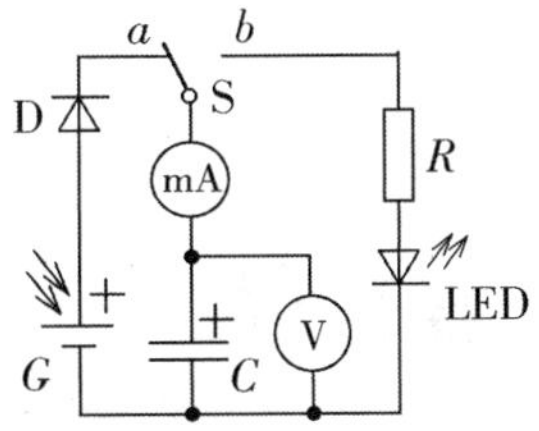

图 6-38

该实验操作方法与前一项实验相同，但发现放电时电容器两端电压下降得相当快，LED 亮度也较快地变弱。对于这个问题，可以探索使用稳压芯片来解决。

这种储能方式有利于保护环境，但储存同样电能所需的超级电容器价格太高，目前还难以推广应用。

第七章　实验误差和数据处理的教学研究

实验误差和数据处理是个相当复杂的问题，近二三十年来国际上又有新的概念和理论提出。大学物理实验教材中将实验误差和数据处理列为重要的专题做详细讲述，并且在学生实验中进行严格的要求，因为它关系到实验结果的优劣，也是设计实验方案的必要依据。历来在初中只是要求学生形成粗略的概念和懂得简单的计算方法，高中物理课本则介绍了一些基础知识和方法，既对初中的知识有所提升，又为大学的学习做好铺垫。

实验误差和数据处理的教学，一直是高中物理教学中的一个难题。其实形成科学的概念并不难，但学生却容易受到某些习惯上的模糊认识的干扰。让学生掌握初步的规则和方法也不难，但有些教师却不敢严格要求甚至放弃要求。习题和考试中或是很少对此有要求或是将规则僵化，也对教学产生了负面影响。此外，一些教师也缺少这方面的经验。对此，如何把握教学的尺度和采取哪些积极有效的教学方法以利于学生养成全面的实验素养，确实需要认真研究。

本章仅就中学课程涉及的若干问题做相关研讨，这些往往是课本或一般参考书中未曾论及的。有意愿深入研究的读者请参阅朱鹤年教授所著《物理测量的数据处理与实验设计》（高等教育出版社）。

第一节　实验误差

一、误差的概念和表述

误差的概念在课本中已有较多的阐述，本书只讨论高中学生需要明确的几个问题。

1. 测量不可能绝对准确，因此一个物理量的测量值与其真实值总会有些差异，这个差异称为误差。因为真实值是测不出来的，所以误差的确切值不可得知，只能依据实际情况估计误差可能有多大，即在取某种可置信概率的情况下测量结果的不确定度。例如，用毫米分度的钢直尺测量中学实验的单摆摆长，由于难以准确判定悬线的起点和终点的位置以及摆线可能发生的伸缩，故在最不利的情况下，某一次测量的结果可能最大有±2mm 的误差。

2. 很多情况下需要标明测量结果的误差，且应当养成这个习惯。如上例测出摆长 $l=78\text{cm}$，要写作 $l=78.0\pm0.2\text{cm}$。

3. 评价测量结果的准确程度时，只知道误差的绝对值往往是不行的，通常还要看相对误差的大小。例如，上述摆长值的相对误差 $e=\dfrac{0.2}{78.0}\approx0.26\%$，可认为测量结果是相当准确的；若测得某个电阻器阻值为 $2.5\pm0.1\Omega$，则 $e=4\%$，其测量结果可能不太令人满意。

4. 误差的合成

间接测量结果的误差是各个独立直接测量结果误差的合成，且要考虑最不利情况下各种误差的合成。较粗略的估算，可采用算术合成的方法，高中常用的是加、减、乘、除、乘方、开方运算。相关的计算公式在许多书籍上都有介绍，本书不再赘述。

5. 偶然误差和系统误差

偶然误差的特点是具有随机性，对于大量数据是服从统计性规律的。

系统误差的特点是具有单一的倾向性，在同样条件下多次重复测量的结果总是大于真实值或总是小于真实值。

测量时，上述两种误差往往是同时存在的。

二、产生误差的原因和处理对策

1. 要从实际情况具体分析产生误差的原因。主要有以下几方面：

（1）测量仪器本身构造不完善。例如，天平的两臂不等长，会造成其平衡时砝码与被称物体的质量不相等；电子计时仪器内部时基电路的频率漂移，导致测出的时间不准确；测力计弹簧的伸长与拉力不严格成正比。再如，磁电式电流表内动圈所处的磁场各处的强弱不完全一样，游丝的扭转力矩与扭转角度不严格地成正比等原因都会造成指针偏转的角度与电流不严格成正比，称为电表的线性不良。装配电表度盘时，盘上刻度线所指的圆心与指针转动轴的圆心未完全重合或者等分刻度线的间隔不均匀也会导致电表线性不良。在未做校正的情况下，线性不良通常呈现随机性。此外，磁电式电流表中永磁体磁性衰退或受外界磁场干扰，分压或分流电阻器变值等，会使所有的示值都偏小（或都偏大），这些都是系统误差。

（2）环境的影响。例如，钢尺的热胀冷缩，交流市电频率不稳定导致打点计时器打点周期的变化，量热实验中容器内的物体与外界空气之间的热传递。

（3）人的生理局限性和心理特点。例如，按压秒表的反应滞后或超前，读电表指针位置时视线偏斜，估计仪表刻度读数时习惯性的偏差，靠目测判定光屏位于何处成像最清晰。

（4）测量原理和方法的缺陷。例如，用传统的连接体运动验证牛顿第二定律时，认为细线对滑块（或小车）的拉力等于牵引物的重力，并且忽略定滑轮（可能还有小车轮子）的转动惯量（详见第三章第二节“二、两个力学基础定律的探究”）；测量自感系数时忽略线圈导线的电阻而将其视为理想的电感元件；用落体仪测量钢球下落时忽略电磁铁剩磁的影响（详见第四章第三节“二、自由落体运动”）。

2. 怎样减小偶然误差。

对同一个物理量，多次测量取算术平均值是减小偶然误差最简单的对策。高中学生还要学习用最小二乘法对实验数据做拟合来减小偶然误差，详见本章第三节。

3. 怎样减小和修正系统误差。

要通过理论分析或实验检测找到误差来源，对症下药。可以改变测量条件和方法来减小或避免系统误差，还可以对误差做修正。

4. 对偶然误差和系统误差的区分不可绝对化。例如，线性不良是电表（仪器本身）构造的缺陷，本质上属于系统误差，但是它通常会出现某些示值偏多而另一些示值偏小的现象，未经多点检测和修正，并不知道各值偏差如何，只能当作随机性误差来对待。因此用伏安法测电阻时，应当在电压表和电流表的表盘上大范围（从左到右）地多取几组数据，则偏大和偏小的概率都会出现，可以起到一定程度的抵消作用。

5. 仪表本身准确度的定义和表述。

关于仪表的准确程度，生产商会在仪表上标出等级（如 0.5、1.0、1.5、2.5、5.0），或在说明书中写出它在标准环境下可能产生的最大误差（称为允差）的数值。例如，中学生常用的指针式电流表为 2.5 级，其允差为全量程值的±2.5%，当取用 0～0.6A 量程时，任何示值的允差都是±0.015A，因此测量值越接近满量程值时相对误差越小。又如，指针式多用表欧姆挡的准确度是以其刻度的弧长定义的，若为 4.0 级，则表示任何示值的允差都是 0～∞刻度全弧长的±4%，即不同示值时对应的电阻误差绝对值是不同的。

对于数字式电表，允差由显示值的百分比和末位数几个字两部分组成。例如：某种“$3\frac{1}{2}$位”普通数字表的直流 200V 量程的允差为±(0.5%+2 字)，当测量显示为 87.3V 时，允差为±(0.5%×87.3+0.2) V≈±(0.44+0.2) V，即约为±0.6V；其电阻挡 2kΩ 量程允差为±(0.8%+3 字)，当测量显示为 1.259kΩ 时，允差为±(0.8%×1.259+0.003) kΩ≈±(0.0101+0.003) kΩ，即约为±0.013kΩ。

需要指出，允差并非实际的误差，状态良好（如新出厂）的仪表实际误差要小于允差。欲知实际误差，通常要到计量管理局与标准仪表进行校对。

要明确误差与仪表的精度相关，但两者是不同的概念。例如，某个指针式电流表刻度的最小格为0.01A，称为它的分度值（也有人将其叫作该电表能“准确到0.01A”），反映的只是它的读数精度，而非实测时的误差大小。

第二节 有效数字

一、有效数字的概念和表述

1. 既然测量有误差，那么就应当用合理地限定其位数的一个数字来表示这个测量结果，以便正确地反映其精确程度。通常约定测量数据的最后一位数字是误差所在，于是将若干位可靠数字和末位有误差的数字组成有效数字。测量数据都要用有效数字表述。

2. 有效数字的位数是由测量的误差（不确定度）来确定的。直接测量结果可以从实际情况估计误差，间接测量结果的有效数字则要经过误差合成的计算来确定。

3. 要正确使用数字“0”来表述有效数字。数字最前面的“0”是为小数点定位的，不是有效数字，末尾的“0”能表示误差所在，是有效数字。对于特别大和特别小的数字，要采用科学记数法表述。

例如，用透明的毫米刻度尺压放在打点纸带上测量点迹间的距离 s，在正常的照明条件下凭借视力估读，误差可以不超过±0.1~±0.2mm。读得某个距离 $s_1=15.3\text{mm}$，是三位有效数字，若改写为 0.0153m、0.0000153km、1.53×10^{-5}km 或 $1.53\times10^{4}\mu$m 仍是三位有效数字。若看到纸带上另一个距离“恰好”为 27 分度，则应记为 $s_2=27.0\text{mm}$，因为估读的“0”是有误差的数字；如果写成 $s_2=27\text{mm}$，“7”就成了有误差的数，与实际测量的准确程度不符，表述了错误的信息，若写成 27.00mm 也不正确。再如，常将打点计时器的打点周期写作 $T=0.02\text{s}$，并不能表示其有效数字，因为 T 取决于交流市电的频率 f，但是严格地讲市电频率并非理想的准确值 50Hz，而会有微小的误差和漂移。例如，北京市某时的交流电频率 $f=49.98\text{Hz}$（查询国家电网公司得到），有 0.04% 的误差，则相应地 T 也有 0.04% 的误差，即±0.000008s，则应将打点周期写作 $T=0.020008\text{s}$，或 $T=0.02001\text{s}$。

4. 一般情况下可以粗略地认为，位数较多的有效数字其相对误差也较小。例如，273.6mA 与 40.1mA 相比较，前者的相对误差较小。但是也未必完全如此，例如 100. 3±0. 2Ω 与 99. 7±0. 2Ω 相比较，前者的有效数字虽然比后者多一位，但它们的相对误差却几乎是一样大的。

二、有效数字的运算和取舍

1. 间接测量时有多个数据参与运算，它们各自的有效数字必然会影响最终运算结果的有效数字位数。但运算结果往往会显示出较多位的数字，显然其中有些是无效的，应当根据误差的合成来决定取舍。使用计算机处理数据时会得出最终运算结果的标准差，则可依据标准差来决定，即取标准差的首位数所在的位作为运算结果有效数字的末位，其后的数字都舍去（后文图 7-1 介绍了一个具体的事例）。手工处理时，为了少做徒劳的运算，规定了一些简单易行、粗略的运算规则，很多教材中都有介绍，本书不再赘述。对于中间运算的结果，为了避免增加误差，可暂时多取一位有效数字。

2. “四舍五入”是中学里传统的数字修约规则。但对于大量尾数分布概率相同的数据，其实这样并不太合理，因为总是“入”的概率大于“舍”的概率。解决的办法是改为“四舍六入五凑偶”，使“舍”与“入”的概率相同。例如：

（1）将 7. 124…取三位有效数字为 7. 12，即“四舍”。

（2）将 7. 126…取三位有效数字为 7. 13，即“六入”。

（3）将 9. 725…取三位有效数字为 9. 72，即 5 前一位为偶数 2，则舍去 5。

（4）将 9. 735…取三位有效数字为 9. 74，即 5 前一位为奇数 3，则“五入”凑成偶数 4。

第三节 数据处理

一、处理数据的几种方法

1. 列表法

初中开始学习这种方法，高中继续应用。设计的表格要遵循一定的规范，便于记录、搜索和分析。

2. 代数法

这是最常用的基本方法。一般要先导出用直接测量的各个量来表达所求量的公式，然后将测得的数据一次性代入，而不要逐步计算、“零敲碎打”。在某些情况下，推导公式时要巧用差值法消去不易测出的常量，这在第四章第三节“二、自由落体运动”、第六章第四节“二、用形状不规则的摆锤组装单摆测定重力加速度”中都可见到。

3. 逐差法

逐差法能够消去未知的某些常量从而简化计算，还可以减小偶然误差。通常要采用分组隔项逐差法。逐差法适用于两个变量为一次或二次函数关系，数据组较多并且自变量做等间隔变化。例如，对于一次函数 $y=a_1x+a_0$，可经过一次逐差消去 a_0 从而求出 a_1；对于二次函数 $y=a_2x^2+a_1x+a_0$，可经过两次逐差消去 a_0、a_1 从而求出 a_2。

例如，用驻波法测声波波长时，采用一次逐差法就能避开未知的管口修正量，见第三章第二节“四、机械波的观测”。又如，依据打点纸带求匀加速运动的加速度，因为加速度是时间的二次函数，就要用二次逐差法，见本章第五节“三、由打点纸带求加速度的正规二次逐差法”。

4. 图线法

此法用途广、功能强，很多课本中对此都有详细介绍，下面只着重说明几个问题。

（1）测量样本的选取

样本的选取会影响能否准确地描绘图线和显示物理规律。通常习惯于先将 x 轴的变量做等间隔分布来取点，此法对线性函数适用。而对于曲线则需依据其特征来选取，如曲线弯曲程度大处取点要密集些，某些特殊情况下要先在不同区间将 y 轴的变量取合适的间隔，详见第三章第三节“二、二极管的特性和发光二极管的应用”。

（2）依据数据点做拟合的原则

有一种传统的说法是要让描绘的图线通过较多的数据点，并且使其余的点大体均衡地分布在图线的两侧。仔细想来，这对于有足够多的数据点并且离散性极小的情况或可实现，如第五章图 5-27、5-28、5-29。一般地说，最简单的方法是依靠直觉做手工拟合，更好的方法是利用计算机软件，依据最小二乘法，使拟合结果的随机性误差最小。计算机拟合得到的图线也可能只通过少数数据点，但却是最佳拟合，如本章图 7-15、第四章图 4-18、第六章图 6-12。

（3）曲线改直

对于非线性函数，可以采用改换变量的方法将原函数化为一次函数的形式，即曲线改直。这往往会有利于判别物理规律（特别是两个变量是否成正比）及求出某些常量。

（4）特异数据的判别和取舍

实验中可能出现个别数据明显偏离群体的趋势。对待这种可疑数据，首要的是对它进行重新测量。如果发现是人为失误或装置及仪器故障造成的，就可以得到纠正。但也可能是某个区间存在未能预计的特殊规律，则需要在它附近再加测一些数据来观察和分析。如不能重做测量，再考虑对此特异数据的取舍，要分析它是否超出测量误差的范围而慎重决定。

（5）图线的应用

基本知识在课本中已有介绍，下面只谈几个特殊问题。

①用外推法求相关的物理量

对于无法由实验直接测出的量，可以由相关的图线用外推法得出。常见的是用直线外推，例如，由 $\bar{v}-\Delta t$ 图线求瞬时速度，见第四章第三节“一、瞬时速度概念的引入和测量”；由 T^2-m 图线求弹簧振子中弹簧的等效质量，见第六章第四节“四、研究弹簧振子的周期，测定物体的惯性质量”。也可靠直觉依据曲线变化的趋势外推，例如，由太阳能光伏板的 $U-I$ 图线求它的短路电流，见第三章第三节“三、太阳能光伏板的性能和应用”；由 $R-I$ 图线求钨丝灯泡的冷态电阻（即无电流通过时的电阻），见本章第五节“六、外推法求钨丝灯泡的冷态电阻”。

②由图线所包围图形的面积求相关的物理量

实验测出的图线与坐标轴所围成的图形的面积往往具有某种物理意义，可加以利用。例如，由物体碰撞的 $F-t$ 曲线与横轴围成图形的面积求出冲量，见第三章第二节“二、两个力学基础定律的探究”中的动量定理实验。又如，由电容器的充电或放电的 $I-t$ 曲线与横轴围成的面积求电容器充入或放出的电量，见本章第五节“五、由充放电曲线求电容器的电容”。

③由实验图线获取经验公式

有些图线难以知道它的理论公式，则可以试着用较简单的函数做近似的拟合而得到某种数学模型，称为经验公式。工程上常用到这种方法，例如钨丝灯泡的伏安特性，详见本章第五节“七、钨丝灯泡伏安特性曲线的描绘及其经验公式”。

④用图解法求电路的工作状态

由于非线性电学元件的特性没有现成的公式来表述，通常只能用图解法来确定含有非线性元件电路的工作状态。例如，求钨丝灯泡与降压电阻的串联电路、发光二极管与限流电阻的串联电路中的电流和电压，见第五章的图 5-14 和第三章第三节“二、二极管的特性和发光二极管的应用”。

⑤如何由图线判定两个变量成正比

理想的情况是该图线为直线并且恰好通过坐标原点，但实验误差会造成该直线在坐标轴上有一个截距 b。不能仅凭感觉认定 b 值可否忽略，而应当利用计算机软件用统计方法来解决。

二、学习手工处理数据的必要性和要求

用手工方法处理数据可以使学生直接了解和掌握处理数据的原理、方法、过程和规范。这是一项基础的实验素养，不可忽视。

与数学课有所不同，物理实验课手工绘制实验图线使用的坐标纸的尺寸不可随意选取。坐标分度的大小应当遵循不损伤数据精度（有效数

字）的原则，按照实验数据的实际情况而定。通常还要使图线大体充满纸面，并且纸的纵横比例差不多，这样看起来比较舒服。绘图时，通常要用细铅笔以尽可能小的圆点（或“×”形）标出各个数据点。以上要求详见本章第五节“七、钨丝灯泡伏安特性曲线的描绘及其经验公式”。

手工处理数据方式适合少量数据的简单处理。手工绘制图线处理数据要靠人的直觉做拟合，这或多或少会带有主观随意性，但用来描绘暂时没有设想的数学模型的物理规律却是适合的。如果要寻求确切的数学关系，最方便的方法是做线性拟合，所以常采用改换变量的曲线改直法。

三、用计算机处理数据

此方法适用于大量数据的复杂计算和分析判断。对于中学物理实验，常见的电子表格软件 Excel 易学易用，其功能基本能满足一般的学习要求，只是缺少某些拟合函数。本书仅简述几点。

1. 图线的绘制

使用计算机软件绘制实验图线非常便捷。但须注意，对于未能确定数学模型的图线，在使用 Excel 软件的“平滑线散点图”绘制时，它的功能是逐点连接，不能起到抵消随机性误差的作用，若实验数据不够密集或随机性误差较大，就会呈现时凸时凹的不良形状，难以平滑地表现出正确的规律，详见本章第五节“七、钨丝灯泡伏安特性曲线的描绘及其经验公式”中图 7-10。

2. 做函数拟合

对于能预知理论公式的实验图线，可以经过拟合来验证，或求出相关的物理量。对于未知理论关系的，则可试探用不同函数来拟合从而发现某种规律，详见第五章第三节“二、探究单摆的周期与摆长的关系，测定重力加速度”，或可选择较近似的拟合以获得经验公式，详见本章第五节“七、钨丝灯泡伏安特性曲线的描绘及其经验公式”。

3. 由图解法求某些特殊的物理量

例如，物体碰撞时产生的冲量是难以用公式计算的，但能够由实验测出的 F-t 图线与横轴围成的图形面积得出，见第三章图 3-11。需要说明的是，在图线的函数式未知的情况下，计算机并非用积分式来计算图形的面积，而是由计算机按采集数据点的间隔时间 Δt 将该图形分割为许多细小竖立的条形，分别算出每个条形的 F 与 Δt 的乘积再求和。

4. 误差的估算

用 Excel 软件先建表来记录实验数据，然后选择粘贴合适的统计函数即可得到所需的误差值。常用的函数有 AVERAGE（算术平均值）、AVEDEV（平均偏差）、STDEV（标准差）、LINEST（线性函数趋势的参数）等。

5. 如何判定两个变量是否成正比

我们往往猜测（或预期）实验中的某两个变量存在正比关系，例如牛顿第二定律、单摆的周期与摆长的关系、理想气体定律、光的折射定律等实验。但是将实验数据做线性拟合得到的直线通常不能恰好通过坐标原点，这就要依据误差计算来做分析判断。方法是粘贴 LINEST 函数，在它返回的六个参数中，有该直线的截距 b 及截距的标准差 Δb。如果 $|b|<\Delta b$，则可认定在测量误差范围内 $b=0$，即此直线通过坐标原点，两个变量成正比。如果 $|b|>\Delta b$，则有两种可能，一是误差过大，需要改善条件重做实验；二是有另外的某种因素（常量）的影响，致使两个变量只是线性函数的关系，此时要找到其原因，建立新的函数式。

第四节 教学策略

误差、有效数字和数据处理的知识，在初中教材中很少介绍，高中教材中虽有所涉及，但始终是教学的难点。高中生应当并且需要掌握哪些相关的知识？教师如何把握教学的尺度和方法？大学教材中对此有专题论述，并在实验教学中充分运用，可供我们参考、借鉴。笔者通过多年的教学实践认识到，仿照大学教学将很多理论集中教学的方法收效不佳，因为学生缺乏亲身体验的具体事例来理解这些知识，所以将相关内容分散在各个年级的不同实验中，让学生逐步掌握的做法才符合高中生的认知规律。下面谈一些认识和教学经验，并在下节的案例中做具体分析。

一、误差的教学

实验教学中不应该刻意回避或掩盖误差，要让学生直面现实，经常去观察和感受误差，并采取科学的态度来对待误差。

学生在初中时往往笼统地将误差来源归结为“仪器不准确，操作不熟练”。高中教学时则应当要求他们能够明确地从物理条件和心理因素等方面对误差提出具体的分析说明。这比学习复杂的误差计算更形象，更容易接受，也更实用。必须安排学生通过典型的实验亲身体验减小误差的措施，而不是只停留在纸面的讨论上。

教师要善于运用生活中的事例来引入误差的概念。例如，买一棵几斤重的大白菜差一两，顾客往往不会计较，若买二两茶叶也差一两，就不可容忍了。这就体现了相对误差和绝对误差意义的不同。

学习误差合成的知识时重在形成概念，可不做严格的数学证明，会做简单估算即可。具体事例见本章第五节“二、伏安法测电阻的误差和有效数字”及“四、由误差判定向心力公式是否得到验证”。

教师要克服教学中的一种偏向，即侧重于从理论上分析系统误差，并编写形形色色假想的习题，而缺乏真实的体验。教师要引导学生从实际出发，开拓思路，避免僵化的认识和教条的束缚。例如，伏安法测电阻，许多书中都要求必须在内接和外接两种方法中选择其一，其实还有第三种情况——上述两种方法的结果都不好。因此，教师有必要在实验中设置上述三种情况，让学生看到实验中出现的不同误差并提出相应的解决对策。

关于验证性实验是否成功的判定，课本上常说如果两个相关量的差值在实验允许的误差范围内，就可以认为它们是相等的，于是定理或公式得到验证，那么“允许的误差范围”是多少？有一种观点是在高中的实验条件下可以约定为不大于±5%。这样是否合理？笔者觉得不宜人为地做简单的规定，而要依据实验的具体情况，经过误差合成的估算得到两个量各自的真值的存在范围，看两者是否有重合，进而做出判定。让学生学习这样的方法的确有困难，但教师是可以掌握的。教师可以据此判定学生的实验是否成功，或者能够发现课本中某个验证性实验课题在给定的条件下是否可行。本章第五节“四、由误差判定向心力公式是否得到验证”介绍的是一种较简单的情况，对于复杂的情况（如在碰撞过程中验证动量守恒定律）可以不做误差合成的计算，而是由教师先精心地做几次实验，看看误差可能达到怎样的程度，以此指导和评价学生的实验。

二、有效数字的教学

现在的初中教学对有效数字没有要求，但适当地通过实例渗透一些初步的概念还是有益的，至少也要避免出现与之相违背的事例。

高中课本正文和习题中一般都不使用有效数字，学生对此已经形成习惯。所以教师要在实验课中下大力气进行有效数字的教学，让学生能够用有效数字表述测量结果。首要的是教师自身要养成自觉运用和书写有效数字的习惯，给学生做示范，例如不要随手就写出“$s=5\text{cm}$、$I=0.2\text{A}$”等测量数据，试想仅仅一位有效数字的量值有怎样的准确度可言？

教师还要通过具体事例让学生体会有效数字位数与相对误差的关系。

例如，显示位数多少不同的数字电压表（如$3\frac{1}{2}$位和$4\frac{1}{2}$位），哪个可能测出相对误差较小的结果？具体测量某个电压时应如何据此来选择合适的量程？

教学中遇到的一个难题是刻度式仪表的示值要不要估读，实践中常见到一些僵化的规定，例如毫米刻度尺和螺旋测微器必须估读到十分之一分度，指针式电表不许估读等，这些都是不妥的。笔者认为应当从实际情况出发，依据需要、可能、方便、合理的原则来灵活处理。以刻度尺为例：测量制作床单的布料尺寸时，误差不超过±1cm 即可，故只需要读到厘米位；测量课桌面的长和宽时，由于圆角的影响，不可能将刻度线对准桌面的边沿，从而会造成±1～±2mm 的误差，故只需读到毫米位；测量打点纸带上点迹间的距离，为了减小由它去算出的速度和加速度值的误差，就需要估读出毫米的下一位数（未必是$\frac{1}{10}$分度），如至少要估读$\frac{1}{2}$分度（0.5mm），较好的是估读$\frac{1}{5}$分度（0.2mm），若尺子刻度线很细并且人的目光锐利，也可估读到$\frac{1}{10}$分度（0.1mm）。又如，对于分度值为 0.02A 的电流表，估读$\frac{1}{2}$分度（0.01A）或$\frac{1}{4}$分度（0.005A）都是方便、合理的，若估读$\frac{1}{3}$分度或$\frac{1}{5}$分度就不可取了。总之，估读出的最小数字就是读数误差所在的那一位，要以此确定有效数字。需要指出的是，估读只是减小读数误差，并不能减小仪表本身的误差。

三、数据处理的教学

处理数据的关键是规范地记录数据。教师必须要求学生克服随手乱记，甚至造成原始数据丢失的不良习惯。

过去的高中课本中介绍的由打点纸带求加速度的一次分组隔项逐差法是不正规的，因为它实质上只利用了两组数据。正规的方法详见本章第五节“三、由打点纸带求加速度的正规二次逐差法”。

用图线处理数据是高中教学的重点，要使学生理解其原理，并且掌握规范的方法和几种常见的应用。要让学生学会相关计算机软件的使用，花十几分钟通过一两个具体的实例引导学生入门。

特异数据的取舍是个比较复杂、困难的问题，帮助学生理解和掌握的主要方法是重新测量来寻求原因。若是测量或记录错误则可予以纠正，若是暂时性的外界干扰也可能借此识别。在不能重新测量的情况下，则需通过误差估算来决定，而不应凭直觉处理。有鉴于此，不宜在考试题中要求学生对某个貌似特异的数据做出判别和取舍。

在中学用实验来验证某个定理是否成立，判定两个变量是否存在正比或其他数学关系时，需要该实验的误差足够小，这只有在少数情况下能够做到，所以教师要慎重选择课题，注意有些课本或习题中设计的这类实验是难以完成的。

第五节　案例研讨

一、油膜法估测分子尺度的实验误差

这是一个构思非常巧妙的实验，能够用简单的设备和方法估测出一种有机物——油酸分子的大小。油酸分子是长形的，一端是具有亲水性的羧基，另一端是具有憎水性的烷基。该实验的原理：必须使油酸在水面上形成有自由边界的油膜，这样的油膜是由大量直立在水面上的单分子层组成的，通过可测的宏观数据，求出油膜的体积和面积，最终得到微观的量值——油膜厚度，即分子的尺度。

现在用这个例子来说明在设计实验时如何体现控制和减小实验误差的思想。首先必须精细配置油酸的酒精溶液。用有刻度（分度值为 0.005mL）的移液管量取 0.100mL 油酸，注入标称 250mL 有刻度线的容量瓶中，此容量瓶测量容量值的误差可以小到 0.1mL。再加入无水酒精使油酸溶解，最后得到 250mL 的溶液。其次要用特别拉制的小尖口滴管向分度值为 0.1mL 的小量筒中滴入配置好的溶液，数出累积 1.0mL 溶液的滴数 n（n 最好能 $\geqslant 100$），从而尽可能精确地得出平均每一滴溶液中所含油酸的体积。容量瓶的规范使用方法请参看化学课本中的介绍。

由于每一滴溶液的体积不可能完全相同，所以要配置浓度较小的溶液和使用小尖口滴管，使得实验时要向水面滴下较多滴（如 4~5 滴）溶液才能形成面积足够大的油膜，体现了取平均值来减小误差的思想。当然与之相匹配，要选用口径相当大的容器使准备形成油膜的水面足够大，以不小于 300cm^2 为宜。

溶液宜现用现配，最好有学生参与。溶液不可长期保存，避免酒精挥发使浓度变化。有些厂家供给配好的溶液，但浓度过大，实验时只用 1 滴就能形成足够大的油膜，看起来操作简便，却牺牲了丰富的教育内涵——让学生思考产生误差的各种原因及相应的解决对策。

实验成败的一个关键是盛水容器的准备。要先用洗涤剂仔细清洗容器，去掉容器内壁附着的油污，再用清水冲洗干净。有的学生忽视这一项准备，导致滴入溶液后形成的油膜面积产生相当大的误差，甚至油膜与容器壁接触而形成非单分子层，导致实验失败。教师要引导学生从这种对小细节的疏忽造成大纰漏的事件中吸取深刻的教训。

关于对该实验结果的评价，有资料给出油酸分子长度的公认值为 1.12×10^{-7}cm，该实验的误差较大，可能达到±20%甚至更大些，该实验的意义在于可以由结果知道常见分子的尺度大小。若从误差的角度评价该实验，有人认为“只要结果的数量级是 10^{-7}cm 就可以了”，这种想法是不妥的，例如实验结果为 4.3×10^{-7}cm，虽然也与公认值在同一数量级，却大了 3 倍，难道还可以认为是良好的实验结果吗?

二、伏安法测电阻的误差和有效数字

在不考虑电压表分流或电流表分压所导致系统误差的条件下，伏安法测电阻所得电阻值的误差是电压值和电流值误差的合成，并且应当依据合成的误差来确定电阻值的有效数字。现以测量一组数据为例，只对随机性误差进行估算。设用分组实验用的指针式电压表（0~3V 量程）和电流表（0~0.6A 量程）来测量并做估读，得到 $U=2.85$V，$I=0.39$A。电表的准确度都是 2.5 级，即电压表允差为±0.075V，电流表允差为±0.015A。考虑人对两个电表的读数最大可能误差分别为±0.05V 和±0.01A。考虑最不利情况，依据误差合成有 $\frac{\Delta R}{R}=\frac{\Delta U}{U}+\frac{\Delta I}{I}=\frac{0.075+0.05}{2.85}+\frac{0.015+0.01}{0.39}\approx10.8\%$，初步计算 $R=\frac{U}{I}=\frac{2.85\text{V}}{0.39\text{A}}\approx7.3077\Omega$，所以 R 的误差 $\Delta R=10.8\%\times7.3077\Omega\approx0.8\Omega$。

现在误差出现在小数点后第一位，则最终结果应取 $R=7.3\Omega$，为两位有效数字，待测电阻的真值为 6.5~8.1Ω。

	A	B
1	次	电阻R/Ω
2	1	13.4
3	2	12.9
4	3	13.1
5	4	12.8
6	5	13.2
7	平均值	13.08
8	平均偏差	0.184
9	标准差	0.238747

图 7-1

在电表的上述量程内，在较大范围内测取多组 U、I 数据，做线性拟合或计

算 R 的平均值，都能够显著地减小随机误差。图 7-1 是一个最简单的例子，在 Excel 软件中列出同一个电阻器的五次测量数据，对它们粘贴 AVERAGE（算术平均值）、AVEDEV（平均偏差）、STDEV（标准差）函数，依据结果中标准差的数值（取 0.2）来确定有效数字位数，则最终应取 $R=13.1\pm0.2\Omega$。

三、由打点纸带求加速度的正规二次逐差法

某次实验打出的纸带如图 7-2 所示。

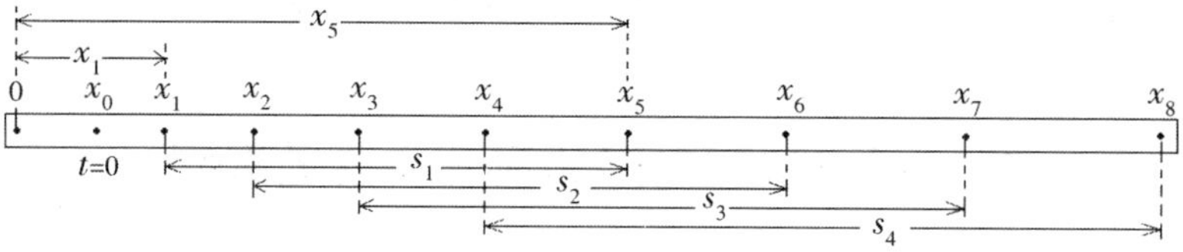

图 7-2

在纸带上有计数点 x_0，x_1，…，x_8，它们间隔的时间均为 t。取 x_0 点的时刻 $t=0$，速度为 v_0，则有：$x_1=x_0+v_0t+\frac{1}{2}at^2$，$x_2=x_0+v_0(2t)+\frac{1}{2}a(2t)^2$，…，$x_8=x_0+v_0(8t)+\frac{1}{2}a(8t)^2$。

先做分组隔项一次逐差，消去常数项 x_0，得到：$s_1=x_5-x_1=4v_0t+12at^2$，$s_2=x_6-x_2=4v_0t+16at^2$，$s_3=x_7-x_3=4v_0t+20at^2$，$s_4=x_8-x_4=4v_0t+24at^2$。

再做分组隔项二次逐差，消去变量 t 的一次项，得到：$\Delta s_1=s_3-s_1=8at^2$，$\Delta s_2=s_4-s_2=8at^2$。

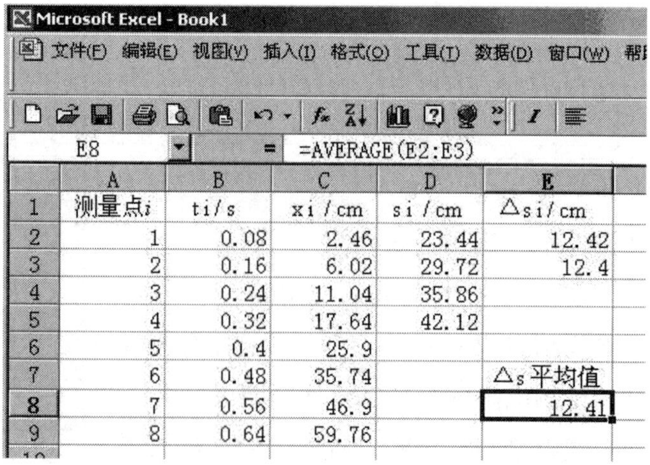

	A	B	C	D	E
1	测量点i	ti/s	xi/cm	si/cm	△si/cm
2	1	0.08	2.46	23.44	12.42
3	2	0.16	6.02	29.72	12.4
4	3	0.24	11.04	35.86	
5	4	0.32	17.64	42.12	
6	5	0.4	25.9		
7	6	0.48	35.74		△s 平均值
8	7	0.56	46.9		12.41
9	8	0.64	59.76		

图 7-3

最后由 Δs_1 和 Δs_2 的平均值计算出加速度 a 值。

图 7-3 是用 Excel 软件对某次实验数据列表做逐差计算的结果，得到加速度 $a=\frac{\overline{\Delta s}}{8t^2}=\frac{12.41\times10^{-2}}{8\times0.0800^2}\text{m/s}^2\approx2.42\text{m/s}^2$。

四、由误差判定向心力公式是否得到验证

实验数据见第六章第四节“一、用圆锥摆验证向心力公式”，依据误差合成的原理做估算。

F 值的误差：$\frac{\Delta F}{F}=\frac{\Delta H_1+\Delta H_2}{H_1-H_2}=\frac{0.7}{55.6}\approx1.3\%$，则 $\Delta F\approx0.2mR$。

$m\omega^2R$ 值的误差：$\frac{\Delta(m\omega^2R)}{m\omega^2R}=2\frac{\Delta t}{t}=\frac{0.2}{12.1}\approx1.7\%$，则 $\Delta(m\omega^2R)\approx0.3mR$。

依据绝对误差的大小，可知 F 的真值范围为 $17.4mR\sim17.8mR$，$m\omega^2R$ 的真值范围为 $16.9mR\sim17.5mR$。可看出两者的真值范围有交集（如图 7-4 所示）。于是得出结论：在误差范围内，等式 $F=m\omega^2R$ 成立，则向心力公式得到验证。

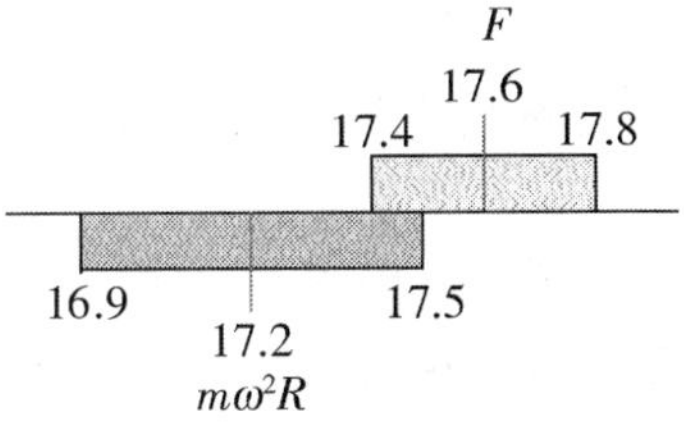

图 7-4

五、由充放电曲线求电容器的电容

1. 对充放电曲线做函数拟合

参照第四章图 4-25 的电路（去掉电压传感器），用数字化实验系统（DES）采集电容器 C 通过恒定电阻 R 充电和放电的曲线，如图 7-5 所示。

已知充放电过程中电流变化的理论公式为 $I=I_0e^{-\frac{t}{RC}}$，则可选用指数函数分别对充电的那一段数据和放电的那一段数据做拟合，见图 7-5，可得到函数式 $I_1=13.63e^{-2.255t}$ 和 $I_2=-13.64e^{-2.275t}$。对照理论公式可得到 $\frac{1}{RC}=2.255$ 和 $\frac{1}{RC}=2.275$，取平均值得 2.265，又已知该次实验中

$R=400\Omega$，即可求出 $C=1.10\times10^3\mu F$。

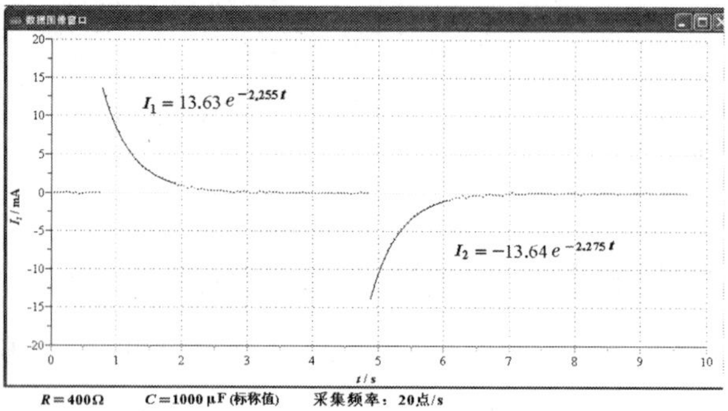

图 7-5

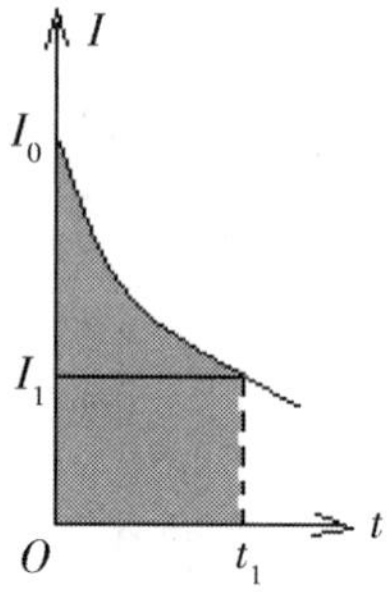

图 7-6

2. 由放电曲线和坐标轴围成的面积先求出放出的电量

由实验测绘出电容器的一段放电曲线如图 7-6 所示，初始电流为 I_0，经过时间 t_1 电流衰减为 I_1，则图中阴影部分的图形面积就代表这段时间内放出的电量 ΔQ。已知放电电路中的电阻为 R，则与之对应的电容器上电压的变化量 $\Delta U=(I_0-I_1)R$，于是可求出 $C=\frac{\Delta Q}{\Delta U}$。

求 ΔQ 的方法：在用手工采集数据和绘制曲线时，借助坐标纸的方格计算出阴影部分的面积；在用数字化实验系统（DES）采集数据时，利用该系统的“求积分”功能自动求出。

六、外推法求钨丝灯泡的冷态电阻

严格地讲，冷态电阻就是灯泡中无电流通过状态下的电阻。这是不能使用伏安法直接测出或欧姆表直接读出的，因为这些方法在测量时钨丝中都不可避免地要有电流通过。解决的方案是在电流很小的条件下测出若干组数据，画出 $R-I$ 曲线，然后靠直觉依据曲线变化的趋势做外推得到 $I=0$ 时的电阻值 R。

图 7-7 为实验电路，设计了由 R_1 和 R_2 分别做粗调和细调的分压电路。在 10~60mA 的小电流下采集了七组 I、U 数据，算出对应的 R 值，然后画出 $R-I$ 曲线，如图 7-8 所示，再做外推，画出图中的虚线，就得到灯泡的冷态（$I=0$ 时）电阻为 1.95Ω。

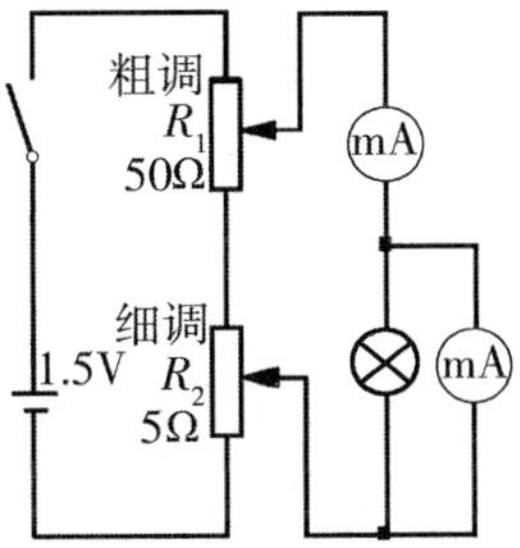

图 7-7

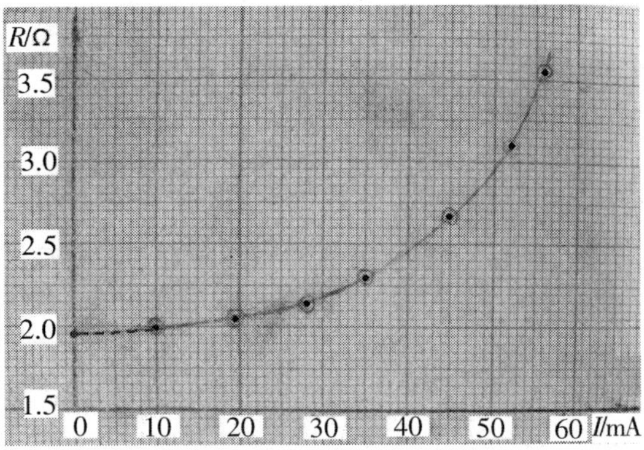

图 7-8

七、钨丝灯泡伏安特性曲线的描绘及其经验公式

1. 描绘图线

以第五章第三节“三、钨丝灯泡的伏安特性和应用”为例，当用手工描绘图线时，要先依据表 5-4 中数据的有效数字选择坐标纸建立坐标系，如图 7-9 所示。将横坐标 U 的范围取 0～8V（为方便实验的第二项做图解使用），每小格代表 0.1V，0～8V 为 80 小格。纵坐标 I 的范围取 0～0.3A，每小格代表 0.005A，0～0.3A 为 60 小格。然后在坐标系中标出表格中所有的数据点（黑色实心小圆点），画小圆圈可便于找到数据点的位置。可以看出在 0～1V 的区间中图线会有明显的弯曲，因而加测了 4 个数据点。

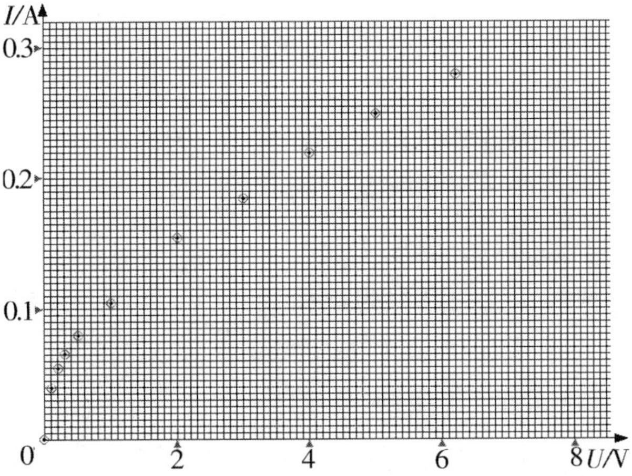

图 7-9

然后靠直觉拟合画出曲线，见第五章中图 5-13。要求图线平滑，呈现连续地单方向弯曲的倾向，无须通过每一个数据点。

对这种未能确定数学模型的图线不宜使用 Excel 软件绘制，因为 Excel 的“平滑线散点图”的功能是逐点连接的，若实验数据的随机性误差较大，就会呈现忽凸忽凹的不良形状，如图 7-10 所示。这不能起到抵消随机误差的作用，难以正确地表现出规律，因此可考虑改用具有平滑处理算法的其他软件。

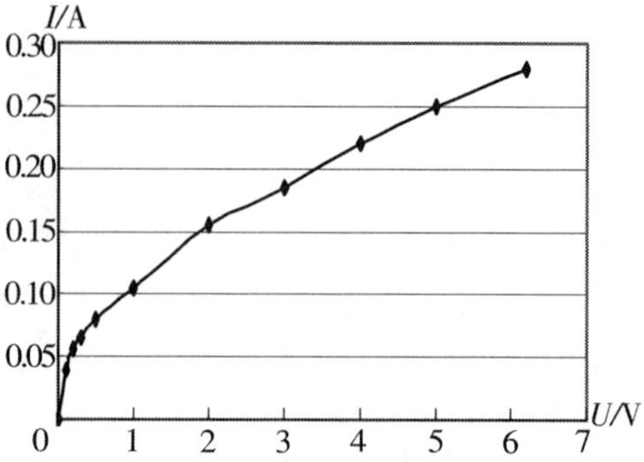

图 7-10

2. 获取经验公式

由于不知道钨丝灯泡 I-U 关系的理论公式，因此只能试用几种不同的函数对实验得到的 I、U 数据做拟合，以期得到能够粗略、近似地反映其规律的某种关系式。发现用幂函数 $y=ax^b$ 拟合的结果最好，如图 7-11 所示，对前述的灯泡得到的结果是 $I=0.114U^{0.469}$（$R^2=0.9968$），相关性比较好。

更为重要的是这个关系式的数学形式简单，物理意义明显：表明 I 与 U 虽成非正比关系但为正相关，并且当 $U=0$ 时 $I=0$，与实际的物理现象相符合。

系数 a 和幂值 b 的物理意义虽不好解释，但实测发现它们的数值与灯泡的构造和规格有关。

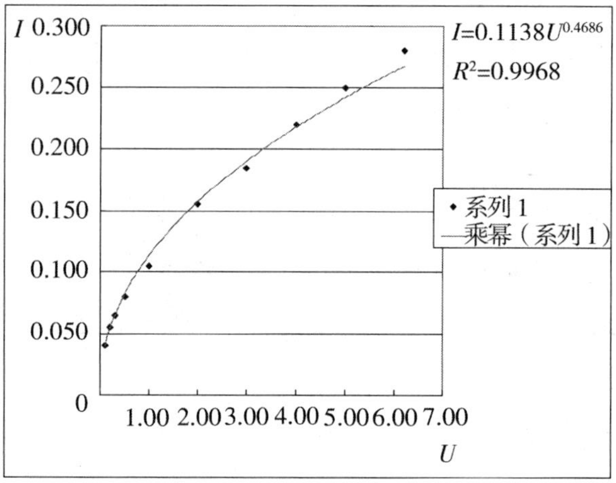

图 7-11

我们称这样得到的表达式为经验公式，只能在所测量的范围内近似适用。经验公式在许多工程技术中经常会用到，同一个系统在不同的工作区间可以拟合出不同的经验公式来近似表述变化规律。

八、判别单摆的周期与摆长的平方根是否成正比

实验见第五章第三节“二、探究单摆的周期与摆长的关系，测定重力加速度”。用 Excel 软件对某次实验数据做记录和处理，如图 7-12 所示。先做线性拟合绘出常规的 T^2-l 图线，可看到它与全部数据的相关性很好，并且非常近似地通过坐标原点。但将原点附近的图线放大或者根据拟合得到的函数式，就能发现图线并不恰好通过坐标原点，而有微小的截距 $b=0.0093$。然后粘贴 LINEST 函数，求出截距的标准差 $\Delta b=0.037$。现有 $b<\Delta b$，可认为在误差范围内图线通过坐标原点，从而得出“单摆的 T^2 与 l 成正比”或“T 与$\sqrt{l}$ 成正比”的结论。

单摆

	A	B	C	D	E	F	G	H	I	J	K
6	l/m	0.400	0.600	0.800	1.000	1.200	1.400		粘贴LINEST函数		
7	n	40	35	30	30	25	25				
8	t/s	51.4	54.3	54.1	60.7	55.4	59.5		4.059845	0.009323	截距
9	T/s	1.285	1.551	1.803	2.023	2.216	2.380		0.038371	0.036937	截距的标准差
10	T^2/s^2	1.651	2.407	3.252	4.094	4.911	5.664		0.999643	0.032103	

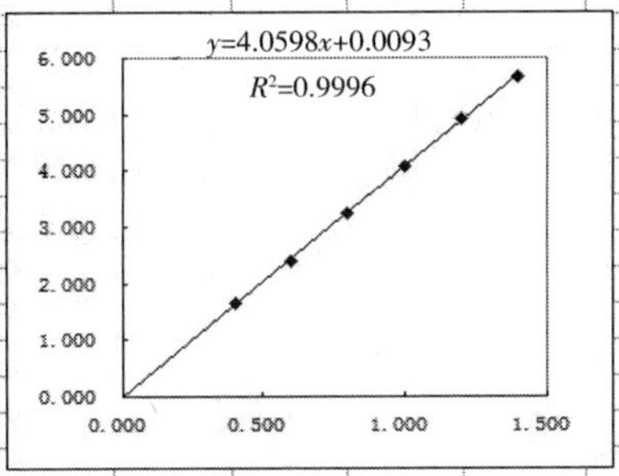

全部图线

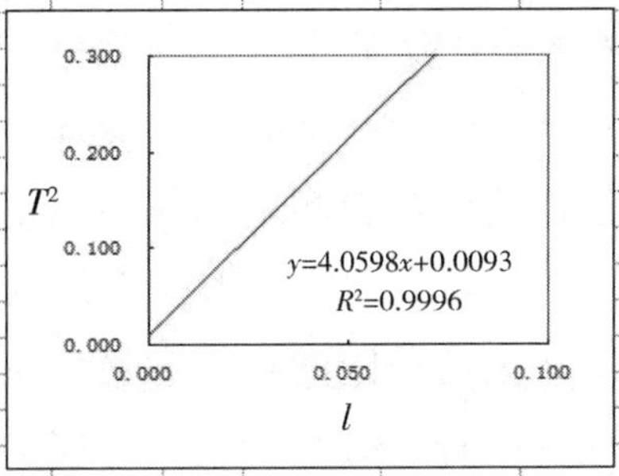

原点附近图线放大

图 7-12

该实验若出现 $b>\Delta b$ 的结果，可能是由于测量误差过大甚至某些数据错误（例如可能将振动次数 n 计错）导致实验失败，应重做。

九、寻求竖直弹簧振子的周期与振子质量的关系

实验见第六章第四节“四、研究弹簧振子的周期，测定物体的惯性质量”，用悬挂在弹簧下的砝码 m 作为振子。用 Excel 软件对某次实验数

据做记录和计算，如表 7-1 所示。

表 7-1

次	m/kg	n	t/s				T/s	T^2/s^2
			1	2	3	平均		
1	0. 200	30	14. 4	14. 5	14. 5	14. 5	0. 483	0. 2336
2	0. 250	25	13. 6	13. 6	13. 6	13. 6	0. 544	0. 2959
3	0. 300	25	14. 7	14. 8	14. 8	14. 8	0. 592	0. 3505
4	0. 350	20	12. 7	12. 7	12. 7	12. 7	0. 635	0. 4032
5	0. 400	20	13. 6	13. 5	13. 5	13. 5	0. 675	0. 4556
6	0. 450	20	14. 2	14. 3	14. 3	14. 3	0. 715	0. 5112

由于缺少砝码 m 取 0~0. 2kg 之间的若干组数据（由于振动过快使人来不及数清振动次数 n），致使有的学生如图 7-13 所示对 T-m 关系做线性拟合。这样的拟合看起来相关性也不错（R^2 = 0. 9933），但学生对该图线在纵轴上那么大的截距的物理意义无法给出合理的解释，故此处理结果应受到质疑。

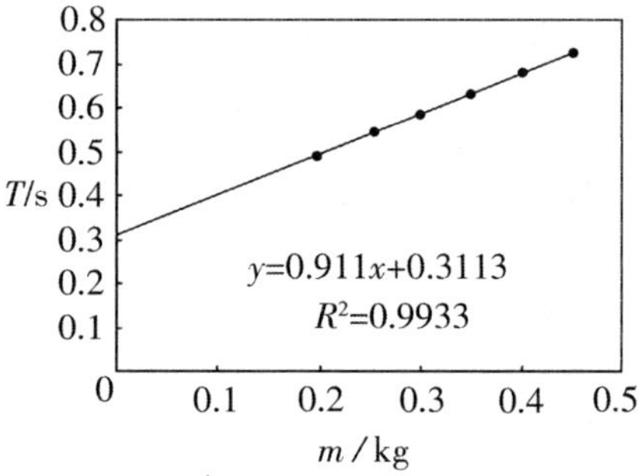

图 7-13

再试用幂函数对 T-m 关系做拟合，得到如图 7-14 所示的曲线，并且都近似通过坐标原点。其中（a）图函数的幂值接近 0. 5，（b）图函数的幂值接近 2，于是推测可能有“T 与 $\sqrt{m}$ 成正比”或“T^2 与 m 成正比”的关系。

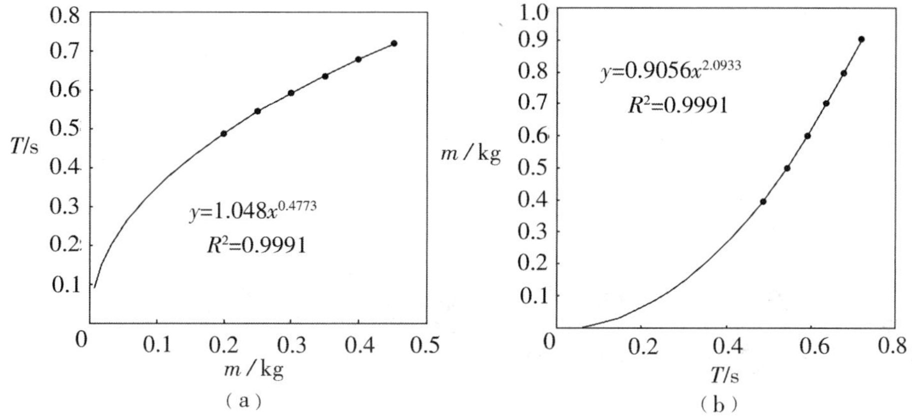

图 7-14

是否确实成正比还必须采用曲线改直的方法来判断。于是对 T^2-m 关系做线性拟合，得到如图 7-15 所示的直线，显示出 T^2 与 m 有极好的线性相关却并不通过坐标原点，而有 $b=0.0185$ 的截距。然后粘贴 LINEST 函数，如图 7-16 所示，求出截距的标准差 $\Delta b=0.0051$。现 $b>\Delta b$ 并且 b 约是 Δb 的 3 倍，从而否定了正比关系。

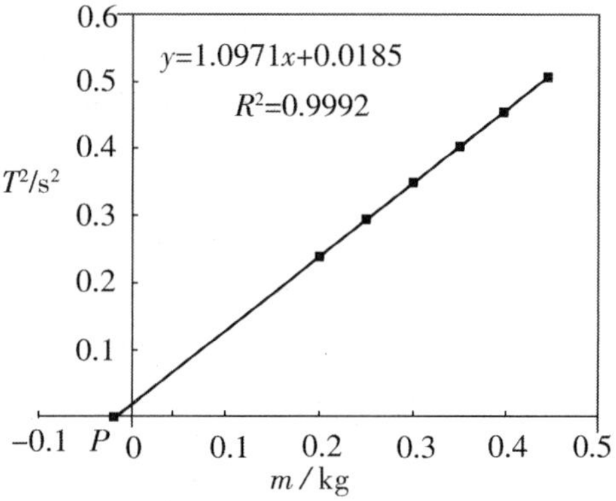

图 7-15

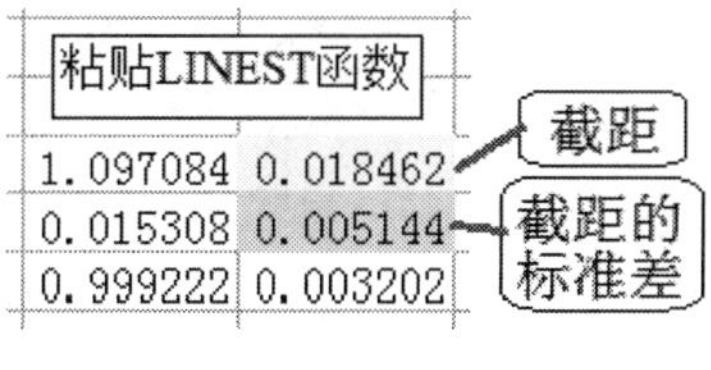

图 7-16

各组学生的数据都否定了正比关系，并且 T^2-m 图线与横轴的交点 P 都在原点左方，因此需要探究其物理原因。引导学生分析后发现，这种实验装置中的弹簧具有的质量不可忽略，由上述实验数据可求出弹簧的等效质量 $m_0=16.8$g（详见第六章第四节“四、研究弹簧振子的周期，测定物体的惯性质量”），再用天平称出弹簧的真实质量 $m'=36.4$g，可明显看出两者不等。

第八章 实验问题的深入研究

实验中常遇到一些难题，只凭课本的简略描述或个人的揣测往往不能得到深刻、全面的认识，还可能产生误解。某些常见的方法也并非完美无缺，值得反思、质疑和改革。一些典型的实验规律也需要归纳总结。有些实验的教学往往囿于课本或考试的要求，未能深入探索和展开，使学生处于一知半解的状态。再者，器材的不当使用也时常可见。

为此，有必要选择一些实验问题做深入研究。这些实验问题未必是一般教学活动所需，但对于澄清概念，解释疑难，丰富实验的内涵，提高教师的研究能力，设计和改进实验方法和教学等方面都会有重要作用。

本章将选择近年来教师们关注的一些问题，综合为若干案例，做出较深入的剖析，力求正本清源、去伪存真，并且提出有关的教学建议。

一些疑难的实验已在本书第三、第四、第五、第六章中做了研讨，更多的实验问题请参阅拙著《华罗庚学校高中物理实验》一书。

第一节　研究的目的和重点

与大学物理实验相比，高中物理实验虽然是简单、基础的内容，但仍存在许多疑难问题。实验问题的研究不仅要设法揭示物理现象的本质，弥补课本所述实验的不足，还要适当地联系实际应用，并且遵循中学生的认知规律。本章将主要讨论以下几方面的问题：

（1）有些问题在各处都会遇到，但通常是作为个案处理，例如记录和测量物体的运动。对此有必要做综合性的分析论述，以求在理论上能全面认识各种方法的物理本质和特点，在运用时能选择最佳的仪器和条件。

（2）某些实验方法人们往往习以为常，甚至情有独钟，教师对此需要有清醒的认识。例如用小灯泡和电流表显示电流的有无、强弱和变化，其实这只能应用在有限的情况下，不恰当的使用必然会带来某些困惑、质疑，甚至概念上的模糊。教师应当从表象深入到具体的工作原理进行反思和研讨，使得在设计实验时不犯错误。再如传统的自感实验是在传统的技术条件下设计的，只能借助小灯泡来显示电流的变化，呈现的往往是特殊条件下的特殊现象，但有人对此不明就里妄加扩展，甚至编入考试题。所以，深入研究自感实验必须从 RL 电路的暂态过程来理解，改用示波器等电子仪器来展现自感现象的普遍性、本质性的规律。

（3）有些验证物理规律的实验并不好做，值得研究其难点所在并设法突破。例如，在 I 与 B 成任意夹角时安培力 F 的方向，通常采用几何图形或三维模型来描述，而传统的实验方法只适用于特殊的情况，通过对传统实验方法所受制约条件的深入分析，可提出巧妙的解决方案。

（4）改装电表的课题屡见于教材之中，这类课题从理论上分析了电流表、电压表和电阻表（欧姆表）的设计原理，但安排的实验仅触及一隅——最简单的电压表。教师要摆脱这种局限性，应全面、深刻地掌握几种常用电表电路结构的理论知识，提高识读、分析较复杂电路的能力和必要的装配实验技能，才能做到理论联系实际，游刃有余地掌握教学的主动性。

（5）电容器和电感器对交流电的作用和应用是一项复杂的课题，目前教材中仅限于容抗和感抗的初步认识。教学中出现了一种误区：以某些“口诀”描述单个元件的特性并用以解释其应用效果。教师应当理解严谨的阻抗概念，掌握利用阻抗测量电容和自感系数的方法，并且学习一些简单的“网络”（几个电学元件组成的复杂电路）分析和实验验证，掌握某些应用实例的正确认知。

（6）许多实验会用到磁体，并且会对磁感应强度做调节和测量，有的实验还需要建立匀强磁场。教材中关于这方面知识的介绍过于浅显，因此有必要运用磁路、磁阻等知识来分析解决一些实用方面的问题。

（7）几何光学在高中课程中已非重点，但在生活和技术中却有广泛应用。许多教师对这方面的实验相当生疏，如初中教材中凸透镜成像实验只是粗略的观察而已。本章将以光具组的调节、像的生成和相关测量为核心介绍若干光学基础实验，以期对教师正确认识相关概念，全面提高实验能力和素养有所帮助。

第二节　实验案例研讨

一、物体运动的记录和测量

伽利略所开创的用科学实验来研究物理学的方法，就是从观测宏观物体的运动开始的。物体运动实验需要记录运动物体的时空关系，了解测量时间和空间位置的方法，以及所用仪器的发展和应用。我们不应墨守原始的简单测量方法，而必须全面审视现代的多种需求以及不同的测量手段和原理。这是非常重要的思想观念，除了能够指导师生选择合适的实验方案，还能帮助师生认识科学、技术、社会三者之间的关系。

这是个综合性的课题，可以分为若干项子课题渗透在具体实验的教学之中，也可以作为课题研究，由学生分组合作完成。

1. 专用的计时仪器和测距仪器

传统的钟表是利用挂摆（物理摆）或者摆轮弹簧系统（扭摆）的周期性机械振动来计量时间的。现代的电子计时仪器是利用专门电路中电流的振荡来计时，电路中的石英晶体起到稳定频率的作用，因而准确度和稳定性得到极大提高。再者，手动的电子秒表和光控计时器（毫秒计）都采用数字显示，避免了人的读数误差，还可以存储测量结果。

传统上测量距离（长度）的直尺、游标卡尺、螺旋测微器（千分尺）等仍在使用，但采用新技术实现自动测量的超声波测距装置与激光测距仪正得到推广，例如建筑、装饰等行业使用的手持激光测距仪最大测量距离可达到 100m，误差仅 1.5mm。

2. 同时记录下空间和时间等相关信息的仪器

大多是采用等时间间隔的记录方法。

（1）打点计时器

此仪器产生于 20 世纪 80 年代，可视为由滴水计时发展而来。由于打点的频率已知，所以能在被运动物体拖动的纸带上同时记录下位移和时间。它构造简单，原理明显，操作方便，能够在一次运动过程中采集多组数据，适合对准确度要求不高的分组实验。

它以交流市电的频率 f 为计时基准，通常情况下 f 的值约为 50.00±0.01Hz，所以教材上将打点周期 T 取为 0.02s 并非绝对准确，实际上可能有约 0.02% 的相对误差。

（2）电火花记录仪

该仪器主要用于记录二维运动。它是以恒定频率（通常是 50Hz 交流市电）的高压放电火花在热敏纸上记录抛体运动、圆周运动和摆的振动等实验的点迹。常见的一种产品外观如图 8-1 所示。

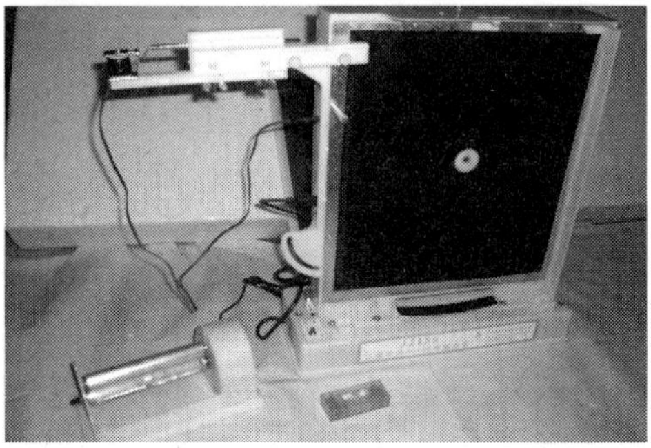

图 8-1

（3）频闪照相

频闪照相是一种非接触性的光学记录和测量方法。本书第三章中有详细论述。

（4）位移传感器（国外产品称为运动传感器）

该仪器采用超声波测距原理，也是一种非接触性测量方法。它必须连接到数字化实验系统（DES）上使用，本书第九章中有详细论述。

实验时，用户依据需要来设定采集数据的频率（如 100 次/秒），则传感器就能够对做直线运动的物体，以相等的时间间隔 Δt（0.01s）自动采集一系列位置-时间（x-t）数据，由计算机记录并显示出来。位移传感器的分辨能力只有 1mm，逊于毫米刻度尺。再者，计算程序中的声速 c 是取某个固定值（例如 340m/s），未做温度修正，也造成了误差。

图 8-2 为使用位移传感器采集一辆沿斜面加速下行的小车的数据结果，采集频率为 25 次/秒。图的右部为数据列表（只显示一部分），左部为坐标图。上图为直接采集的 x-t 图线，对其中处于加速运动的几十组数据用二次函数拟合，得到 $x=0.246t^2+0.0912t+0.194$，相关性很好，表明小车做的是匀加速直线运动，由其中二次项的系数可求出加速度 $a=0.492\text{m/s}^2$。中图为经过计算机计算（由相邻的 x 值求 v）得到的 v-t 图线，用线性函数拟合，得到 $v=0.491t+0.39$，由其中一次项的系数也可知 $a=0.491\text{m/s}^2$。下图为计算（由相邻的 v 值求 a）得到的 a-t 图线，前

面数据误差的积累，使得求出的各个 a 值的离散性较大，用线性函数拟合，得到 $a=0.497\text{m/s}^2$。

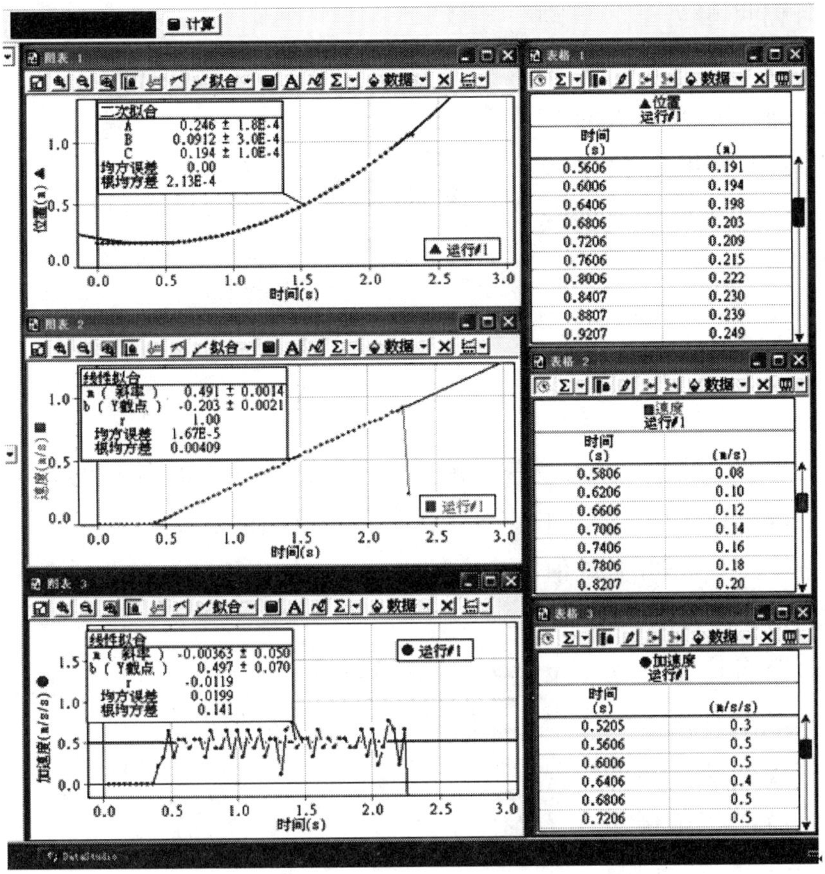

图 8-2

(5) 光控计时器和挡光片

该套仪器典型的应用是在气垫导轨上，测量原理简单、易懂。依靠光电门控制计时器对滑块运动的时间做自动测量和记录，测量结果具有较高的准确度。滑块的位移由挡光片的尺寸（挡光宽度）确定，厂家会配置几个不同给定尺寸的挡光片，也有较高的准确度，误差一般不超过0.1mm。位移较长时要设置两个光电门，并且依靠导轨标尺测量两个光电门之间的距离。若要测量多个不同的位置，则需设置多个光电门。

落体仪也使用了光控计时的方法，但是用下落的钢球代替了挡光片，并且可以依靠电磁铁断电释放钢球实现自动同步计时。

（6）一个光电门和条栅尺配套

条栅尺相当于将气轨滑块上使用的若干个U形挡光片连成一体，光电门连接到数字化实验系统（DES），并且使用支持这种测量方式的计算软件。通常是将条栅尺安装在运动的物体上，如图8-3所示。

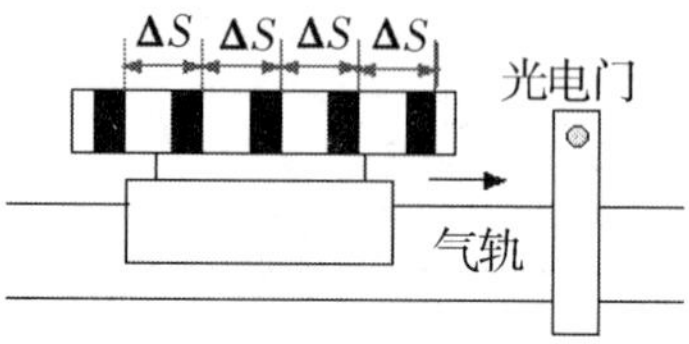

图 8-3

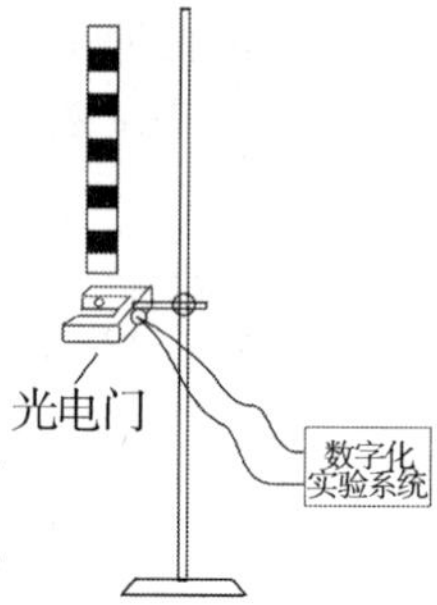

图 8-4

这种方法的特点是自动顺序测量若干段相等位移 Δs 所用的时间，帮助学生认识到这是不同于打点纸带的另一种自动记录方法。

条栅尺上已知的 Δs 值准确度较高，优于使用位移传感器和毫米刻度尺测量物体位移的结果。

研究自由落体运动时的装置如图8-4所示，将条栅尺作为落体，最好在条栅尺的下端安装配重块，以减小下落过程中尺子的晃动。它的测量原理可以用图8-5说明：尺面上相邻的挡光前沿间距离 Δs 均为 5.00±0.01cm［见（a）图］；光电门被挡光时，它输出的信号电压跳变到高电平（形成上升沿），透光时跳变为零电平（形成下降沿）；计算机测出各个上升沿对应的时刻 t_1、t_2、t_3、t_4、t_5 并存储［见（b）图］；相邻两个时刻之间的位移均为 Δs，然后由计算机画出 $x-t$ 图线、$v-t$ 图线和 $a-t$ 图线，如图8-6所示。

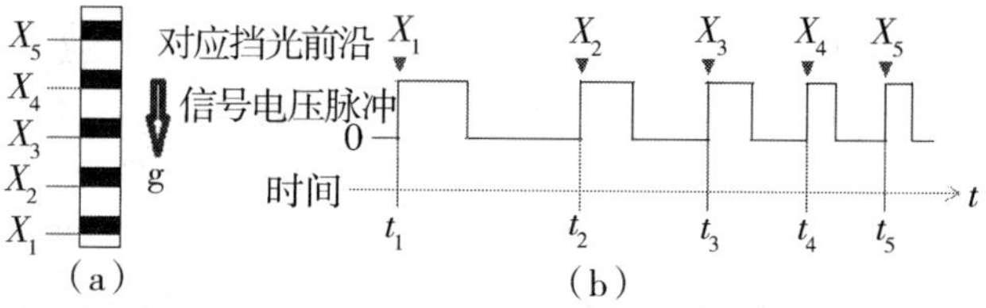

图 8-5

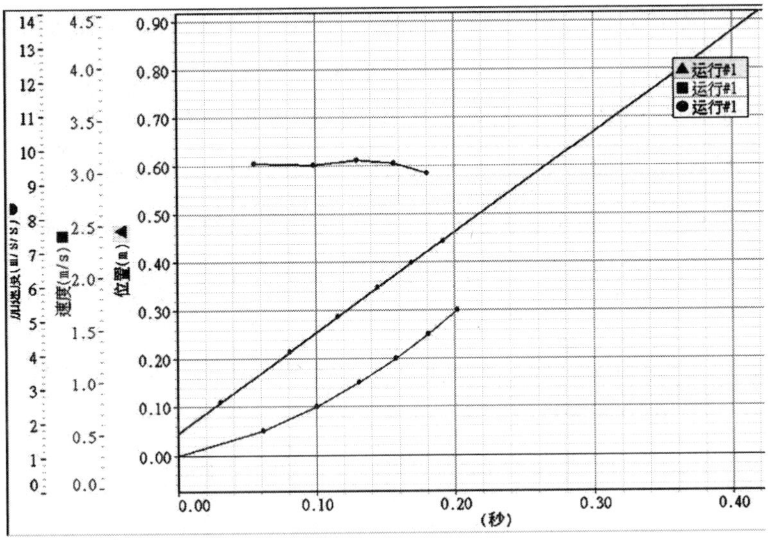

图 8-6

二、慎用小灯泡和电流表做显示

有些教师习惯于使用小灯泡或电流表来显示电路中电流的变化，以为在任何情况下都可行。其实，灯泡和电流表并非万能的，也未必是最直观的。教师的这种偏爱往往会给学生造成某些困惑或使学生陷入误区，因此有必要做深入的分析，弄清道理。

1. 钨丝灯泡的特性和使用

钨丝灯泡在传统上用作照明和信号指示，但存在电-光转换效率低下、发热量大、寿命短等缺陷，已经被逐步淘汰。但是它的用法简单易学，所以在小学、初中的教学中仍被采用。有些传统实验用小灯泡显示电流的有无（例如二极管的单向导电性）和电流的大小（例如电容器的充放电现象和线圈的自感现象），虽然简单易行，但通常不能准确、深入、全面地揭示实验现象的本质，往往是在缺乏更好的技术手段时不得已而为之。

要认识到小灯泡是一种热发光元件，电流通过灯丝生热的同时也向外散热，只有在达到热平衡时才能保持一定的温度。灯丝又具有一定的热容，因此灯泡只有达到足够大的电功率并且达到足够高的温度时才能发光，这就决定了它仅可在能够发光的条件下由亮度定性地显示稳态电流的强弱。还要指出，不同规格的灯泡中钨丝的粗细和绕制的疏密不同，通过相同的电流时钨丝达到的温度不同，亮度也会有所不同。

对于非稳态过程，如果电流足够大并且变化相当缓慢，也可以使用小灯泡显示电流。例如观察电容器充放电电流的存在及其衰减现象，选用大容量（几法拉以上）的超级电容器，使这个 *RC* 电路的时间常数足够大，实验就能成功，否则灯泡可能只闪一下光甚至不发光。

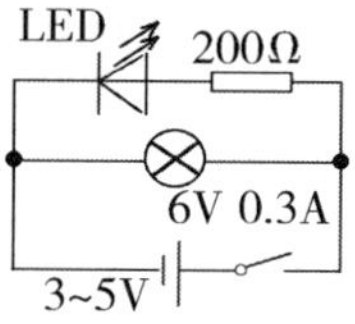

图 8-7

灯泡钨丝的热容也在下述两个实验中有所显现：（1）在接通图 8-7 中的开关时，能看到发光二极管 LED 立即发光，而小灯泡则延迟一些才发光。因为 LED 是一种场致发光器件，PN 结上建立电场是极快的；而钨丝必须先用一些时间集聚热量，升温后才能发光。（2）灯丝刚通电时电阻比正常发光后小得多，因此初始电流的最大值将是稳定发光后电流的几倍，称为冲击电流。但是却不会出现刚通电时灯泡先闪亮再转暗的现象，原因是冲击电流维持的时间太短（可能仅有 0. 1s），不能使灯丝达到发光所需温度。只有用电流传感器配合数字化实验系统（DES）才能显示出冲击电流的存在和大小，如图 8-8 为实测标称“6V 0. 5A”小灯泡通电时的 *I*-*t* 图线。

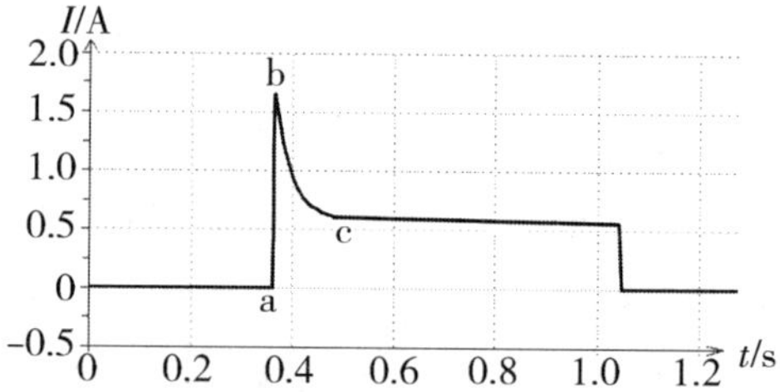

图 8-8

曾见到有人用小灯泡亮度来检测和比较电容器能够放出电量的多少，此方法不可取。因为通过电路的电量是电流强度对时间的积分，时间这个因素是必须考虑到的，况且灯泡变暗至不发光的过程中电容器仍会继续放电。正确、规范的实验方法是测绘出 *I*-*t* 图线，由图线与两个坐标轴所围成的面积求出电量。只是在特定情况下，取足够大的电容，使 *RC* 电路有足够大的时间常数，用同一个灯泡检测同一个电容器，当电容器储存的电量较多时，才会看到灯泡发光较亮并且发光时间较长些。还有人用小灯泡亮度来检测和比较电容器两极板间电压的大小，此方法也不可取。

因为电容器要通过灯泡放电，和上述情况一样是个暂态过程，小灯泡亮度取决于多种因素，电容器的电压大未必能使小灯泡较亮，也可能不会发光。此法与使用普通电压表测量电容器两极板间电压相比较更不可靠。这两个例子都是为了追求简单和直观，造成了概念的混淆和原理的错误。

2. 电流表的特性和使用

这里指的是磁电式直流电流表。由于电表的指针-动圈系统具有惯性（转动惯量）并且会受到电磁阻尼，决定了它的主要用途是测量恒定电流的大小和显示电流的方向，而不宜做动态测量。对缓慢变化的直流电流尚可粗略显示其变化趋势，但显示值必将滞后于实时值；对快速变化的暂态过程就更不适用了。

至于普通的数字式电表，它做的是不连续测量，大约每秒只能采样 3 次，也只适用于测量恒定的电流。对变化的电流，显示的数值呈现严重的跳跃，难以读取，就更不可用了。

有人用刻度零点在中央的磁电式电表观察发电机产生交流电的现象。用手很缓慢地转动磁场中的矩形线圈，电流表能够有足够长的时间来显示单方向电流，可看到后半周与前半周感生电流方向相反，此结果是正确的。但若较快地连续转动线圈就要注意了，因为磁电式电流表的指针、动圈和游丝构成了一个振动系统（扭摆），有固有振动周期 T_0，此时的物理现象是发电机输出的交变电流使这个扭摆做受迫振动，如果此交流电周期 T 恒定并且与 T_0 相差不多，则会使电表做幅度较大的受迫振动，并且振动周期为 T，就能正确地显示出发电机发出的是交流电。常用演示电表的周期 T_0 不小于 1s，所以发电机必须很缓慢地转动才行，而这往往不易做到。

要观察交流发电机转速越快时发出的电压越大，使用小灯泡是可行的。但若使用上述磁电式电表，则会出现转速越快指针摆幅越小的现象，甚至只能在零点刻度线左右做很小幅度的摆动，不能达到预期的目的。这是惯性和阻尼造成的，也符合受迫振动的规律。

还有，若使用磁电式电表观察电磁振荡也会遇到上述问题。对于阻尼振荡，情况更为复杂，指针摆动的周期并不等于电流振荡的周期，甚至振荡电流已衰减为零，电表指针仍在摆动，这就无法观察到真实的物理过程。改进的方法是用示波器，见第三章第三节“六、*LC* 电路的阻尼电磁振荡”。

总之，使用一个振动系统（磁电式电表）去测量另一个振动（交变电流）的方法是不可取的。

三、多用电表

这是一个综合性的实验课题，既要运用物理理论，又应了解相关的技术知识和需求；既能锻炼设计能力，又可提高多方面的操作水平。该实验课题的重点是如何利用磁电式电流表（以下简称“表头”）设计和组装几种不同功能的电表。表头的内阻 R_g 只是设计用的一个参数，如需测量也不宜花费太多时间。下面的研讨旨在丰富教师的知识和澄清一些问题，实际教学中选择一部分内容即可。

1. 测量表头的内阻

（1）分流法

这是课本中介绍的传统测量方法，俗称“半偏法”，电路如图 8-9 所示。这并非是测量表头内阻的唯一方法，也未必是最佳的方法。课本中关于测量误差及解决对策，通常未做全面和具体的论述，现分析如下：

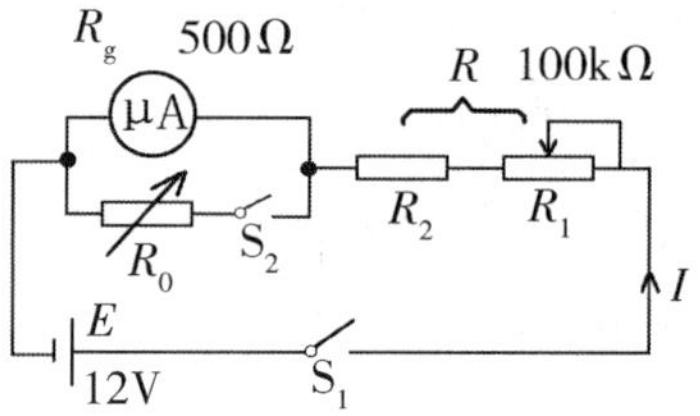

图 8-9

①干路中电流 I 变化造成的系统误差

课本中只说为了减小这种误差就应当使 $R \gg R_g$，但只有恰当地选择、搭配器材才能做到。例如待测的微安表头量程为 200μA，内阻 R_g 约 500Ω，则要让可调的限流电阻最大值能达到约 100kΩ，可用标称 51kΩ 的电位器 R_1 与标称 62kΩ 的金属膜定值电阻器 R_2 串联，相应地电源电压也要大些，如 12V。

②表头线性不良和人读数视线偏斜造成的偶然误差

表头制造上的缺陷会使得指针偏转的刻度数与通过的电流不严格成正比，并且呈现随机性的特征，称为线性不良，这样会使“半偏”时通过的电流并不恰好为满偏时电流的一半，详见第七章第一节中的论述。

解决的对策是不只取半偏而是再取差别较大的不同偏角测几次（例如待测表头满偏 200μA，可取 50μA、100μA、150μA 各测一次），以各次测量计算出的 R_g 求平均值作为结果。

③电阻箱阻值 R_0 的误差

中学配备的电阻箱准确度等级多为 1.0 级（允差±1%）或 0.5 级（允差±0.5%）。

④能否避免①中所述的系统误差？

可再取一个与被测表头量程相同或稍大些的电流表接在干路中做监控，如图 8-10 所示。先接通 S_1，记录监控表读数；再接通 S_2，调节 R 使监控表读数复原，则干路中电流 I 不变。如此就基本避免了①中所述的系统误差。再者，此时电源电压减小为 1.5V，R 可采用 9999Ω 的普通电阻箱，只需标配仪器即可。

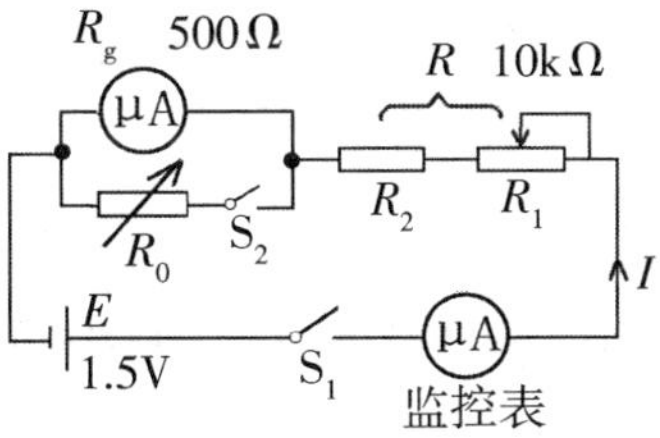

图 8-10

（2）最简单的测量方法

直接使用数字多用表的电阻挡测量，准确度较高（误差可小于 1%）。不可使用指针式欧姆表，因为它不仅读不准（误差可达到 4% 以上），而且测量时通过被测表头的电流可能会超出量程。

2. 组装直流电压表

此实验最为简单，课本中已有叙述，组装后只需校准其满量程值。多量程的电压表只是增加几个分压电阻，可用 J0408 型学生电压表为例了解其构成。

3. 组装双量程直流毫安表

此实验要求较高。例如，用 J0415 型直流微安表头（0～200μA，$R_g \approx 500\Omega$）组装 0～1mA、0～8mA 双量程毫安表，学生最容易想到的设计是如图 8-11（a）所示电路，两个量程分别使用电阻 R_1、R_2 做分流，容易计算和校准。但此设计的安全性不好，若开关 K 与触点 a 或 b 接触不

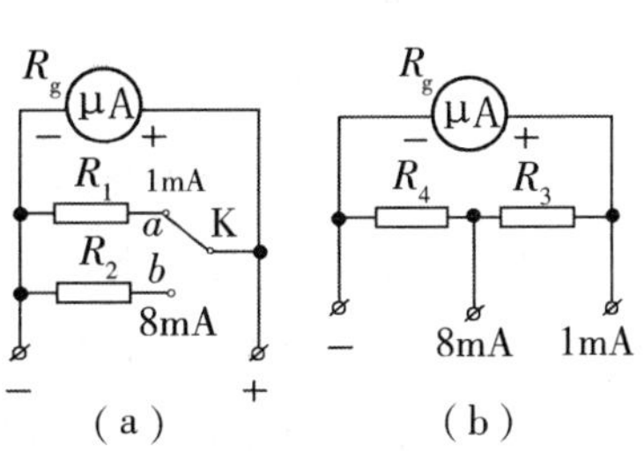

图 8-11

良就会有过大的电流通过微安表头使其损坏。实用的设计是图 8-11（b）所示的环形分流电路：1mA 挡用（R_3+R_4）做分流，8mA 挡则为 R_3 与表头串联后用 R_4 做分流。若按 $R_g=496\Omega$ 计算，可得 $R_3=108.5\Omega$，$R_4=15.5\Omega$。

实验时，选用两个有 0.1Ω 步进挡的电阻箱作为分流电阻 R_3、R_4 和表头进行组装，然后按照图 8-12 连接电路练习校准。最好用数字多用表的直流电流挡作为标准表，采用混合型调控电路：50Ω 的变阻器 R_1 接成分压电路做粗调，200Ω 的变阻器 R_2 接成制流电路做细调，若用多圈电位器（能够旋转 10 圈）做细调效果更好。必须先校准 1mA 挡的量程，反复调节 R_3、R_4 及 R_2，直到被校表恰好满偏同时标准表示数为 1.000mA 为止，记下此时 R_3、R_4 的值。然后方可校准 8mA 挡的量程，但调节 R_3、R_4 时必须保持（R_3+R_4）值不变。

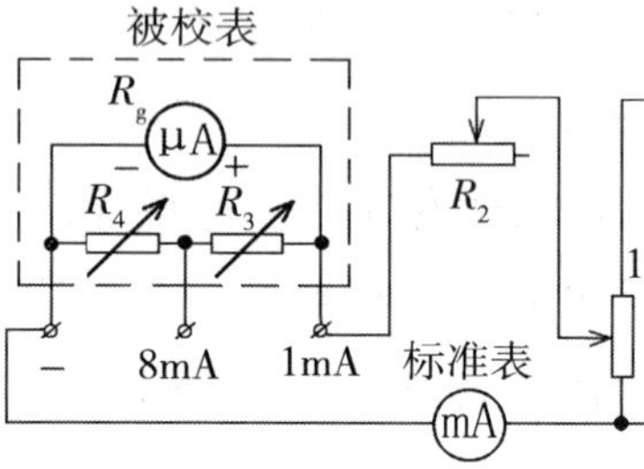

图 8-12

还可以让学生观察常用的 J0407 型电流表，会发现它也采用环形分流电路，打开其底板就可看到，如图 8-13 所示。表头 G 的量程为 3mA，内阻为 25Ω。$R_1=0.100\Omega$，$R_2=0.025\Omega$，分别是用长短、粗细不同的锰铜丝制成的。

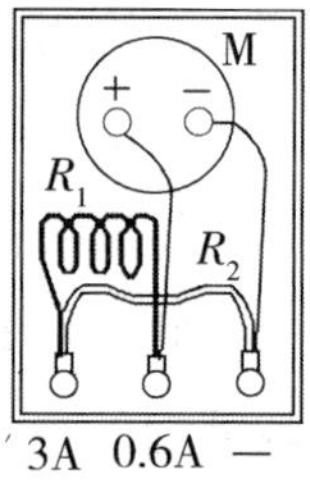

图 8-13

成品多用表的多量程直流电流挡也采用环形分流电路，可参看其产品说明书中的电路图。

4. 组装欧姆表

（1）最简单的欧姆表

北京市第十七中学高雪峰老师选择最常用的安培表 0.6A 挡、10Ω 变阻器、电阻箱和一节干电池开设随堂分组实验，仅用 10 分钟就使学生初步理解欧姆表的结构原理，还可练习标定欧姆刻度（用笔画在电表玻璃面上），并认识分度的非线性，教学效果良好。但这个欧姆表受到电池内阻和电路中

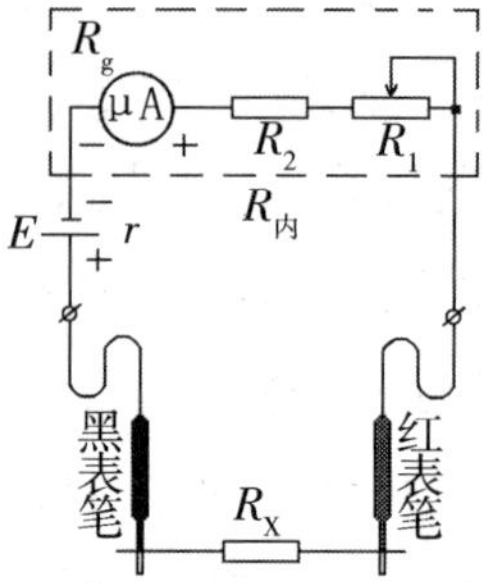

图 8-14

接触电阻的影响明显，误差相当大，而且只能粗测小阻值，不能扩展出高倍率的挡位。

笔者改进的方案能做定量的研究，电路如图 8-14 所示。选用 J0415 型微安表（0～200μA，$R_g \approx 2.5\text{k}\Omega$）和一节干电池，若按电动势 E 为 1.5V 估算，可求出该欧姆表内阻 $R_{内}=\frac{1.5}{200\times10^{-6}}\Omega=7.5\text{k}\Omega$，亦即此欧姆表的设计中值 $R_{中}$。于是，R_2 取 3.3kΩ，R_1 取标称 2.2kΩ 的电位器（是为了留有调节的余地）。电池内阻 r 可忽略。依据设计值由公式 $I=\frac{R_{中}}{R_{中}+R_X}\times200\mu\text{A}$ 计算出与若干个被测电阻 R_X 对应的电流值 I，如表 8-1 所示。

表 8-1

$R_X/\text{k}\Omega$	2	5	7.5	10	20
$I/\mu\text{A}$	158	120	100	85.7	54.5

在原有微安刻度上方画出电阻刻度线，并且设定按照“×1k”倍率标出数值，如图 8-15 所示。至此改装完成。

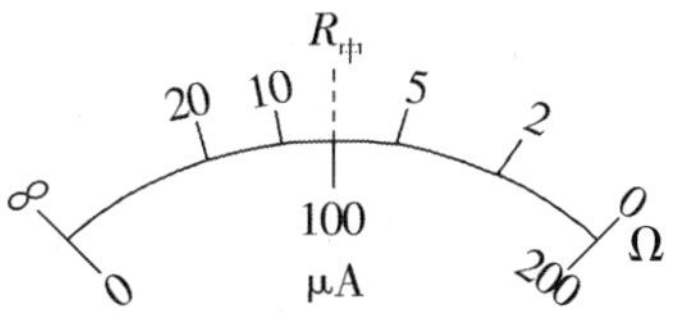

图 8-15

然后要检验此欧姆表的准确程度。将两表笔短接用 R_1 调好的欧姆零点，再将表笔接到作为标准器的电阻箱 R_X，看指针指示的阻值是否与电阻箱相同。

进一步的研究：将原电路中的电池换成旧电池（电动势明显小于设计的 1.5V）再做检验，看会出现怎样的系统误差，是否严重？分析其原因。

（2）多倍率的欧姆表

目前多用表产品各个倍率的欧姆挡都是共用一个电池的，因此只有将基础的电路设计成高倍率挡才可能增添低倍率挡。最简单又实用的设计方法是改变欧姆表的内阻，例如图 8-16 就是以图 8-14 电路为基础再并联一个电阻 R_3 和开关 K。为了使用

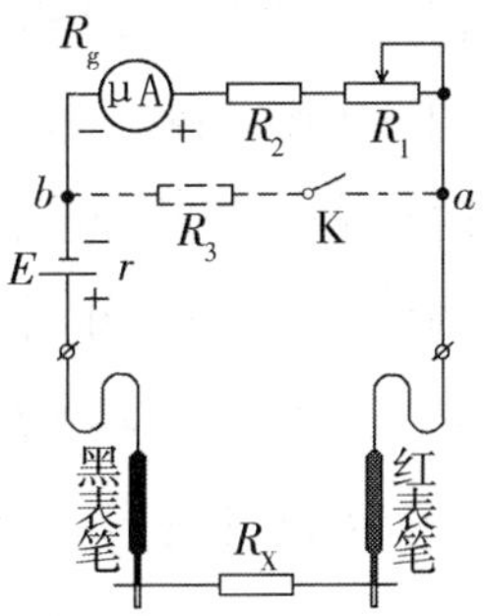

图 8-16

同一列欧姆刻度线，就应使增添挡的倍率是原来的 $1/10^n$。例如，原来倍率是“×1k”，若要改成“×100”的低倍率，则应使并联了 R_3 后此欧姆表的等效内阻 $R_{内}'=\frac{R_{内}}{10}$，于是算出 $R_3=833\Omega$。实验时可取一个电阻箱作为 R_3，与开关 K 一同接入电路中。接通 K，将表笔短接调零后，再接入另一个电阻箱 R_X 作为标准器，对此低倍率挡进行校验。若改装更低倍率，则计算时须考虑电池内阻 r。

上述改装方法仍能使用原来的调零电阻 R_1、R_2，故简单易行。图 8-17 是学生提出的另两种设计：(a) 图是并联电阻 R_3 以扩大微安表头的量程，但必须同时对调零电阻重新计算后换成更小阻值的，否则难以做微调，这在制作产品时是不可行的；(b) 图中，R_3 接错了位置，成了被测电阻。

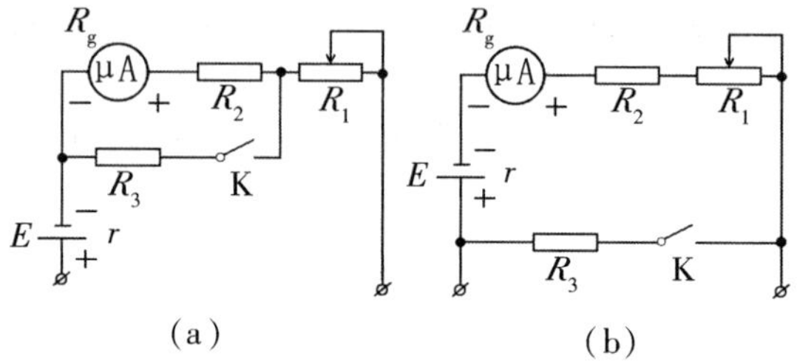

图 8-17

(3) 实用的欧姆调零电路

电池使用一段时间后，其电动势和内阻都会变化，若使用上述的简单调零电路会导致 $R_{内}$ 发生明显变化而产生相当严重的系统误差。因此实际的多用表产品中，都采用“改变并联分流比”的调零电路设计，如图 8-18 所示。将电位器 W 取三端分流接法，当调零时指针达不到欧姆零点，就将滑片 c 向 a 端移动些，改变上下两条支路的分流比。设计时使 c 调节两条支路的电阻相差不多，则 c、d 两点间的并联等效电阻 R_{cd} 变化很小。再者又使 R_3 比 R_{cd} 大几倍，这样 $R_{内}$ 的变化就更小了。

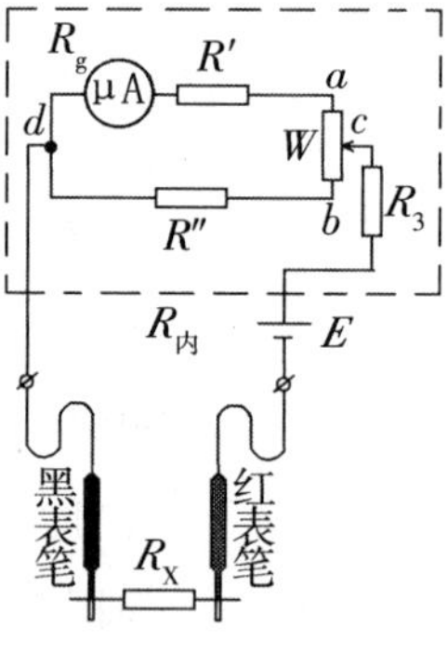

图 8-18

(4) 设计指定中值的欧姆表

简单的欧姆表中值是由电池电动势和表头内阻共同确定的。例如，图 8-14 所示实验中欧姆表中值为“7.5”，给计算和标注欧姆刻度线造成不便。实用的产品往往取整数值，如取 10、20、40 等作为中值，采用图 8-18 所示的电路，通过搭配各个元件的阻值来实现。当选用几十微安的表头时很容易设计成功。

现在推荐使用标配的 J0415 型微安表改装的实验方案。设要求欧姆表中值为“40”，倍率为“×100”，则 $R_{内}=4000\Omega$。取电池电动势 $E=1.5V$，则调好欧姆零点时干路电流 $I=\frac{1.5}{4000}A=375\mu A$。$W$ 为 500Ω 的电位器，设计时 c 处于 ab 中点。当微安表满偏时 cad 支路中 $I_1=200\mu A$，则 cbd 支路电流 $I_2=175\mu A$。取 cad 支路电阻为 840Ω，则 cbd 支路电阻为 960Ω。已知 $R_g=500\Omega$，则 $R'=90\Omega$，$R''=710\Omega$。可算出 cd 间等效电阻为 448Ω，则 $R_3=3552\Omega$。

取三个电阻箱作为 R'、R''和 R_3，取误差较小的普通电位器（最好是精密线绕式电位器）作为 W，然后连接成此欧姆表的电路，再通过计算画出 10、20、40、100、500、1k 等欧姆刻度线，即完成组装，并用它去测几个不同阻值的电阻来检验准确程度。

可换用电动势较小的旧电池，可看到此种调零电路引起的测量误差明显小于简单的调零电路。

（5）使用欧姆表时遇到的两个问题

①倍率挡的选择

从设计原理可以证明欧姆表的中值附近相对误差较小，因此要选择在这个范围内做测量。但是范围选多大，却有不同的说法。笔者认为既要范围小，又要使相邻倍率挡的范围能够衔接（一般不会刚好衔接，那就要有些重叠）。以此看来，取$\frac{R_{中}}{4}$～$4R_{中}$为宜，如图 8-19 所示。

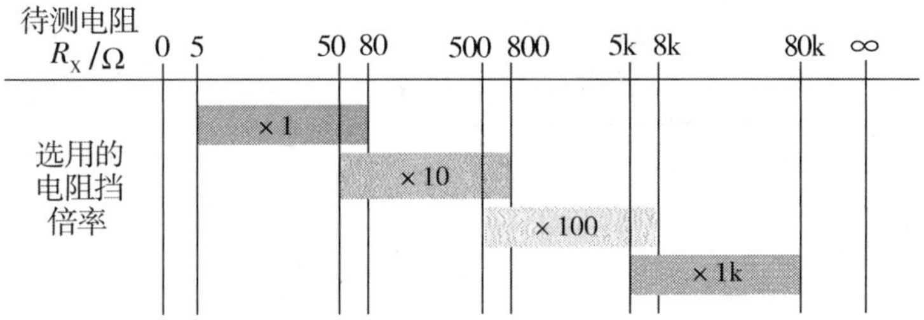

（电阻刻度中值：20）

图 8-19

实验时要给出几个不同数量级阻值的电阻器，让学生练习选择合适的倍率挡来测出较准确的结果，并体会倍率过低或过高时的不良状况。

②测量普通二极管的正向电阻

二极管的伏安特性为非线性，因此用欧姆表检测它，正向导通时呈现的电阻 R_D 因通过的电流不同而异，用同一个多用表不同倍率欧姆挡测出的结果相差悬殊。粗略的解释是由各倍率挡的测量电流不同所致。更确切的说明如下：图 8-20 为欧姆表测量二极管的等效电路，此时通过二极管的电流 I 应当借助图解法确定，见图 8-21。曲线 OC 为二极管的伏安曲线，各倍率挡的等效内阻 R 不同，但使用同一个电动势为 E 的电池，直线 EA、EB 分别为低倍率挡和高倍率挡等效内阻的伏安图线，与曲线 OC 分别交于 Q_1 点、Q_2 点（称为工作点）。由工作点的坐标可确定测量时通过二极管的电流 I 和二极管两端的电压 U，而 U 与 I 的比值就是该测量条件下二极管呈现的正向电阻 R_D。二极管的非线性使得 $\frac{U_1}{I_1}<\frac{U_2}{I_2}$，故 $R_{D1}<R_{D2}$。

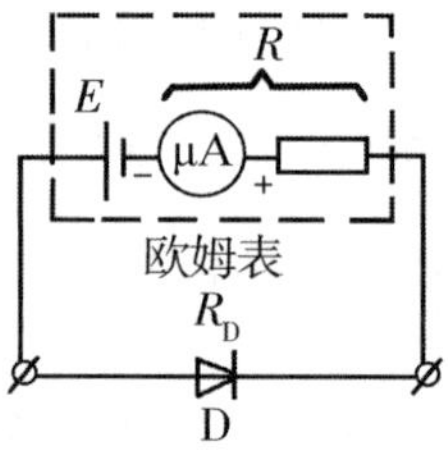

图 8-20

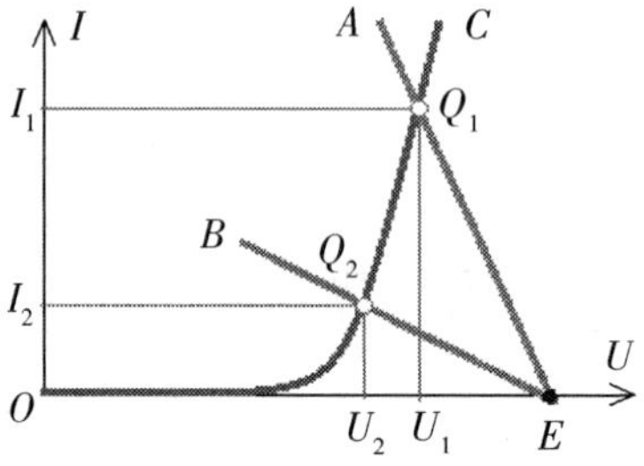

图 8-21

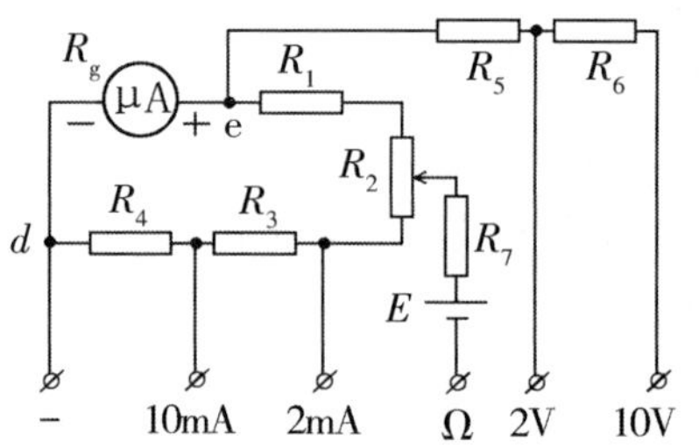

图 8-22

5. 组装简单多用电表

图 8-22 是综合前述知识设计的一个多用表电路，可以制成演示板，教学时将诸元件顺序拼装出各种功能并逐一测试验证。

6. 组装交流电压表

依靠二极管整流，就能用磁电式电流表测量工频（50Hz）正弦交流电压。典型的电路如图 8-23 所示。二极管 D_1 使通过微安表头的电流成为半波脉动直流电，波形如图 8-24 所示。表头显示的电压为一个周期内的平均值，可证明 $\overline{U}=\frac{U_m}{\pi}=\frac{\sqrt{2}U}{\pi}\approx 0.45U$。但为了实用，表盘上要用所测交流电的有效值 U 来画出刻度线。

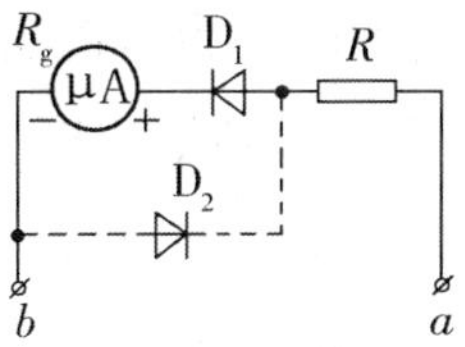

图 8-23

现在推荐使用 J0415 型微安表来改装的实验方案。设要改装为量程 0～8V 的交流电压表，其半波平均值 $\overline{U}=0.45\times 8\text{V}=3.6\text{V}$，二极管 D_1 可选用型号 1N4007，由其伏安曲线可知在 200μA 时正向压降约 0.5V，于是可求出分压电阻 $R=\frac{3.6-0.5}{200\times 10^{-6}}\Omega-500\Omega=15\text{k}\Omega$。将电阻箱作为分压电阻 R，按照图 8-23 完成组装。用数字多用表的 AC（交流）20V 挡做标准表，先调节 R 来校准改装表的满量程值，再标定其他几个主要刻度线（如 2V、4V、6V）的位置，可看到分度的不均匀性，此乃二极管的非线性造成的。

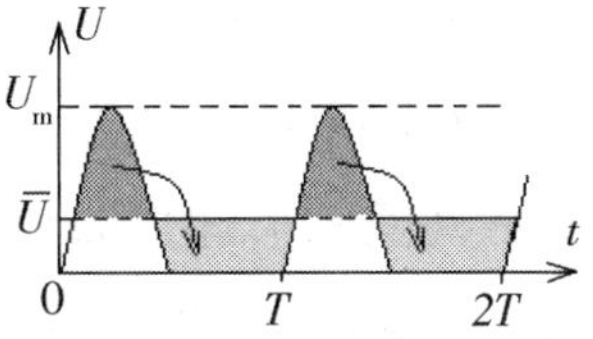

图 8-24

需要说明的是，二极管的非线性对于较大量程无明显影响，故在多用表的表盘上交流电压挡与直流电压挡共用同一列均匀刻度线，只有交流电压的最小量程（如 5V）才画出专用的不均匀刻度线。电路中要按图 8-23 反向接入二极管 D_2 起“钳位”保护作用，以避免在测量几百伏以上的高电压时二极管 D_1 被反向击穿。

四、安培力的方向

1. 发现问题

安培力的方向是怎样的？乍看起来这个问题似乎很容易用实验显示，其实不然。

高中课本中做了这样的表述：电流元受到的安培力 F 总是垂直于 B 和 I 所在的平面，F 的方向与 B 和 I 的方向的关系要依据左手定则判定。

实验时要解决的第一个问题是用什么方法显示出 F 的方向？一种方法是将一小段很细的铜丝两端固定但处于略微松弛状态，放入较强的磁场中通以较强的直流电，观察此铜丝向着空间中哪个方向绷紧成弧形，这可以认为是依据“形变”来粗略显示安培力的方向，适合学生分组观察，并且该方法能够在 B 与 I 不垂直的条件下使用。另一种方法是依据加速度的方向来显示安培力的方向。

有一种传统的实验装置如图 8-25（a）所示。将可滚动的一段导线 ef 架在水平等高的两条金属轨道 ab、cd 上，通电时电流 I 与磁感应强度 B 垂直并且都在同一竖直平面内。此时导线受到重力、轨道对它的作用力、安培力这三个力，前两个力相互平衡，而安培力 F 刚好为水平方向，于是就使原来静止的导线产生与 F 同方向的加速度 a，从而获得同方向的运动速度 v。但这是在特殊条件下的现象，借助运动的方向来显示安培力的方向，并不具有普遍意义。例如：在上述实验装置中改变磁铁方位使 B 方向倾斜［图 8-25（b）］，或将导线 ef 在轨道上斜置［图 8-25（c）］，则导线 ef 通电时运动的方向就与安培力 F 的方向不同。

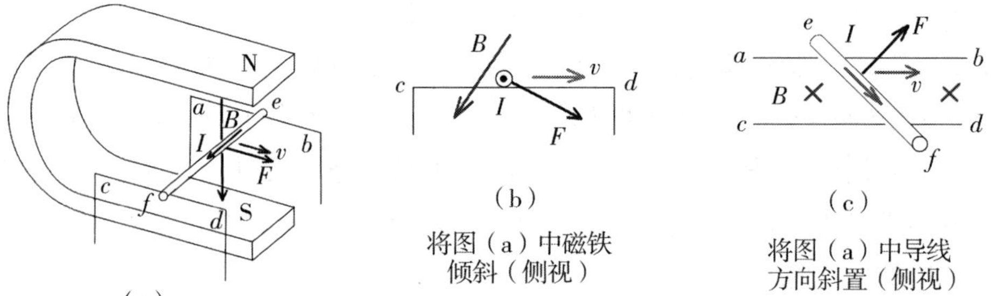

（a）

（b）将图（a）中磁铁倾斜（侧视）

（c）将图（a）中导线方向斜置（侧视）

图 8-25

实验时要解决的第二个问题是怎样能够在更普遍的（即 I 与 B 不垂直）情况下显示安培力的方向总是垂直于 I 与 B 所在的平面。解决的思路是令这一段通电导线摆脱轨道（或悬线）的约束。

此外还要解决两个问题：一是在较大空间中建立足够强的匀强磁场（≥10mT），二是使用简单轻便的装置提供短时间的强电流（≥50A）。

2. 设计新实验

该实验由北京市大峪中学汪维澄老师设计，如图 8-26 所示。用两块钕铁硼强磁体建立水平方向的匀强磁场，将长度 8～10cm 的轻薄铜管 ab 静置于两个磁极间的水平底板（非磁性材料制成）上，经过松弛的细软铜丝 c、d（例如直径小于 0.2mm 的漆包线，不是弹簧）接入电路，铜管的轴线可与磁感线取不同的夹角。由充了电的超级电容器作为直流电源来供电，只要整个电路的电阻足够小，就能够在短时间内有几十安的强电流通过。

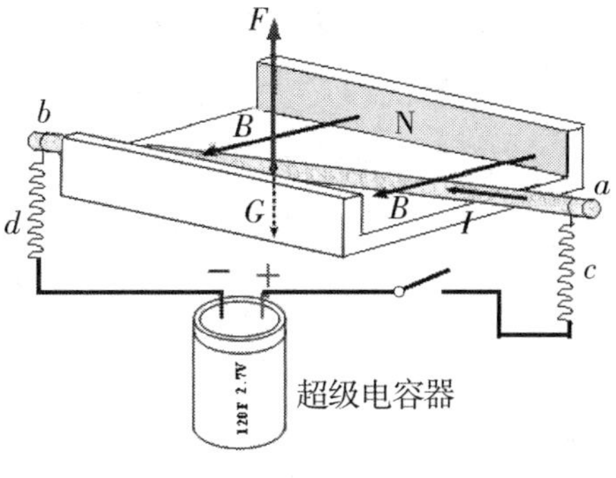

图 8-26

通电前，铜管受的重力与支持力平衡。点触一下开关，超级电容器放电时的冲击电流通过铜管，铜管受到的安培力 F 竖直向上，并且明显大于重力 G，同时安培力有较长的作用时间，从而产生足够大的冲量，使薄铜管不受细软铜丝的约束而竖直向上“自由”跳起，此时铜管跳起的方向即可代表 F 的方向。改变 I 与 B 的夹角重做几次实验，可看到铜管总是竖直上跳。

超级电容器可选用标称工作电压 2.7V、容量 100~200F 的规格，它只有拇指大小（参看第四章中图 4-23），非常轻便。

3. 扩展

利用上述实验的匀强磁场装置，再增加高灵敏度的数字测力计（或力传感器）、自制的矩形线圈、角度刻度盘等，就可以测量安培力的大小，验证公式 $F=BIL\sin\theta$。详情请参阅《高中物理教学深层研究》（首都师范大学出版社）书中《关于安培力的实验研究》一文。

五、磁场的建立和测量

设计新实验和自制教具，有时需要建立特定的磁场，一些实用装置中也使用了多种多样的磁体。但是课本中某些理想化的图形和含糊的表述（如“通电螺线管磁性强弱”）引起了不少误解和质疑，因此有必要帮助学生建立对磁体和磁场的较为系统、全面、切合实际的正确认识。

1. 磁铁和软铁

磁铁是永磁体的俗称。例如教学用的磁铁大多是用 FeAlC 合金制造的，有些劣质的磁铁会使用普通高碳钢。扬声器上的磁环通常有两种材料：一种是钡铁氧体，表面为黑色，密度小，价格低廉；另一种是钕铁硼合金，表面（抛光后）有金属光泽，能产生强磁场。市场上能买到或定制多种形状和尺寸的钕铁硼永磁体供教学用。

软铁指矫顽力很小的软磁材料。例如小型电磁铁和电磁继电器的铁芯是由“电工纯铁”制成的。不同用途的变压器和电感元件使用的铁芯则有硅钢、锰锌铁氧体、坡莫合金等。生活中常见的铁丝（俗称铅丝）和马口铁都是由低碳钢制成的，也可当作软磁材料，只是矫顽力稍大，会有些剩磁。

2. 磁体上的磁极

永磁体通常是先制成所需的几何形状，再经过充磁而确定其磁极的位置。常见的条形和U形磁铁只有两个磁极，分别在两端，这多用于教学。技术上使用的磁铁并非都是这样的，如图 8-27 所示。制造圆柱形、圆环形永磁体时一般是将它的两个圆形端面磁化为两极，矩形永磁体可依据使用的需求将上下侧面或前后侧面磁化为两极。某些微型直流电动机的定子是两块瓦片形的永磁体，内外圆弧面为两极。还有一种微型交流发电机的转子是永磁体，将圆柱面磁化出两对磁极，其磁感线形状如图 8-27 中的俯视图所示。

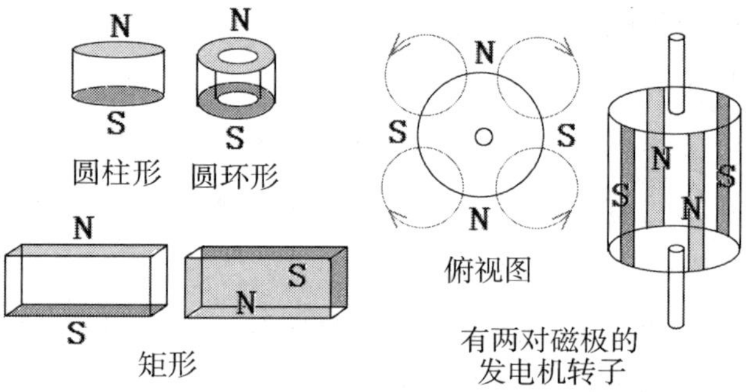

图 8-27

3. 技术装备中的磁场

技术装备中的磁场许多都不是匀强磁场，而是依据需要设计出不同的磁感线，例如磁电式电流表的动圈所处的磁场，实用电动机中的磁场等。对于需要产生吸引力或互感、自感的装置，都要将磁感线约束在磁性材料中形成封闭的磁路来减小磁阻。

可以让学生观察家庭中门脚上安装的“磁吸”部件的结构和它是如何产生强吸引力的，观察动圈式扬声器中是用何种磁体形成何种形状的磁场的，了解电饭煲中“感温铁氧体”部件的特点和功能等。

4. 如何建立匀强磁场

许多实验需要匀强磁场。教材中常画出将一对表面平行的 N、S 磁极靠近的示意图，但实际并非如此，那么应如何装置？这需要运用磁路的知识来分析和设计。使用常规的蹄形永磁体是不可取的，因为从其磁感线形状可知只在很小的空间中磁场才近似是匀强的，并且强度不强。可将一对扁长方形钕铁硼强磁体 A 固定在非磁性物体 C 上，如图 8-28（a）所示。磁体上平行相对的两个大侧面分别为 N、S 极，立体状况参看图 8-26。从图 8-28（a）可看出匀强磁场以外的磁路分布在周围的空气中，磁回路中的磁阻很大，会造成磁通量减小，导致两极间匀强磁场的磁感应强度减弱。再者，发散在周围的磁场也会带来不必要的麻烦，并且使磁体易受外界影响而磁性减退。改进的办法如图 8-28（b）所示，用软磁材料（如低碳钢板，磁导率比空气大千百倍）弯成“轭铁”B，使外侧磁路在其中通过，减小了磁阻，增强了两极间的磁场。如需要更大空间的匀强磁场，可如图 8-29 所示，用两个强永磁体 A 和低碳钢板 B 组装。总之，永磁体只能在有限的空间中形成近似的匀强磁场，且磁场强弱不易调节，或可用铁片（或铁丝）临时吸附在磁极旁构成磁分路将两极间磁场减弱一些。

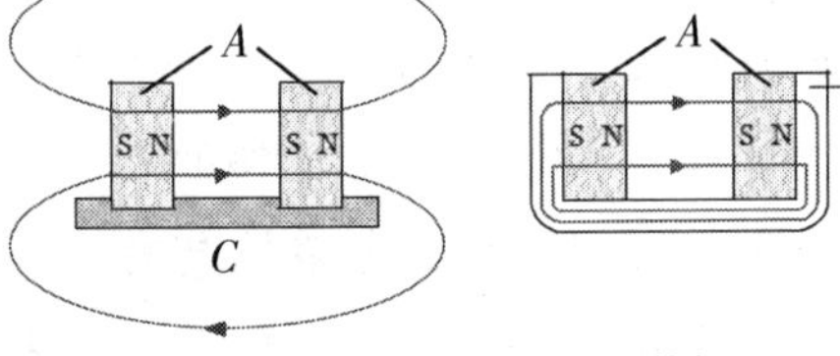

图 8-28

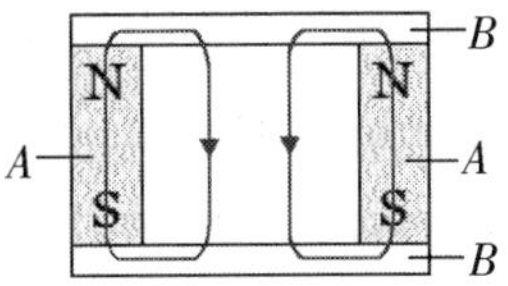

图 8-29

有的教学仪器采用电磁铁来产生匀强磁场。如图 8-30 所示，特殊形状的铁芯 A 由低碳钢制成，用漆包线绕上线圈 B 通入直流电，产生的磁路如图 8-30 所示。上下两个磁极是面积各约 300cm^2 的正方形平面，可在两极间（除边缘部分外）的空间形成近似匀强磁场。调节电

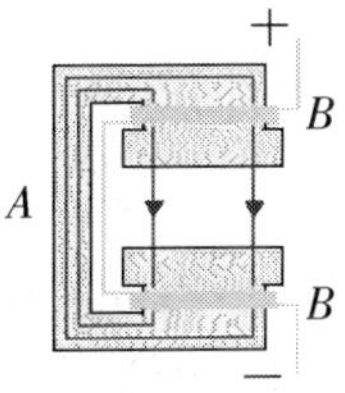

图 8-30

流的大小，可以大范围地改变磁场强弱。

赫姆霍兹线圈也可以产生匀强磁场。如图 8-31 所示，它由一对同轴的空心圆形线圈组成，两线圈的尺寸和匝数都相同，并且圆心距离等于线圈半径 r。两者接成串联，通入的电流大小和方向也相同，则在它们之间轴线上中点附近的空间中的磁场是近似均匀的，磁感应强度 B 与线圈的匝数 n、通入的电流 I 都成正比。

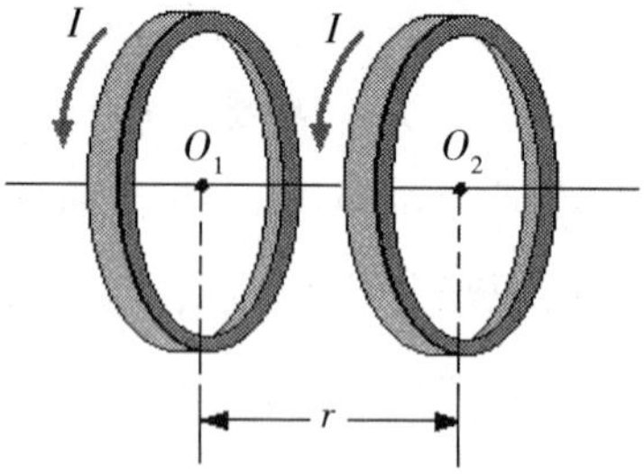

图 8-31

赫姆霍兹线圈适合在较大的空间中形成匀强磁场，并且便于调节磁感应强度，但是它产生的磁场较弱。洛伦兹力实验仪就是借助赫姆霍兹线圈产生的磁场来观察电子束的偏转及测定电子的比荷。

附带指出，电磁继电器的铁芯和衔铁要形成闭合的磁路，并且要减小空气间隙以减小磁阻。电动机的转子铁芯和定子铁芯的间隙也要很小。

5. 磁感应强度的测量

传统的方法是使用电流天平，通过安培力进行测量，但该仪器的构造相当复杂，操作相当烦琐。现代的方法是使用依据霍尔效应制成的特斯拉计进行测量。中学用到的是与数字化实验系统（DES）配套的磁传感器，探头前端内部装有霍尔元件，用以测量与探杆轴线平行方向的磁场，第三章第三节“四、法拉第电磁感应定律”中介绍了它的应用。

要测量两个磁极相对的狭窄空间中的匀强磁场，上述传感器不适用，可以用高性价比的电子元件（如型号 3503 的线性集成霍尔芯片）自制，可参看《创新中学物理实验》书中第七章第四节。这种自制仪器显示的是与磁感应强度 B 成正比的霍尔电压 U_H，可以做比较性测量，如需得到 B 的具体数值，则要依据特斯拉计来标定。

六、对自感实验的再研讨

1. 传统实验方法的设计思想和疑难问题

传统的通断电自感实验方法在约 60 年前就有，当时中学里没有更好的检测仪器，因而在特定条件下用小灯泡显示出的某种现象来间接证明自感电动势的产生。传统实验装置简单，容易操作，现象明显，经由粗略的分析即可达到设定的教学目的，但是传统实验不能全面、准确、形象地反映自感现象的本质和规律，而且会给学生带来某些困惑和误解。

（1）通电自感现象

传统的实验电路如图 8-32 所示，L 为自感线圈，用小灯泡 A_1、A_2 来显示电流。

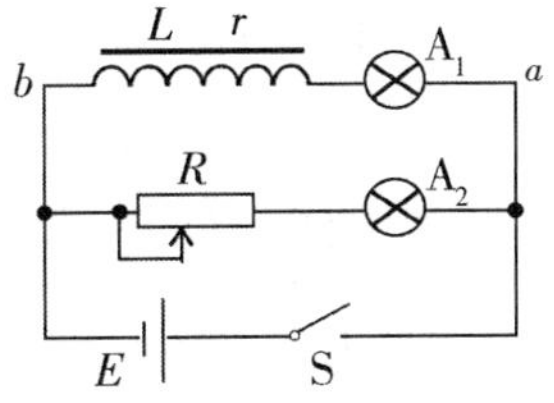

图 8-32

教学中遇到的一些问题引起了我们的反思，也反映了对实验条件和实验说服力的质疑。例如：

①学生怀疑 A_1 发光滞后于 A_2 的现象是由于两个灯泡的规格不同，或电阻器 R 的阻值与线圈的电阻 r 不同造成的。由教师告知学生两灯泡的规格是相同的并非好的教学方法，因为教师没有做出证明，学生不该盲目相信。简单的解决办法是将 A_1、A_2 互换再做一次实验，看到现象依旧，从而打消学生的怀疑。

②学生会问，随意取一个线圈都能出现 A_1 比 A_2 发光滞后的现象吗？如果电路中是用可拆变压器的 1400 匝线圈套在闭合铁芯上作为自感线圈 L，可将铁芯去掉或改为 100 匝的线圈，上述现象就看不到了。原因何在？

第三章第三节“五、通断电自感现象”中已介绍，RL 电路（图 8-32 中支路 ab）中通电时电流的增长是一个暂态过程，并给出公式和时间常数的概念。要出现 A_1 发光滞后，就必须使此 RL 电路的时间常数 τ 足够大，以大于 0.1s 为宜，这就要求线圈的自感系数 L 很大，同时其电阻 r 与灯泡 A_1 电阻之和 R_{ab} 尽可能小些。例如可做如下设计：$L=8\text{H}$，$R_{ab}=40\Omega$，为便于估算可忽略灯泡电阻的变化，则时间常数 $\tau=L/R=0.2\text{s}$；由前文中公式可知其通电后 0.2s 时灯泡 A_1 中的电流达到最大值 I_{max} 的 63%，这样才能有较明显的延时发光效果。因此，为了达到足够大的自感系数，线圈要有上千匝，绕在由硅钢片叠成的大尺寸闭合铁芯上。

（2）断电自感现象

传统的实验电路如图 8-33 所示。

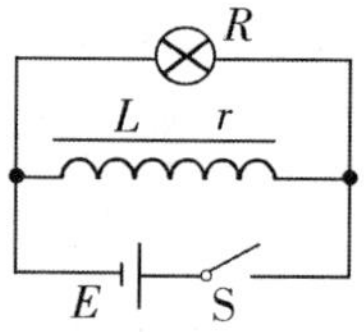

图 8-33

教学反思：

①学生问：断电时灯泡闪光为什么会比原来更亮？严格地说，其原理相当复杂，学生不易理解，更难以让学生自行探究。这是该实验的重大缺憾。

断电自感现象也是 *RL* 电路的一个暂态过程。灯泡闪光需要两方面的特定条件：一是要用粗铜线绕制线圈，使其电阻比灯泡电阻小得多；二是由线圈和灯泡组成的 *RL* 电路有足够大的时间常数。有些文章只谈到了第一个条件，这是不充分的。

为了简化论述，设灯泡电阻 R 为定值。接通开关 S，电路中电流稳定后，通过线圈的电流为 I_1，通过灯泡的电流为 I_2。突然切断 S，原来通过灯泡的电流 I_2 立即消失，此时线圈与灯泡成为一个闭合回路，此回路中电流 I 将以 I_1 为初始值，按照 $I=I_1e^{-\frac{r+R}{L}t}$ 衰减。设 $R=10\Omega$，$r=2\Omega$，则 $I_1=5I_2$。又设 L 足够大（如 1.5H），使得 $\frac{r+R}{L}=8$，则有 $I=5I_2e^{-8t}$。由此可计算出，经过 $t=0.20\text{s}$，I 值衰减为 I_2。

因此不仅在初始时刻（$t=0$），而且在其后一段不太短的时间（上例为 0.20s）内，通过灯泡的暂态电流 I 都大于原来的电流 I_2，从而能够在灯丝上产生并积累足够的热量。此外，还有灯丝热容的作用，即原来灯丝的温度在断电的瞬间尚未急剧下降。以上两方面的原因使灯丝温度在原有的基础上进一步升高，从而灯泡的发光亮度增加而出现强闪光。

如果 r 小于 R，但相差不多，或者线圈的自感系数 L 相当小，那么在突然切断 S 后，虽然也有暂态电流通过灯泡，但是持续的时间太短，就不会使其亮度增加，不但不能看到强闪光现象，也更难以看到暂态电流衰减的过程。

②学生对灯泡闪光的印象太深刻了，往往误认为断电时的自感是瞬间的现象。因此教师必须让学生观察电流衰减的过程，方法是使用示波器或数字化实验系统（DES）来观测。

③实验表明，断电后线圈中储存的磁场能将转化为电能，从而使灯泡闪光。这生动地显示出自感线圈是一种储能元件，这也是此实验的主要优点和用途，教学中不可忽视这一要点。

④有些通电自感和断电自感演示板上安装的线圈不一样，学生会问：能够用同一个线圈既看到通电自感又看到断电自感现象吗？用图 8-34 所示的实验电路可以实现。L 为用 J2425 型变压器原理说明器的 800 匝线圈套在闭合铁芯上，小灯泡规格为“6.3V 0.15A”，电阻器 R 和线圈的电阻相等，电源电压 6~8V。先保持 S_2 断开，接通 S_1 可看到灯泡 A_1 要比灯泡 A_2 亮得晚些。当两个灯泡发光稳定后，将 S_2 接通，再迅速切断 S_1，可看到灯泡 A_2 先闪亮一下再熄灭。如果用自感系数更大并且电阻更小的线圈来做实验，效果会更明显。

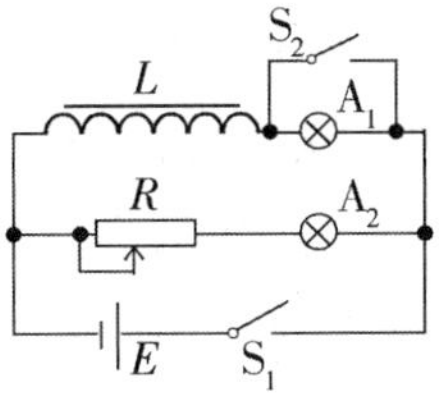

图 8-34

⑤用小灯泡显示自感的弊端也给练习题和考试题的编写带来疑惑。例如：

如图 8-35 所示的电路中，三个相同的灯泡 a、b、c 和电感 L_1、L_2 与直流电源连接，电感的电阻忽略不计。电键 K 从闭合状态突然断开时，下列判断正确的有：

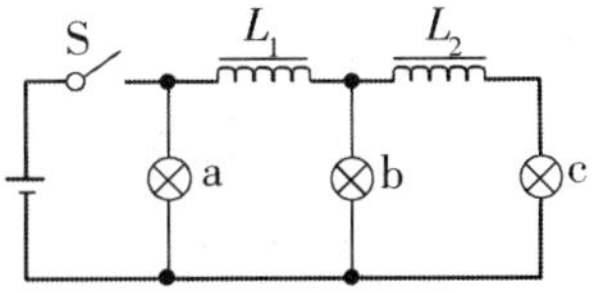

图 8-35

A. a 先变亮，然后逐渐变暗

B. b 先变亮，然后逐渐变暗

C. c 先变亮，然后逐渐变暗

D. b、c 都逐渐变暗

标准答案：AD

答案引起广泛的质疑。事实上答案 A、D 所述的现象不一定会发生，我们试用中学中能够找到的大铁芯线圈和常用的小灯泡做此实验，是观察不到灯泡 a 先变亮后变暗的。中国人民大学附属中学吴月江老师撰文做了分析论证，详见《高中物理教学深层研究Ⅱ》中的《灯泡会闪亮吗》。

2. 使用现代技术的解决方案

采用示波法观测，见第三章第三节“五、通断电自感现象”。

3. 用示波器再做几项研究

（1）能够观测到空心线圈的自感现象吗？

用小灯泡观测肯定不行，使用第三章第三节“五、通断电自感现象”介绍的 DES 方法也有困难，因为该设备采集数据的频率偏低。数字存储示波器（DSO）的采样频率能够达到 100MHz，可解决此问题。

将演示变压器的 400 匝线圈从铁芯上取下，它的自感系数 $L\approx5\text{mH}$，电阻 $r\approx2\Omega$。采用第三章图 3-59 所示实验电路，取 R_1 约 3Ω，R 约 15Ω，电源为两节干电池。在此条件下，通电时 R_1 与 L 组成的电路的时间常数 τ 约 1ms，断电时（R_1+R）与 L 组成电路的时间常数更小，故只有将示波器 X 轴时基相应地取得很小（如 1 毫秒/格或 500 微秒/格），才能观察到暂态过程中电流增长和衰减的曲线。在这样快速扫描的情况下难以由人掌控实验电路通断电的时刻，所以必须采用“捕捉单次信号”的工作模式，分别做两次实验来采集通电和断电的图线，得到的结果如图 8-36（通电自感）和图 8-37（断电自感）所示。如果线圈的自感系数更小，则应选用更小的时基。

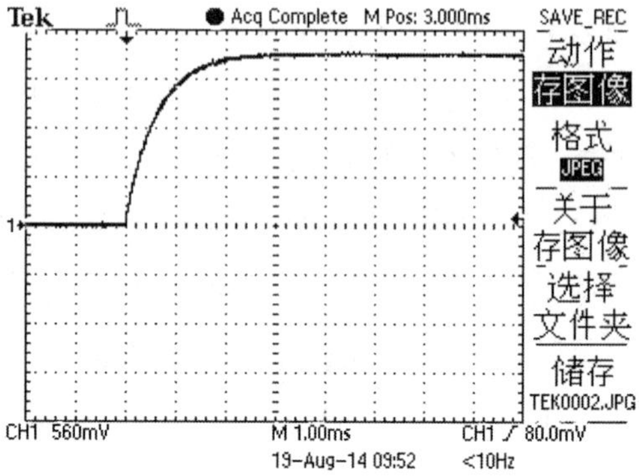

图 8-36

还要指出，图 8-36 和图 8-37 中，暂态过程的曲线与理论公式（指数函数）是符合的，因为空心线圈的自感系数 L 是恒定的。如果线圈是绕在铁芯上的，由于铁芯磁化的非线性，其自感系数 L 会受通过电流大小的影响，故暂态过程曲线的形状与理论有所偏离。

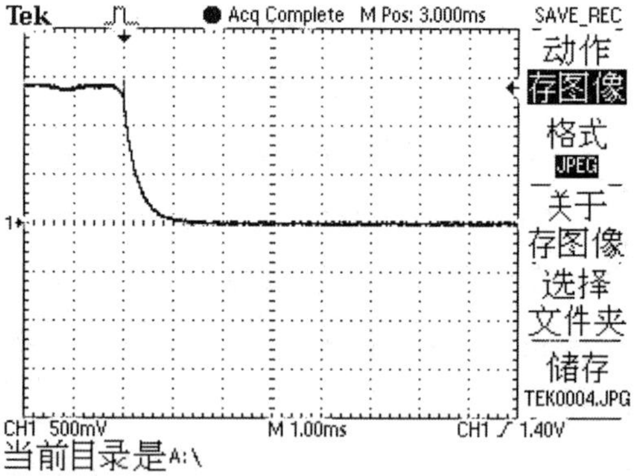

图 8-37

（2）对使用小灯泡做自感现象显示的质疑和验证

从原则上讲，检测工具（仪表）不应导致被测电路的属性发生改变。那么做图 8-32 的通电自感实验时，小灯泡 A_1 是否会对 ab 支路中电流的变化规律产生影响？现在用对比的方法来观察通电时的暂态过程。

先按照图 8-38（a）连接电路，只给电感线圈 L 串联定值电阻 R_0 做电流取样，用 DSO 显示

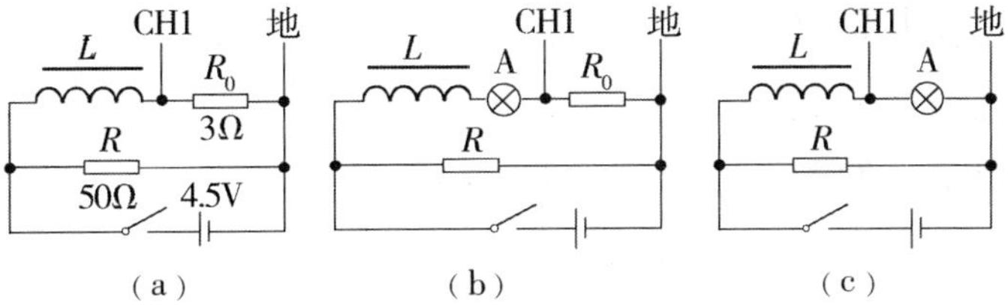

图 8-38

线圈中电流的变化，得到如图 8-39 所示的结果。图 8-39 中两条竖直光标线之间的曲线，真实反映了线圈自感造成的暂态过程，这段曲线形状近似为指数函数，电流从 0 增大到稳定值经历的时间是 200ms。

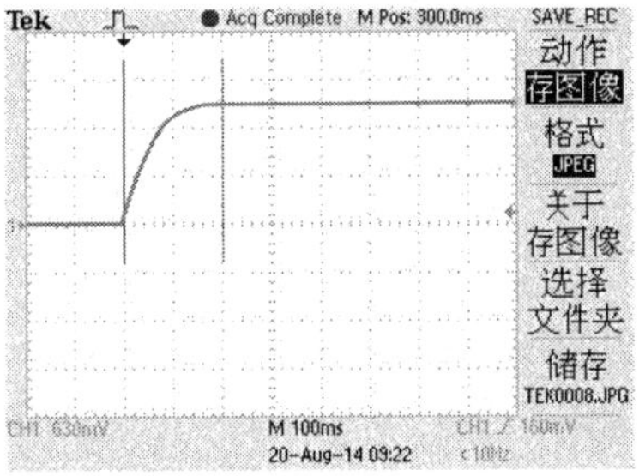

图 8-39

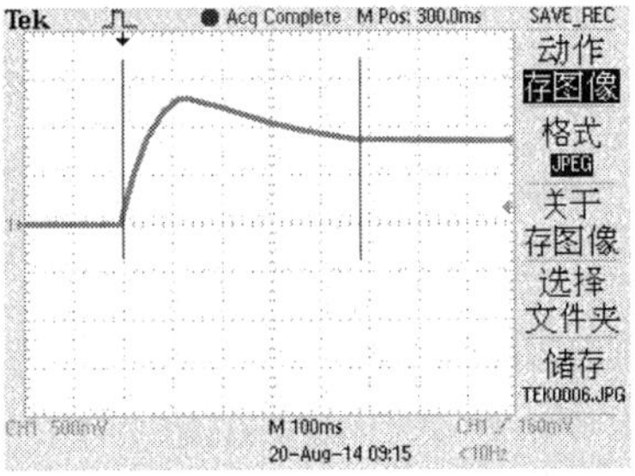

图 8-40

再按照图 8-38（b）连接电路，增加一个小灯泡 A 与线圈串联，观测结果如图 8-40 所示。此暂态过程与图 8-39 大不相同，通过含有线圈的支路中的电流先升后降再趋于稳定（但是不会看到灯泡先亮后暗的现象），并且此过程长达 480ms。这显然不能正确反映线圈的属性，灯泡发光的延迟现象实质上是线圈的自感和钨丝灯泡的非线性共同造成的。这个实验说明传统的用灯泡显示通电自感的实验是有假象的。有教师利用传统的通电自感示教板，保留小灯泡并串联电流传感器（其实就是用 DES 代替 DSO）观测通电自感，也会得到此不良的结果。还有教师为了省事，直接将传统示教板上的小灯泡当作取样电阻来将信号电压送给 DSO，电路如图 8-38（c）所示，其测量结果如图 8-41 所示。这就犯了概念性的错误——用阻值不能保持恒定的小灯泡做取样电阻，显示的并非是电感线圈中电流的变化。

再者，图 8-32 所示电阻 R 支路中的灯泡 A_2 发光实际上也比通电时

刻略有延迟。如果将 A_2 换成一种钨丝较粗（热容大）、分布较稀疏（散热快）的灯泡，发光延迟现象会更明显，就可能难以与 A_1 比较发光先后了。

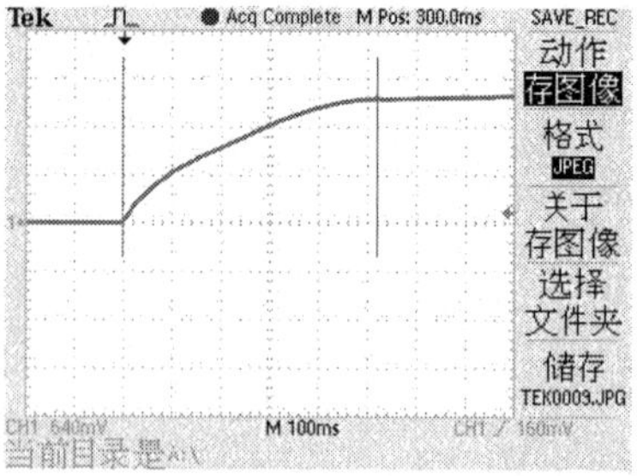

图 8-41

（3）能够用普通示波器观测自感现象吗？

用普通模拟示波器显示暂态过程，屏幕上的图线将"一闪即逝"，解决的方法是采用自制的反复开关电路使暂态过程按恒定的频率 f 重复显示，就可以看到稳定的图线了。电路如图 8-42 所示，虚线框内是电磁打点计时器，J 是电磁线圈，振动簧片前端打点针 b 与金属托板 a 形成一个开关。E 为干电池，R 为电流取样电阻。用 50Hz 的低压交流电使打点计时器工作，则 b 与 a 就以 50Hz 的频率反复通断，再将示波器的扫描频率也调为 50Hz，屏幕上的图线就稳定了。还必须搭配线圈 L 和电阻 R 的参数以使得此 RL 电路有合适的时间常数，才能在示波器一次扫描的时间（20ms）内显示出通电时电流逐渐增大的全过程。此外，也可用微型电磁继电器代替打点计时器，a、b 为其一组常开触点，J 为继电器的电磁线圈，则触点通断频率变为 100Hz，示波器扫描频率也要调为 100Hz。若在图中 d 点串联一个二极管做半波整流，则触点通断频率仍为 50Hz。若将图中虚线 c 左方改为有适当功率输出的低频方波信号源，继电器的触点通断会更加稳定可靠。

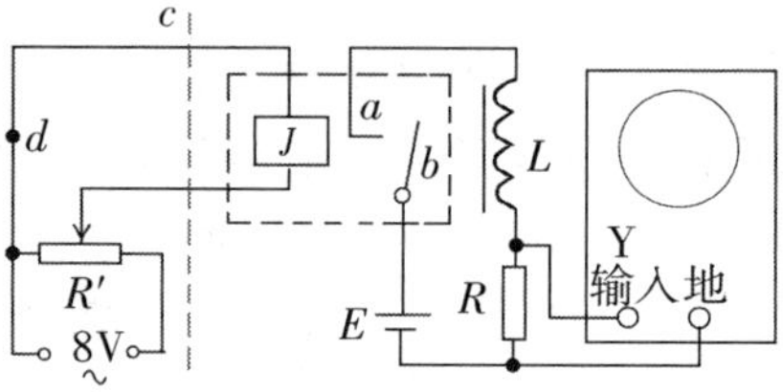

图 8-42

七、容抗、感抗及其应用

过去的教材中对阻抗的知识安排了较多的定量分析，涉及正弦交流电路稳态过程的基本规律。新教材降低了要求，对容抗和感抗只做粗略、定性的描述，但关注了其实际应用。那么，实验也要做相关的调整，同时需注意不能出现假象和造成误解。

1. 通过实验认识感抗和容抗

传统的方法是用小灯泡显示电流的大小。以电感线圈为例，电路如图 8-43 所示。L 为几百匝的线圈，其铁芯可调，正弦交流电源要用有 1～3W 输出功率的信号发生器。先保持线圈状态不变而逐渐改变交流电频率 f，再保持频率恒定而将铁芯逐渐抽出以减小线圈的自感系数 L，可看到感抗 X_L 的存在及其随 f、L 的变化。容抗的实验与此类似。需要指出的是，上述实验默认加在线圈两端的交流电压 U 恒定，这样才能仅以电流的强弱反映阻抗的大小。但图 8-43 的电路未对 U 进行测量显示，也难以在实验过程中保持 U 恒定，所以在实验条件上是不严格的，使得该实验缺乏说服力。

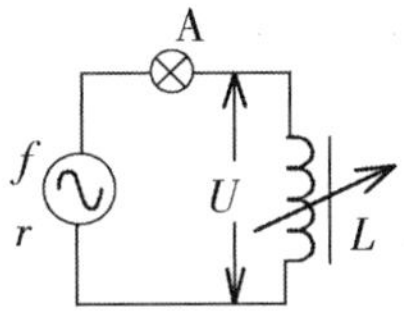

图 8-43

还要考虑到简单地用“对交流电的阻碍作用”来描述感抗、容抗是不确切的，容易将它们与电阻的概念混淆。因此最好改用数字多用表的交流电压挡和交流电流挡来做定量测量，以 U 与 I 的比值来建立感抗、容抗的概念。

以容抗为例，实验电路如图 8-44 所示。普通数字表测量正弦交流电有限定的频率范围，一般是 50～1000Hz，超出此范围误差会增大，因此该实验中 f 可取 100～500Hz。当被测的电容取几微法时，通过的电流只有几毫安到几十毫安，使用标配的普通信号源的正弦电压输出就能满足供电的要求。数字电压表内阻为 10MΩ，远大于容抗，可忽略它分流造成的测量误差。数字电流表则可以读出相当精确的电流值。

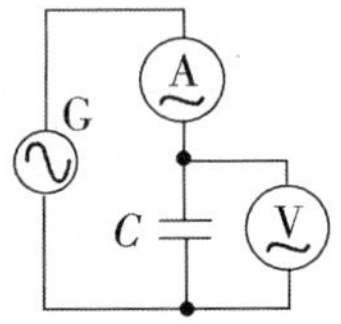

图 8-44

（1）定义容抗。由实验数据（见表 8-2）可近似看出，对同一个电容器，比值$\dfrac{U}{I}$为定值。C(标称值)＝ 6.0μF(独石电容器，可视为纯电容元件)，f＝399Hz。

表 8-2

U/V	0.297	0.502	0.698	0.999	1.198	1.297	平均
I/mA	4.37	7.39	10.31	14.79	17.80	19.30	
$\dfrac{U}{I}$（即 X_C/Ω）	68.0	67.9	67.7	67.6	67.3	67.2	67.6

（2）容抗与电容的关系。由实验数据（见表 8-3）可近似看出，X_C 与 C 成反比。

表 8-3 （f=402Hz）

$C/\mu F$	6.15	3.03	1.54
U/V	1.304	1.304	1.306
I/mA	19.68	9.58	4.79
X_C/Ω	66.3	136	273

（3）容抗与频率的关系。由实验数据（见表 8-4）可近似看出，X_C 与 f 成反比。

表 8-4 （C=6.15μF）

f/Hz	98	200	299	401	500
U/V	1.302	1.301	1.308	1.305	1.303
I/mA	4.80	9.65	14.62	19.48	24.1*
X_C/Ω	271	135	89.5	67.0	54.1

* 换用 200mA 挡测量

2. 用阻抗法测量自感系数

用阻抗法测量电容的方法比较简单，已在第六章第五节“二、用阻抗法和谐振法测定电容和自感系数”中做过介绍。现在只讨论自感系数的测量。

由于绕制自感线圈的导线存在一定电阻 r，因而它对正弦交流电呈现的阻抗 Z 是感抗 X_L 与电阻 r 的合成，即 $Z^2=X_L{}^2+r^2$。又因为 $X_L=2\pi fL$，则测出 Z、r、f 即可求出 L 值。常用的实验方法是将线圈与电阻箱 R 串联后接到正弦信号源上，分别测出 U_Z 和 U_R，由 $\frac{U_Z}{U_R}=\frac{Z}{R}$ 求出线圈阻抗 Z，然后由 $Z=\sqrt{X_L^2+r^2}$ 求出感抗 X_L。

通常情况下信号源是要与示波器“共地”（即两者的接地端要连接在一起）的，因此有人设计了如图 8-45 所示的电路。将线圈（虚线框中为其等效电路）与电阻箱串联后，由开关切换分别测量总电压 U 和线圈两端电压 U_Z，再由两者的算术差求出 U_R。但这样求出的 U_R 值是不正确的，因为这三个正弦电压的相位不同，应当做矢量运算。

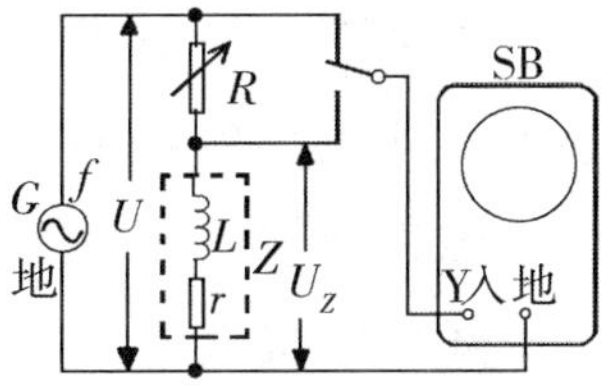

图 8-45

正确的解决方法是改为如图 8-46 所示的电路，用双刀双掷开关 K 做切换。当双刀接通上方触点时示波器测量的是 U_Z，切换到下方触点时示波器测量的是 U_R。

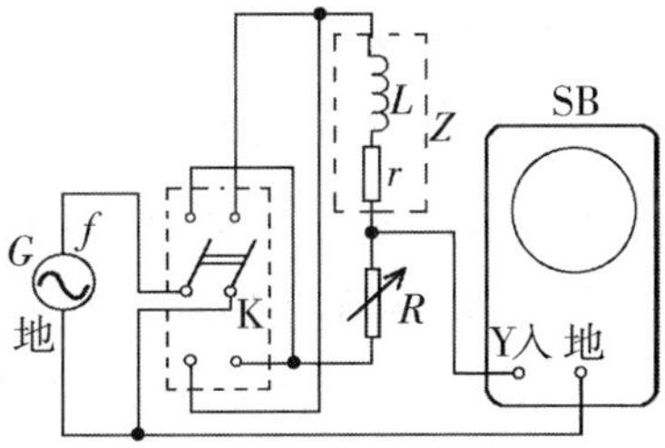

图 8-46

此种测量方法可称为“比较法测阻抗”。其中 U_R/R 等于通过线圈的电流 I，由此也可看作是伏安法测阻抗。

示波器优于数字表之处是能够观测频率很高的交流电。这就可以将信号源 G 选择足够高的频率，使 $X_L \gg r$（该实验中 $X_L > 10r$ 即可），则可忽略 r 而将线圈近似视为纯电感元件进而简化计算。

被测的线圈应取用空心的，如此它的自感系数是恒定的。若采用绕在铁芯上的线圈，则铁芯的磁化会随着通入的电流做非线性变化，从而使自感系数不恒定。

还有一种实验方案：对同一线圈取不同的频率 f 测出对应的 Z 值，然后画出 Z^2-f^2 图线，由图线的斜率和截距求出 L 和 r。

表 8-5 是某次实验的记录。待测空心线圈取自分组实验用小型可拆变压器。结果表明：空心线圈的自感系数是线圈自身的属性，与测量时通入的电流强弱及频率无关。

表 8-5　（$n=240$ 匝　$r=4.4\Omega$）

次	f/kHz	R/Ω	U_Z/mV	U_R/mV	X_L/Ω	L/mH	平均 L/mH
1	3	50	100	107	46.8	2.48	2.44
2	10	150	120	119	151	2.40	
3	20	330	150	162	306	2.44	

若从同一个小型可拆变压器上取下 $n=60$ 匝的空心线圈做测量，与表 8-5 中列出的结果对比，可以看到在线圈外形尺寸相同的条件下，自感系数近似与匝数的平方成正比。

还可以将上述 240 匝线圈套在所配用的闭合铁芯上再做测量，可看到自感系数增大到几百毫亨，并且其数值不再是恒定的，而是与测量时通过的电流大小有关。

3. 正确运用阻抗的知识解释某些应用问题及其实验验证

只教导学生对某个电容或电感元件运用“通低频、阻高频”这类口诀来解决问题是不够确切的，还可能使学生在思考时陷入误区。正确的方法是对整体电路做分析。实用的电子电路往往是复杂的网络，还需烦琐的运算，本书仅对教学中遇到的两个简单问题进行分析和验证。

（1）一道习题

图 8-47 表示两部分电子电路之间交流信号的“耦合”，前级输出的电流既有高频成分又有低频成分，现在只需把低频成分输送到下一级装置，应在 a、b 间接入一个什么元件？

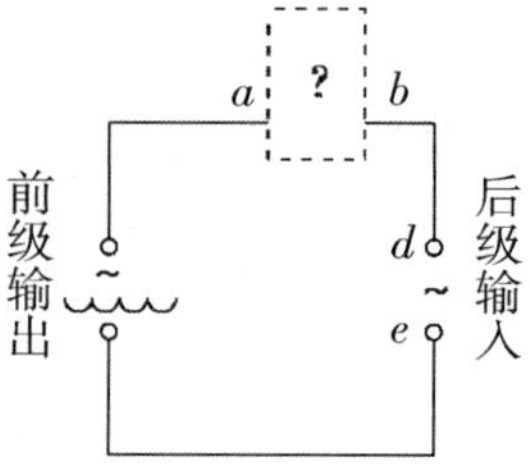

图 8-47

答案：高频扼流圈。

乍看起来题目似乎是完美的，由口诀“通低频、阻高频”即可获得答案。其实不然，我们需要进一步知道：①难道后级不会也得到少许的高频电流吗？②d、e 间似乎应不断开而是接有后级电路的某种元件，此时“阻高频”的效果是否与此元件的参数有关？③应当如何界定题目中的高频和低频？如何选择相关元件的参数？④能否用实验观测验证其实际效果？

分析：前级相当于交流信号源，d、e 间必定也接有某种元件 B 作为负载而形成通路，后级的输入信号是从此负载两端取得的。正确的观点是不应只看 a、b 间接入的元件 A 的作用，而要从整体电路对信号电压做分析：实质上是高频和低频信号电压在整体电路中的电感器和负载两者上面分配不同，或者说由 A、B 两个元件组成的电路对不同频率信号电压的衰减不同。

为了简化讨论，设 d、e 间接有纯电阻 R 作为负载（实际上经常近似是这种情况）。按照正弦交流电路计算，只有在 R 比线圈对高频信号的感抗 X_{L1} 小得多，同时 R 又比线圈对低频信号的感抗 X_{L2} 大得多的条件下，才能使负载上得到的高频信号电压很小而低频信号电压相对很大。也就是说，电感线圈不能对高频信号起绝对的阻断（滤除）作用，如果 R 比 X_{L1} 和 X_{L2} 都大得多，则电感线圈就几乎不起作用了。

实验验证时，不可使用小灯泡做显示，必须用示波器（或音频电压表）测量信号电压。按照图 8-48 连接电路，高频扼流圈 L 可取演示变压器上的 400 匝空心线圈，其自感系数约 4.6mH，电阻约 1.6Ω。负载 R 为电阻箱，G 为正弦信号发生器。用示波器分别测量此 RL 串联电路输入的信号电压 U 和负载 R 上输出的信号电压 U_R。为便于观察和读数，都取电压的峰-峰值。分别将 R 和 f 值取不同的数量级做对比，得到表 8-6 中列出的结果。

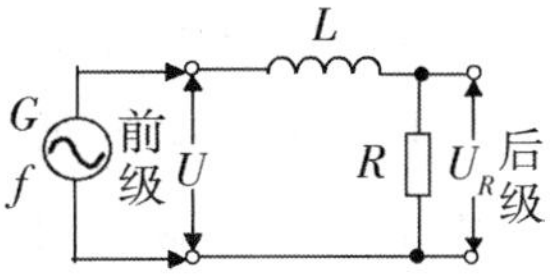

图 8-48

表 8-6 对比高频信号被“滤除”的效果

R/Ω	20			200			400			5000		
f	低	中	高	低	中	高	低	中	高	低	中	高
U/V	3.04	3.02	3.00	3.02	3.00	3.02	3.02	3.02	3.00	3.04	3.02	3.04
U_R/V	2.82	1.60	0.26	2.98	2.98	1.62	3.02	3.02	2.34	3.04	3.02	3.02
效果	好			差			更差			无效		

注：低频信号 f=100.3Hz，扼流圈对它的感抗 X_L=2.9Ω。
中频信号 f=1.002kHz，扼流圈对它的感抗 X_L=29Ω。
高频信号 f=10.01kHz，扼流圈对它的感抗 X_L=289Ω。

由此可知原题编写不当，不宜让学生解答。或可考虑做如下修改：

由规格合适的电感线圈 L 和电阻器 R 组成的电路如前文图 8-48 所示，线圈的电阻可以忽略。当前级向此电路输入 f=600Hz、U=500mV 的正弦交流信号时，从 R 向后级输出的信号电压 U_R=400mV。若将输入改为 f=7kHz、U=500mV，则（　　）。

A. U_R 变大　B. U_R 仍保持 400mV　C. U_R 变小　D. 无法判断

答案：C。

反思：通常人们是将口诀作为一种帮助记忆的工具，如果口诀不能确切地表述科学规律和方法，就可能引起歧义和误解，因此不宜当成解题的依据。

（2）音箱中的分频电路

专门的音响设备为了实现声音的高保真度，一般都要采用分频音箱。音箱上安装专门的低音频、中音频、高音频扬声器（俗称喇叭）。当它们被同一个音频功率放大器推动时，由于放大器输出的信号中可能包含20Hz~20kHz 的多种频率，就要使用分频电路来使每一种扬声器主要通过相应频段的音频信号，以发挥最佳的还音效能。

最简单的一种“二分频”电路如图 8-49 所示，由电感线圈和电容器组成两个选频网络。这种由电感器和电容器组成的网络比使用单一的电感器和电容器效果更好，元件的参数是经过计算选定的。每个网络都有输入端和输出端，称为双口网络。下面对网络的作用做粗略的分析。

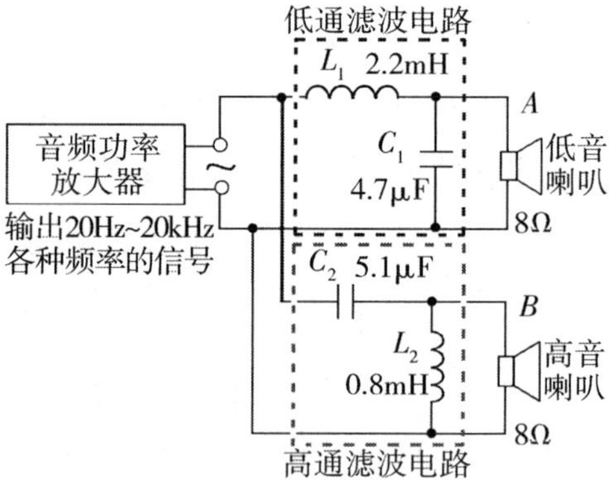

图 8-49

先看图 8-49 上方由 L_1、C_1 组成的“低通网络”。将负载 A（喇叭）看作电阻元件，则它与 C_1 并联组成一个电容性电路。对于输入的几十到几百赫兹的低音频信号，L_1 呈现的感抗很小，而电容性电路呈现的容抗较大。两者串联，因而 L_1 上的信号电压很小，负载得到的信号电压较大，从而使喇叭 A 发出很强的低频段声音。对于输入的上千以至上万赫兹的高音频信号，L_1 呈现的感抗很大，而电容性电路呈现的容抗较小，因而 L_1 上的信号电压较大，负载得到的信号电压较小，所以喇叭 A 发出的高频段声音很小。通常可以形象地说，“低通网络”的作用是通过低音频，滤去高音频。

再看图 8-49 下方由 C_2、L_2 组成的“高通网络”，用上述观点和方法分析，可知其作用与“低通网络”恰好相反。

还要指出，*LCR* 网络存在电谐振问题，在实际应用中，要选择合适的电路参数来避免发生谐振。

八、几何光学中的成像实验

几何光学的知识在中学物理课中已经被淡化，但是它的实验方法和设计思想仍具有重要的意义和实际应用，有关的课题也会引起学生的关注。因此，深入掌握相关的基础实验原理和操作要点，对于全面提高教师的素养是很有必要的。

1. 成像用发光物的设置

初中研究凸透镜成像用蜡烛作为发光物体，器材简单、现象明显，但是难以准确地测定物体的位置以及比较所成的像与发光物的大小，不适合做定量测量。用光具座做正规实验时，要求物体能够从与主轴垂直的平面上发出漫射光，并且有确定的形状和清晰的细节，尺寸也不宜太大。一种简单的方法是采用开有小三角孔的金属屏，可称为物屏，如图 8-50 所示，孔的一面贴上头发构成“叉丝”，用以辨识成像的清晰度，另一面贴上半透明膜（或纸），使之被灯照射时发出漫射光。照明灯应发出较强的白光，有时还需要单色光（如红光、蓝光），最好使用功率约 100mW 或再大些的发光二极管。

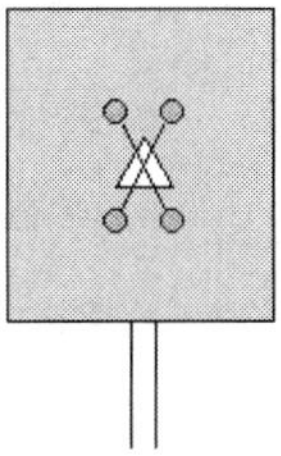

图 8-50

2. 像的接收和定位

（1）接收实像。通常用毛玻璃屏（称为像屏）的毛面接收成像光束，眼睛从光面观察。当三角孔中叉丝的像最清晰时，就确定了像的位置。也可以用眼睛直接观察空间中生成的实像，条件是眼要在凸透镜主轴上并且眼与实像的距离大于眼的近点，像的位置要借助参照物（一根探针）用无视差法测定。当需要精确测定实像的长度时，应使用专门的测微目镜来接收实像。

（2）接收虚像。通常由眼直接观察，用无视差法测定虚像位置，详见第五章第三节“七、测定玻璃和水的折射率”。

3. 光具组的共轴调节

共轴指的是让几个光具（如几个透镜的主光轴、物屏上的三角孔、光源）都在同一直线上。粗调的方法是将它们先靠在一起，凭目测操作使其中心等高、左右不偏，并且各自的光学平面都与光具座的纵轴垂直。然后在实验中借助成像做细调，使所成像的中心也在主光轴上。

调好共轴不仅能够使光路畅通，从而顺利生成预期的像，更可充分利用傍轴光束提高像的质量。

4. 测量误差

实验时，常用的光具（物屏、像屏和透镜）都是用支杆固定在光具座的几个滑块上的，并且依靠滑块侧面的标志线读出各光具在标尺上的位置。若屏的工作面或透镜的光心（严格地说是主面）不与标志线处于同一竖直平面内，则会造成定位误差。

再者，受到人眼的分辨能力和成像质量（像差）的限制，会看到像屏或探针在某个相当的范围内移动时，实像都是清晰的，或虚像与探针都没有视差，这就造成了像的定位不准带来的误差，像太大或太小时误差更大。可采用双向逼近法（又称左右逼近法）来减小这种误差，即将像屏或探针先由远向近移动，再由近向远移动，各找到一个看起来最佳的位置，然后取其中点作为结果。即使如此，通常误差也不小于 1mm。

5. 测定薄透镜焦距的实验

用一个或几个透镜组成实用的光学系统时，必须知道每个透镜的焦距。但由于玻璃材料和制造工艺水平等因素的影响，实际的焦距与设计值会有所不同，因此其精确值必须由实验测定，教学用透镜的标称值仅供参考。

（1）测量凸透镜的焦距

以前教材中列出三种方法：

①将日光直接汇聚，此法只能得到粗略的结果。

②最简单的是实物成实像法，测出物距 u、像距 v，由公式 $\frac{1}{f}=\frac{1}{u}+\frac{1}{v}$ 求出焦距 f。需要注意，像不可太大或太小，以利于辨识其清晰度。由于存在各种误差，这样测出的 f 值会有几毫米的误差。

③共轭法，装置与②相同，但将物屏、像屏位置固定并使两者距离 s 大于 $4f$。在其间移动凸透镜，先后在位置 A、B 都能生成实像。再测出

A、B 距离 d，则有 $f=\frac{s^2-d^2}{4s}$。此法避开了凸透镜的定位误差，测出的 f 值较准确。

此外，再介绍几种方法：

①远物成实像法。若 $u=1000v$，将测出的 v 值作为 f，理论上的相对误差约 1/1000。此法简单易行，但实验室内往往不具备 $u \gg f$ 的条件。

②自准直法。实物成实像的方法要求光具座的有效长度 l 大于凸透镜焦距的 4 倍，对于长焦距凸透镜就不适用了，而自准直法只需 $l>f$。装置如图 8-51（a）所示，在凸透镜 L 后近处放置平面镜 M，灯 A 照亮物屏 P 上三角孔 S，固定 L、M 而调节 P 与 L 的距离，直到物屏上生成如图 8-51（b）所示的三角孔的倒立等大实像 S' 为止，则此时 P 与 L 的距离就等于 f。操作要点是 M、P 都要与 L 的主轴垂直，并且三角孔刚好在主轴上方接近主轴处。

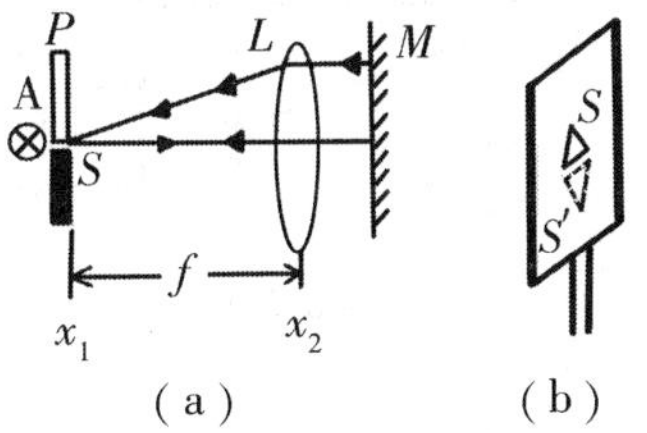

图 8-51

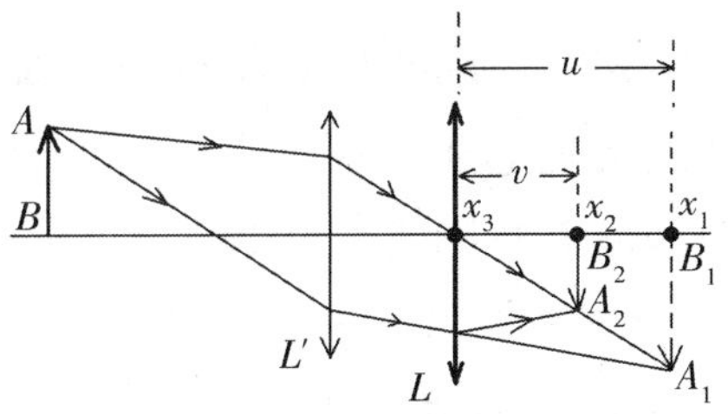

图 8-52

③虚物成实像法。此法是依据像与物的共轭关系设计的。如图 8-52 所示，L' 为辅助用的短焦距凸透镜，发光物（物屏上三角孔）AB 经过 L' 成实像 A_1B_1 于毛玻璃屏上，记下其位置 x_1。再将待测的长焦距凸透镜 L 置入辅助透镜 L' 与 x_1 之间的光路中，将毛玻璃屏前移一些接收到三角孔实像 A_2B_2，这就是以 A_1B_1 为虚物对于透镜 L 所成的实像。记下 A_2B_2 的位置 x_2 和透镜 L 的位置 x_3。由测量数据可得到此次成像的物距 u（取负值）和像距 v，代入成像公式即可求出焦距 f。为了减小所测 f 值的误差，调节虚物成实像时要使 v 与 u 的绝对值差别大一些。

（2）测量凹透镜的焦距

此实验课题被以前的教材回避，难点在于直接生成的是虚像，难以测定位置。其实也有解决方法，现举出几种：

①实物成虚像法。如图 8-53 所示，竖立的铁丝 A 被自然光照亮作为发光物，眼通过凹透镜 L 看到它的正立缩小虚像 A_1。取另一根竖立的铁丝 B 作为参照物，用无视差法测定虚像的位置。于是得到物距 u 和像距 v，从而求出焦距 f，v、f 均为负值。此方法简单易行，但靠人眼判别 B 与 A_1 有无视差会导致误差相当大。无视差法是光学实验中测定空间中成像的一种重要方法，在调节很多实用的光学仪器时都会用到，其操作方法和原理请参看第五章第三节“七、测定玻璃和水的折射率”中图 5-34、图 5-35 及相关文字。当然，此方法也可用于测量凸透镜的焦距。

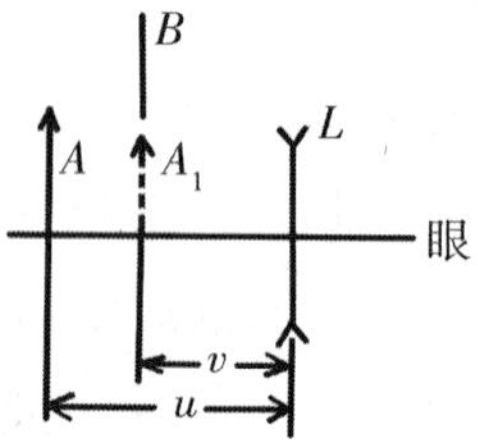

图 8-53

②自准直法。此方法的特点是要求在被测透镜与平面镜之间形成平行光束，最终返回物屏上成实像。测量凸透镜时它本身就能实现上述要求（参看图 8-51）。测量凹透镜 L 时则需要凸透镜 L' 做辅助，如图 8-54 所示。先用凸透镜 L' 生成三角孔 S 的实像 S_1 于毛玻璃屏上，并且必须使 S_1 到凸透镜 L' 的距离大于被测凹透镜焦距 f 的绝对值，否则就不能生成自准直实像 S_2。中学配备的凹透镜口径比凸透镜小，因此 S_1 宜为三角孔的缩小实像，使其成像光束窄些，以便于调通光路，避免实像 S_2 的形状不完整。还要细调平面镜 M 与主轴的垂直程度，使倒立等大实像 S_2 与三角孔 S 两者靠近（最好是底边重合），达到近轴光束成像，提高像的清晰度。为了减小凹透镜光心偏离其支杆轴线造成的误差，应将支杆旋转 180°再测一次，取两次所得 f 的平均值。此法仅适用于测量短焦距凹透镜。

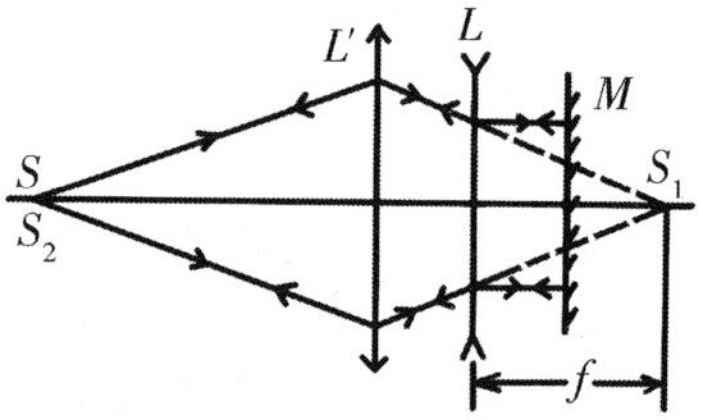

图 8-54

③虚物成实像法。如图 8-55 所示，原理及操作与测量凸透镜的虚物成实像法类似，不再赘述。此法可测量较长焦距的凹透镜。

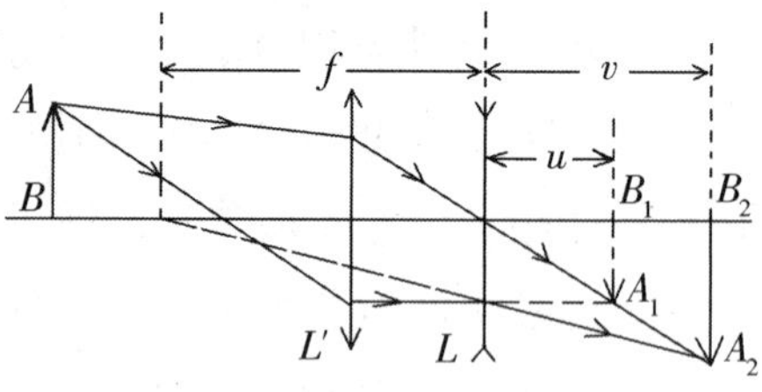

图 8-55

6. 实用光学仪器模型的实验

一些实用的光学仪器多是由若干个光学元件构成的光具组，例如照相机、摄像机的镜头、显微镜、望远镜等。它们与生活密切相关，但结构和原理相当复杂，物理实验中可以练习用其组成最简单的模型并测量某些基本参数，请参阅第六章第五节“四、组装开普勒望远镜模型并测定其放大率”。

第九章　新仪器介绍

“工欲善其事，必先利其器。”

进行实验教学时，正确设计实验、选择器材、测量记录、处理数据、评价结果等环节都离不开对仪器原理和性能的认识以及对仪器工作状态的调整，而这些知识大多没有书籍做出专门、深入、系统的介绍，仪器的说明书中也多偏重于叙述操作方法，因此教学中往往会遇到一些困难或出现使用方面的错误。在中学物理课本中，探讨某些问题时常常将仪器理想化，也影响了教师和学生对仪器实际情况的关注。

种类众多的传统仪器曾经并必将继续在教学中发挥重要的作用，教师们仍然要下功夫掌握它们。随着科学技术的发展，一些新仪器逐渐进入高中的教学，这与新电器进入家庭一样，是必然的趋势。其中有些仪器虽然尚未编入课本，升学考试中也未列入，但这并不能表明其无足轻重。从教育的发展和提高来看，熟悉和积极推广运用这些新仪器，已成为迫切的需要。

新型的专用仪器已在第三章、第四章、第五章、第六章、第八章等各章中做过一些介绍，本章将选择若干种新型的通用仪器做分析介绍，力求能够对教师们有所帮助和启发，教师也可从中选择某些内容让有兴趣的学生进行专题研究。

阅读本章之前，不妨思考一下：测量物体的质量，除了传统的杠杆式物理天平，还有没有更便捷的工具？观测物体的运动，当用手操作秒表（停表）来计时不能满足要求时，能够使用什么装置和方法来获得更准确、更精密的结果？在实验室内研究物体运动的规律时，使用什么装置能够避免摩擦力的影响？设想伽利略生活在现代，他可能借助什么样的优良仪器来观测自由落体运动？为什么常见的力传感器每次使用前都要调零？你是否还深陷于指针式电表的性能缺陷和读数困难的烦恼之中而没有看到数字化仪表带来的曙光？普通的数字式多用表电路结构及工作原理与指针式电表有何不同？传感器与信息技术的结合为什么会给我们的物理实验插上新的翅膀？如何破解静电和高压实验遇到的“拦路虎”（潮湿环境和人身安全忧虑）？以示波器为主体的电子仪器是否真的难以掌握，又怎样发挥应有的重要作用？数字存储示波器（DSO）为什么可以解决传统示波器遇到的一些难题？

为了更有效地进行实验教学和创新教学设计，需要认识许多新型仪器的结构、性能和工作原理，掌握其操作方法。在积极使用新型仪器的同时要注意扬长避短，要会选择合适的仪器与实验条件、实验方法相配合。再提醒教师们注意以下几点，以免陷入误区：（1）实际上，每种测量仪器和方法都并非绝对的准确和万能，总会存在误差和有限的分辨能力，数字化仪表也不能例外。例如，气垫导轨上的光电门存在定位误差，条形和U形挡光片的工作原理不同也会造成误差；位移传感器的优点是在运动的情况下用非接触的方法测量位移的长度，能够自动、快捷地采集较多的数据，但测量的准确度并不优于毫米刻度尺；使用大量程（50N）的力传感器去测量单根导线受到的微小安培力并不可行，因为它能够测出的最小值大约只有0.05N。（2）切忌盲目地将新仪器理想化，它们均还有不足之处。如教学用的电压传感器输入阻抗（内阻）还不够大，电流传感器输入阻抗（内阻）还不够小，不可忽略阻抗对被测电路的不利影响；教学用数字化实验系统（DES）采集的数据是不连续的，通常采集频率也较低，因而不宜观测高于10^4Hz的高频信号，显示非正弦声音波形时也会失真。（3）不要将一些新仪器神秘化，只要善于学习，它们的功能和基本原理是能够理解的。

一、电子天平

中学用的传统物理天平是一种等臂杠杆，以砝码为基准，用比较法来测量物体的引力质量，操作比较烦琐，要靠人来判断平衡。电子天平（图 9-1）和电子秤以其良好的性价比和使用便利性已经在社会上得到普遍的应用，在物理实验中进行推广也是必要和可行的。教师们的认识和使用习惯不应局限在传统天平上。

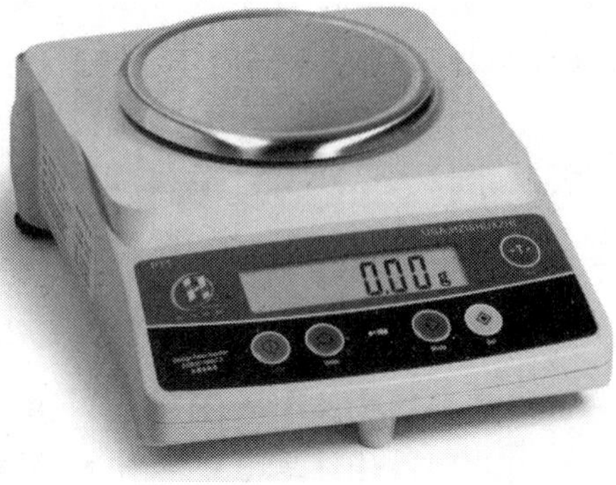

图 9-1

1. 电子天平的原理

从原理上讲，电子天平和电子秤并不是测量质量的仪器，而是测量物体所受重力的装置。电子天平内部装有测力传感器，实现力-电信号转换，然后通过内部电路的运算处理，显示出对应的质量数值。

为了在重力加速度不同的各个地区都能正确地称量物体质量，必须在首次使用前借助标准砝码进行校准：将标准砝码放在秤盘中，天平内的微处理器进行计算分析，然后将标准砝码的重量值以二进制码贮存在芯片中作为校准参数。当我们进行称量时，将被称物体放在秤盘中，微处理器也进行同样的计算，再将计算出的结果与芯片中的校准参数进行比较，得出被称物体的质量。

2. 电子天平的优点

电子天平操作简单，准确度高，显示数字位数较多的测量结果的相对误差就较小。它的“去皮”和“累计”功能为实验提供了便利。使用前要认真阅读说明书，按照要求进行安放和操作。

3. 在教学中推广应用

最大载荷 1000g、允差 0. 1g 的普通电子天平适用于普通的力学和热学实验，如称量小车、气轨实验用的滑块、量热器中液体的质量等。从技术发展看，高中学生无须再练习使用杠杆式天平，而需要测量的快捷，因此分组实验时全班共用几台电子天平即可。高灵敏度的电子天平可用于微小力的测量，如库仑力、安培力、液体的表面张力等演示实验。

市售的家用电子秤也是利用测力传感器工作的，但准确度较低。还有一种教学用的数显电子测力计，也属于此类产品，其外形和弹簧秤类似，其中有一种为量程 2N、最小显示值 0.001N，可作多种用途。

二、气垫导轨和光控数字计时器（附：落体仪）

该仪器现已逐步普及，有些学校已用于开设分组实验。下面介绍一些容易被忽视的原理和操作方面的问题，主要是认识该仪器的实际工作与理想情况的差别，以及由此造成的误差和解决对策。

1. 气垫能够使滑块的运动不受任何阻力吗?

压缩空气将滑块悬浮，避免了它与导轨之间的摩擦，但是还存在空气的阻力。通过简单的实验也可以观察到空气阻力对滑块运动的影响。

方法一：如图 9-2 所示，将 U 型挡光片 D 安装在滑块 A 中央，G 为光电门，T 为缓冲用的弹性圆环。将导轨仔细地调成水平后，推一下滑块让它往复运动，计时器会显示它通过后一个光电门的时间总比通过前一个光电门的时间长一点。

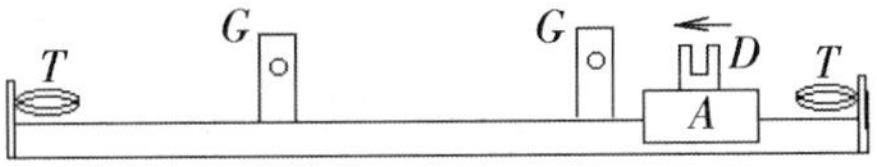

图 9-2

方法二：如图 9-3 所示。滑块沿倾斜气轨下滑，加速度的理想值 $a=g\frac{h}{l}$，但实测值 a_1 小于理想值。如果给滑块初速度使它沿倾斜的气轨上行，则实测值 a_2 的绝对值大于理想值。

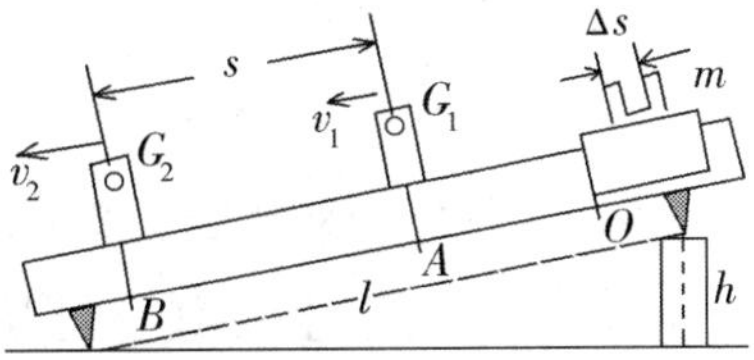

图 9-3

所以，选用气垫导轨进行实验时要选择合适的条件，尽可能减小空气阻力的影响。

2. 怎样检测轨道是否水平?

轨道使用久会变形，某些部分可能有肉眼看不出的微小凸起或凹陷，实验时通常只需在选用的那一段轨道上做检测。最好使用长度大的轨道，并将没有被摔碰变形的滑块放在这段轨道上进行观察。

（1）静态检测法。将不安装任何附件的滑块放在轨道上，通气后能够保持静止最好，但由于气垫对滑块的作用力不均衡和周围气流的扰动等影响，滑块不易保持静止，而会朝某一方向极缓慢地移动。这时要将滑块调头，如果它朝反向缓慢地移动，就可以认为轨道调成水平了。

（2）动态检测法。按照前文图 9-2 所示的装置让滑块自行反复运动，如果看到通过后一个光电门的时间总比通过前一个光电门的时间长一点，则可认为轨道调成水平了。

3. 可以将滑块看作质点吗？

滑块在轨道上做平动时是可以看作质点的，这要求外力对滑块质心产生的合力矩为零。图 9-4 表示如何找到质心的位置：将滑块竖立在尺子 ab 的侧边上使它平衡，得知质心在滑块两侧下槽中心线 dd 上，那么 dd 与滑块左右两端中点的横截面的交点就是质心 c。因此，实验时栓拉线的钩，碰撞用的弹性圆环和尼龙搭扣都应当用下槽固定，使作用力通过质心。如果固定在上槽，就会形成力矩使滑块出现“翘头”或“翘尾”的现象，造成误差。安装配重块时也要用下槽固定并且两侧平衡，以保持整体质心位置不变。

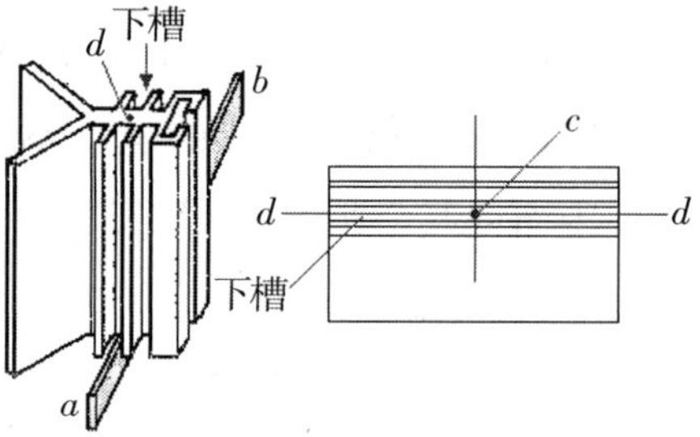

图 9-4

前文中检测轨道是否水平时必须将滑块当作刚体（而不是质点）来考虑。如图 9-5 所示，若在滑块右端装上附件，则整体的重心将从滑块中央的 c 点向右偏移到 c' 点，这就会使滑块下面的气垫左厚右薄，当轨道水平时，空气对滑块的压力 F 却偏离竖直方向而使滑块不能保持静止，造成误判。

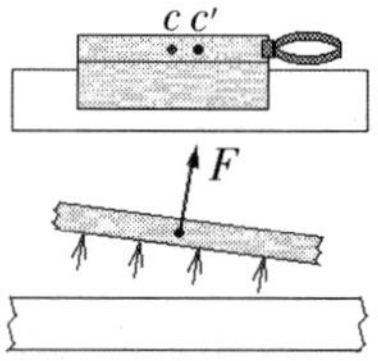

图 9-5

4. 光控计时会有误差吗？

（1）光电门和光控信号的产生

如图 9-6 所示，光电门 G 由支架、光源 D（灯泡或红外 LED）和接收光照的光敏元件（光电二极管）M 组成。设计产品时可以要求

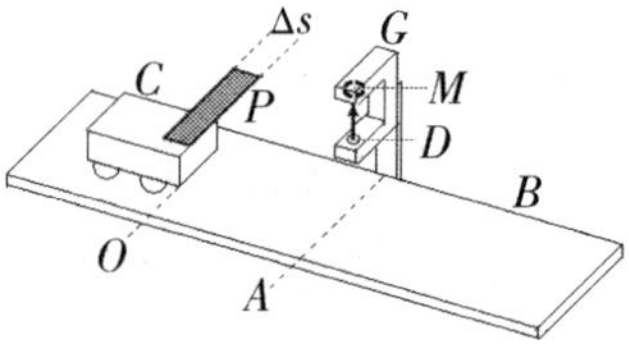

图 9-6

挡光时 M 的输出跳变为高电平 H，复光时 M 的输出跳变为低电平 L。此种电平的变化作为计时控制信号，使每发生一次跳变的时刻都会被与 M 连接的计时器中的电路测出并记录下来。

（2）理想的计时模式

理想的情况是由 D 射向 M 的为一条光线，使用时要么是光线瞬间被遮断，要么是瞬间光照复原。于是就有了两种常用的计时模式：

①条形挡光片与单光电门配合

如图 9-6 所示，挡光片 P 的宽度 Δs 已知，它通过光电门时，P 的前沿挡光开始计时，后沿复光停止计时，计时器显示的就是经过位移 Δs 所用的时间 Δt。当 Δs 很小时（例如 5mm），通常可将由 Δs 和 Δt 求出的平均速度近似当作瞬时速度。

②条形挡光片与双光电门配合

如图 9-7 所示，计时器内的电路只让挡光片前沿 a 起作用，后沿无作用。两个光电门距离为 s，计时器测出 P 的前沿 a 对 G_1、G_2 先后挡光的时刻为 t_1、t_2，并显示出时间值为 $t=t_2-t_1$，则 t 就是 P 经过这段较长位移 s 所用的时间。坐标图线表示光电门输出的电平 u 与时间 t 的关系。

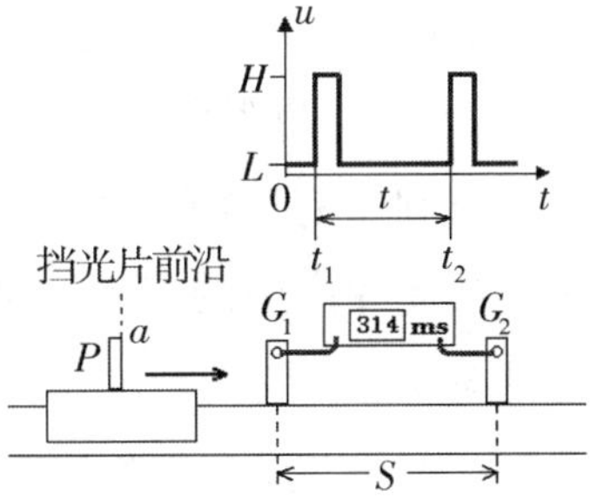

图 9-7

（3）实际条件下计时遇到的误差和解决对策

实际上，大多数光电门的光敏元件 M 接收到的是直径约 2mm 的圆柱形光束而非一条光线。挡光片通过光电门的过程中，光照并不能突变，而是逐渐地减弱再逐渐增强的。那么怎样才算挡光和复光？请看图 9-8，圆形表示光束的横截面，为了光控信号的可靠性，必须这样设计：只要挡光片前沿 a 挡住足够多的光照（如 90%）就能靠电路元件（触

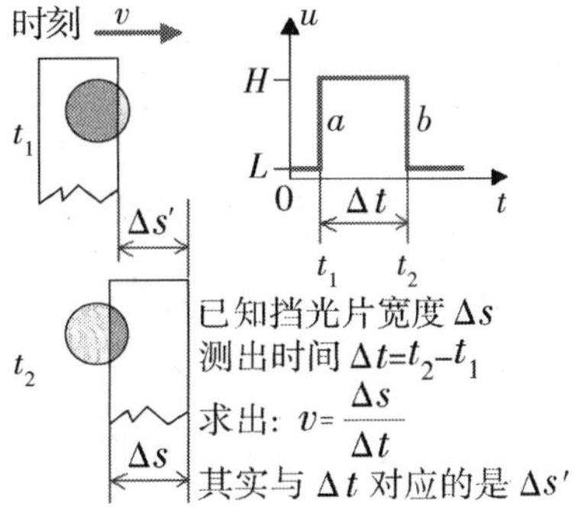

图 9-8

发器电路）的作用使 u 上跳为 H，只要后沿 b 让光照恢复足够多（如70%）就能使 u 下跳为 L。

因此，当使用上述计时模式①测量瞬时速度时，必然会产生系统误差。例如在图 9-8 所示情况下，测出的时间 Δt 所对应的位移实际为 $\Delta s'$ 而非 Δs，而且挡光片的宽度越小，此种误差的相对影响越严重。若使挡光片遮挡和恢复的光照均为 50%，就可以避免此种误差，但由于光敏元件参数的离散性等因素，这是很难做到的。所以使用宽度更小的挡光片未必能更准确地测量瞬时速度。

当使用上述计时模式②测量时，就避免了此种误差，但两个光电门所需挡光百分比的不一致，也还是会造成误差。好在位移 s 相当大，通常是可以忽略这种影响的。

（4）U 形挡光片的诞生

如图 9-9 所示，定义 U 形挡光片第一前沿 a_1 到第二前沿 a_2 的距离为 Δs。由于只使用同一个光电门，并且只利用前沿挡光产生的光控信号，故此法能避免条形挡光片产生的误差，从而得到普遍的应用。其原理见图 9-10。

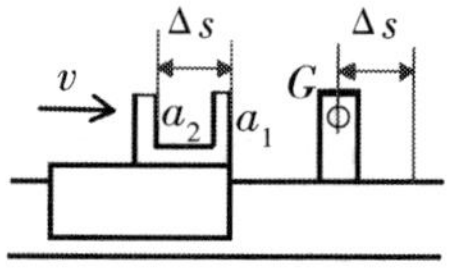

图 9-9

产品配套的 U 形挡光片一般有四种，其 Δs 值分别为 1.00cm、 3.00cm、 5.00cm、10.00cm，制造的精度相当高，误差仅约±0.01cm。其中 $\Delta s=1.00$cm 的挡光片常用于瞬时速度的近似测量。

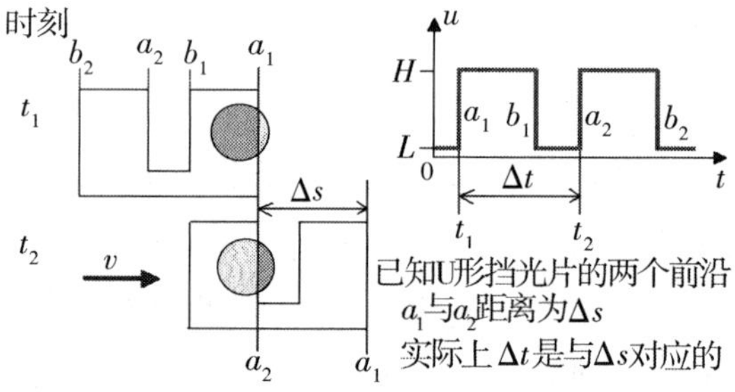

图 9-10

（5）新一代计时器的强大功能

新一代计时器也称为电脑计时器，以单片机（MCU）为核心，计时精度高，具有很强的采集、储存、运算功能。单片机能够将几个挡光片通过几个光电门时产生的多个电平跳变的时刻数据都做出测量和储存，并进行循环显示，还能根据需要选择相关的数据计算出速度、加速度值，还具有测量振动周期等功能。

5. 光电门的定位会有误差吗？

光电门通常应取光束的中轴线来定位，但是可以看到的却是光电门支座上的标志（刻线或尖端）与标尺对正的位置，而这个标志未必和光束的中轴线在同一竖直平面内，这就会导致定位误差。因此光电门位置的坐标只记录到毫米位即可。

6. 落体仪简介

落体仪如图 9-11 所示，由立柱 A、标尺 B、接球网 F、电磁铁 D、钢球 C、光电门 G（两个，图中只画出一个）和数字计时器（图中未画出）组成，钢球下落通过光电门时挡光，由计时器显示所测的时间。为了减小误差，光电门中的光束要比气轨上所用的更细（小于 1mm）。由于无法保证通过光电门时球心能正对光束，所以不能将钢球直径作为挡光宽度 Δs，而利用前文中计时模式①测算钢球的速度。

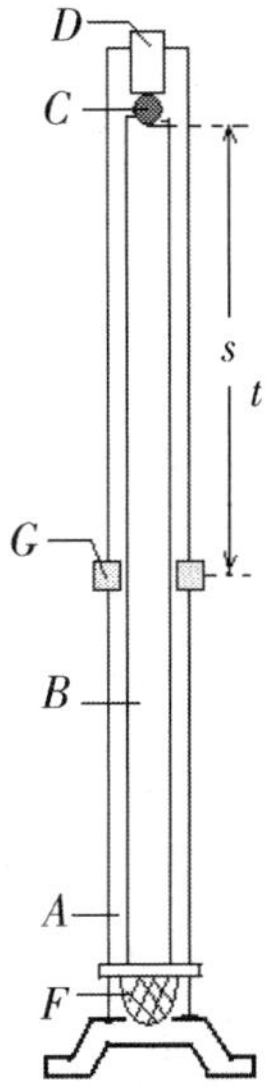

图 9-11

实验时先用电磁铁吸住钢球，然后切断电磁铁的电流，钢球就从静止开始竖直下落。该仪器配套的计时器具有与电磁铁断电的时刻同步开始计时的功能，钢球对光电门挡光时停止计时，这样就测出钢球自由下落高度 s 所用的时间 t。但是断电后电磁铁和钢球的剩磁消退是需要时间的，就会使测出的 t 值大于实际下落的时间，造成系统误差。一种简单的解决对策是在钢球和电磁铁之间垫一小块薄纸，使钢球恰好勉强被吸住，此做法是削弱剩磁的影响，但不能完全避免。更好的方法是采用特制的接触开关，当钢球静止在初始位置时开关保持接通，一开始下落就断开，在这特制开关断开的时刻（而非电磁铁断电的时刻）输出电脉冲信号使计时器开始计时。证明自由落体是初速度为零的匀加速运动时必须考虑剩磁的影响，如果只是测量重力加速度，则可设计另一种方法来回避剩磁的影响，详见第四章第三节“二、自由落体运动”。

用落体仪做实验时会存在定位误差。一是光电门的位置应该以它的水平细光束来确定，但实际上是看光电门支架上的标志线在竖立标尺上的读数来确定位置，而此标志线未必与光束处在同一水平高度上，因此最大可能存在±1mm 的误差。二是确定钢球位置时不可将它视为质点而以球心为准，应当考虑它落到哪个位置时恰能实现对光束的遮挡。由于调节立柱的竖直方向时很难使光电门的光束恰好在球心下落的轨迹上，于是给钢球的挡光位置带来不确定性，无论以钢球的下边缘还是球心来定位都是不恰当的。对于直径 10mm 的钢球，产生±(1~2) mm 的误差是可能的。因此实验中的下落高度值要取大些，以减小上述原因造成的相对误差。

三、电子起电机和电子感应圈

1. 电子起电机

教学用的静电起电机以韦氏感应起电机最常见。它需要用手摇动，在潮湿的环境中往往难以起电，各种故障也时有发生。

现有一种电子起电机克服了上述缺点，由北京市石景山区教育分院朱国平老师设计，并已可批量生产。该电子起电机的外形如图 9-12 所示。它的构造和起电原理与感应起电机不同，它是由塑料机箱内的电子电路产生高压电振荡使电容器上集聚大量电荷，能让两个放电球之间输出高达 35kV 的电压，并且正负极是恒定的。它能够代替感应起电机可靠地完成多种静电实验。它可以由 4 节 5 号碱性电池供电，其高电压输出端与地隔离，并且最大输出电流小于 0. 5mA，增强了安全性。人若只接触一个电极通常不会感觉到电击。

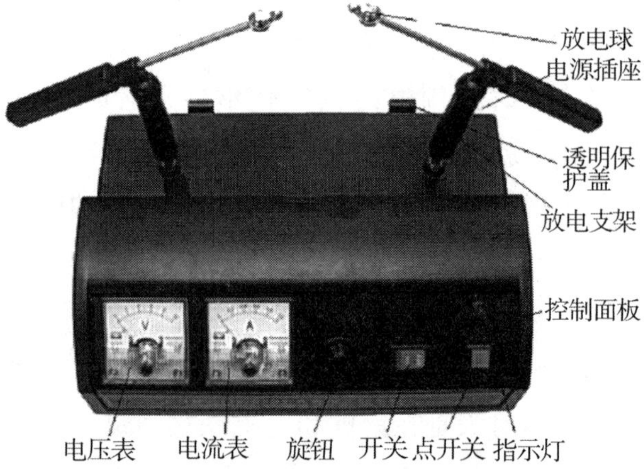

图 9-12

2. 电子感应圈

阴极射线、元素光谱、低气压放电、X 射线等实验都需要能够输出持续高压电流的感应圈做电源。20 世纪 80 年代设计生产的电子开关式感应圈较传统的机械开关式感应圈有很大的改进，但仍存在体形庞大、输出电流较小、效率不高等不足。朱国平老师设计了新型电子感应圈，外形如图 9-13 所示。它有足够的输出电压（25kV），较大的输出电流，安全性高，小巧轻便，工作状态稳定，能够提高实验效果，完成不易成功的实验（如显示阴极射线做功等）。

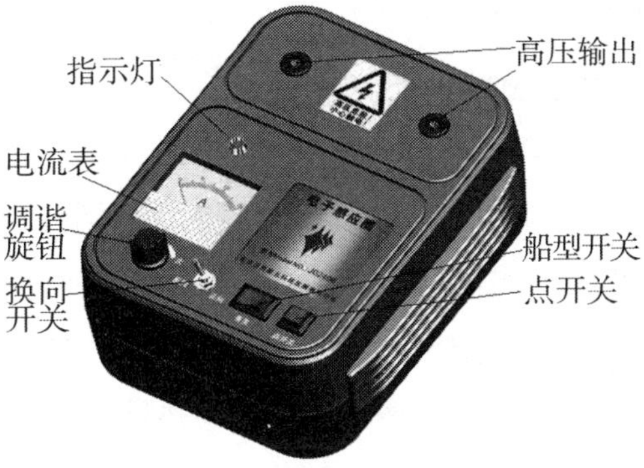

图 9-13

四、数字式多用电表

传统的模拟式电表（常称为指针式电表）已经沿用了半个多世纪，当前呈现出逐步被取代的趋势。教育部已推荐高中学校配备数字式多用电表（如图 9-14 所示，以下简称数字表）并逐步用于学生实验。现在普通数字表的价格已经低至几十元，具有很好的性价比，应当作为普及数字化仪表的首选。

图 9-14

1. 数字表的原理

数字表是一种将所测的模拟量转换为数字量，由液晶屏或 LED 数码管显示测量值的数字化测量仪表。它在很多方面的性能优于指针式电表：（1）显示清晰直观，易于读数（无须估读），特别是测量电阻的操作和读数非常简单。（2）准确度高。各挡的误差会有所不同，其中直流电压挡的误差可能小到 0.1%。最普通的数字表，一般也可以测出 3~4 位有效数字。(3) 功能多，具备测量正弦交流电流的功能（这是指针式电表没有的），有些数字表还能够测量电容、频率、温度和实现读数保持等。(4) 测量范围广，可测量微电流、微电压、高电阻。(5) 测量直流电压、电流时，不限制红表笔必须接高电势端，反接时也可得到测量数值，只是在测量值前面加有负号。(6) 测量值超出量程时会提示“溢出”（即只有最左一位显示数字“1”）。电压挡具有一定的抗过载自动保护能力。某些型号的数字表具备自动选择（变换）量程的功能，使用起来更简便。(7) 电压挡内阻很大（一般为 10MΩ，是指针式电表达不到的），通常可以忽略它对被测电路分流造成的系统误差。

数字表有多种规格和型号，现以最普通的三位半数字表为例做简单的介绍。

此类数字表是以一个 200mV 的数字表头（其内阻可达到 10000MΩ）为核心组成的，最多可显示四位数字，但其首位数只能显示“1”，后三位数则可以显示“0”到“9”的任意一个数，故最大显示值为“1999”，所以称为三位半（$3\frac{1}{2}$位）数字表。使用任何一个功能挡位去测量的电学量或其他量，都将转换成满量程对应于 200mV 电压的信号输入表头进行显示。

手动切换量程的直流电压挡的测量电路如图 9-15 所示，其分压电路的设计与指针式多用表不同，由于数字表头的输入电阻极大，完全可以忽略它对分压电路的影响，所以使用任何量程时这个电压挡的内阻都是 10MΩ。

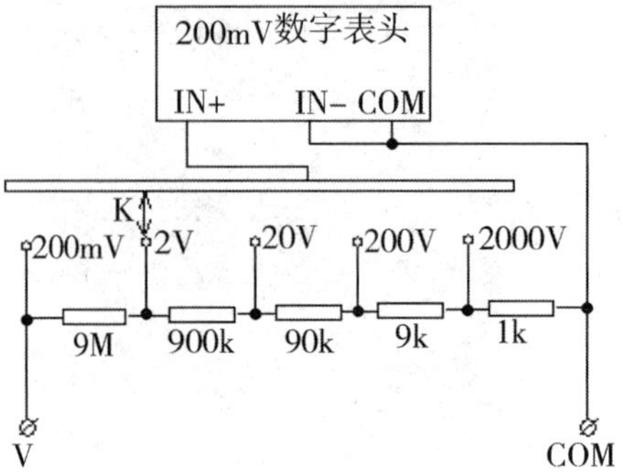

图 9-15

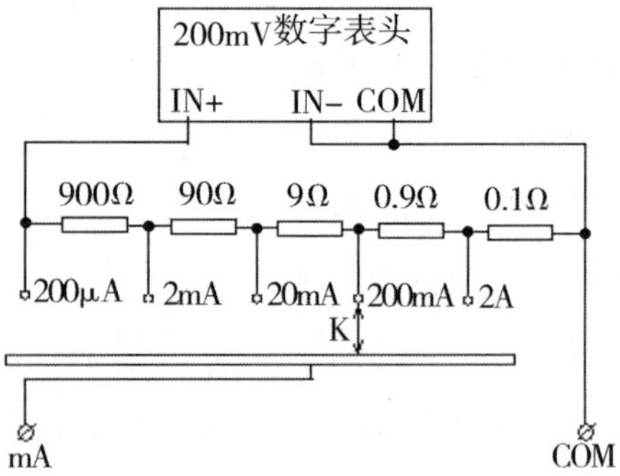

图 9-16

手动切换量程的直流电流挡的测量电路如图 9-16 所示，其电路的设计与指针式电表不同，不能采用电阻分流，而是使用不同阻值的电阻取样。任何一挡的被测电流流过该挡的取样电阻时，都会得到 0~199.9mV 之间的某一电压送给数字表头，以这个电压的数值表现被测电流的大小。从图 9-16 电路中也可以查到每个电流挡的内阻。

分析这两个电路的工作原理，能够认识和理解以另一种不同的分压电路及电阻取样法来间接测量电流数值，对于学生运用各种电路设计提高解决实际问题的能力是大有好处的。

电阻挡采用的是比例法测量原理。将被测电阻 R_X 与数字表内部的一个基准电阻 R_0（阻值已知）串联，测出两者各自的电压，即可得到被测的电阻值。电阻挡测量误差比电压挡要大些，但也可以小到 1%。

电容挡是利用不同的被测电容 C_X 对某一固定频率（例如 400Hz）的正弦交流电的容抗 X_C 不同来测量电容的大小，所用的交流电是由电表内部的振荡电路产生的。

2. 数字表的应用

要在高中实验中尽量利用数字表的优点，充分发挥其作用。可参见本书第五、第六章中的案例。

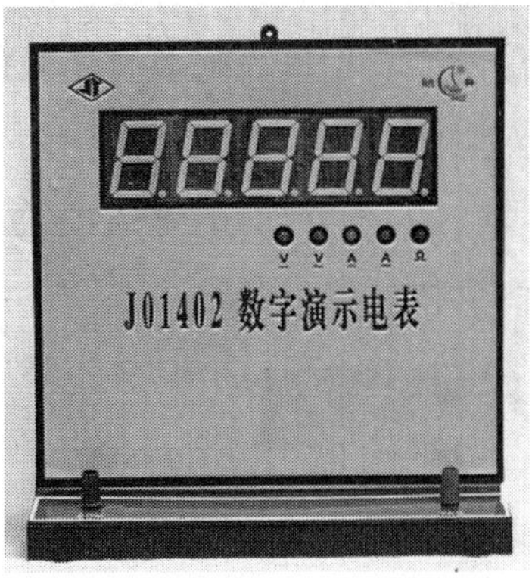

图 9-17

除了便携式数字表外，还有两种产品值得关注。一是教学演示用的数字表（图 9-17），它使用大尺寸的 LED 数码管做显示，可见度很高。二是工业用的数字式面板表（图 9-18），也用高亮度 LED 数码管做显示，虽然功能单一，但是小巧轻便，可安装在示教板上代替笨重的演示电表，也可以依据需要外加电阻改变量程。

图 9-18

数字表也有不足之处：（1）它对被测信号的采集是不连续的，普通数字表大约每隔 0.3s 采样一次，因而对于连续变化的电压和电流的显示是跳跃的，不如指针式电表那样能清楚地看到指针偏转角度连续变化的过程。（2）用普通的数字表测量电流时，红表笔必须改插到另一个专用的测量电流的插孔上，给操作带来不便。（3）无论做任何测量，电表内的电池都要耗电。虽然电表具有自动断电的功能，但最好还是要养成较长时间不做测量时随手关闭电源的习惯。

3. 已经配备的指针式电表仍能发挥其特有的作用

例如，让学生练习读多量程的公用刻度，估计读数，调节欧姆零点等技能，用电阻挡判别二极管的正负极和观察电容器的充放电也比数字表方便、直观。从新课程改革的趋势看，可以将指针式电表调整到初中课程中，只学习基本的使用方法，不讲原理；在高中物理课程中不必列为专题，只在一些实验中用到即可。还可以考虑改在“通用技术”课程中安排指针式电表使用技能的培养，这样或许更合适。

五、教学用数字化实验系统（DES）

DES 可以代替多种常用仪表同时进行综合性测量和数据处理，是传统实验仪器的更新与补充。用 DES 做实验，可以让学生接触到新技术，提高课堂的利用率，将节省出来的时间更多地用于物理规律的探讨，加深学生对概念、规律的理解。国内外各厂家对 DES 有不同的名称，大多是比较商业化的，但产品的组成大致相同。有人将它简称为“传感器”是不妥的，因为传感器只是这个系统的组成部分之一。

1. 系统的结构

如图 9-19 所示，DES 通常由三个基本部分组成：硬件系统、软件系统、计算机。近年的新产品中，有些系统使用了无线传输的传感器，由无线电发射和接收模块来传输数据信息，免去了连接传感器与采集器的数据线，便于传感器在移动状态下使用。

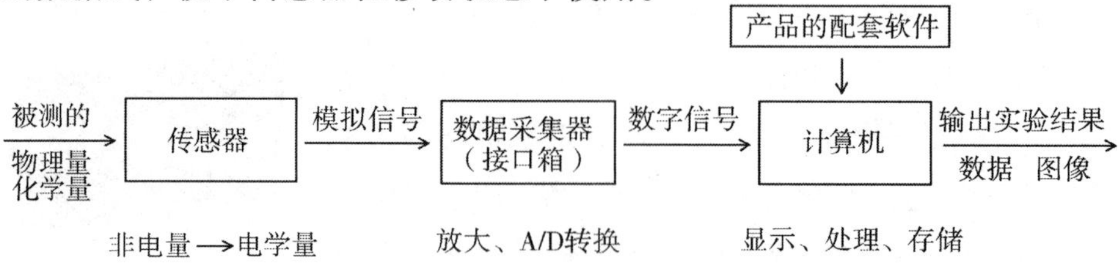

图 9-19

2. 传感器

传感器是能够感受诸如力、温度、光、声、化学成分等非电学量，并能把它们按照一定的规律转换为电压、电流等电学量的元件或装置。在一般情况下，这种电信号还要经过电路的处理才能做出显示或控制动作。

传感器是 DES 进行测量的探头，种类较多，下面介绍常用的几种。

（1）位移传感器（距离传感器、运动传感器）

位移传感器通常使用超声波来测量物体的位置，它的核心部件是压电陶瓷或其他元件，作用是既能够将交变的电信号变换成超声波脉冲发射出去，又能够将接收到的超声波变换成交变的电信号。汽车上的倒车防撞报警装置就使用了一对这类的超声波发射头和接收头。

位移传感器的测距原理如图 9-20 所示，由图示系统测出超声波脉冲在传感器和被测目标之间往返的时间 t，

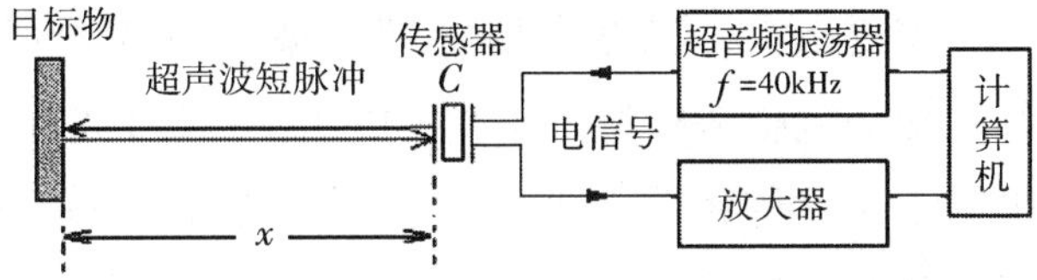

图 9-20

则目标与传感器的距离为 $x=\frac{1}{2}vt$，v 为超声波在空气中的速度，由计算机可计算出 x 值并显示。但是不同温度下的声速是不同的，如果在计算程序中将声速设置为某个定值（如 340m/s），则会影响测量距离的准确性。

实验中测量的目标主要是做直线运动的物体，在物体运动过程中自动采集一系列 x、t 数据，实现持续的动态测量。使用的传感器有以下两种：

①一体式（反射式）。如图 9-21 所示，只有一个传感器 A，身兼发射和接收两职。例如将采集频率设定为

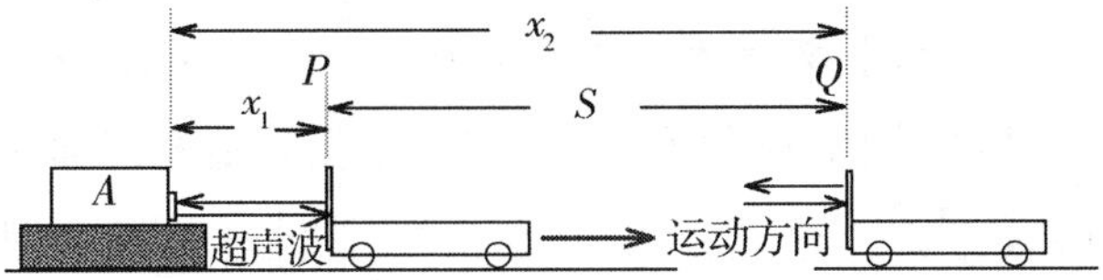

图 9-21

50 次/秒，则每隔 0.02s 采集一组 x、t 值，自动列表记录并绘出 $x-t$ 图线。可由任意两个时刻 t_1、t_2 的位置 x_1、x_2，求出 $\Delta t=t_2-t_1$ 时间内物体

的位移 s。

②分体式（直射式）。如图 9-22 所示，由发射器 A 和接收器 B 两部分组成，A 安装在目标物体上，只将 B 与计算机连接。A 发射超声波脉冲的同时发射一束红外线脉冲，B 接收到红外线则开始计时，待接收到超声波停止计时，测出时间 t，则距离 $x=vt$。因为光速远大于声速，故可忽略红外线传播的时间。

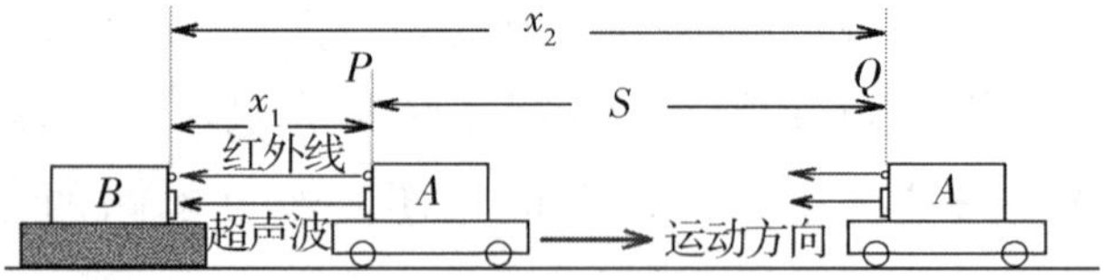

图 9-22

分体式的传感器必须将发射器安装在运动物体上，一体式的传感器则不受此限制，使用方便，用途广。

需要指出，虽然发射的超声波脉冲很短促，但总要持续一段时间，并且探头接收一个脉冲后必须间隔一段时间才能区分下一个脉冲，这就限制了位移传感器能够探测的最小距离（称为盲区）。一体式的发射和接收脉冲是交替进行的，故盲区较大，有的产品可能达到 40cm；分体式的盲区较小，可在 15cm 以下。再者这种传感器测量距离的误差通常约为 1mm，准确度并不优于毫米刻度尺。

（2）力传感器

常用的力传感器的核心部件是力敏元件，如图 9-23 所示。以金属制成的单臂梁作为弹性元件，在上、下两个表面粘贴有电阻应变片 R_1、R_2、R_3、R_4，组成如图 9-24 所示的电路（惠斯通电桥），工作于不平衡状态。被测物体对单臂梁施加作用力 F，则梁发生弯曲形变，上表面沿着梁的纵轴线方向略微变长，导致上方应变片中电阻丝伸长，使电阻 R_1、R_4 变大；同时下表面沿着梁的轴线方向略微变短，导致下方应变片中电阻丝缩短，使电阻 R_2、R_3 变小。于是在 A、B 间输出变化的电压 U_{AB}，该变化电压与电阻变化对应，电阻变化与单臂梁的形变对应，单臂梁形变又与

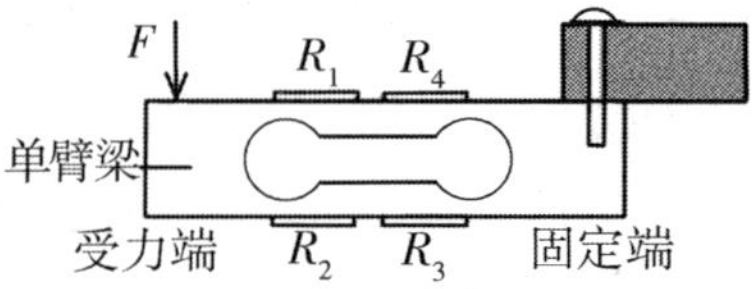

图 9-23

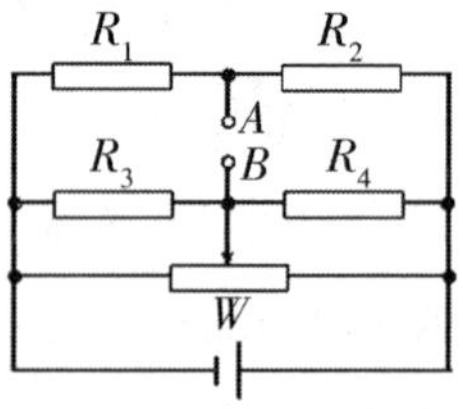

图 9-24

力 F 对应，则 U_{AB} 就随力 F 的大小而变化。U_{AB} 经过处理运算后，就显示出所测力 F 的数值。

普通弹簧秤测力时弹簧有明显的伸长，但上述单臂梁发生的形变却极为微小，肉眼看不出来，用手拉或按压力传感器上测力的挂钩也感觉不到形变。

教学用的力传感器是用来测量沿着挂钩轴线方向的拉力或压力的，通常量程较小（例如 5N），故单臂梁自重对测量结果的影响通常不能忽略，所以应当在不同方位测力之前进行零点的校正（即调零）。一个有趣的现象是，在力传感器下悬挂重物一起自由下落的完全失重的过程中，所测的拉力会显示出微小的负值。

（3）气体压强传感器

气体压强传感器内核心部件的外形如图 9-25 所示。敏感元件装在密封的空盒状塑料壳内，有一个或两个细管状接口，通过软管与被测的气体连通，图 9-25（a）、（b）所示元件可分别供测量绝对压强和相对压强（即被测气体与大气压的差值或两个不同气压的差值）之用。

（a）　　　　（b）

图 9-25

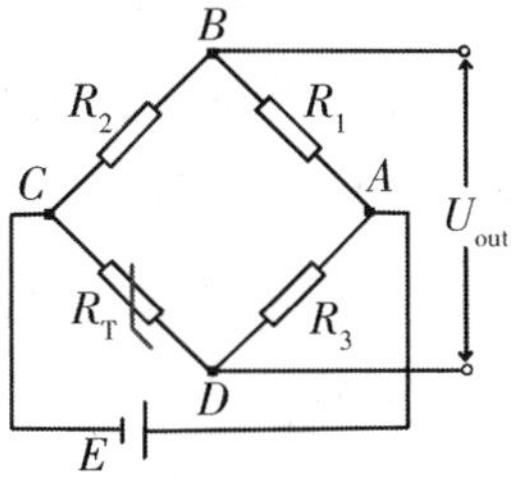

图 9-26

空盒中的敏感元件由薄硅片制成，是一种应变式压阻元件，与力传感器中单臂梁的测量原理相同。

这种传感器也可以间接（通过密闭气体对压强的传递）测量液体的压强。

（4）温度传感器

常用的测温敏感元件是热电阻，用极细的铂丝制成，安装在不锈钢保护套管内。热电阻的工作温度范围为-55～550℃，其电阻随温度变化有非常好的线性关系，温度特性稳定。如图 9-26 所示，将铂电阻 R_T 引出导线与定值电阻 R_1、R_2、R_3 组成直流不平衡电桥，获得随温度变化的电压信号 U_{out}。

有些专用的教学仪器中使用由半导体材料制成的负温度系数热敏电阻或微型热电偶，它们的灵敏度高、热容小、响应快，多用于显示微小、快速的温度变化。

（5）磁传感器（磁感应强度传感器）

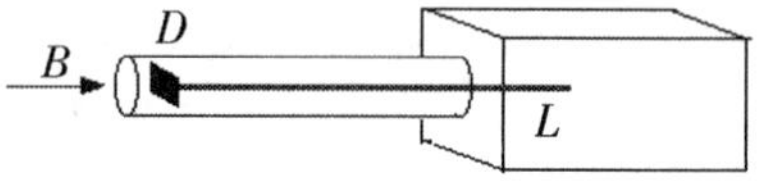

图 9-27

磁传感器的敏感元件通常是一个微型线性集成霍尔器件，安装在一根长度为 10~15cm 的塑料管前端内部，成为探头，如图 9-27 所示。矩形小片 D 为霍尔器件，它的测量面与塑料管的轴线垂直，用来测量轴线方向的磁感应强度 B。三根电缆线 L 将霍尔器件连接到塑料盒内的电路板上。测量时，器件输出的霍尔电动势大小与被测的磁感应强度成正比，霍尔电动势的正负极性则反映了磁感应强度的方向。

（6）光传感器（照度传感器）

光传感器的敏感元件通常是半导体光敏电阻或硅光电池，能将光信号变为电信号。简单的光传感器只能做定性显示，较好的光传感器则可以测出照度的数值，单位为勒克斯（lx）。

3. 正确使用

（1）软件的选择

①各厂家的产品都提供了通用软件，为使用者依据需要自行设计的各种实验提供了实验数据采集、处理和描绘图像的平台。软件界面上可以显示传感器的名称和所测物理量的数值、单位，还有数据表区、图像描绘区等。

对于已经做过的实验中的各种参数（如选用的传感器种类和量程、数据采集频率等）、各量之间关系的设置以及得到的数据，软件都有保存、复制、重新调用的功能，也就是能自动生成一个模板，以后再做同一实验时，无须重新设置。

②有些产品提供了专用软件，是专门为某一特定的实验项目设计的。

优点是主题突出、鲜明，不必做过多的变量设置和变量之间的计算，可自动选择最佳的工作条件（传感器的量程、数据采集频率），界面简明，易于操作，或附有生成实验报告的功能。

（2）传感器的选择

①不可将传感器理想化。例如，电压传感器的内阻未必极大，电流传感器的内阻并不很小。再者，传感器测量结果的准确度并不一定高于专业的测量仪表。

②要选择合适的量程。传感器采集的物理量要经过模拟量/数字量（A/D）转换，目前适合中学用的产品大多采用 10 位二进制数，最小分辨值约为满量程值的千分之一，比此更小的数是测不出来的。有些产品的软件显示的测量结果位数过多，其实后面很多位是无效的。因此测量较小的量必须选用小量程的传感器，才能得到足够位数的有效数字。例如，用量程 50N 的力传感器测量通电导线受到的安培力往往误差很大。

（3）采样频率的选择

要知道，数字化仪器采集测量数据是不连续的，需要设置单位时间内采集样本的数目。对于变化快的非周期性过程或者频率高的周期性信号，就需要用较高的采样频率，这样才能较精细、准确地反映其变化规律。目前有些传感器的采样频率可以设置低到每分钟 1 次甚至更慢些，适于自动记录长时间缓慢变化的过程；有些传感器的最高采样频率可达到每秒 1000 次。

（4）纠正一些误解

①认为 DES 可以完全代替示波器。其实不然。DES 对信息的采集是不连续的，所以会丢失一些时刻的信息；并且采样频率相当低，用来观测几百赫兹的正弦信号还可以，而对于非正弦信号（如乐器和人发出的复音）和几千赫兹以上的信号，就会造成波形的严重失真，甚至完全无法显示。但是模拟示波器中电路的通频带较宽（最低带宽也有 1MHz），并且传送给示波管的信号电压和电子束的扫描都是连续的，不会丢失信息。因此，观测一些突发的信号、非正弦信号和高频信号还是要用示波器。

②认为 DES 测量的准确度很高。其实未必。因为 DES 要受到所用

A/D 转换位数的限制和敏感元件特性等的影响。要知道，DES 的优势并不在于测量的精确度，而在于能够同时动态采集多种物理量，并且由计算机存储、处理、显示。

③认为 DES 做的是理想的实时测量。严格地讲，实时只是近似的，因为传感器采集的数据向计算机传输以及存储、处理都需要时间。这个时间延迟通常极短，往往可以忽略，但是多通道（多个传感器）同时使用时却需要考虑时间延迟。

六、模拟示波器

示波器最主要的用途是定性和定量观测周期性变化，特别是快速变化的电信号。示波器能够直观、实时地显示信号电压随时间变化的规律，此功能是指针式电压表、指针式电流表、小灯泡所不能替代的，所以应当在教学中充分发挥示波器的优势和作用。

传统的示波器是模拟示波器，它对所测量的信号通过模拟电路进行放大和处理，最后用示波管（CRT）做显示。用示波器做定量测量时要依靠坐标读数，会有较大的读数误差，因此要精确测量恒定的电压和正弦交流电有效值时，还是用准确度较高的电压表为好。

目前高中配备的 J2459 型学生示波器，是 20 世纪 80 年代初设计的简易产品，仅供教学使用。其性能已落后，并且调试方法特殊，与目前通用的示波器有较大的差异。如果学生只记住这种教学示波器的操作方法，那么见到实际生产中的示波器仍然无法上手。

J2458 型单踪示波器是为演示用的，虽然功能简单，但具有屏幕尺寸较大和 X 轴使用了直流放大器两个优点，因此在教学中要充分利用。

现在教育部推荐采用符合国家标准的 10MHz 小型通用示波器，对学生示波器进行更新换代。常用型号为 ST16C 型，价格与 J2459 型相当，但性能却更为优越。ST16C 型示波器面板如图 9-28 所示，电路框图如图 9-29 所示。

这种示波器的性能给实验提供了很多有利的条件，主要优点如下：

（1）标定了 Y 轴的偏转系数（灵敏度），分 10 挡：5 毫伏/格～5 伏/格。能够从纵坐标直接读出所测信号电压的数值。

（2）标定了X轴扫描的偏转系数（时基），分19挡：0.1微秒/格～0.1秒/格。能够从横坐标直接读出所测信号的周期数值或变化时间。

（3）观测周期性信号时，通常无须微调扫描频率，只要使用自动触发，并且将触发电平调到合适的大小，就可以得到稳定的波形，但波形不一定呈现为整周期数。

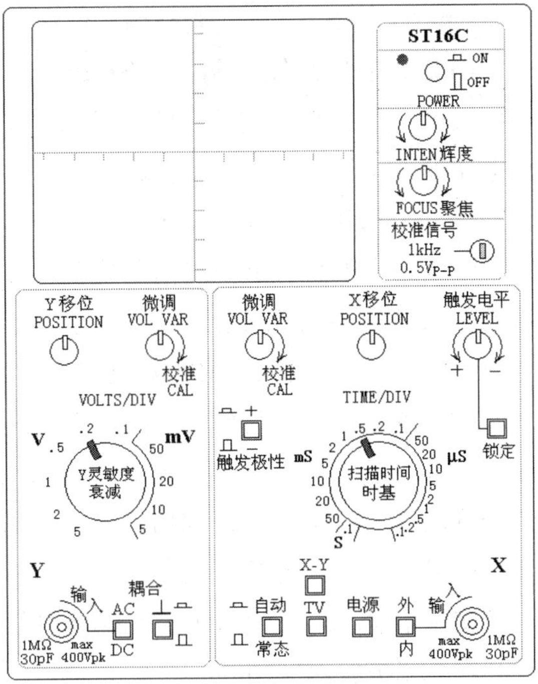

图 9-28

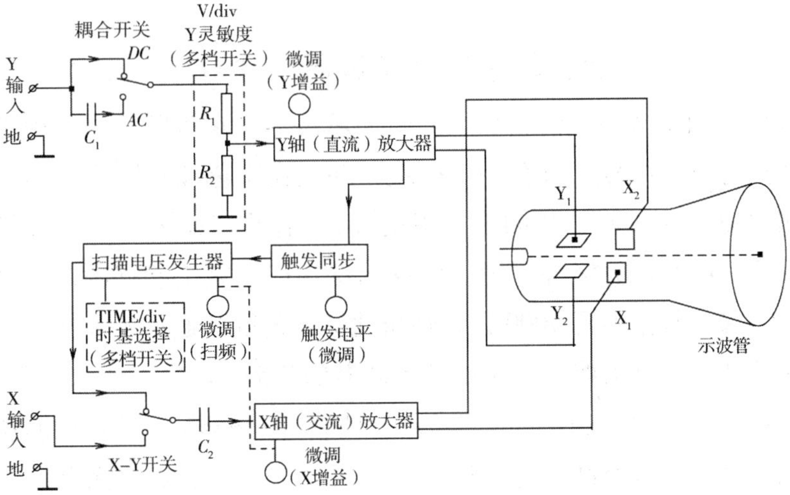

图 9-29

设计实验时，往往还要利用到示波器的以下特点：

（1）Y 轴的高输入阻抗。ST16C 型为 1MΩ，其他型号的可能更大些。因此 ST16C 型示波器在使用时相当于一个高内阻的电压表，接入时对电路的分流作用通常可以忽略，认为它不影响电路原来的工作状态。

（2）要采用取样法测量电流。不可以把示波器串联在电路中，而须在被测电路中串联一个小阻值的定值电阻 R_q（称为取样电阻），将示波器的 Y 轴输入接在 R_q 两端，依据欧姆定律，所取得的电压信号 U_Y 正比于通过的电流 I，就能反映所测电流 I 的大小和变化状态。

（3）它具有一个特殊的“X-Y”工作模式，用于观测两个电压信号间的函数关系。去掉加在 X 轴上的内部扫描电压，将一个要观测的外部信号输入 X 轴，另一个外部信号输入 Y 轴。例如在用行波法测量声速的实验中显示李萨如图像（见第三章第二节“四、机械波的观测”），在电学实验中显示二极管的伏安曲线（见第三章第三节“二、二极管的特性和发光二极管的应用”）。

（4）要想观察非周期性的暂态过程的电信号，需要采用特殊的方法才能显示稳定的图像，第八章第二节“六、对自感实验的再研讨”有介绍。

七、数字存储示波器（DSO）

DSO 是利用数字化信息技术的新型示波器。它将所采集的模拟电压信号转换为数字信号进行存储、处理，并且在彩色液晶屏幕上显示出波形和相关的一些参数（如频率、幅度等）。有些产品还具有与计算机通信的功能，可实现大屏幕显示。DSO 的低端产品完全能够满足中学物理实验的需求，价格不到 2000 元，性价比高于传统的通用示波器，具备了普及的条件，有逐渐取代传统模拟示波器的趋势。

DSO 的基本原理和组成可用图 9-30 说明。其输入电路和模拟示波器相似，输入信号经耦合电路后送至前置放大器；前置放大器将信号放大，以提高示波器的灵敏度和动态范围；前置放大器的输出信号经取样电路取样，由 A/D 转换器数字化，存入存储器中；微处理器对存储器中的数字化信号进行处理，然后显示出波形。

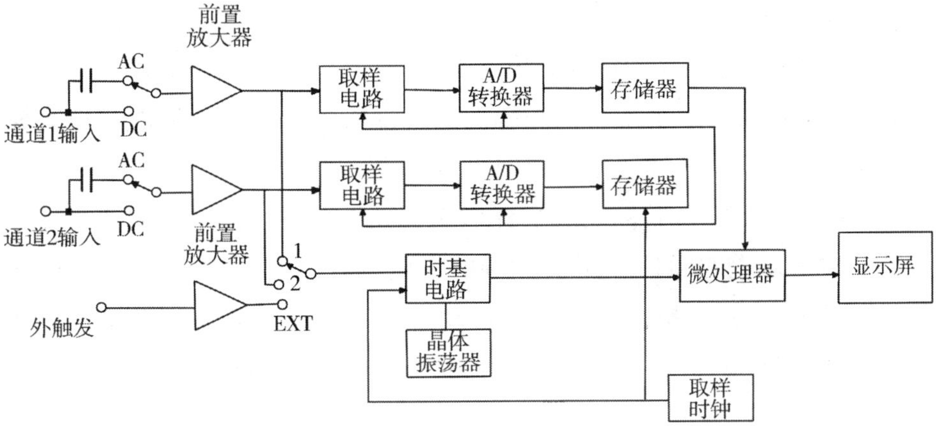

图 9-30

DSO 的主要优点有：

（1）存储功能和单次触发方式利于观测非周期性信号、电路的暂态过程和单次瞬变事件等。测量低频周期性信号时没有使用示波管时屏幕余晖所造成的闪烁现象。

（2）采样频率高，可达到每秒几百兆以上，因此能精细观察和测量高频率的信号。

（3）一般的产品都具有两个输入通道，即成为双踪示波器。还能利用波形存储功能，将几个波形同时显示进行比较。

（4）具备较强的测量和计算功能。例如，能够用可移动的光标线对波形的数据进行测量，并且即时显示出数值。

（5）能方便地将波形和数据储存在 U 盘或计算机中。

（6）体积小，重量轻，便于携带。

图 9-31

各种品牌的普通 DSO 外形大同小异，图 9-31 是其中一种，图 9-32 是一种典型的面板。有些产品上还有采集单次信号（SINGLESEQ）、默认设置（DEFAULTSETUP）、保存/调出

（SAVE/RECALL）、打印（PRINT）等按钮。虽然有较多的按键和旋钮，但在高中物理实验中常用的却只有几个，并不难掌握。例如，竖直坐标的电压刻度设置，水平坐标的扫描时间刻度设置，以及波形的移位等操作，与通用的模拟示波器是相同的。

DSO 一般都配备有标准的笔杆形探头。将探头导线一端的插头连接某个 Y 输入通道的插口，探头尖端的铜钩与标有“探头补偿”的电极（在液晶屏附近）连接，按一下“自动设置”键，屏幕上就会出现频率为 1000Hz，峰-峰值为 5V 的方波图像，可以用这种方法粗略检测示波器能否工作。

具体的操作方法可参阅产品说明书，本书第三、第四、第五、第六、第八章中也介绍了若干应用的案例。

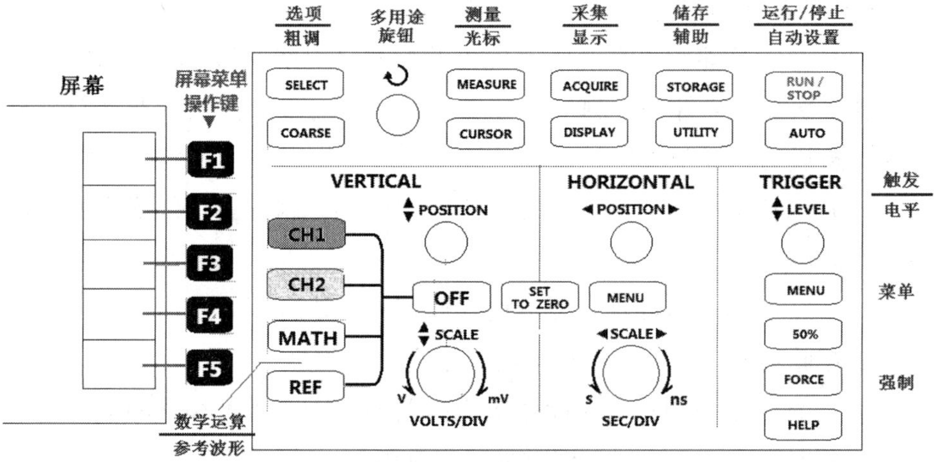

图 9-32

八、低频信号发生器

20 世纪 80 年代的教学用信号发生器有些已经落后，其中最常用的低频信号发生器已经有换代产品，有些称为函数发生器，某一型号产品的面板如图 9-33 所示。

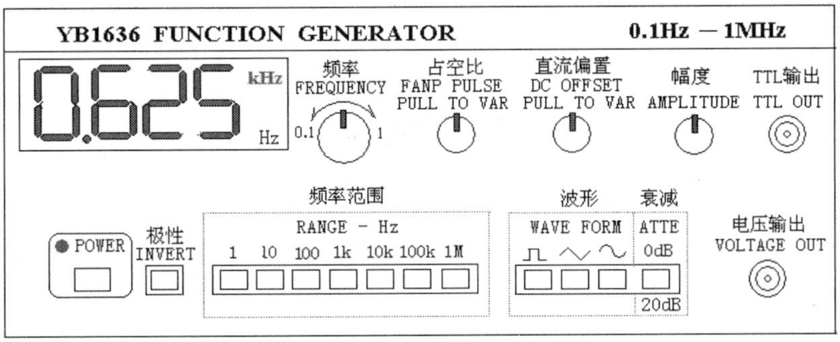

图 9-33

这类产品是用模拟电路产生振荡，能够输出正弦波、方波、三角波等三种波形，输出电压的峰-峰值可达到10V，幅度可连续调节，输出端内阻为几百欧。使用 LED 数码管显示输出信号的频率值，频率范围 1Hz~1MHz，可以细调。还有一种产品内部附有功率放大器，可以输出功率为 3~5W 的正弦信号，用来驱动扬声器、灯泡等负载，但必须防止输出端短路。

目前市场上还有一种更先进的 DDS（直接数字频率合成技术）低频信号发生器，由专用芯片和单片机等组成，通过计算机语言编程可产生多种波形，具有频率稳定、频率精度高（可显示七位有效数字）、结构轻巧（有的产品尺寸与普通照相机差不多）等特点。其中两种产品的外观如图 9-34 所示，价格为 200~300 元或更低，可取代传统产品。

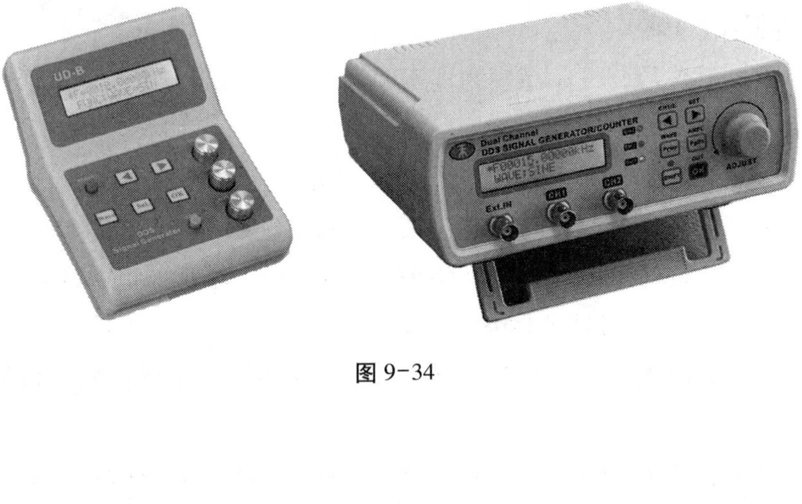

图 9-34

参考文献

［1］安忠，刘炳升．中学物理实验教学研究［M］．北京：高等教育出版社，1986.

［2］林抒，龚镇雄．普通物理实验［M］．北京：人民教育出版社，1981.

［3］吕斯骅，段家忯．新编基础物理实验［M］．北京：高等教育出版社，2006.

［4］陈熙谋．物理演示实验［M］．北京：高等教育出版社，1982.

［5］朱鹤年．基础物理实验教程：物理测量的数据处理与实验设计［M］．北京：高等教育出版社，2003.

［6］刘济昌．教具理论研究导论［M］．北京：教育科学出版社，2011.

［7］卢慕稚．中学物理教师的探究教学观研究［M］．南宁：广西教育出版社，2016.

［8］王兴乃，等．高中物理实验大全：第一册［M］．北京：电子工业出版社，1989.

［9］王兴乃，等．高中物理实验大全：第二册［M］．北京：电子工业出版社，1989.

［10］王兴乃，等．高中物理实验大全：第三册［M］．北京：电子工业出版社，1988.

［11］刘彬生，吴月江，汪维澄．创新中学物理实验：电子信息技术的应用［M］．北京：北京师范大学出版社，2011.

［12］北京市华罗庚学校．华罗庚学校高中物理实验［M］．北京：中国大百科全书出版社，1998.

［13］刘彬生．高中物理选修实验课本［M］．北京：教育科学出版社，1993.

［14］北京物理学会高中物理专题组．高中物理教学深层研究

[M]. 北京：首都师范大学出版社，2013.

[15] 北京物理学会高中物理专题组．高中物理教学深层研究 II [M]．北京：地质出版社，2015.

[16] 邓华，刘炳升．油膜法估测分子大小实验中的若干问题的探究 [J]．物理教师，2007，28（3）：37.

图书在版编目（CIP）数据

高中物理实验教学研究 / 刘彬生著. —南宁：广西教育出版社，2019.10（2023.1 重印）
（中国物理教育研究丛书/郭玉英主编）
ISBN 978-7-5435-8688-8

Ⅰ.①高… Ⅱ.①刘… Ⅲ.①中学物理课—实验—教学研究—高中 Ⅳ.①G633.72

中国版本图书馆 CIP 数据核字(2019)第 221453 号

策　　划：黄敏娴　黄力平	装帧设计：刘相文
责任编辑：潘　安　张振华	责任技编：蒋　媛
责任校对：何　云	封面题字：李　雁

出 版 人：石立民
出版发行：广西教育出版社
地　　址：广西南宁市鲤湾路 8 号　　邮政编码：530022
电　　话：0771-5865797
本社网址：http://www.gxeph.com
电子信箱：gxeph@vip.163.com
印　　刷：广西壮族自治区地质印刷厂
开　　本：787mm×1092mm　1/16
印　　张：18.25
字　　数：260 千字
版　　次：2019 年 10 月第 1 版
印　　次：2023 年 1 月第 3 次印刷
书　　号：ISBN 978-7-5435-8688-8
定　　价：45.00 元